学前儿童社会教育

主　编　付素杰　公桂兰　姬瑞丽

副主编　黄　科　王苗苗　刘　静
　　　　续　进

合肥工業大學出版社

图书在版编目(CIP)数据

学前儿童社会教育/付素杰,公桂兰,姬瑞丽主编．—合肥:合肥工业大学出版社,2023.10
ISBN 978-7-5650-6279-7

Ⅰ.①学…　Ⅱ.①付…　②公…　③姬…　Ⅲ.①学前儿童—社会教育—高等职业教育—教材　Ⅳ.①G611

中国国家版本馆 CIP 数据核字(2023)第 148102 号

学前儿童社会教育

付素杰　公桂兰　姬瑞丽　主编　　　　责任编辑　毛　羽　许璘琳

出　版	合肥工业大学出版社	版　次	2023 年 10 月第 1 版
地　址	合肥市屯溪路 193 号	印　次	2023 年 10 月第 1 次印刷
邮　编	230009	开　本	787 毫米×1092 毫米　1/16
电　话	基础与职业教育出版中心:0551-62903120	印　张	18.5
	营销与储运管理中心:0551-62903198	字　数	427 千字
网　址	www.hfutpress.com.cn	印　刷	安徽联众印刷有限公司
E-mail	hfutpress@163.com	发　行	全国新华书店

ISBN 978-7-5650-6279-7　　　　定价:48.00 元

前言

“学前儿童社会教育”是高职学前教育专业的核心课程之一，主要任务是使高职学前教育专业学生掌握学前儿童社会性发展规律，提升学生引导学前儿童社会性发展的职业素养水平，它是一门理论与实践并重的课程。

依据《学前教育专业师范生教师职业能力标准（试行）》等文件精神，结合《幼儿园教育指导纲要（试行）》《3—6岁儿童学习与发展指南》《幼儿园教师专业标准（试行）》与职业技能大赛具体要求，调研幼儿教师履行幼儿园社会领域教育必备的岗位素养与技能，遵循课程内容与职业标准对接的原则，以个体社会性发展内容为框架，将课程内容分解为六个教学项目，基于教师建构学科教学知识的路径设计每个教学项目的学习任务，以社会主义核心价值观为思政主线，选择幼儿园真实的社会领域教育情境作为学习问题，理实结合，引导学生形成学前儿童社会领域教育能力。

项目一是学前儿童社会教育原理，主要任务是引导学生从宏观上掌握学前社会领域教育的目标、内容、途径与方法，领悟学前社会领域教育的领域特殊性，为学习其他项目奠定基础。项目二至项目六围绕学前儿童社会领域核心经验展开，其中，项目二是学前儿童自我意识的发展与教育。自我意识既是社会适应，也是人际交往的必备经验，更是学习后面几个项目的基础。项目三至项目五围绕学前儿童社会领域核心经验“社会适应”依次展开，分别为学前儿童社会认知的发展与教育、学前儿童社会情感的发展与教育、学前儿童社会行为的发展与教育。项目六指向学前儿童社会领域核心经验“与人交往”，即学前儿童人际交往能力的发展与教育。

以舒尔曼提出的学科教学知识理论为框架，项目二至项目六围绕学科教学知识的三个内容“教给谁”“教什么”“怎么教”展开，分项目阐述学前儿童社会领域核心经验发展的特点与规律、教育目标与内容、教育途径与方法，并依据教师学科教学知识形成路径设计了专门的实训项目。因此，每个学习项目被分解为三个学习任务：任务一是学前儿童社会领域核心经验的发展；任务二是学前儿童社会领域核心经验的教育原理；任务三是学前儿童社会领域核心经验教育活动设计与实施。这一设计旨在为学生建构社会领域教学知识体系搭建结构优良的知识框架。

在体例设计上，立足理论与实践相结合的原则，设计了学习目标、项目导学、情境导入、知识梳理、案例分析、小练笔、拓展阅读等板块，每个项目结束时还附有详细的任务单。其中，学习目标与项目导学能为学生学习本项目知识提供引导，使其从宏观上把握项目内容结构；知识梳理与案例分析结合幼儿园教育案例分析相应的理论知识，便于学生理解；小练笔针对每个学习项目必须达成的目标设计有针对性的学习任务；拓展学习则能满足不同学生的学习需要。任务单由知识检测、案例分析与精准备考组成，旨在从“岗”“课”“赛”“证”不同角度引导学生完成任务，提升素养。

本教材由山东传媒职业学院教师付素杰担任第一主编，负责构建整体架构、协调编写工作，并最终统稿；第二主编为济南市槐荫实验幼儿园园长公桂兰，负责教材中案例的收集、整理、分析，并协调录制幼儿园教育活动视频；第三主编为山东传媒职业学院教师姬瑞丽，负责制订教材编写计划、统稿校对。三位主编与副主编黄科、王苗苗、刘静、续进协调分工，完成各项目的编写工作。

感谢合肥工业大学出版社的各位编辑为本书顺利出版付出的辛勤劳动，感谢为本书提供活动案例的各位幼教界同人。同时，本书在编写过程中参考了大量同行的研究成果，在此表示真挚的感谢！

由于编者水平有限，在编写过程中难免有不足之处，我们会继续研究，不断修正，敬请读者朋友批评指正！

付素杰

2023 年 4 月

目　录

项目一　学前儿童社会教育原理

学习目标

☞ 认知目标

1. 理解社会性、社会化的内涵，领悟不同心理学理论对儿童社会性发展原理的论述；

2. 熟练说出《幼儿园教育指导纲要（试行）》《3—6 岁儿童学习与发展指南》等文件对幼儿园社会领域教育目标、内容、实施建议等内容的规定；

3. 领悟学前儿童社会领域教育活动的设计与实施原理；

4. 理解学前儿童社会领域教育评价的内容、原则与方法。

☞ 能力目标

1. 能够系统分析影响学前儿童社会性发展各要素的作用；

2. 能够分析《幼儿园工作规程》《幼儿园教育指导纲要（试行）》《3—6 岁儿童学习与发展指南》等文件与幼儿园社会领域教育目标、内容规定之间的逻辑关系和差异；

3. 能够根据幼儿园社会领域教育目标和教育内容选择适宜的教育方法；

4. 能够初步总体评价学前儿童的社会性发展水平，识别典型的发展异常行为表现；

5. 尝试对学前儿童社会领域教育活动做出科学评价。

☞ 素养目标

1. 充分意识到学前儿童社会性发展在个体发展中的价值，以及个体社会性发展与社会文化的密切关系；

2. 意识到引导学前儿童社会性发展与传承中国文化之间的内在联系；

3. 具有系统分析学前儿童社会性发展的意识；

4. 能够自觉提升自身社会性发展水平，为学前儿童做好榜样；

5. 能够自觉提升实施幼儿园社会领域教育的职业能力。

项目导学

社会性发展是学前儿童发展的重要内容，学前儿童社会教育是幼儿园教育的重要组成部分。通过对本项目的学习，可以深化对学前儿童社会性发展重要意义的认识，领悟个体社会性发展的基本原理，明确幼儿园社会领域教育的目标、内容和实施要求，提升实施幼儿园社会领域教育活动的岗位能力，引导学前儿童社会性发展。本项目的主要学习任务如图 1－1 所示。

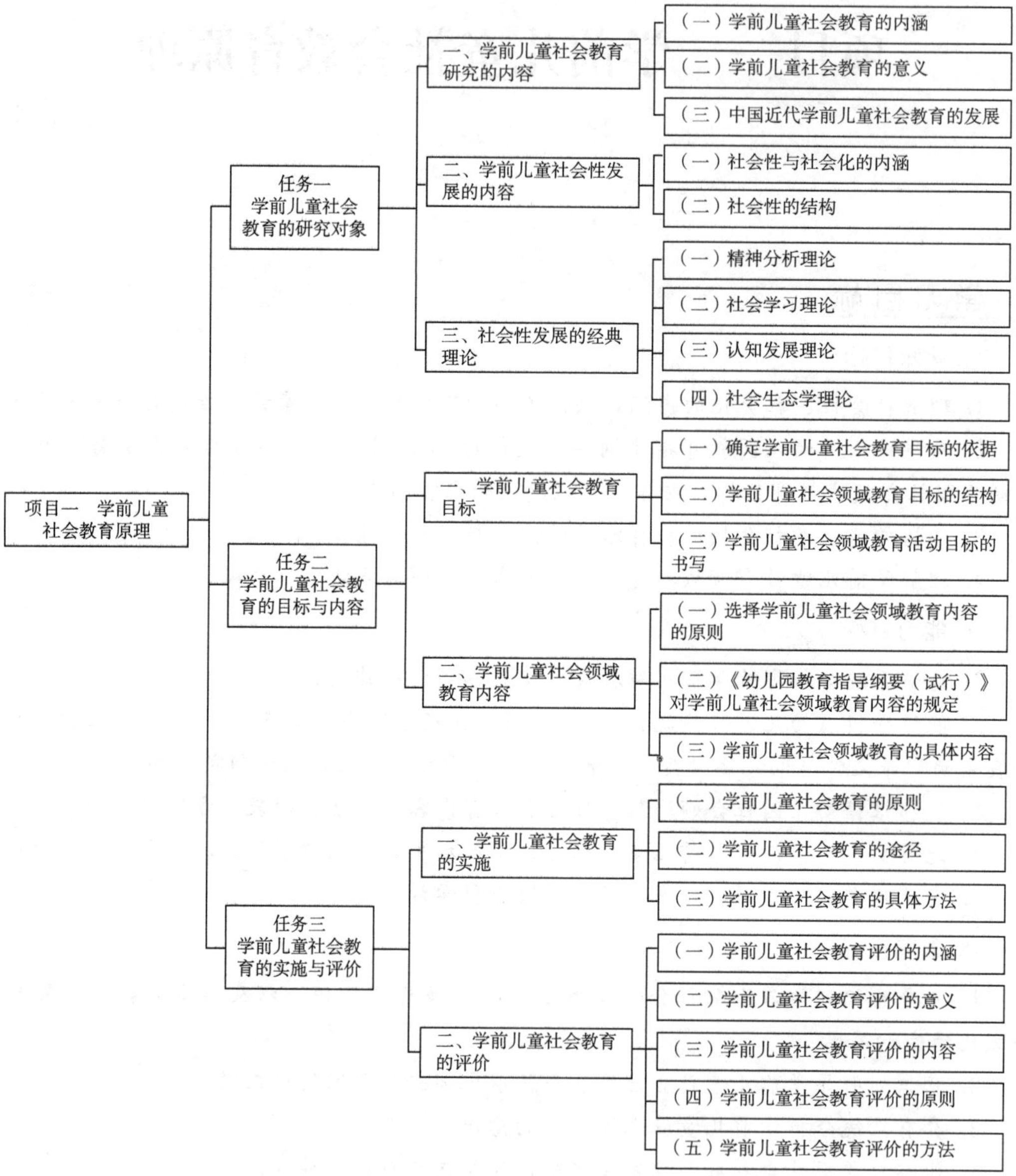

图 1－1　项目一　学前儿童社会教育原理主要学习任务思维导图

任务一 学前儿童社会教育的研究对象

情境导入

“清华大学学生用硫酸泼熊”事件中的刘某当年在清华大学机电系就读，其在北京动物园用硫酸伤害了5只无辜的黑熊，带来非常恶劣的影响，引起社会的高度关注。

刘某的家境并不富裕，他和姥姥、母亲生活在一个小而旧的房子里，姥姥已经80多岁，母亲是公交车司机，当时已经退休。母亲从小对刘某呵护备至，总是为儿子安排好一切，包括去学校的行走路线、每天穿着的衣服、时间安排等。在邻居们看来，刘某更像是一部机器，每一步都是按照他妈妈设计的路线前行，过分听话甚至失去了自我。这样的生活一直持续到他上大学。

大学同学在谈及对他的印象时说：“他自理能力特别差，生活上的很多事情都不会解决，在大学里穿衣服还成问题，有时把扣子系错，有时领子一边在里一边在外。他也很少外出，一点儿社会经验都没有，阅历很少，就是埋头读书，更像是活在自己的世界里。”

通过分析刘某的案例，你认为个体社会性发展对个体自身和社会有哪些意义呢？

知识梳理

人是社会性动物，马克思认为：“人的本质不是单个人所固有的抽象物，在其现实性上，它是一切社会关系的总和。”人类关于个体社会性的哲学思考与教育实践由来已久，从20世纪30年代开始，心理学就将其作为心理发展的重要组成部分并运用实证方法加以研究。注重社会领域的教育亦是我国学前教育的历史传统，早在20世纪初，清政府颁布的《奏定蒙养院章程及家庭教育法章程》（1904年）就强调使蒙童“远于浇薄之恶风，习于善良之轨范”。

一、学前儿童社会教育研究的内容

（一）学前儿童社会教育的内涵

《幼儿园教育指导纲要（试行）》指出：“幼儿园的教育内容是全面的、启蒙性的，可以相对划分为健康、语言、社会、科学、艺术等五个领域，也可作其他不同的划分。”并对幼儿园社会领域教育目标、教育内容和实施建议做出详细阐述。

社会教育是幼儿园教育的重要组成部分，然而，对于学前儿童社会教育的内涵，幼教界并没有形成统一的认识。通俗来讲，社会教育就是做人的教育、人格的教育，是教导儿童成为一名合格的社会成员的过程；在学术研究中，一般从发展心理学、教育学、课程建设等不同视角研究、陈述学前儿童社会教育的内涵。

有学者认为，学前儿童社会教育主要是指对学前儿童进行社会认知、社会情感、社会行为等方面的教育；具体而言是指，引导学前儿童正确认识自己、他人和社会（社会环境、社会活动、社会规范、社会文化），形成积极的社会情感，掌握与同伴、成人相互交往以及与周围环境相互作用的方式，使其有效地在社会中生存与发展的教育。①

也有学者认为，学前儿童社会教育主要是指以发展学前儿童的社会性、促进学前儿童良好社会品质形成为目标，以增进学前儿童社会认知、激发社会情感、培养社会行为技能为主要内容的教育，其根本目的是使学前儿童成长为适应社会的、健康的、幸福的人。②

还有学者认为，学前儿童社会教育是以学前儿童的社会生活事务及其相关的人文社会知识为基本内容，以社会及人类文明的积极价值为引导，在尊重学前儿童生活、遵循学前儿童社会性发展规律与特点的基础上，由教育者通过创设有教育意义的环境和组织各种形式的活动等多种途径，陶冶学前儿童性灵，以实现培育具有良好社会理解力、社会情感、品德与行动能力的健康儿童之教育目的的教育过程。③

2002 年 9 月，教育部基础教育司组织编写的《〈幼儿园教育指导纲要〉解读》将学前社会教育定义为："以发展幼儿的社会性为目标，以增进幼儿的社会认知、激发幼儿的社会情感、引导幼儿的社会行为为主要内容的教育。"

综上所述，结合发展心理学研究成果和教育原理、课程原理以及《幼儿园工作规程》等学前教育领域的纲领性文件，我们认为，学前儿童社会教育是以自我意识、社会认知、社会情感、社会行为和人际交往等学前儿童社会性发展的核心经验为教育内容，创设教育环境，通过一日生活、游戏、集体教学活动等教育途径，引导学前儿童建构社会经验，适应社会生活，为其身心和谐发展打下坚实基础的教育活动。

（二）学前儿童社会教育的意义

1. 学前儿童社会教育可以助力社会文化的传承与发展

学前儿童社会教育的重要目标之一是引导学前儿童成长为一个有文化、有教养、有德行的人。人文素养教育是学前儿童社会教育的基础内涵，人文知识是学前儿童社会教育的重要内容。学前儿童社会教育从教育目标到教育内容本身就是在特定的文化影响下形成的，通过引导学前儿童感知、体验、理解社区文化、民间艺术、传统节日等文化内容，感受文化魅力，萌发对家乡、民族、祖国的热爱之情，增强民族自豪感和文化自信，实现中华文化的传承与发展。

2. 学前儿童社会教育能够促进学前儿童社会化，培养合格的公民

蔡元培先生曾在《中国人的修养》中指出："要有良好的社会，必先有良好的个人，要有良好的个人，就要先有良好的教育。"这可以说是中国近代最早提出的公民教育思想。我国实施素质教育之后，公民教育再次被提上重要日程。从 2001 年颁布的《公民道德建设实施纲要》，到 2010 年颁布的《国家中长期教育改革和发展规划纲要（2010—2020 年）》，都把公民教育列为战略目标；从党的十六大报告提出的"建立现代公民教育体系"、党的十七大报告提出的"加强公民意识教育"，到党的十八大提出的"全面提高公民道德

---

① 李生兰．学前教育学［M］．上海：华东师范大学出版社，2006：110.

② 张岩莉．学前儿童社会教育［M］．上海：复旦大学出版社，2016：3.

③ 甘剑梅．学前儿童社会教育的内涵、性质与课程地位［J］．学前教育研究，2011（1）：53－59.

素质”，公民教育的重要性日益凸显。

新时代公民培养凸显的是基础性。在学前教育、小学教育阶段进行基本文明习惯和行为规范的教育；在中学阶段进行基本道德品质的教育；在大学阶段进行公民道德或道德品质的教育，以及较高层次的道德理想教育，即“信仰”教育。通过学前儿童社会教育，可以引导学前儿童了解自己、增强责任意识；了解自己生活的环境、为我们服务的人，热爱家乡和祖国；了解社会中人与人之间相处的社会规则，提升道德品质等。可见，开展学前儿童社会教育，可以使学前儿童初步适应社会生活，为培养富有社会责任感的公民打下基础。

3. 学前儿童社会教育可以促进学前儿童全面发展，为其一生幸福奠定基础

《幼儿园工作规程》明确指出，幼儿园的任务之一是“贯彻国家的教育方针，按照保育与教育相结合的原则，遵循幼儿身心发展特点和规律，实施德、智、体、美等方面全面发展的教育，促进幼儿身心和谐发展”，社会性是儿童全面发展的重要组成部分。

全人教育理念整合了“以社会为本”与“以人为本”两种教育观点，形成了既重视社会价值，又重视个人价值的新教育理念，其核心价值是追求个人和社会的持续成长，目标包括幸福感、智慧、同理心、使命感和其他基本技能的养成。可以说，全人教育是对人的整体教育，包括身体、心灵和精神，[①] 这是理想化的教育观念，也是中外教育家的一种理想追求。20 世纪兴起的华德福教育和蒙台梭利教育就是践行全人教育理念的实践，其创始人鲁道夫·斯坦纳和玛丽亚·蒙台梭利都十分关注儿童的整体发展，包括精神层面的发展。学前儿童社会教育的核心目标是引导学前儿童社会性健康发展，更注重学前儿童的精神成长，充分体现了全人教育思想，可以说，社会性健康发展的儿童更能适应社会，对学前儿童实施社会教育有助于为儿童未来的成长和发展奠定基础。

（三）中国近代学前儿童社会教育的发展[②]

在中国学前教育发展史上，儿童社会教育经历了漫长而又曲折的过程，从最初零星片段的思想，逐步发展成相对系统的观念，出现在幼儿园课程之中，大体经历了三个阶段。

1. 第一阶段：20 世纪初至 20 世纪中叶

1904 年 1 月，清政府颁布了中国历史上第一个学前教育法规《奏定蒙养院章程及家庭教育法章程》，规定“以蒙养院辅助家庭教育”，“收三岁以上至七岁之儿童”，这是我国第一次将学前教育列入学制系统。《奏定蒙养院章程及家庭教育法章程》第二章第一节“保育教导要旨”中有四条要求，第一条和第三条提出了培养幼儿身心健康、个性良好、行为端正的目标与要求；第二节规定应设置幼儿易懂的、有趣的、与小学迥然有别的条目，如“游戏歌谣、谈语、手技”等，这些活动均应围绕幼儿爱众乐群、涵养德性的宗旨进行。这些规定凸显了对学前儿童社会教育的重视，之后创办的蒙养院和幼稚园基本上遵循《奏定蒙养院章程及家庭教育法章程》的要求，在设置的有关科目中，直接呈现或间接蕴含了

---

① 杨雪．全人教育范式注重人的整体教育——访全人教育研究奠基人、加拿大教育专家约翰·米勒［N］．中国社会科学报，2021－12－13（03）．

② 张明红．学前儿童社会教育与活动指导［M］．上海：华东师范大学出版社，2001：1.

《奏定蒙养院章程及家庭教育法章程》的目标、内容与方法等。值得一提的是，当时我国的幼教法规、章程很大程度上照搬照抄日本的法规与章程，受日本学前教育的影响非常大。

“五四”时期的思想解放运动带动了教育领域的改革，在这个时期，也涌现出一批学前教育革新家，主要代表人物有陶行知、陈鹤琴、张宗麟等。他们开辟了学前教育中国化、科学化的道路，并开始探索和实践我国学前儿童社会教育。

著名教育家陶行知在《幼稚园应有之改革及进行方法》一文中指出：“人格教育，端赖六岁以前之培养。凡人生之态度、习惯、倾向，皆可在幼稚时代立一适当基础。”他把六岁以前当作人格陶冶最重要的时期，他说：“这个时期培养得好，以后只需顺着他继长增高地培养上去，自然成为社会优良的分子；倘使培养得不好，那么，习惯成了不易改，倾向定了不易移，态度决了不易变。这些儿童升到学校里来，教师需费尽九牛二虎之力去纠正他们已成的坏习惯、坏倾向、坏态度，真可算为事倍功半。”

陈鹤琴先生非常关注学前儿童的社会教育，他把“社会”和“生活”作为组织幼儿园课程的两大中心，提出著名的“五指活动课程”，即儿童健康、儿童社会、儿童科学、儿童艺术、儿童语文五个方面。其中，儿童社会包括朝夕会、周会、纪念日集会、每天的谈话、记忆政治常识等。在他的“活教育”理论体系中，更是把“做人”作为三大纲领之一，即“做人，做中国人，做现代中国人”。他认为，做一个真正的人，必须热爱人类，热爱真理，以“世界一家”的思想为人类最终目标；做一个中国人必须热爱自己的国家，热爱自己的同胞，为自己国家的兴旺发达而努力；做一个现代中国人，必须考虑中国现代社会对人的要求，勤奋学习，掌握知识，为祖国的繁荣富强而努力。

张宗麟作为中国学前教育史上的第一位男幼儿教师，在幼儿社会教育方面更是有突出的贡献。他于20世纪30年代写作出版的《幼稚园的社会》一书是中国幼教史上最早以现代主义教育立场，全面、深入地论述学前儿童社会教育的重要著作，对学前儿童社会教育的目标、内容、原则与方法等重要内容进行了详尽的阐述。

总之，这一阶段，社会教育、社会课程作为幼儿园教育、幼儿园课程的有机组成部分逐渐得到确立，社会课程的结构、体系以及实践都得到了较大的发展。

2. 第二阶段：20世纪中叶至20世纪90年代中期

1996年，原国家教育委员会正式颁布《幼儿园工作规程》，这是学前儿童社会教育发展第二阶段的主要标志。

在中华人民共和国成立以后的很长一段时间内，幼儿园课程架构中取消了社会领域课程，代以“常识”或“思想品德”课程。

“常识”包括“社会常识”和“自然常识”两个部分。其中，“社会常识”更多地体现了社会知识层面，局限在对社会环境中的社会机构、社会成员等方面的认知上，因而不可能做到全面促进学前儿童的社会认知及社会性发展。因此，以“常识”课程来替代“社会教育”课程是不科学的。

同样，学前儿童社会教育也不等同于“品德教育”。品德作为个人依据一定的社会道德行为规则，在行动时所表现出来的某些稳定的特征，只是个体社会性发展目标中的一部分，是社会道德在个体身上的具体化。因此，作为个人社会品质的灵魂，品德不可能泛指或涉及所有个人生活的社会属性，它只能包含在社会性之中。因此，“品德教育”也只是社会教育的内容之一，并不能完全代替社会教育。

《幼儿园工作规程》提出幼儿园保育和教育的四大目标，其中之一便是学前儿童社会领域教育，即“萌发幼儿爱祖国、爱家乡、爱集体、爱劳动、爱科学的情感，培养诚实、自信、友爱、勇敢、勤学、好问、爱护公物、克服困难、讲礼貌、守纪律等良好的品德行为和习惯，以及活泼开朗的性格”。《幼儿园工作规程》还对幼儿园的品德教育进行了准确的定位，指出“幼儿园的品德教育应当以情感教育和培养良好行为习惯为主，注重潜移默化的影响，并贯穿于幼儿生活以及各项活动之中”。《幼儿园工作规程》的颁布，为建立与完善幼儿园社会领域课程提供了政策及理论上的支持。

3. 第三阶段：20 世纪 90 年代中期至今

2001 年 7 月，教育部颁发了《幼儿园教育指导纲要（试行）》，这是学前儿童社会教育发展第三阶段的主要标志，是由德育走向社会教育的开始。《幼儿园教育指导纲要（试行）》是对幼儿园课程具有直接指导意义的纲领性文件，它将幼儿园课程大致划分为健康、语言、社会、科学、艺术五大领域。其中，社会领域部分将社会教育的目标、内容和要求、方法和途径等进一步具体化，使幼儿园社会教育课程的设计和实施有了明确的原则和方向。从此，学前教育学界不断开展相关理论和实践研究，许多学前教育工作者创造性地设计和实施了一系列社会教育活动，有效地促进了我国学前儿童社会教育领域教学和科研活动的开展。

为深入贯彻《国家中长期教育改革和发展规划纲要（2010—2020 年）》（以下简称《教育规划纲要》），落实《国务院关于当前发展学前教育的若干意见》（以下简称“国十条”），帮助广大幼儿园教师和家长了解 3～6 岁儿童学习与发展的基本规律和特点，全面提高科学保教水平，2012 年 10 月 9 日，教育部印发了《3—6 岁儿童学习与发展指南》（以下简称《指南》）。《指南》从研制过程到形成最后的文本，充分体现了科学性、民主性、先进性、时效性、操作性等特点。在学前教育跨越式发展的历史新阶段，研究制定《指南》，是贯彻落实《教育规划纲要》和学前教育“国十条”的重要举措。《教育规划纲要》明确提出，遵循幼儿身心发展规律，坚持科学保教方法，保障幼儿快乐健康成长。“国十条”明确要求“国家颁布幼儿学习与发展指南”。《指南》的印发对于有效转变公众的教育观念，提高广大幼儿园教师的专业素质和家长的科学育儿能力，防止幼儿园“小学化”倾向，全面提高学前教育质量具有重要意义。

（四）学前儿童社会教育与其他领域教育的关系

陈鹤琴先生将幼儿园课程活动称之为“五指活动”，他认为，五大活动好比人的五个手指，息息相关，相互配合。五指活动结成一张教育的网，它们有组织、有系统、合理地编织在学前儿童的生活中。甘剑梅老师主张用身处无意识环境影响的完整的人来表达这五大领域的关系（如图 1 - 2 所示），即用身体的不同部位表达五大领域各自的作用，身体各部分相互配合，最终目标是培养完整的儿童，为儿童一生的完整发展奠定基础。人体与圆圈中的空白标示着影响学前儿童发展的无意识环境，它渗透在学前儿童所处的所有环境中。

整个人体部分代表有意识的五大教育领域，其中头部标示的是社会教育，它为学前教育提供价值的指引。没有价值指引的学前教育是盲目的，无助于人类进步的教育价值指引则是无益的，因而，学前教育的第一步是根据儿童的身心发展规律和社会健康发展的需要，思考我们要培养什么样的儿童。躯干是健康教育，它是学前教育的主体。学前阶段所有的教育内容都需要考量是否有益于学前儿童的整体健康，违背学前儿童整体健康发展的价值观、知识与能力都不具有教育性，也不值得提倡。右手是美术教育，左手是音乐教育，它们是帮助学前儿童体验世界之美的两种途径。右脚是科学教育，左脚是语言教育，它们是帮助学前儿童认识与表达对世界的理解和体验的两种有效途径。从它们各自的功能来看，五大教育领域对于学前儿童的完整发展来说都是不可或缺的。

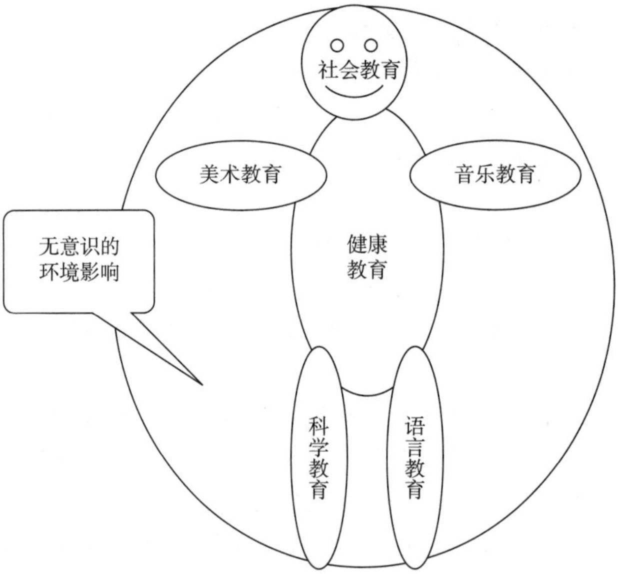

图 1－2　五大教育领域整合关系示意图

二、学前儿童社会性发展的内容

个体社会性发展的内容丰富，心理机制复杂。学前儿童社会性发展的过程是学前儿童从自然人逐步发展成为社会人的过程，因此，理解个体社会性的内涵及内容，领悟学前儿童社会性发展的心理机制，是实施学前儿童社会教育的前提与基础。

（一）社会性与社会化的内涵

1. 社会性的内涵

心理学家、教育学家、社会学家、文化人类学家等不同学科的研究者都十分关注人的社会性和社会性发展过程，但关注的角度有所不同。心理学家重视个体社会性发展的心理规律，试图发现遗传因素、情绪、气质、认知等是怎样在其中发挥功能的，以及个体之间、群体之间的差异。教育学家重视教育对儿童社会化过程的影响作用，试图寻找有效的干预措施和训练方法，因此，他们非常重视心理学家所发现的那些个体社会化的规律。社会学家的视野则远远超出了学校的范围，他们重视的是人类生活、学习、工作、娱乐的所有基本单元，即各种人的群体，如家庭、工作单位、非正式群体、临时群体，而不是个体。他们最感兴趣的是所有这些群体怎样对人的社会化产生影响和发挥作用，这些群体怎样演变，以及社会大环境、大背景，如政治、经济、法律、传播媒介等怎样影响人的社会化过程和群体的演变。文化人类学家关注的焦点比社会学家范围略窄些，他们从自己独特的眼光来看待和研究人的社会化过程，这个独特的视角就是种族、民族的演变和形成、各种文化和亚文化模式如何影响人的社会化过程。①

因此，研究者对社会性的界定一般有广义和狭义之分。广义的社会性是指人在社会上，在生存过程中所形成的全部社会特性的总和，包括人的社会心理特性、政治特性、道德特性、经济特性、审美特性、哲学特性等等，它是和人作为生物个体的生物性相对而言的。

心理学与教育领域对社会性的研究一般称为狭义的社会性。陈会昌教授认为，社会性是指由于个体参与社会生活、与人交往，而在其固有的生物特性基础上形成的那些独特的心理特性，它们使个体能够较好地适应周围的社会环境，正常地与别人交往，被别人影响，反过来也影响别人，在努力实现自我完善过程中积极地影响和改造周围环境。林崇德教授将社会性定义为："社会性是指由人的社会存在所获得的一切特征，是符合社会规范的典型行为方式。"

2. 社会化的内涵

个体社会性发展实际上是个体接受和内化社会规范，学习社会行为，形成和发展社会心理特性的过程，即社会化。例如，墨森认为"社会化是儿童学习他们的文化或社会中的标准、价值和所期望的行为的过程"，包括社会性情绪、对父母亲人的依恋、气质、道德感和道德标准、自我意识、性别角色、亲善行为、对自我和攻击性的控制、同伴关系等等。可以说，社会性强调人的社会特性发展和演变的结果，而社会化强调人的社会特性发展和演变的过程。

（二）社会性的结构

社会性结构主要是指个体社会性发展所包含的具体内容，一般有两种划分方法：其一是心理学传统的划分方法，将其分为社会认知、社会情感和社会行为；其二是分析社会性所包含的具体内容，在分析时，不同的学者具有不同的描述。

1. 社会性"三分法"结构

康德提出的"三分法"理论对心理学产生了深远影响。例如，有心理学家将自我意识划分为自我认知、自我情绪体验和自我控制，在实施道德教育时主张"晓之以理，动之以情，导之以行"等，均体现了用"三分法"分析心理现象。按照"三分法"分析社会性结构，可以将其分为社会认知、社会情感和社会行为三个要素，它们相互联系又彼此独立，共同构成社会性发展的内容。

（1）社会认知是社会行为产生的重要前提

认知是"人脑反映客观事物的特性与联系，并揭露事物对人的意义与作用的心理活

---

① 陈会昌．儿童社会性发展的特点、影响因素及其测量——《中国 3—9 岁儿童的社会性发展》课题总报告［J］．心理发展与教育，1994（4）：1-17.

动”①。社会认知是指个体对他人、自我、社会关系、社会规则等社会性客体和社会现象及其关系的感知、理解的心理活动。社会认知对情感、行为具有直接的影响，是社会情感和社会行为产生的重要前提，可以说“个体的社会行为和情绪反应，部分取决于个体是如何思维的”。例如，学前儿童只有在注意到并且理解了对面小朋友遇到了困难，才会产生移情性体验，并有可能做出助人、安慰等亲社会行为。

（2）社会情感是社会行为产生的内在动力

情感是对客观事物是否符合个体愿望而产生的内心体验。情感具有适应功能、动机功能、组织功能。例如，当人处于积极情绪体验时，会注意事物美好的一面，愿意接纳事物，行为也比较开放。同样，社会情感体验也是推动社会行为的重要力量。例如，做错事情后，感受到内疚的儿童更容易改正错误，表现出亲社会行为；面对别人的困难，富有同情心的儿童更容易做出帮助行为。

（3）社会行为是社会性发展的直接表现

行为是个体所发出的可观察、可测量的动作或活动。人类个体或若干个体有意识或无意识地影响到他人（单个或多个）的行为称作社会行为。影响他人的标志是，由于该行为的表现或发出使他人的感知过程或他人的行为发生了变化，而对该行为意义感知的准确程度则另当别论。社会行为是儿童社会性发展的外在表现形式，例如，知道家乡哺育了自己（认知），具有深厚爱家乡情感（情感）的个体，会在家乡需要的时候贡献出自己的力量，支持家乡发展（行为）。

小资料

社会行为与行为

社会行为与行为，因是否影响到他人而有所区别。在现实生活中，一个人的行为或行动随时都有转变成社会行为的可能。一个人在房间里低声哭泣，没被其他任何人感知，该行为在这段时间里，在这个特定环境下，只是一个单纯的行为（或可能是一个单纯的运动）。但是，行为一旦被他人所知（被门外的人听到或看到），它就变成社会行为了。也就是说，行为一经被他人感知或使他人的行为发生变化，就会马上转化成社会行为。又如，一个人乘坐电梯时，电梯内没有其他人，他打了一个喷嚏，这个打喷嚏的行为可能只是一个单纯的行为。但是，如果电梯内有其他人时，这个人打喷嚏时产生的飞沫有可能溅到别人的身上或使他人略有惊愕，这个打喷嚏的行为就是社会行为了。

2. 社会性的内容结构

国内外诸多心理学工作者从内容角度探讨了儿童社会性发展的内容，现选取一些比较有影响力的内容做简单介绍。

著名心理学家艾森克在《心理学》一书中，将社会性发展内容分为气质、自我与他人

① 陈帼眉．学前心理学［M］．北京：人民教育出版社，1989：343.

的概念、早期同伴关系、友谊与社会关系地位、攻击与欺负、亲社会行为与道德、性别差异等。

《儿童心理学手册（第 3 卷）》主题为“社会、情绪与人格发展”，其内容包括自我、同伴交往、亲社会发展、青年的攻击与反社会行为、德行发展、性别发展、成就动机的发展、人际关系中的青少年发展。

齐格勒认为，人的社会性主要包括人的社会知觉和社会行为方式。通过社会知觉，人们觉察他人的想法，向他人表达行为的动机和目的；通过社会行为的学习，人们掌握约定俗成的举止行为、道德观念，从而能够适应自己所生存的社会。

王振宇根据不同的社会范畴，将儿童的社会性划分为人与自己之间的自我发展、人与他人之间的人际关系、人与物之间的社会规范三个维度。①

陈会昌通过因素分析，从知、情、意三个维度将儿童社会性发展分为自我概念、意志品质、道德品质、社会认知、社会性情感、社会技能和社会适应七个方面。②

王健敏认为，儿童社会性发展最集中地反映在对己、对人、对事三个方面，核心内容是由自制力、合作性、责任心构成的三维品质结构，其不仅直接反映着儿童社会性发展的基本面貌，也是儿童心理健康的基本要素，以及个体今后社会适应性发展的重要预测指标。自制力指个体在社会活动中，以社会价值取向为标准，用社会规范规范自己不合时宜的欲望，而使行为符合群体或社会的要求；合作性指个体在社会交往中，与同伴协同活动、分担与共享的心理倾向以及利他性和集体主义的价值取向；所谓责任心，是指个体在社会交往中，对自身的社会角色以及角色所应承担的义务的认知和情感体验。③

3. 学前儿童社会性的内容结构

我国对学前儿童社会性内容构成的研究比较有代表性的是庞丽娟教授团队的研究，④他们认为，学前儿童社会性品质的主要方面可以概括为自信心、自制力、同情心、责任心和克服困难的勇气与意志力等，构成社会性品质结构的这五个维度间存在显著的相关。换言之，社会性品质结构是由这五个主要品质组成的相互联系、相互影响的有机整体。其中，同情心、自制力在社会性品质结构中居核心地位。幼儿同情心、自制力的缺乏不仅反映在他们不能对他人关心、友善，不能自制等方面，而且会严重影响其他社会性品质，如责任心、克服困难的勇气与意志力、自信心等品质的发展。

综合个体社会性结构的三分法和内容结构，以及《幼儿园教育指导纲要（试行）》《3—6 岁儿童学习与发展指南》等纲领性文件对社会领域教育目标和教育内容的阐述，我们选取自我意识、社会认知、社会情感、社会行为和人际交往这五个学前儿童社会性发展的核心经验作为重点论述内容。

---

① 王振宇，等．儿童社会化与教育［M］．北京：人民教育出版社，1992.

② 陈会昌．儿童社会性发展的特点、影响因素及其测量——《中国 3—9 岁儿童的社会性发展》课题总报告［J］．心理发展与教育，1994（4）：1－17.

③ 王健敏．儿童社会性三维结构形成实验研究报告［J］．心理发展与教育，1996（2）：12－18.

④ 庞丽娟，姜勇，叶子．幼儿社会性品质的结构维度及其对社会性行为的影响［J］．心理发展与教育，2000（4）：14－19.

三、社会性发展的经典理论

人们对儿童社会性发展的研究起源于20世纪初期，至20世纪70年代末期，关于儿童社会性发展的主要理论流派有精神分析理论、社会学习理论和认知发展理论。近年来，习性学、社会生态学等理论对儿童社会性发展的探讨也越来越深入。

(一) 精神分析理论

直接推动并促成了心理学者对儿童社会性发展进行研究的是以弗洛伊德为代表的精神分析学派。

弗洛伊德提出的主要观点有：遗传和环境共同构成了个体心理发展的动力，个体的人格由本我、自我、超我三部分组成；儿童心理发展可以划分为口唇期、肛门期、性器期、潜伏期和生殖早期等。

新精神分析主义者埃里克森认为，考察儿童心理发展要同时考虑生物因素和社会文化因素，儿童的自我在个体与周围环境的相互作用中起着一种整合作用，儿童发展的过程即按某一方式社会化的过程；在这一过程的不同年龄阶段，儿童与环境之间存在不同的心理冲突，面临不同的发展任务或危机。据此，可以将个体人格和社会性发展划分为8个阶段，即基本的信任对不信任（0～1岁）、自主对羞怯与疑虑（1～3岁）、主动对内疚（3～6岁）、勤奋对自卑（6～12岁）、统一性对角色混乱（12～17岁）、亲密对孤独（成年早期）、生殖对停滞（成年期）和自我整合对绝望（老年期）。

可以说，精神分析理论对个体心理发展的描述是心理学史上对人的社会性发展过程最早的描述。

(二) 社会学习理论

社会学习理论诞生于行为主义日益陷入困境，认知心理学迅速崛起的历史背景下，主要代表人物有班杜拉和沃尔斯特。

社会学习理论认为，个体行为的变化是个体内在因素和环境因素相互作用的结果，个体社会行为起源于以强化为中介的直接学习和模仿。强化是儿童获得行为的重要机制，可以分为直接强化、替代强化和自我强化。直接强化是儿童自己行为的结果对今后重复该行为产生的影响，在直接学习中，主要是直接强化起作用；替代强化是通过观察他人的行为或行为结果而对学习者的行为产生的影响，观察学习（模仿）主要是替代强化的作用；自我强化是儿童通过信息反馈进行自我评价和调节，并以自己确定的奖励来加强或维持自身行为的过程。

在直接学习中，儿童某种行为的结果直接决定着儿童是否重复这种行为，取得了积极的结果就会重复，否则就不会重复。例如，学前儿童试图加入同伴的游戏时，做出礼貌的请求行为，别的小朋友接受了他，他就学会了礼貌；如果儿童做出的是抢夺玩具、强行改变别人的游戏玩法等行为，并因此遭到同伴的拒绝，这种行为再次出现的可能性就会降低。

观察学习，是儿童习得社会性行为的重要途径或机制，人类的很多行为需要通过观察习得，观察学习能使儿童避免很多惩罚。例如，在幼儿园取餐、洗手、玩大型玩具时，小朋友要遵守排队规则。如果有一名幼儿不排队，老师对其加以提醒或批评，那么其他幼儿就学会了排队，并避免了因不排队而可能受到的惩罚。

（三）认知发展理论

认知发展理论是20世纪二三十年代由皮亚杰创立的理论流派，是20世纪最有影响力的心理学流派之一。皮亚杰提出的儿童认知发展理论、儿童道德认知发展理论等内容对20世纪的教育改革产生了重大影响。

皮亚杰认为，儿童是在探索周围环境的基础上主动建构知识的。换言之，从出生起，儿童就是其自身发展的内在动因，他们并不是被动地接受外界刺激，而是积极地从环境中寻找、选择适合自己的刺激，与环境发生交互作用。因此，父母养育儿童更像是与有独立观点的伙伴进行“谈判”的过程，而不是用“模具”对儿童进行塑造的过程。

儿童的社会性发展与认知发展是相互依存的，相对而言，认知发展是一个更为基本的过程。可以说，儿童的某些社会机能只有在认知机能形成之后才会出现，儿童各阶段的社会性发展特点均可以从认知发展中找到相应的根源或者依据。

（四）社会生态学理论

从20世纪70年代开始，心理学家认为对儿童心理的研究结果应该尽可能地反映个体在自然、真实的生活情境中的心理表现与变化，越来越重视心理学研究的生态化研究取向，其主要代表人物为布朗芬布伦纳。他认为，对儿童心理发展的研究应当在自然环境和具体的社会背景下进行，强调个体心理发展的情景性①，提出了人与其生活环境相互作用的行为生态系统理论模型，被认为是心理学研究领域的重大进步。

布朗芬布伦纳将人生活于其中并与之相互作用的不断变化的环境称为行为系统，并以影响儿童心理发展的直接程度为标准将其分为4个层次，从直接到间接分别是微观系统、中间系统、外部系统和宏观系统。

微观系统指个体活动和交往的直接环境，它是不断发展变化的。对大多数婴儿来说，微观系统仅限于家庭；随着儿童逐渐成长，其活动范围逐步扩展，幼儿园、学校和同伴关系陆续纳入儿童的微观系统中来。对学生而言，学校是除家庭以外对其影响最大的微观系统。布朗芬布伦纳强调，儿童在微观系统中成长发展，所有的关系都是双向的，成人影响着儿童，但是也必须看到，儿童的生理特性和社会性特性，比如气质特点、人格和能力等也影响着成人的行为。

中间系统是指影响个体发展的两个或多个微观系统之间的相互联系或关系。布朗芬布伦纳认为，各微观系统之间存在的较强的支持性联系可以实现儿童发展的最优化，相反，各微观系统之间的非积极的相互联系则可能对儿童发展产生消极的后果。例如，妈妈的教育方式如果与学校的教育理念相一致，爸爸、祖父母等家庭成员亦赞同并支持妈妈的教育

① 刘杰，孟会敏．关于布朗芬布伦纳发展心理学生态系统理论［J］．中国健康心理学杂志，2009，17（2）：124－126.

方法，则会对学前儿童的发展产生促进作用；反之，则不能形成方向一致的教育合力，会让学前儿童无所适从，从而对其发展产生不利影响。

外部系统是指那些儿童并未直接参与，却对他们的发展产生影响的系统，外部系统对儿童发展的影响是间接的。例如，父母的工作环境就是外部系统中的因素，学前儿童所在家庭的情感关系可能会受到父母是否喜欢其工作的影响。

宏观系统是指个体生活中的文化模式，例如，某种文化或亚文化的主流价值观、信仰、习俗以及经济文化体系。宏观系统是一个广阔的意识形态，这些因素会渗透到儿童的生活之中。例如，社会文化中的儿童观、教育观等观念，会规定社会应该如何对待儿童，教给儿童什么以及儿童应该努力的目标；如果本地文化观念里对离异家庭儿童存在偏见，当地离异家庭的孩子可能会因为这种宏观系统的影响而产生心理上的负担，影响其整体发展。

任务单

知识检测

评价标准	自我评价	小组评价	教师评价
可以说出社会性的内涵			
能够举例解释社会性与社会化的区别			
可以说出社会性三分法结构的教育意义			
能够说出不同心理学家对社会性发展内容结构的描述			
可以说出各理论流派关于个体社会性发展的观点的异同			
能够分析学前儿童社会教育学科发展对当今学前教育实践的影响			

案例分析

1989 年，联合国世界卫生组织将健康定义为“不仅是没有疾病，而且包括躯体健康、心理健康、社会适应良好和道德健康”。无论是从全社会人力资源开发与社会主义精神文明建设角度看，还是从个人发展、提高活动效率以及改善生活品质角度看，维护公民的心理健康都是一项十分重要而严肃的工作。对于社会适应与心理健康的关系问题，有人认为，社会适应是构成心理健康的重要方面；也有人认为，社会适应是心理健康的本质，当然，也有学者反对将社会适应良好与否作为评判心理健康的标准。尽管这些观点存在分歧，但大多数教育工作者还是认为社会适应与心理健康存在密切关系。你如何看待社会适应与心理健康之间的关系呢？结合社会性的心理结构，谈一谈我们该如何提高自己的社会适应能力。

参考答案

1. 结合自己的体验辩证地思考社会适应与心理健康的关系，提高对个体社会性发展重要性的认识。

2. 根据社会性“三分法”结构，社会性包含社会认知、社会情感和社会行为三个方面。因此，提高社会适应能力的具体方法有：(1) 主动接触社会环境，提高社会认知水平；(2) 用心体验，培养积极的社会情感；(3) 积极参与社会生活，优化社会行为。

精准备考

一、填空题。(请将正确答案写在横线上)

1. 个体接受和内化社会规范，学习社会行为，形成和发展社会心理特性的过程，称为________________。

2. 王振宇按照不同的社会范畴将儿童的社会性划分为人与自己之间的自我发展、人与他人之间的人际关系和________________________三个维度。

二、单项选择题。(请选出唯一正确的答案)

1. 按照“三分法”分析社会性结构，可以将其分为(　　)。

A. 认知、情感和行为

B. 自我概念、同伴关系、亲社会行为

C. 自我意识、同伴交往、气质

D. 社会认知、社会情感和社会行为

2. (　　)认为在不同的年龄阶段，儿童与环境之间存在不同的心理冲突，面临不同的发展任务或危机，并据此将个体人格和社会性发展划分为 8 个阶段。

A. 埃里克森　　B. 弗洛伊德

C. 皮亚杰　　D. 班杜拉

三、判断题。(正确的打√，错误的打×)

1. 社会性指由于个体参与社会生活、与人交往，而在其固有的生物特性基础上形成的那些独特的心理特性。　(　　)

2. 班杜拉认为，儿童从出生起就是其自身发展的积极动因，积极地从环境中选择适宜刺激，而不是被动接受，因此，父母抚养儿童更像是与有自己观点的伙伴进行“谈判”的过程，而不是用“模具”对儿童进行塑造的过程。　(　　)

参考答案

一、1. 社会化　2. 人与物之间的社会规范

二、1. D　　2. A

三、1. √　　2. ×

任务二　学前儿童社会教育的目标与内容

情境导入

近年来，幼儿园加大了课程改革的力度，力图进一步克服“教师中心”现象，更多地关注学前儿童的兴趣、需要及个性化发展。伴随这一趋势，被称为“过程模式”的课程范式在我国学前教育界引起了广泛关注，特别是对以瑞吉欧为代表的生成课程更是反响强烈。但值得注意的是，新的理念在带来变化的同时也带来了挑战，不少教师感到困惑，提出了许多问题。比如：“一会儿说目标必须在前，一会儿又说目标在过程中生成，这到底是怎么回事?”“生成课程是以幼儿发展为本，是不是不能再用目标模式了?”①等等。

应该怎样认识这些问题呢？在本次学习任务完成后，你是否可以找到答案呢？

知识梳理

“现代课程之父”泰勒认为，编制课程必须科学回答四个问题，即：(1) 学校应该达到哪些教育目标？(2) 提供哪些教育经验才能实现这些目标？(3) 怎样才能有效地组织这些教育经验？(4) 我们怎样才能确定这些目标正在得到实现？泰勒并没有试图直接回答这些问题，因为教育阶段不同、学校性质不同，答案也会有所差异。在他看来，他只提出思考这些问题的方法与程序，由此构成考察课程与教学问题的基本原理，即著名的“泰勒原理”②。把这四个问题作为编制课程的四个步骤，依次为确定目标、选择经验、组织经验和评价结果，其中，确定目标是最为关键的一步，因为其他所有步骤都是围绕或紧随目标陈述的。以“泰勒原理”为指导，让我们开启对学前儿童社会领域课程的学习。

一、学前儿童社会教育目标

“凡事预则立，不预则废。”目标是一切工作的出发点和落脚点。学前儿童社会教育目标是学前儿童社会教育活动实施的起点与归属，课程目标的价值取向和定位直接影响着课程内容的选择以及课程实施的方向。

(一) 确定学前儿童社会教育目标的依据

根据“泰勒原理”，教师首先需要根据对学生的研究、对当代生活的研究和学科专家的建议，尝试确定一般性教育目标。但由于学校的教育时间和能量有限，教师需要把精力

---

① 李季湄．关于幼儿园课程的几个问题——幼儿园教育目标、课程目标及其课程模式［J］．学前教育研究，2001 (1)：27－30.

② 施良方．泰勒的《课程与教学的基本原理》——兼述美国课程理论的兴起与发展［J］．华东师范大学学报(教育科学版)，1992 (4)：1－24.

集中在非常重要的目标上。与其说学校领导与教师是在制订目标，还不如说他们是在选择目标。泰勒建议用教育哲学和学习理论作为筛子对一般性目标进行筛选，具体思路如图1－3所示。

具体到学前儿童社会教育，应在系统分析学前儿童社会性发展水平、当今社会发展的需要以及学前儿童社会教育学科研究成果的基础上，选择适宜的学前儿童社会教育目标，指引学前儿童社会教育活动的实施，提高学前儿童社会教育质量。

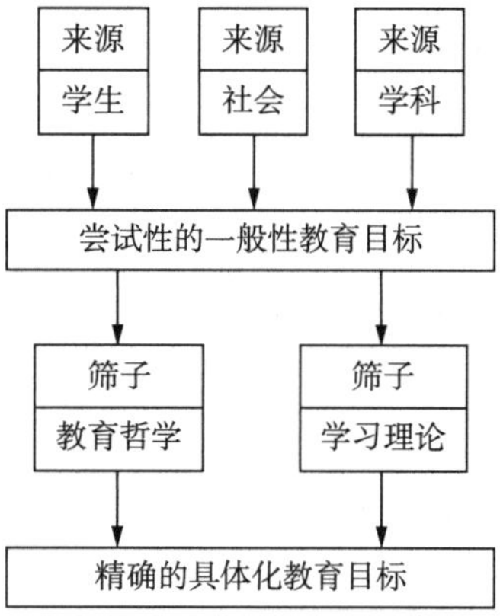

图1－3　泰勒选择教育目标原理示意图

1. 以学前儿童社会性发展水平为依据

20世纪30年代初，维果茨基扬弃了心理学界对教学与发展问题的研究，提出“最近发展区”的概念。最近发展区指“儿童独立解决问题的实际发展水平与在成人指导下或在有能力的同伴合作中解决问题的潜在发展水平之间的差距”。同时，他还提出了“教学最佳期”这一概念，并指出好的教学应该处于由“最近发展区”决定的“教学最佳期”。对儿童而言，“最近发展区”会因其所处的社会、文化背景，以及所拥有经验的不同而不同。也可以说，最近发展区作为一种可能性不是唯一的亦不是统一的，而是因儿童心理发展阶段以及心理发展内容的不同而有所不同。

根据维果茨基的心理发展与教育思想，学前儿童社会性发展的最近发展区是我们确定社会领域教育目标的依据。《幼儿园教育指导纲要（试行）》《3—6岁儿童学习与发展指南》等文件，根据我国学前儿童社会性发展规律与年龄特点确定了学前儿童社会教育的总目标和年龄目标。在具体工作中，教师要以这些纲领性文件为指导，科学观察与评价本园、本班幼儿社会性发展的实际水平，并据此选择、确定更有针对性的社会领域教育目标。

2. 以社会对学前儿童社会性发展的要求为指引

1918年，博比特出版了第一本专门论述课程的著作《课程》。博比特认为，课程是通过对人类活动的分析而被逐渐发现的东西。所以“课程发现者首先是对人性和人类事务的分析者”，即要发现当代人类社会所需要的特定的“能力、态度、习惯、鉴赏力和知识的形式”。

2021年修订的《中华人民共和国教育法》第一章第五条规定：“教育必须为社会主义现代化建设服务、为人民服务，必须与生产劳动和社会实践相结合，培养德智体美劳全面发展的社会主义建设者和接班人。”幼儿园教育是我国基础教育的重要组成部分，是学校教育制度的基础阶段，《幼儿园工作规程》明确指出，幼儿园教育的任务之一即“贯彻国家的教育方针，按照保育与教育相结合的原则，遵循幼儿身心发展特点和规律，实施德、智、体、美等方面全面发展的教育，促进幼儿身心和谐发展”。

因此，学前儿童社会教育必须以教育理论为指导，以法律法规为准绳，深入分析当今社会对个体社会性发展的要求，确定学前儿童社会教育活动的各层次目标。

3. 以学前儿童社会教育的学科发展为指导

就学科性质而言，学前儿童社会教育是一门介于社会心理学、儿童发展心理学与教育学之间的边缘性学科，具有不同于其他学科的独特性质、任务，以及教育原理和策略手段，是一门兼具理论性与实践性的复杂学科。

在确定学前儿童社会教育目标时，既要考虑学前儿童发展心理学关于学前儿童社会性发展的最新研究成果，也要参考社会心理学对个体社会化的研究内容，同时深入学习和理解学前儿童社会教育的原则与方法，综合各种影响因素，选择切实可行的学前儿童社会教育目标。

小资料

1934 年，泰勒在其著作《成绩测验的编制》中提出了评价活动的原理；1949 年，他又在《课程与教学的基本原理》一书中提出了课程编制的原理。前者使他被称为“当代教育评价之父”，后者则被视为现代课程研究的范式，并使他被誉为“现代课程理论之父”。正如泰勒在 20 世纪 80 年代回顾自己的研究时所说：“这两条原理都是作为特定环境条件下的产物而形成的。”

1929—1933 年席卷美国、波及全球的经济大萧条对学校教育提出了挑战：一方面，失业率剧增致使大多数中学毕业生无法找到工作又不可能进入大学；另一方面，少数进入大学的学生又有相当一部分人读了一年之后就退学了。因此，如何改进学校的课程与教学以缓和日趋激化的社会矛盾成了当时美国教育界亟待解决的问题。为了寻找帮助学校教育走出绝境的途径，美国进步教育协会率先发起了著名的“八年研究”。参与这项实验研究的除了专业研究人员外，还有由美国的 30 所大学、学院和研究人员挑选出来的 30 所中学。

“八年研究”不仅对美国大学入学要求和中学课程产生了深远的影响，同时，由于它指出了教育目标、课程设计和评价过程之间存在密切的联系，既孕育了教育评价领域，又为现代课程理论奠定了基础。泰勒的评价原理和课程原理相互依存，其中每一条原理都被称为“泰勒原理”。

思考：通过上述资料，你认为教育与社会（政治、经济、文化）之间存在什么样的关系？

（二）学前儿童社会教育目标的结构

学前儿童社会教育目标是由多维度、多层次组成的内容丰富的目标体系。从纵向角度看，主要有学前儿童社会教育三年的总目标、各年龄班的目标、月目标（主题活动目标）和具体教育活动目标；从横向角度看，可以从认知、情感、行为技能三个维度分析，内容指向自我意识、社会认知、社会情感、社会行为和人际交往等学前儿童社会性发展的核心经验。

1. 学前儿童社会教育目标的层次结构

教育目的必须具体化，使之成为同课程开发、教学设计、教育评价活动有直接关系的教育目标，体现在学前教育阶段就是幼儿园教育的总目标；课程是实现教育目标的桥，课程目标是一定的教育目标在课程领域的具体化。[①] 社会领域教育作为幼儿园五大领域教育之一，必须明确其三年的课程总目标，并根据学前儿童的年龄特点，将总目标逐步分解，逐一确定年龄目标、月目标、具体教育活动目标。

（1）学前儿童社会教育的总目标

学前儿童社会教育总目标是学前儿童社会教育需要达到的最终教育效果，是制定其他层次教育目标的重要依据。《幼儿园工作规程》《幼儿园教育指导纲要（试行）》《3—6 岁儿童学习与发展指南》等文件对幼儿园社会领域教育总目标均有论述，这些论述具有规范性、普遍性、模糊性和概括性等特点，亦体现了成果导向性，幼教工作者可以将其作为制定本幼儿园社会领域教育目标的依据。

①《幼儿园工作规程》对社会领域教育目标的阐述

《幼儿园工作规程》第五条为“幼儿园保育和教育的主要目标”，分别从德、智、体、美四个范畴对幼儿园教育目标做出总体论述，其中与幼儿园社会领域教育相关的目标为“萌发幼儿爱祖国、爱家乡、爱集体、爱劳动、爱科学的情感，培养诚实、自信、友爱、勇敢、勤学、好问、爱护公物、克服困难、讲礼貌、守纪律等良好的品德行为和习惯，以及活泼开朗的性格”。这一目标陈述是幼儿园社会领域教育的基础和方向。同时，不难发现，这些描述性规定涉及幼儿社会情感、品德习惯以及个性等方面的教育目标。

②《幼儿园教育指导纲要（试行）》对社会领域教育目标的阐述

《幼儿园教育指导纲要（试行）》分领域描述了幼儿园五大领域的教育总目标，其中社会领域教育目标包括五条，具体为：

- 能主动地参与各项活动，有自信心；
- 乐意与人交往，学习互助、合作和分享，有同情心；
- 理解并遵守日常生活中基本的社会行为规则；
- 能努力做好力所能及的事，不怕困难，有初步的责任感；
- 爱父母长辈、老师和同伴，爱集体、爱家乡、爱祖国。

③《3—6 岁儿童学习与发展指南》对社会领域教育目标的阐述

《3—6 岁儿童学习与发展指南》将社会领域教育总目标分为“人际交往”和“社会适应”两个子目标，每个子目标的具体内容如下。

【人际交往】

目标 1　愿意与人交往

目标 2　能与同伴友好相处

① 李季湄．关于幼儿园课程的几个问题——幼儿园教育目标、课程目标及其课程模式［J］．学前教育研究，2001（1）：27－30.

目标3　具有自尊、自信、自主的表现

目标4　关心尊重他人

【社会适应】

目标1　喜欢并适应群体生活

目标2　遵守基本的行为规范

目标3　具有初步的归属感

(2) 学前儿童社会教育年龄目标

学前儿童社会教育年龄目标是学前儿童社会教育课程总目标的具体化，是对小、中、大各年龄班社会教育应达成效果的表述。各年龄目标依据总目标确定，是实现总目标的具体内容。《3—6岁儿童学习与发展指南》详细阐述了幼儿园各年龄班的社会领域教育目标，见表1-1所列。

表1-1　《3—6岁儿童学习与发展指南》幼儿园各年龄班的社会领域教育目标汇总表

子目标	具体内容	3～4岁	4～5岁	5～6岁
人际交往	1. 愿意与人交往	1. 愿意和小朋友一起游戏。	1. 喜欢和小朋友一起游戏，有经常一起玩的小伙伴。	1. 有自己的好朋友，也喜欢结交新朋友。
		2. 愿意与熟悉的长辈一起活动。	2. 喜欢和长辈交谈，有事愿意告诉长辈。	2. 有问题愿意向别人请教。
				3. 有高兴的或有趣的事愿意与大家分享。
	2. 能与同伴友好相处	1. 想加入同伴的游戏时，能友好地提出请求。	1. 会运用介绍自己、交换玩具等简单技巧加入同伴游戏。	1. 能想办法吸引同伴和自己一起游戏。
		2. 在成人指导下，不争抢、不独霸玩具。	2. 对大家都喜欢的东西能够一起分享。	2. 活动时能与同伴分工合作，遇到困难能一起克服。
		3. 与同伴发生冲突，能听从成人的劝解。	3. 与同伴发生冲突时，能在他人帮助下和平解决。	3. 与同伴发生冲突时能自己协商解决。
			4. 活动时愿意接受同伴的意见和建议。	4. 知道别人的想法有时和自己不一样，能倾听和接受别人的意见，不能接受时会说明理由。
			5. 不欺负弱小。	5. 不欺负别人，也不允许别人欺负自己。

（续表）

子目标	具体内容	3～4岁	4～5岁	5～6岁
人际交往	3. 具有自尊、自信、自主的表现	1. 能根据自己的兴趣选择游戏或其他活动。	1. 能按自己的想法进行游戏或其他活动。	1. 能主动发起活动或在活动中出主意、想办法。
		2. 为自己的好行为或活动成果感到高兴。	2. 知道自己的一些优点和长处，并对此感到满意。	2. 做了好事或取得了成功后还想做得更好。
		3. 自己能做的事情愿意自己做。	3. 自己的事情尽量自己做，不愿意依赖别人。	3. 自己的事情自己做，不会的愿意学。
		4. 喜欢承担一些小任务。	4. 敢于尝试有一定难度的活动和任务。	4. 主动承担任务，遇到困难能够坚持而不轻易求助。
				5. 与别人的看法不同时，敢于坚持自己的意见并说出理由。
	4. 关心尊重他人	1. 长辈讲话时能认真听，并能听从长辈的要求。	1. 会用礼貌的方式向长辈表达自己的要求和想法。	1. 能有礼貌地与人交往。
		2. 身边的人生病或不开心时表示同情。	2. 能注意到别人的情绪，并有关心、体贴的表现。	2. 能关注别人的情绪和需要，并能给予力所能及的帮助。
		3. 在提醒下能做到不打扰别人。	3. 知道父母的职业，能体会到父母为养育自己所付出的辛劳。	3. 尊重为大家提供服务的人，珍惜他们的劳动成果。
				4. 接纳、尊重与自己的生活方式或习惯不同的人。
社会适应	1. 喜欢并适应群体生活	1. 对群体活动有兴趣。	1. 愿意并主动参加群体活动。	1. 在群体活动中积极、快乐。
		2. 对幼儿园的生活好奇，喜欢上幼儿园。	2. 愿意与家长一起参加社区的一些群体活动。	2. 对小学生活有好奇和向往。
	2. 遵守基本的行为规范	1. 在他人提醒下，能遵守游戏和公共场所的规则。	1. 感受规则的意义，并能基本遵守规则。	1. 理解规则的意义，能与同伴协商制定游戏和活动规则。
		2. 知道不经允许不能拿别人的东西，借别人的东西要归还。	2. 不私自拿不属于自己的东西。	2. 爱惜物品，用别人的东西时也知道爱护。

（续表）

子目标	具体内容	3～4 岁	4～5 岁	5～6 岁
社会适应	2. 遵守基本的行为规范	3. 在成人提醒下，爱护玩具和其他物品。	3. 知道说谎是不对的。	3. 做了错事敢于承认，不说谎。
			4. 知道接受了的任务要努力完成。	4. 能认真负责地完成自己所接受的任务。
			5. 在提醒下，能节约粮食、水电等。	5. 爱护身边的环境，注意节约资源。
	3. 具有初步的归属感	1. 知道和自己一起生活的家庭成员及与自己的关系，体会到自己是家庭的一员。	1. 喜欢自己所在的幼儿园和班级，积极参加集体活动。	1. 愿意为集体做事，为集体取得的成绩感到高兴。
		2. 能感受到家庭生活的温暖，爱父母，亲近与信赖长辈。	2. 能说出自己家所在地的省、市、县（区）名称，知道当地有代表性的物产或景观。	2. 能感受到家乡的发展变化并为此感到高兴。
		3. 能说出自己家所在街道、小区（乡镇、村）的名称。	3. 知道自己是中国人。	3. 知道自己的民族，知道中国是一个多民族的大家庭，各民族之间要互相尊重，团结友爱。
		4. 认识国旗，知道国歌。	4. 奏国歌、升国旗时能自觉站好。	4. 知道国家一些重大成就，爱祖国，为自己是中国人感到自豪。

小练笔

根据《3—6 岁儿童学习与发展指南》对小、中、大各年龄班社会领域教育目标的阐述，分析各年龄教育目标的关键词，找出规律，并对照学前儿童社会性发展规律与年龄特点，思考和分析学前儿童社会性发展特点与教育目标的关系。

（3）学前儿童社会教育月目标

《幼儿园教育指导纲要（试行）》（以下简称《纲要》）指出：“教育活动目标要以《幼儿园工作规程》和本《纲要》所提出的各领域目标为指导，结合本班幼儿的发展水平、经验和需要来确定。”因此，学前儿童社会领域教育月目标的选择与确定要依据上月目标完成情况、本班儿童社会性发展现状以及本月主题活动特点等内容来制定，不仅要体现适宜性与关联性，还要体现整合性。某幼儿园月工作计划表如图 1 - 4 所示。具体而言，月目标是对年龄目标或学期目标的分解，应将本月目标与学期目标中学前儿童社会领域教育目标相对照，把握好目标的概括性，确保设计目标可以在一个月内实现，但是也不要过于具体，以致难以继续分解，不便组织教育内容、设计教育活动；设计月目标时，要注意分析上个月教育目标的完成情况，注意本月目标的连续性；月目标不仅要做到将认知、情感、技能三维目标进行整合，而且要注意与其他领域教育目标的整合。在幼儿园教育实践中，学前儿童社会教育月目标往往以主题活动目标的形式呈现。

xx幼儿园xx班x月工作计划		
本月主题		
上月分析		
月工作重点		
领域	目标	活动内容
健康		
社会		
语言		
科学		
艺术		

图 1-4　某幼儿园月工作计划表

小练笔

以下是某幼儿园教师制订的中班主题活动“国庆节”活动目标里与社会领域相关的目标。

1. 知道“十月一日”是国庆节，是祖国妈妈的节日，今天的幸福生活来之不易。

2. 通过老师讲解、看图片、自己动手制作等环节，感受到节日的热烈气氛，培养热爱祖国的情感，体会身为中国人的自豪感。

3. 简单了解节日的来历，知道其全称、日期和意义。

4. 体验人们互相关心的美好情感。

你认为这些目标内容是否适合作为中班主题活动目标，为什么？请写出你认为比较科学的主题活动目标。

(4) 学前儿童社会教育具体活动目标

具体活动目标是指游戏、一日生活、集体教学、外出参观等具体教育活动的目标。无论是学前儿童社会教育的总目标、年龄目标还是月目标（或主题活动目标），都比较笼统、概括，只有进一步分解并落实到具体的活动中才可以实现，因此，制定明确、具体、可操作的具体活动目标是实施学前儿童社会教育的必然要求。

另外，学前儿童社会教育主题活动目标与具体活动目标可以是行为目标、表现性目标与生成性目标，这些课程目标具有不同的特点或呈现方式。行为目标是规定性的，指在课程之前预先定下，课程结束后儿童应发生的可见的行为变化，如技能、知识条目等。表现性目标是唤起性的、非规定性的，不表明学前儿童在学习后会产生什么行为，而是指学前儿童围绕学习的主题或情景展开个性化的各种反应。使用表现性目标时，人们期望的不是学前儿童做出一致性的反应，而是做出多样性的、个体性的反应。生成性目标是在教育情境中随着教育过程的展开而自然生成的。例如，中班社会领域教育活动“节约用水”中的目标“能说出日常生活中常用的节约用水的方法”即行为目标，该目标具体描述了“说出什么”这一行为；“探索节约用水的方法”则是表现性目标，描述了本次活动需要唤起的学前儿童的探究行为，并未对行为结果做出规定性表述；如果在探究节约用水的过程中，学前儿童对水的物理形态变化感兴趣，则可以形成生成性目标“讨论水怎样可以变成水蒸气”。

小练笔

选择一个中班游戏，为其设置社会领域教育目标，注意分析所设置的目标是行为目标还是表现性目标。

2. 学前儿童社会教育目标的内容结构

发展心理学对个体社会性的研究既有“三分法”视角，即从认知、情感、行为三个维度分析社会性结构，也有描述性的内容分析，即认为儿童社会性发展的核心经验包含依恋、自我意识、社会认知、社会性情感、社会性行为技能和人际交往等。学前儿童社会领域教育目标的内容，需要以儿童发展心理学的研究成果为基础，确定学前儿童社会性发展的核心经验，并根据具体经验形成的心理机制与教育原理选择、制订不同层次的教育目标。综合分析后我们认为，学前儿童社会性发展与教育的核心经验包括自我意识、社会认知、社会情感、社会行为和人际交往。下面，我们对照这些核心经验来分析《幼儿园教育指导纲要（试行）》中社会领域教育目标的内容结构，见表 1-2 所列。

表 1-2　《幼儿园教育指导纲要（试行）》中社会领域教育目标与学前儿童社会性发展核心经验对照分析表

《幼儿园教育指导纲要（试行）》社会领域教育目标	学前儿童社会性发展核心经验
1. 能主动地参与各项活动，有自信心；	自我意识
2. 乐意与人交往，学会互助、合作和分享，有同情心；	与人交往、社会性行为
3. 理解并遵守日常生活中基本的社会行为规则；	社会认知
4. 能努力做好力所能及的事，不怕困难，有初步的责任感；	自我意识
5. 爱父母长辈、老师和同伴，爱集体、爱家乡、爱祖国。	与人交往、社会性情感

小练笔

《3—6 岁儿童学习与发展指南》将社会领域教育目标分为“人际交往”和“社会适应”两个子目标，请你尝试从学前儿童社会性发展核心经验的角度对这些目标进行分析，并将分析结果填写在表 1-3 中。

表 1-3　《3—6 岁儿童学习与发展指南》中社会领域教育目标与学前儿童社会性发展核心经验对照分析表

子目标	社会领域教育目标	学前儿童社会性发展的核心经验
人际交往	1. 愿意与人交往；	
	2. 能与同伴友好相处；	
	3. 具有自尊、自信、自主的表现；	
	4. 关心尊重他人。	

（续表）

子目标	社会领域教育目标	学前儿童社会性发展的核心经验
社会适应	1. 喜欢并适应群体生活；	
	2. 遵守基本的行为规范；	
	3. 具有初步的归属感。	

小资料

国外学前儿童社会领域教育目标及现状

为应对21世纪的挑战，世界各国在对当时社会制度进行反思的基础上纷纷调整教育目标，以培养适应社会发展需要的合格人才。学前儿童社会教育作为学前教育的一个重要领域，自然也不可避免地受到关注。

一、日本的学前儿童社会教育目标

日本对学前儿童社会性发展的重视在其历次教育改革中都有明显的体现。1989年，日本推出了《幼儿园教育纲要》，针对儿童社会性水平不理想的问题，从学前儿童发展的角度提出了新的目标，更加侧重于学前教育情感、态度与创造性的发展。1997年7月，日本教育审议会发表《展望21世纪我国教育的应有状态》，其中提出，21世纪的日本教育应在重视宽松氛围中培育儿童的生存能力。2000年4月1日，日本正式推行修改后的《幼儿园教育要领》，具体目标是：（1）培育健康身心、创造、自主、健壮、安全生活的能力；（2）培育亲近他人、互助生活，培育自立心、与人交往能力；（3）培养对周边各种环境持有好奇、探究心并将其引入生活的能力；（4）培育以自己语言表现经验和思考、倾听的欲望和态度、语言感觉和语言表现力；（5）通过自我表现感觉和思考，培育富有的感性和表现力，丰富创造性。

二、美国的学前儿童社会教育目标

美国的学前儿童社会教育被称为“社会生活课程”，其学者坚持认为，幼儿的发展已经做好了学习社会生活所需要的技能的准备。婴幼儿期间，儿童已经学会如何适应家庭、幼儿园的生活，因此幼儿园的儿童应该学习表达情感和寻找社会支持。美国的许多托儿所已经设立了社会生活课程，主要目的就是支持和促进学前儿童社会性和情绪的发展。课程目标包括：（1）学会分享物品和意见；（2）发展同他人愉快、健康的关系；（3）发展自我依赖；（4）培养对自己行为的责任感；（5）发展兴趣和注意力；（6）乐意并能友好地同他人合作；（7）重视他人的价值和贡献；（8）发展自我概念及尊重他人。

1994年，美国全国社会领域研究会制定、推出了《期望卓越：社会领域课程标准》，它通过“文化”“时间、连续性和变化”“人物、场所和环境”“个人发展和身份”“个体、群体和机构”“权力、权威和管理”“生产、分配和消费”“科学、技术和社会”“全球联系”“公民的理想和实践”等10条主线，构建了社会教育课程的全新体系，形成了社会领域课程的合理框架，成为幼儿教师设计社会领域课程的思想宝库和重要参照。

三、英国的学前儿童社会教育目标

英国 1998—1999 年教育改革议案提出，加强道德教育，培养基本的公民意识，使所有儿童懂得诚实、自强、责任心和尊重别人的价值观，形成适合现代生活的行为规范和伦理道德。英国学校课程和评定当局公布的 5 岁儿童应达到的目标中，要求儿童人格和智力全面发展，放在首位的是品德和情感教育，如培养儿童能与其他孩子及成人建立良好关系、有是非观念、发展独立生活能力、养成良好的个人卫生习惯等。

除上述国家外，还有一些国家的学前儿童社会教育目标也值得关注。例如，法国的社会教育目标不仅重视学前儿童身心全面发展和学习习惯的养成，更重视人格的健康发展和各种潜能的充分发展，强调培养学前儿童关心别人、与人合作，具备适应环境的能力，懂得民主、科学、友爱、守法，增进人类的幸福；德国的社会教育目标强调学前儿童的自我意识和独立性，注重学前儿童的社会经验，以促进他们社会性行为的发展，同时，环保教育也是德国教育必不可少的部分。

分析这些国家设定的学前儿童社会教育目标可以看出，对于公民意识和道德情感的培养已经开始落实到学前教育阶段；关注学前儿童自身的发展，着眼于学前儿童心理健康的引导、内心幸福感的培养以及健全人格特质的塑造等已经开始提上日程；对于学前儿童世界观以及国际意识和眼光的培养也开始崭露头角。这些内容的转变对我们具有深刻的启示，我们应该客观地看待这些“他山之石”，吸收借鉴其先进理念和可取之处。

（三）学前儿童社会领域教育活动目标的书写

在实际工作中，选择、确定教育目标是幼儿教师设计教育活动方案的起点。一般而言，确定学前儿童社会教育总目标与年龄目标，可以参考《幼儿园教育指导纲要（试行）》《3—6 岁儿童学习与发展指南》等纲领性文件。但是，书写主题活动目标与具体教育活动目标是幼儿教师富有创造性的劳动，需要幼儿教师在《幼儿园教育指导纲要（试行）》《3—6 岁儿童学习与发展指南》等文件的指导下，结合本班幼儿社会性实际发展水平与已有的社会经验、可使用的教育资源，以及地方文化特色等因素，选择、编写切实可行的主题活动与具体教育活动目标，在书写时应注意以下几个方面。

1. 统一目标的角度

在书写学前儿童社会领域教育目标时，可以从教师角度表述，明确教育活动需要达成的教育效果。例如，中班社会领域活动“可敬的环卫工人”，可以从教师角度明确教学活动效果，将认知目标表述为“引导幼儿理解环卫工人的工作内容”；也可以从幼儿角度表述，明确幼儿学习活动的结果，将认知目标表述为“知道环卫工人的工作内容”。需要注意的是，无论是从教师角度还是从幼儿角度，同一个教育活动所有目标的陈述角度要统一。

以人为本的社会发展理念已经深入人心，社会各领域都在积极地实践该理念，教育领域也不例外。教育是培养人的社会活动，人是教育的出发点，也是教育的归宿，以人为本是教育的应有之义。以人为本的教育需要尊重和关爱学生的生命本性，培养学生丰富多彩的社会属性与个性，关注学生的全面持续发展。[①] 以人为本的教育理念体现在学前教育目标编制中，即从学前儿童发展的角度审视教育活动，编写教育活动目标。

2. 条理化目标的维度

教育的目的是促进人的全面发展，教育目标是教育目的的具体化。教育目标既涉及目标的范围有多宽，也涉及每一个局部领域受教育者学习的程度有多深。布卢姆教育目标分类学将人的心理发展分为认知领域、情感领域和动作技能领域，并进一步将认知领域的教育目标分为记忆、理解、运用、分析、综合和评价六个由低级到高级的水平。这三个维度的划分突破了传统“知、情、意”的划分，更符合教育实践的需要。

《幼儿园教育指导纲要（试行）》指出：“各领域的内容相互渗透，从不同的角度促进幼儿情感、态度、能力、知识、技能等方面的发展。”这实际上是对学前教育目标维度的规定，即情感态度、技能水平与认知三个维度，体现了全人教育理念。

在书写学前儿童社会领域教育目标时，应遵循教育目标相关研究的成果与文件精神，从情感态度、技能水平与认知三个维度全面陈述，而且要条理清晰，避免将三维目标机械地混淆在一起，要能为设计学前儿童社会教育活动过程指明方向，能引导学前儿童社会性发展知、情、行的统一。

3. 准确把握目标的层次关系与概括性

在设计教育活动目标时，须注意上下位目标的一致性。近年来，现代认知心理学基于学习、知识与能力之间关系的基本假设，制订了系统化的教学设计步骤：（1）制定教学目标、陈述分析教学任务；（2）将单元教学目标或课时目标分解为一系列使能目标，确定学生的起点能力；（3）根据任务分析导出教学方法、步骤和师生的活动；（4）根据教学目标和任务分析的结果对教学的结果进行测量、诊断和评价。[②] 同时指出，分解教学目标是课程设计的关键环节，它决定着教学任务的分解、教学内容的选择与师生活动的设计。依据这一教学设计理论，在学前儿童社会教育课程编制过程中，要理清总目标、年龄目标、主题活动目标与具体教育活动之间的逻辑关系，处于下位层次的具体教育活动目标要有助于实现上位层次的概括性目标。

在设计教育活动目标时，还要注意不同层次教育目标之间概括性的差异。例如，中班目标“能判断出画面尊重环卫工人的行为”，该目标叙述明确、具体、可操作性强，可以作为具体教学活动的目标；相比较而言，“逐步养成尊重环卫工人的习惯”这一目标则比较概括，适合作为主题活动目标。

---

① 姚姿如，杨兆山．“以人为本”教育理念的意蕴［J］．教育研究，2011，32（3）：17－20.

② 皮连生，蔡维静．超越布卢姆——试论“知识分类与目标导向”教学中的学习结果测量与评价［J］．华东师范大学学报（教育科学版），2000（2）：40－49.

小资料

教学目标的书写结构

知识分类与目标导向教学论的代表人物加涅经过长期的研究，提供了一套目标分类陈述的技术，他认为目标陈述须注意两点，一是陈述学习后学生的行为或作业变化，二是目标中包含行为发生的条件。例如，中班社会领域活动“可敬的环卫工人”中的技能目标为“能判断出画面中尊重环卫工人的行为”，“画面中”即幼儿行为发生的条件，“判断出尊重环卫工人的行为”则是幼儿行为的变化。

4. 注意具体教育活动目标的年龄班要求

《幼儿园教育指导纲要（试行）》详细论述了幼儿园社会领域教育总目标，《3—6岁儿童学习与发展指南》把学前儿童社会教育总目标进一步分解成具体的年龄班目标，即分别叙述了每条目标在3～4岁、4～5岁、5～6岁不同年龄阶段的教育目标，为幼儿教师设计社会领域教育活动目标提供了科学指导。但是，在实际工作中，教师在制订主题活动目标和具体教育活动目标时，必须依据日常观察对本班幼儿当前发展需要做出科学、具体的分析。如果教师只是从《幼儿园教育指导纲要（试行）》《3—6岁儿童学习与发展指南》相应条目中选取目标内容，而不结合本班幼儿的实际发展情况，则制定的教育活动目标势必缺乏准确性，可能出现过难或过易的情况。

小资料

理目标　提质量

——万山区第十幼儿园开展各年龄段幼儿目标达成及实施途径梳理教研活动①

为提高我园课程实施质量，树立课程目标意识，深入了解本学期各年龄段幼儿发展情况，继续做好儿童发展与评价，我园立足《幼儿园教育指导纲要（试行）》《3—6岁儿童学习与发展指南》，结合“园本化儿童发展目标”，于2022年7月13日至14日组织全体教师开展了各年龄段幼儿目标达成及实施途径梳理教研活动。本次活动由我园业务副园长李佳丽主持。

李副园长向大家介绍了本次教研活动的目的和流程，并以年级为小组进行分工。首先，围绕“园本化儿童发展目标”内容，结合《3—6岁儿童学习与发展指南》和关键经验再次进行梳理和调整，使各年龄段幼儿发展目标更具体适宜。

---

① https：//mp. weixin. qq. com/s? _ _ biz=MzA3NjM4OTE3OQ==&mid=2247494574&idx=2&sn=ac03ea6f9192b5d0e9454f6aa3184ee5&chksm=9f60a5faa8172cecd51b66eed1f51a2f6cec7f1c3ce61ec94127e529cf400d0f48052eab2f1b&mpshare=1&scene=23&srcid=0725jwUMbjKjm9MVSAjJb7aJ&sharer _ sharetime=1658741577616&sharer _ shareid=49c89e7bad3ac4882a180ac1b370d7e8#rd.

随后，各班级根据本学期幼儿发展实际，结合“园本化儿童发展目标”展开研讨，从各领域、具体目标达成情况和有待提升内容等几方面进行梳理和调整。

最后，各班级结合本学期幼儿目标达成情况和新学期幼儿目标梳理实施途径，利用园内外丰富的资源，结合节日节庆、德育活动等探索最适宜的实施途径。

本次活动要求各班教师分析和总结本学期本班幼儿的发展情况，并梳理出新学期儿童发展与教育目标，使得教师能做到心中有目标，眼中有儿童，扎实做好每学期的儿童发展与评价，促进幼儿的深度学习与发展。

通过阅读园本教研活动记录，你认为评价幼儿发展水平对制订具体教育活动目标有什么作用？

5. 教育活动目标突出社会领域特征

把社会教育作为幼儿园教育的一个重要领域，是我们在十多年改革和探索基础上所做的理论总结和实践选择，也是对学前教育优良传统的继承。学前儿童社会教育与其他各领域的教育既相互联系又相对独立，有其自身的规律。学前儿童在阅读绘本、聆听故事时可以领悟社会规则、萌发社会情感、熏陶社会行为，在体育运动与科学探究中学会合作、坚持与坚强，在艺术活动中浸染美的心灵，但是，就具体的社会领域教育活动而言，其他领域的活动是手段，学前儿童社会性发展是目标，在书写教育活动目标时应该明晰社会领域教育目标。

小练笔

分别写出中班主题活动“节约粮食”的社会领域教育目标和集体教学活动、生活活动的目标。

二、学前儿童社会领域教育内容

选择课程内容是课程开发的基本环节之一。1859 年，英国著名哲学家、社会学家、教育学家斯宾塞就提出了“什么知识最有价值”[①] 的著名命题。这可以说是课程发展历史上第一次提出了课程内容选择的问题。选择课程内容，也就是回答泰勒提出的构建课程的第二个问题“提供哪些教育经验才能实现这些目标”。

课程内容一般指特定形态课程中受教育者需要学习的事实、概念、原理、技能、策略、方法、态度及价值观念等。课程内容的选择有三种基本取向，分别是学科知识、当代社会生活经验和学习者的经验。因此，课程内容的选择是“根据特定的教育价值观及相应的课程目标，从学科知识、当代社会生活经验或学习者的经验中选择课程要素的过程”。[②]

在幼儿园教育实践中，幼儿教师需要根据学前儿童社会教育目标选择学前儿童社会教

① 斯宾塞说“这个问题的答案就是科学”，这一回答表征了 19 世纪中叶至今课程内容选择的主导倾向。

② 张华．课程与教学论［M］．上海：上海教育出版社，2000.

育内容，明确教师“教什么”，幼儿“学什么”，并根据学前儿童社会性发展规律与心理机制组织教育内容，使教育内容符合学前儿童发展需求和社会发展需要。

（一）选择学前儿童社会领域教育内容的原则

1.《幼儿园教育指导纲要（试行）》中规定的选择幼儿园教育内容的原则

《幼儿园教育指导纲要（试行）》中规定，教育活动内容的选择应遵照第二部分“教育内容与要求”的有关条款进行，同时体现以下原则。

第一，既适合幼儿的现有水平，又有一定的挑战性。

第二，既符合幼儿的现实需要，又有利于其长远发展。

第三，既贴近幼儿的生活来选择幼儿感兴趣的事物和问题，又有助于拓展幼儿的经验和视野。

2. 选择幼儿社会领域教育内容的基本要求

《幼儿园工作规程》指出：“教育活动内容应当根据教育目标、幼儿的实际水平和兴趣确定，以循序渐进为原则，有计划地选择和组织。”在实际工作中，幼儿教师选择教育内容时，要以生成课程理念为指导，依据社会发展的要求和学前儿童社会性发展的年龄特点，充分关注学前儿童的生活经验和兴趣指向，在学前儿童社会教育目标的指引下选择系列内容，并由近及远、由易到难地逐步展开。具体而言，选择学前儿童社会教育内容要满足社会发展的需要、符合学前儿童社会性发展的需求，并处理好学科知识与学前儿童已有经验、兴趣指向的关系。

（1）满足社会发展的需要

人是具有社会性的人，教育是具有社会性的教育，因此，选择当代社会生活经验作为课程内容是顺理成章的。社会生活经验纷繁复杂、良莠不齐，对于怎样选择社会生活经验以作为学校课程的内容，在课程研究的历史上曾出现过被动适应论、主动适应论和超越论三种观点①。

被动适应论认为，教育只是社会生活的准备，学校课程是使学习者适应当代社会生活的工具，主张将有效率的成人的典型活动转化为课程目标，进而将课程目标转化为儿童的学习活动，儿童的学习活动以当代社会生活经验为基本内容。主动适应论认为，个人与社会是互动的、有机统一的，教育与社会也是互动的、有机统一的，学校的课程不仅要适应社会生活，还要不断地改造社会生活。该理论的代表人物杜威提出了“教育即生活”的思想，其内涵为教育是生活本身，而不是成人生活的被动准备，教育问题本质上是一个使个人特性与社会目的和价值协调起来的问题。超越论认为，教育是社会的一种主体，学校课程本身就是社会生活经验。儿童在生活，教师也在生活，儿童与教师的交往是整个社会生活经验的有机构成。学校课程有权利也有义务在时代精神的建构中贡献自己的力量。

幼儿教师要辩证地分析评价各种理论对课程内容与社会生活经验之间关系的论述，分

① 张华．论课程选择的基本取向［J］．全球教育展望，1999（5）：27－33.

析学前儿童社会教育、社会发展、儿童成长三者之间的关系，选择既能满足社会发展需要，也有利于儿童个体发展的社会知识作为学前儿童社会教育的内容，即平衡好学前儿童“应该学”和“愿意学”之间的矛盾。

小练笔

选择社会生活经验作为学前儿童社会教育内容时，你认为应该如何平衡成人生活经验、儿童生活经验与社会发展需要之间的关系呢？

（2）符合学前儿童社会性发展的需求

儿童是学习的主体，在选择课程内容时必须尊重儿童的主体地位，甚至有人认为，课程内容即学习者的经验。卢梭在《爱弥尔》中说：“在万物的秩序中，人类有它的地位，在人生的秩序中，童年有它的地位，应当把成人看作成人，把孩子看作孩子。”儿童不是明天踏入成人社会才生活，而是今天就实实在在地生活着。在同伴交往中和日常生活中，儿童都在日复一日地创造着自己的个人知识和同伴文化教育。这些个人知识和同伴文化在学习者人格发展的过程中所起的作用丝毫不亚于所接受的学科知识与文化。选择学前儿童社会教育课程内容时，应研究儿童社会性发展年龄特点，并观察幼儿已有的经验与发展需要，即明确学前儿童“能够学”和“需要学”的内容。

（3）处理好学科知识与学前儿童已有经验、兴趣指向之间的关系

学科知识是成人对相关领域的经验。在知识经济时代，学科知识迅猛发展，社会对知识的需求空前加剧，而学生的时间与精力却有限，正如庄子所言：“吾生也有涯，而知也无涯。”学前儿童社会教育涵盖社会环境、社会规范、社会职业、传统文化等丰富的内容，教师在选择知识内容的时候，切忌随意裁剪，破坏学科知识的内在逻辑，而应该既尊重学科知识的内在逻辑，又尊重学前儿童心理发展的内在需求，实现学科逻辑与学前儿童心理逻辑的统一，即平衡好学科领域的“必须学”与学前儿童的“喜欢学”。

（二）《幼儿园教育指导纲要（试行）》对学前儿童社会领域教育内容的规定

《幼儿园教育指导纲要（试行）》对学前儿童社会领域教育内容的陈述如下，我们可以此为指导选择具体的教育内容。

1. 引导幼儿参加各种集体活动，体验与教师、同伴等共同生活的乐趣，帮助他们正确认识自己和他人，养成对他人、社会亲近、合作的态度，学习初步的人际交往技能。

2. 为每个幼儿提供表现自己长处和获得成功的机会，增强其自尊心和自信心。

3. 提供自由活动的机会，支持幼儿自主地选择、计划活动，鼓励他们通过多方面的努力解决问题，不轻易放弃克服困难的尝试。

4. 在共同的生活和活动中，以多种方式引导幼儿认识、体验并理解基本的社会行为规则，学习自律和尊重他人。

5. 教育幼儿爱护玩具和其他物品，爱护公物和公共环境。

6. 与家庭、社区合作，引导幼儿了解自己的亲人以及与自己生活有关的各行各业人们的劳动，培养其对劳动者的热爱和对劳动成果的尊重。

7. 充分利用社会资源，引导幼儿实际感受祖国文化的丰富与优秀，感受家乡的变化和发展，激发幼儿爱家乡、爱祖国的情感。

8. 适当向幼儿介绍我国各民族和世界其他国家、民族的文化，使其感知人类文化的多样性和差异性，培养幼儿理解、尊重、平等的态度。

（三）学前儿童社会领域教育的具体内容

学前儿童社会教育的内容具有常识性、生活性、道德性和人文性，涵盖社会学、心理学、伦理学等学科，十分丰富。正如张宗麟在 1933 年所著的《幼稚园的社会》中所言："社会包括最广，凡历史、地理、家庭、职业、卫生、风俗人情、伟人事迹、各国人的生活等都可以被包含在内。"

《幼儿园教育指导纲要（试行）》从八个方面对学前儿童社会教育的内容做出了阐述，可以指导幼儿教师的课程建设。同时，大量幼教工作者也对学前儿童社会教育内容开展了研究，提出了自己的观点。例如，张明红认为，一切有助于达到教育目标，能使儿童获得必要的情感体验、知识经验和生活经验的东西，都可以作为学前儿童社会教育的内容，同时，学前儿童社会教育内容可以分为四个相互联系的方面，即人际交往、社会环境、社会规范认知和多元文化；周世华、王燕媚认为，依据学前儿童社会教育总目标和分类目标，学前儿童社会教育的内容可以分解成六个主要方面，包括自我意识、社会认知、社会情感、社会交往技能、社会适应能力和个性品质[①]；胡娟等人认为，学前儿童社会教育内容可以从人际关系、社会环境、社会规则、社会文化四个方面来描述；李焕稳、焦敏和毛秀芹认为，学前儿童社会教育内容可以分为自我意识、人际交往、行为规范和道德、社会环境和归属感、社会文化五个方面。现对以上观点进行简单的对比分析，见表 1－4 所列。

表 1－4　学前儿童社会教育内容分析表

教材主编	张明红	周世华、王燕媚	胡娟等	李焕稳、焦敏、毛秀芹
学前儿童社会领域教育内容	人际交往	社会交往技能	人际关系	人际交往
	社会环境	—	社会环境	—
	社会规范认知	社会认知	社会规则	行为规范和道德
	—	社会情感	—	社会环境和归属感
	多元文化	—	社会文化	社会文化
	—	社会适应能力	—	—
	—	自我意识	—	自我意识
	—	个性品质	—	—

可见，目前学前教育领域对于学前儿童社会教育内容并未形成统一的界定与划分。结

① 周世华，王燕媚．学前儿童社会教育［M］．北京：高等教育出版社，2019.4.

合发展心理学对个体社会性的研究以及《3—6岁儿童学习与发展指南》等纲领性文件确定的学前儿童社会教育目标，我们认为可以将学前儿童社会教育内容相对划分为自我意识、社会认知、社会情感、社会行为和人际交往五个方面。

自我意识指个体对自己的认识，包括自我认知、自我情绪体验和自我控制。

社会认知是指个体对社会性客体和社会现象及其关系的感知和理解。社会认知的内容非常广泛，包括对自己的认知、对他人的认知、对社会环境和社会活动的认知、对社会规范的认知及对社会文化的认知等。

社会情感是指个体在从事社会活动、形成社会关系的过程中产生的个性化的心理体验和感受，是一个人适应社会环境和担负社会责任所必不可少的一种情感形态，主要包括依恋感、自尊感、羞愧感、同情心、是非感、爱憎感等。

社会行为是指个体在人际交往的过程中对各种事件、他人的行为或言语，表现出自己的态度和行为反应，根据社会行为的动机和目的，可分为亲社会行为和反社会行为两类。

人际交往也称为社会交往，是指人与人通过沟通信息、交流思想、表达情感、协调行为等活动，在心理和行为上发生相互影响的互动过程。人际交往是个体社会需要的重要组成部分。人们在人际交往过程中会形成各种人际关系，其中，对学前儿童影响比较大的人际关系主要包括亲子关系、同伴关系和师生关系。

学前儿童社会教育内容划分是为了研究与教育需要而进行的一种相对划分，各内容之间相互影响，彼此联系，构成了个体社会性发展的整体，其内在逻辑以及与《3—6岁儿童学习与发展指南》中“社会适应”和“人际交往”两大子目标之间的关系如图1-5所示。

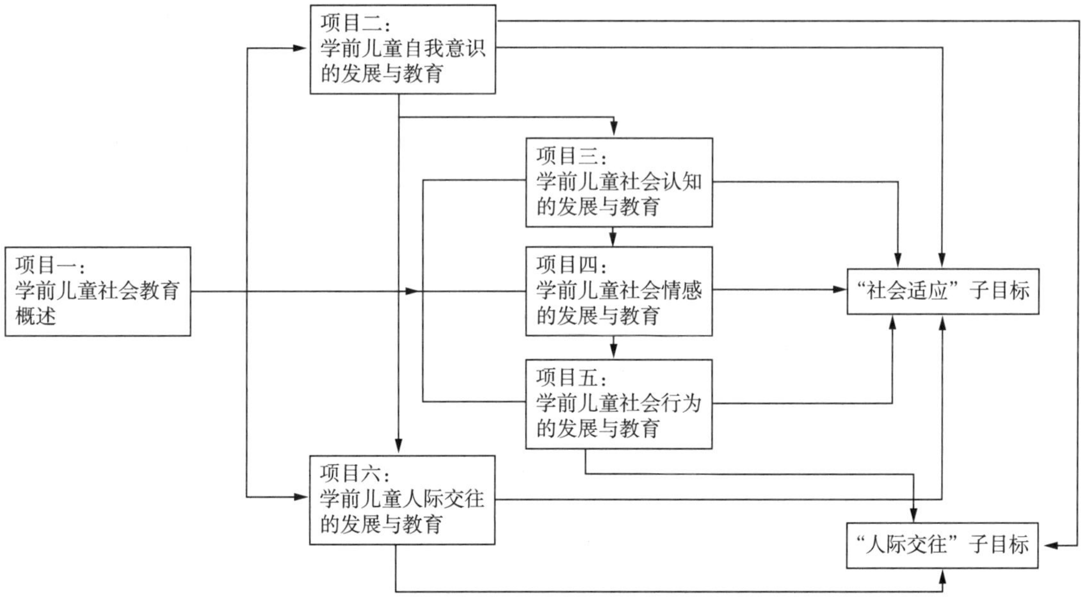

图1-5 学前儿童社会领域教育内容分析图

小资料

幼儿园社会领域课程刍议①

社会教育的核心在于发展学前儿童的社会性。社会性作为人的一种心理特性，并不是不可捉摸的，它主要包括社会认知、社会情感和社会行为技能三个层面。划分这样三个层面，有利于社会教育的深入和具体，也能使社会教育的目标变得明确且具有可达成性。社会认知主要是指幼儿对自己的认知、对他人的认知、对社会环境和社会活动的认知、对社会行为规范的认知以及对社会文化的认知；社会情感主要是指幼儿的依恋感、自尊感、同情心、羞愧感、是非感、爱憎感等；社会行为技能主要是指交往、分享、合作、谦让、助人等技能。

社会认知、社会情感和社会行为是相对独立的，在不同的教育活动中侧重点会有所不同。有的活动主要目的在于增长幼儿的知识，有的活动重点在于激发幼儿的情感，还有的活动重点在于培养幼儿的行为习惯，但这并不是说这三个层面是相互分离的。事实上，在幼儿社会教育实践中，它们是相互关联、相辅相成的统一体，彼此之间相互促进和渗透。可以说，在任何一个社会教育活动中，都可以找到社会认知、社会情感、社会行为技能的整体影响或相互渗透，只是有的部分明显、突出，有的部分不明显甚至是隐蔽的。例如，对于故事《瓜瓜吃瓜》的教学，幼儿认知社会规范是重点；而幼儿对社会规范的认知是建立在其做错了事产生了羞愧感之上的，这便是社会情感；很显然，幼儿对这件事不可能再发生同样的错误行为（即使具有条件——有皮在手），幼儿不出现错误行为，正是社会行为教育的目的之一。所以，在这个活动中，社会行为技能的目标是潜在的，在幼儿已经发生的行为的对立面。

社会认知、社会情感和社会行为又是融合统一的整体。社会认知在社会性发展中起着基础性作用，社会情感、社会行为技能只有在社会认知的基础上才会表现出稳定性和自觉性。社会情感是社会性发展的动力因素，只有社会认知没有社会情感，社会认知也就不能深化，社会行为技能也就缺乏真正的力量；反过来，稳定、深刻的社会情感往往以深刻的社会认知为基础。社会行为是关键，它是社会认知、社会情感的集中表现，是社会性发展的关键一环，如果幼儿的社会性发展只停留在社会认识、社会情感方面，那么幼儿的社会性也就不能说真正得到了发展。

因此，设计和编制幼儿社会领域课程，必须注重社会认知、社会情感和社会行为技能三者的协调统一，把三个层面的教育看作一个有机的、统一的整体，以确保幼儿社会教育的成效。

---

① 虞永平．幼儿园社会领域课程刍议［J］．学前教育研究，1997（5）：37－41.

任务单

知识检测

评价标准	自我评价	小组评价	教师评价
可以说出学前儿童社会教育的总目标			
能够分析《幼儿园工作规程》《幼儿园教育指导纲要（试行）》《3—6岁儿童学习与发展指南》所阐述的总目标之间的关系			
能判断出某一目标所对应的年龄班			
可以说出选择学前儿童社会教育内容的基本要求			
能举例分析《幼儿园教育指导纲要（试行）》对学前儿童社会领域教育内容的规定			

案例分析

（2019年上半年真题）最近，大三班许多小朋友用大大小小的纸盒制作小汽车等物品。马老师发现小朋友制作的汽车装饰不太一样，但结构差不多，往往只有车厢、车轮、车灯等。马老师认为可以根据这种情况生成一个关于“汽车”的主题活动，引发幼儿的深度学习。请帮助马老师设计一个关于“汽车”的主题活动。

要求：

（1）写出主题活动的总目标。

（2）围绕主题设计三个子活动。写出其中一个子活动的具体活动方案，包括活动的名称、目标、准备和主要环节。

（3）写出另外两个子活动的名称、目标。

下面是某位同学的答案，你认为主题活动目标中社会领域目标的表述合适吗？社会领域活动“开车去郊游”的目标陈述有需要改正的地方吗？为什么，应该怎么改正？

大班主题活动：“小汽车”。

主题活动目标：

（1）能够观察、比较各种汽车，发现异同点，并用符号进行记录。

（2）知道简单的交通规则，增强安全意识。

（3）能够与同伴友好交往，分享交流。

（4）喜欢通过不同的艺术形式大胆表现，提高想象力、创造力。

集体教学活动：大班社会领域活动“开车去郊游”。

目标：

(1) 知道简单的交通规则，有初步的安全意识。

(2) 能够遵守交通规则，过马路时懂得看人行指示灯。

(3) 乐于参加集体活动，体验汽车游戏的乐趣。

参考答案

1. 主题活动目标“能够与同伴友好交往，分享交流”作为主题活动目标过于笼统概括，适合做年龄目标，可以改为“能够在操作活动中与同伴友好协商，分享交流装饰汽车玩具的经验”。

2. 活动目标“能够遵守交通规则，过马路时懂得看人行指示灯”作为大班活动目标过于简单，可以改为“能够自觉遵守交通规则，过马路时能根据人行指示灯通行”。

精准备考

一、填空题。(请将正确答案写在横线上)

1. 依据“泰勒原理”，编制课程的四个步骤依次为________________。

2.《3—6 岁儿童学习与发展指南》将社会领域教育总目标分为________和________两个子目标。

二、单项选择题。(请选出唯一正确的答案)

1. 学前儿童社会教育(　　)是学前儿童社会教育活动实施的起点与归属，其价值取向和定位直接影响着课程内容的选择以及课程实施的方向。

A. 内容　　B. 目标　　C. 实施　　D. 评价

2.“敢于尝试有一定难度的活动和任务”是《3—6 岁儿童学习与发展指南》中社会领域(　　)的目标。

A. 托班　　B. 小班　　C. 中班　　D. 大班

三、判断题。(正确的打√，错误的打×)

1. 学前儿童社会教育目标是由多维度、多层次组成的内容丰富的目标体系。(　　)

2. 选择学前儿童社会教育内容只要符合学前儿童社会性发展的需求，并处理好学科知识与学前儿童已有经验、兴趣指向之间的关系就可以。(　　)

参考答案

一、1. 确定目标、选择经验、组织经验、评价结果

2. 人际交往　社会适应

二、1. B　　2. C

三、1. √　　2. ×

任务三 学前儿童社会教育的实施与评价

情境导入

有一位幼儿园教师参加了学前儿童社会性发展与教育的工作坊后写出了自己的心得体会："在这次工作坊中，我最大的收获就是明白了学前儿童社会性发展的价值。我原来认为学前儿童社会性发展是看不见、摸不着的，工作中大可以忽略。通过学习发现，儿童的社会性是如此具体、丰富！它就像空气一样，在学前儿童的生活里无处不在、必不可少。对学前儿童的一生来说，良好的社会性发展是幸福的基础。"

你认为这位教师对学前儿童社会性发展的比喻恰当吗？对我们引导学前儿童社会性发展有什么启发呢？

知识梳理

随着心理学与教育学研究的逐步深入，教师需要关注儿童生命的本性，采取符合其生命和身心发展需要与特点的方式展开社会知识、社会规范教育。否则，教师的教学难以在儿童心灵深处引起共鸣，社会教育也将流于形式且苍白无力。①

一、学前儿童社会教育的实施

分析儿童社会性发展的经典理论可知，学前儿童社会领域学习的方式主要有观察学习、行动学习、体验学习和情境学习等。社会领域学习原理无疑为探索学前儿童社会教育基本规律指明了方向，并体现了学前儿童社会教育实践的原则。

（一）学前儿童社会教育的原则

首先，学前儿童社会教育要坚持科学性、主体性、启发性等一般性教育原则；其次，还必须尊重个体社会性发展的独特的心理机制，探索社会教育的特有规律，以提高社会领域教育的效率与效果，促进学前儿童社会性的发展，为学前儿童身心和谐发展贡献力量。

对学前儿童社会教育原理的探索，视角多样，内容丰富，并未形成统一认识。例如，张宗麟在《幼稚园的社会》中指出，实施时应注意"留心儿童动作；临时的遭遇；有益的刺激；丰富的原料与适当的工具；指导组织，引进思考；随时息手，随处起头；习惯训练"；周世华、王燕媚在《学前儿童社会教育》中选取了规则意识原则、正面教育原则、行为练习原则、环境熏陶原则、一贯性原则五个原则详细阐述；邹晓燕认为，幼儿园社会教育应该遵循适度性、一贯性和一致性相结合、专门的教育活动和渗透教育相结合、正面教育和个别行为矫正相结合、社会认知和社会情感与社会行为相结合等原则；② 韩云龙和

---

① 王春燕．生命哲学视野下对儿童社会性教育的审思［J］．学前教育研究，2007（10）：34－37.

② 邹晓燕．幼儿园社会教育的原则及组织形式［J］．幼儿教育，2010（15）：18－21.

丁海东认为，学前儿童自身的心理特点和社会性教育本身的特殊性，决定了学前儿童社会教育必须遵循生态化原则、渗透性原则、熏陶性原则、生活化原则、民族性原则和情感性原则。① 现选取生态化原则、民族性原则、生活化原则、熏陶性原则、专门活动和渗透性活动相结合的原则对学前儿童社会教育应遵循的原则做简单陈述。

1. 生态化原则

生态化原则是指要用系统化的思维、联系的观点分析影响学前儿童社会性发展的因素，并设计教育活动。依据布郎芬布伦纳的生态系统论原理分析学前儿童社会教育，可以将学前儿童社会教育看成是一个由多种要素构成的、具有整体综合效应的生态系统。因此，教育者要用系统的眼光来看待学前儿童社会教育的问题，注意各教育要素之间的整体性、立体性、相关性和动态效应，避免将教育要素进行割裂，划分成孤立的部分。

学前儿童社会教育内容广泛且具有生活化特点，比健康、语言、科学、艺术等领域的教育更强调隐性课程和背景因素的影响，其教育过程具有潜移默化的特点，因此，需要用生态化的思维实施学前儿童社会教育。例如，预防学前儿童攻击性行为，不仅仅是幼儿园的教育责任，也是社会的责任，社会媒体对其所播放的动画片、儿童电视节目等应肩负起审查责任，家长不恰当的言行、教养方式等亦会成为学前儿童攻击性行为的诱发因素，家长应自觉提高自身教育水平，家、园、社会形成三方合力，方可达成教育效果。

2. 民族性原则

民族性原则是指学前儿童社会教育的内容不仅包括科技发展所带来的现代文明，还应包括中华民族的优秀传统文化。中华民族经过几千年的延续与发展，所形成的庞大文化体系是世界上任何一个民族都难以比拟的，它深刻地影响着一代代中华儿女，例如，节日文化、礼仪文化、建筑文化、饮食文化、服饰文化等。对学前儿童进行民族文化教育，目的是发扬本民族优秀的文化传统，把学前儿童培养成具有民族情感、热爱祖国的人，如图 1－6 所示。

图 1－6　幼儿园开展扎染教育活动与幼儿扎染作品展示

培养民族自豪感，增强文化自信，也并不否认引导学前儿童用理解、尊重、平等的态度对待其他民族文化传统，吸收、借鉴他们的有益经验，感受人类文化的多样性和差异性。

① 韩云龙．幼儿社会教育实践性问题研究［D］．山东：济南，山东师范大学，2008.

3. 生活化原则

生活化原则是指学前儿童社会教育要选择日常生活中学前儿童熟悉的事物作为教育内容，充分发挥一日生活的教育价值，把学前儿童培养成符合社会要求、可以独立参与社会活动、能够适应社会生活的人。

生活化原则要求学前儿童社会教育内容应与学前儿童的日常生活、社会生活紧密结合。任何脱离学前儿童日常生活和社会生活的社会教育都是不切实际的、徒劳的。例如，可以结合进餐环节的光盘行动，引导学前儿童学会节约粮食，如图 1－7 所示。

图 1－7 幼儿园的光盘行动

生活化原则要求教师善于挖掘和利用生活中的教育资源和教育契机，对学前儿童进行随机教育。例如，班里有小朋友生病了，教师可用自己的行动和语言引导幼儿关心别人，给予生病的小朋友细心体贴的照顾。

生活化原则要求充分利用生活内容琐碎、随意和富有重复性的特点，引导学前儿童在日常生活中反复练习，形成稳固的行为习惯。可以说，学前儿童社会教育目标是很难通过几次单独的社会教育活动来完成和实现的，大部分教育目标的达成需要学前儿童在日常生活中不断体验，在重复中逐渐巩固。

4. 熏陶性原则

熏陶性原则是指通过创设物质和精神环境，潜移默化地影响学前儿童，使其思想、行为和品行发生变化。

学前儿童社会教育的物质环境主要是指托儿所、幼儿园室内外的环境布置。例如，干净整洁的室内环境可以给学前儿童无形的影响，引导他们自觉地维护整洁的环境，养成讲卫生的习惯；随主题活动而更新的墙饰可以吸引他们驻足观看、欣赏、体会，如图 1－8 所示；富有民族特色的石磨、龙舟等大型户外玩具，可以让他们受到优秀传统文化的浸染。

图 1－8 富有东营市油田特色的幼儿园走廊装饰

学前儿童社会教育的精神环境主要是指托儿所、幼儿园的心理氛围，《幼儿园教育指导纲要（试行）》指出："要创设一个能使幼儿感受到接纳、关爱和支持的良好环境，避免单一呆板的言语说教。"例如，教师的以身作则、诚实守信就容易使学前儿童养成严于律己的良好品格；部分学前儿童表现出文明礼貌，与同伴友好相处时，就会使其他学前儿童懂得相互谦让、和睦相处的道理。因此，环境是一种无形的力量，熏陶性原则正是利用社会教育潜移默化的特性，使学前儿童通过自律来获得社会性发展。

5. 专门活动和渗透性活动相结合的原则

专门活动与渗透性活动相结合的原则是指学前儿童社会教育既需要尊重学前儿童社会性发展与教育的独特性，设计并实施专门的教育活动，也需要借助其他领域的活动，如生活活动、游戏活动等途径潜移默化地教育。

学前儿童社会性发展有其独特的心理发展规律与教育原理，《幼儿园教育指导纲要（试行）》《3—6岁儿童学习与发展指南》等文件分别详细论述了幼儿社会领域教育的目标、内容与实施建议。因此，社会教育内容应尽量设计专门的教育活动，将学前儿童的生活经验条理化、深刻化，从而有针对性地引导学前儿童社会性的发展，实现教育目标。例如，与自我认知、社会认知有关的内容，主要是通过一些专门的教育活动来实现的。学前儿童社会教育的有些内容，如爱家乡、爱祖国的社会情感，合作分享等社会行为技能，不是一朝一夕就可达成的，必须持续、多方面、多角度地加以强化、巩固，除了需要组织专门的教育活动外，还应通过其他领域的课程活动加以渗透和强调，例如，开展语言、音乐等领域的活动也可以实现对学前儿童社会情感、社会行为技能等方面的培养。

学前儿童的学习是一个完整的过程，幼儿园教育同样也是一个整体。《幼儿园教育指导纲要（试行）》指出，"幼儿园的教育内容是全面的、启蒙性的，可以相对划分为健康、语言、社会、科学、艺术等五个领域，也可作其他不同的划分。各领域的内容相互渗透，从不同的角度促进幼儿情感、态度、能力、知识、技能等方面的发展"，强调"各领域的内容相互渗透"。可以说，虽然人们在理论研究 中将幼儿园教育内容分为五个领域，但在学前教育实践中，学前儿童社会教育与其他各领域的教育理应是相互渗透的。

（二）学前儿童社会教育的途径

学前儿童社会教育隐藏在幼儿园课程的每一个领域、活动室的每一个角落、老师的每一个眼神里。《幼儿园工作规程》也指出："综合组织健康、语言、社会、科学、艺术各领域的教育内容，渗透于幼儿一日生活的各项活动中，充分发挥各种教育手段的交互作用。"学前儿童社会教育的随机性、渗透性、生活化等特点要求充分发挥多种教育途径的价值，引导学前儿童社会性发展。

1. 日常生活活动

日常生活活动指入园、离园、进餐等生活环节。陶行知先生提出"生活教育"理念，即"生活教育是给生活以教育，用生活来教育，为生活向前向上的需要而教育"，而且特别强调，"从效力上说，教育通过生活才更能发出力量而成为真正的教育"。对学前儿童社会教育而言尤其如此。例如，幼儿园生活中的自主取餐环节可以培养学前儿童的自我服务意识，增强其责任感；入园、离园时与父母说再见、见到老师问好等行为，可以引导幼儿学习礼仪。教师应充分利用这些教育契机，提高随机教育意识，利用一切可以利用的教育机会实施社会教育，引导学前儿童养成良好的行为习惯，提升社会适应能力。

学前儿童社会性的发展是一个缓慢的过程，学前儿童社会教育具有长期性、熏陶性、潜移默化等特点。社会认知离不开丰富的生活场景，社会情感需要社会生活的浸染，社会行为习惯的养成需要在生活中多次实践，因此，必须重视生活活动在学前儿童社会教育中的价值。《幼儿园工作规程》指出："幼儿园日常生活组织，应当从实际出发，建立必要、合理的常规，坚持一贯性和灵活性相结合，培养幼儿的良好习惯和初步的生活自理能力。"《幼儿园教育指导纲要（试行）》同样强调社会资源、社会生活的价值，指出要"充分利用自然环境和社区的教育资源，扩展幼儿生活和学习的空间"。日常生活的行为方式，如认知、理解、唤醒、陶冶、体验、感悟、交往等等，均可以促进学前儿童社会性的发展。

2. 游戏活动

游戏是学前儿童的基本活动，符合婴幼儿的认知发展特点，蕴藏着丰富的教育契机。《幼儿园工作规程》指出，幼儿园活动应"以游戏为基本活动，寓教育于各项活动之中"。例如，在角色游戏中，学前儿童可通过扮演不同的角色，体验各种生活场景，协商分配角色，解决游戏中的矛盾，从而了解社会环境，熟悉社会角色，认识社会规则，提升社会交往技能，产生亲社会行为，反思攻击性行为，形成良好的个性，提高社会性发展水平。

区域活动是幼儿园游戏活动的一种组织形式，是一种开放性的、低结构的活动，学前儿童以自己的兴趣、需要、意志为导向自主活动，活动的内容、时间、节奏、顺序以及活动的伙伴、规则等都可由学前儿童自己决定或与同伴商量、协调。在这一过程中，学前儿童的社会性会自然而然地得到发展。

3. 集体教学活动

集体教学活动是指教师有目的、有计划地选择社会领域教育内容，灵活选用教育方法对学前儿童进行有组织的社会性教育活动，是幼儿园实施社会领域教育的重要途径。在集体教学活动中，学前儿童可以学习社会知识、培养积极的社会态度、丰富升华社会情感并形成社会行为技能。

集体教学活动不可省略。在目前的幼儿园教育实践中，随着对游戏教育价值的认可，组织实施的集体教学活动越来越少。但是作为传统的教育方式，集体教学活动也具有很多优点，例如，每一次集体教学活动都有明确的教育教学目标，都会选择有针对性的教育内容，都要经过教师精心地设计与准备。可以说，社会领域集体教学活动在学前儿童社会教育领域发挥着不可替代的作用。例如，小班教师发现本班幼儿在使用画笔后经常忘记扣笔帽，就设计了集体教学活动"干枯的画笔"，通过观察班级画笔找出问题、对比新旧画笔绘画效果等活动环节，引导幼儿学习"用完画笔要扣好笔帽的日常规则"。实践表明，这次集体教学活动之后，本班幼儿逐步养成了爱惜画笔的良好习惯，集体教学效果显著。

防止集体教学活动形式化。在实践中，幼儿园的集体教学活动容易出现枯燥、单调、幼儿参与性较差等问题，幼儿教师如果不能科学设计集体教学活动，社会领域的集体教学活动就很容易异化成以说教为主的思想教育，学前儿童也容易游离在活动之外，导致集体教学活动变成"走过场"。

4. 其他形式的教育活动

幼儿园社会领域其他形式的教育活动主要是指生活活动、游戏活动和集体教学活动等基本教育活动之外，根据学前儿童兴趣、季节变化、传统节日等组织的有目的、有计划的教育活动。例如，节日庆典活动、外出参观活动、春游秋游活动、集体留宿活动、集体过生日活动等。这些活动有明确的教育目标，内容丰富，学前儿童参与活动的积极性比较高，在学前儿童社会教育中发挥着不可替代的作用。

5. 幼儿园环境

环境是幼儿园课程的组成部分，高质量的环境是优质学前教育的重要保障和构成要素，有人形象地将幼儿园环境称为“第三位老师”。《幼儿园工作规程》指出，幼儿园要“创设与教育相适应的良好环境，为幼儿提供活动和表现能力的机会与条件”。幼儿园环境包括物质环境和精神环境，其对学前儿童社会教育发挥着不同的作用。

幼儿园物质环境又可以分为室外环境和室内环境。其中，室外环境包括幼儿园的自然风光、园舍建筑、大型玩具和设备材料等；室内环境主要是班级内的活动室布置。风格各异的园舍建筑可以让学前儿童感受到不同的建筑文化，富有地方特色的大型玩具也可以吸引学前儿童积极主动地去认知和探索；幼儿园室内环境组织得当，可以激发学前儿童之间的交流、谈话和互助，有效地支持学前儿童的社会交往。学前儿童在参与创设环境的过程中，还可以通过与教师、同伴的交流互动，逐渐摆脱自我中心，学习体会他人的意图和看法。教师还可以配合主题教学活动来设置特殊的环境。例如，在主题为“爱家乡”的教育活动中，教师可以在活动室中布置“可爱的家乡、可爱的祖国”展览。

幼儿园的精神环境主要是指心理文化氛围。教师要通过亲切的语言、赞赏的目光、友善的态度、平等的身份与学前儿童交往，理解学前儿童的各种需要，允许学前儿童表达自己的想法和建议，营造和谐、自由的班级氛围。这样有利于学前儿童自我意识和个性的良好发展，促进学前儿童形成良好的社会认识、情感和行为，从而更加积极主动、充满自信地与外界交往。

6. 家园合作

经过训练的幼儿教师可以系统、科学地设计学前儿童社会教育课程，但是，家庭也是学前儿童生活、学习的主要场所，家庭氛围对学前儿童社会性发展的影响是潜移默化的，家长的教养方式对学前儿童社会性发展的影响是连续的、相对稳定的。儿童年龄越小，家长的影响作用越大。可以说，家庭对学前儿童社会性发展具有不可替代的作用。因此，幼儿园必须与家长合作，家、园共同担负起学前儿童的教育任务。

（三）学前儿童社会教育的具体方法

学前儿童社会教育内容丰富，有些教育内容可以创设条件、设计合适的活动丰富学前儿童的感性经验；而有些教育内容比较抽象，或者距离学前儿童的现实生活比较遥远，学前儿童难以体验感知。例如，我国南北方的春节习俗、家乡的变化、世界文化等教育内容对于学前儿童来说比较抽象，教师在教学时应采用讲解、演示等方法，以使抽象或距离学前儿童生活较远的教学内容变得具体可感。可以说，学前儿童社会教育需要综合运用多种教育方法，并将这些方法有机地结合起来。在学前教育学课程中介绍过的游戏法、讲授法等一般教育方法，同样适用于学前儿童社会教育，在此不再赘述，现主要分析学前儿童社会教育中常用的几种方法，如观察学习法、移情训练法、角色扮演法、价值澄清法等。

1. 观察学习法

观察学习法即通俗意义上的模仿、榜样法，其心理机制为班杜拉提出的替代强化。替代强化是指学习者通过观察榜样受到的强化而改变自己的行为。学习者如果看到别人的行为受到奖励，就会增强产生这种行为的倾向；如果看到别人的行为受到惩罚，则会削弱或抑制做出这种行为的倾向。

在学前儿童社会教育中运用观察学习法，可以通过讲故事引导学前儿童学习故事中的人物，也可以引导学前儿童向身边的榜样、历史上的名人学习。例如，通过聆听故事《小羊过桥》，学前儿童能够从小羊互不相让而不能过桥的故事情节中学会轮流与谦让；教师表扬喝水排队的学前儿童，其他学前儿童也会模仿学习，排队的学前儿童会越来越多；看了王亚平在太空给小朋友演示扎染，学前儿童可能会萌发太空梦。当然，在运用榜样时，教师必须根据学前儿童心理发展的水平和特点，用启发性和引导性的语言加深他们对榜样的理解。

2. 移情训练法

移情是指对他人情绪情感的理解与感受。移情训练就是通过讲故事、续编故事、情境表演、生活体验、教育戏剧、游戏等形式引导学前儿童去理解和体会别人的情绪，学会从他人的角度、立场考虑问题，从而形成体察他人情绪情感的能力，促进亲社会行为的发展，提升人际交往水平和社会适应能力。

移情训练法是社会教育领域重要的教育方法。有效的移情训练可以使学前儿童准确理解他人的情绪状态，激发其亲社会行为，预防其攻击性行为。如大班活动“特殊的新朋友”，活动开始，教师创设情境让学前儿童体验看不到东西时害怕和难过的心情，进而引导学前儿童把自己看不见时的感受与盲童的生活现实联系起来，体会新朋友（盲童）的不幸，从而实现情感换位，理解他们遇到的困难，并在生活中愿意主动帮助身边的残疾人朋友。移情训练法通过让学前儿童想象、表演以及实际做一做等方式，一方面，可以强化学前儿童对特定情绪的理解；另一方面，可以在一定程度上激发其相应的亲社会行为。

小练笔

中班幼儿林林的手臂骨折了，爸爸妈妈本想让林林在家休养，可是林林太喜欢来幼儿园了。林林如果来幼儿园，需要用三角巾把受伤的手臂吊起来，这样很多活动就需要其他小朋友帮忙，同时，其他小朋友在活动的时候要避免碰撞林林，防止二次受伤。如果你是中班的老师，你如何通过移情训练法教育其他幼儿呢？

3. 角色扮演法

角色扮演法是一种使人暂时置身于他人的社会位置，并按这一位置所要求的方式和态度行事，以增进人们对他人社会角色及自身原有角色的理解，从而更有效地履行自己角色职责的方法。

在角色扮演活动中，学前儿童要尝试扮演实际生活情境中不属于自己的角色，这就需要学前儿童掌握所扮演角色的某些经验和行为习惯。角色扮演培养了学前儿童对社会角色的认识，提高了学前儿童的亲社会行为水平，有利于学前儿童利他行为的产生，能使幼儿在轻松愉快之中形成良好的行为习惯。因此，角色扮演实际上就是学前儿童的一种学习过程。

运用角色扮演法时，需注意以下几点：第一，学前儿童扮演的角色必须为他们所认知和理解，不能超出其生活阅历和情境理解力，超出个人能力的角色是没有任何意义的；第二，角色扮演要有针对性，教师要根据教育目标和儿童社会性发展的水平确定角色，以正面角色为主，尽力减少反面角色；第三，要充分发挥学前儿童的主动性、积极性和创造性，允许学前儿童自主选择角色、变换角色和创造角色，教师要发挥引导作用，引导幼儿自主选择角色并演绎。①

4. 价值澄清法

价值澄清法是一种应用于课堂教学的德育方法，于 20 世纪 20 年代起源于美国，20 世纪 60 年代，美国纽约大学教授路易斯・拉思斯等人对其进行了发展研究，并逐步形成一个独立的学派。其主要观点为，个体的道德或价值观不是靠灌输、说教或教导可以形成的，必须经过自由选择、反省和行动澄清才可以形成；道德教育的重点在于培养学生的批判性思维，提高学生评价和选择道德行为的能力，最终形成适合自己的道德价值观体系；道德教育的主要策略有澄清反应法、交谈策略、讨论策略、书写策略，主要形式有个人、小组、全体三种方式。

运用价值澄清法可以让道德教育生活化和具体化，使儿童的道德认知、道德情感与道德行为保持一致。因为是儿童经过思考评价自己做出的道德选择，也容易增强他们对自己行为的责任感。价值澄清可以说是儿童由内到外、思想言行一致地建构价值的过程，例如，针对“喝水时应不应该排队”，教师可以选用价值澄清法，引导学前儿童分别说出自己支持如何做和反对怎么做，并说出支持的原因和反对的理由；还可以让学前儿童观看他们在日常生活中的场景照片，进行评价、反省；还可以现场模拟排队与不排队的情景，让学前儿童通过行动思考并表达自己的价值判断。当然，由于幼儿年龄比较小，生活范围比较狭窄，抽象思维刚刚萌芽，很难形成复杂的价值观，但可以引导其对生活中的具体事件做出自己的判断。

小资料

内化原理对引导儿童社会性发展的启发②

个体对社会规范的内化是随着主体活动而逐步深入的，内化过程分为依从、认同和信奉三个阶段，不同的内化阶段受制于不同因素，需要不同的条件。

① 韩云龙．幼儿社会教育实践性问题研究［D］．山东：济南，山东师范大学，2008.

② 王健敏．儿童社会性三维结构形成实验研究报告［J］．心理发展与教育，1996（2）：12－18.

依从作为社会规范接受的开始，是一种不自觉的规范遵从态度。在这一阶段，个体对规范的必要性缺乏认识，甚至有抵触的认识和情绪，但迫于外部的情境压力和安全的需要而采取既不违背也不反抗的被动接受态度。因此，外部的奖惩和同伴群体压力是影响依从学习的主导因素。

认同是以个体对社会规范的必要性认识和一定的积极情感体验为基础而产生的一种自觉的规范行为意向。个体能否消除意义障碍和情感障碍，建立与规范相一致的认识及其积极情感是形成认同的关键。因此，认同主要取决于规范学习过程中主客体交互作用中的认知因素。在这一阶段，个体已开始以社会规范构建内部自我调节机制。它是一种自觉的遵从态度，但这种自觉性刚刚开始，不如信奉那样稳定。

信奉是社会规范的一种高级接受水平，是心理品质形成的最高阶段。它是以社会行为的价值信念为基础而产生的稳定的、积极的情感体验和强烈的规范行为意向。个体对社会规范价值的认识能否上升为价值信念，并产生稳定的情感体验是实现信奉的条件。因此，信奉学习的主导因素是规范学习过程中主客体交互作用中的情感因素。此时，社会规范已成为个体内部高度自觉的自我监控机制。

遵循社会规范学习和接受的基本过程和规律，按照依从、认同、信奉的三个阶段逐步内化、实现建构。在教育过程中创设条件，调控各阶段影响的内外因素，制定具体的干预措施，可以有效地促进儿童责任心、合作性、自制力的发展，进而促进其社会性整体水平的提高。具体做法如下。

依从阶段，创设有利于社会规范内化的外部情境压力，并不断强化规范意识。具体做法为：①制定严格的奖惩制度；②建立群体压力。

认同阶段，创设有利于个体消除意义障碍和情感障碍，确立对规范必要性认识的教育环境和教育活动。具体做法为：①榜样强化，用领袖、英模的故事熏陶儿童；②观察学习，在同学中树立小榜样，确立行为范式；③思辨学习，组织学生从不同的角度对规范必要性进行讨论，消除抗阻心理，提高认识。

信奉阶段，通过教育活动巩固深化对规范必要性的认识，并上升为价值信念，使个体产生稳定积极的内部情感体验。具体做法为：①活动实践，在日常生活和班队活动中实施细则；②移情训练，通过情绪追忆、情感换位、替代反应、心理沟通等环节，培养与责任心、合作性、自制力相一致的情感体验；③自省自检，依据规范细则，每周、每月用五级等分制给自己的责任心、合作性、自制力打分。

二、学前儿童社会教育的评价

课程与教学评价是课程开发与教学设计的有机组成部分。《幼儿园教育指导纲要（试行）》指出："教育评价是幼儿园教育工作的重要组成部分，是了解教育的适宜性、有效性，调整和改进工作，促进每一个幼儿发展，提高教育质量的必要手段。"

（一）学前儿童社会教育评价的内涵

课程与教育评价是指以一定的方法对课程或教学计划、活动和结果等做出价值判断的过程。由此可以得出，学前儿童社会教育评价就是选择一定的方法，对学前儿童社会教育的目标、内容、活动过程和活动结果做出价值判断的过程。

（二）学前儿童社会教育评价的意义

国际课程评价领域，在经历了20世纪初期的测验时期、五六十年代的评价时期之后，于20世纪80年代中期开始，悄然进入了评定时期，研究逐步深入，重要性日益凸显。学前儿童社会教育评价的意义主要有以下三个方面。

1. 优化学前儿童社会教育活动，提高学前教育质量

《幼儿园教育指导纲要（试行）》指出："管理人员、教师、幼儿及其家长均是幼儿园教育评价工作的参与者。评价过程是各方共同参与、相互支持与合作的过程。"通过管理人员的评价，可以从宏观上对学前儿童社会教育的课程目标、课程内容、课程结果做出诊断，发现问题并及时解决问题；幼儿教师是学前儿童社会教育课程的直接实施者，可以反思、评价课程与教学设计的整个过程，通过"实践、反思、再实践"总结经验，优化教育内容选择和教学活动设计；学前儿童及家长的评价可以反馈受教育者的感受，尊重学前儿童学习的主体地位。

2. 科学评估学前儿童社会性发展状况

促进学前儿童身心和谐发展是学前儿童社会教育的最终目的，科学评估学前儿童社会性发展水平是设计社会教育活动的基础，也是检验教育效果的落脚点。学前儿童社会性发展具有普遍规律，也有个体差异。随着时代变迁，学前儿童社会性发展水平也在发生变化，只有通过不断地研究、观察儿童，才可以准确了解当今儿童的社会性发展状况。因此，在学前儿童社会教育过程中评价儿童的社会性发展也是教育工作者不可忽视的重要工作内容。

3. 提高幼儿教师社会领域教育能力

幼儿教师领域教育能力是一种基于实践而形成的默会性知识和能力，是教师专业性的体现。教师首先需要掌握教育原理和教学方法的知识、儿童社会性发展的知识、学前儿童社会领域教育内容的知识，懂得"怎么教""教给谁""教什么"，进而在教育实践过程中形成社会领域的教学能力。这种能力的获得离不开教师的实践与反思，正如《幼儿园教育指导纲要（试行）》中所说："评价的过程，是教师运用专业知识审视教育实践，发现、分析、研究、解决问题的过程，也是其自我成长的重要途径。"

（三）学前儿童社会教育评价的内容

1. 学前儿童社会性发展的评价

学前儿童社会性发展评价是依据学前儿童社会教育目标以及与此相适应的学前儿童社会性发展目标，运用教育评价的理论和方法，对学前儿童自我意识、社会认知、社会情感、社会性行为和人际交往等社会心理特征进行价值判断的过程。它是了解学前儿童社会性发展状况、对学前儿童实施有效教育、提高学前教育质量的重要手段，也是幼儿园教育评价的重要组成部分。

不少学者依据不同理论和教育价值观，从不同角度对学前儿童社会性发展标准进行了

研究，例如，《3—6 岁儿童学习与发展指南》可以作为制定课程目标的依据，也可以参考其内容对学前儿童社会性发展水平做出粗略评价。另外，也可以参考《幼儿发展评价手册》（白爱宝，1999）、《幼儿发展性评价手册》（黄珊，2020）等其他资料对学前儿童的社会性发展水平做出评价。

《幼儿发展评价手册》量表有三个等级标准，分别对应幼儿园的小、中、大班三个年龄段。教师在使用本量表的时候，可以根据本园的实际情况、本班的教育计划和幼儿的实际情况进行选择和适当调整。正如不可以用《3—6 岁儿童学习与发展指南》作为一把尺子量所有幼儿一样，也不可以用某一量表绝对测量评价某一幼儿。应该用发展、全面的眼光和个性化的评价标准对幼儿进行评价。

2. 学前儿童社会教育活动的评价

学前儿童社会教育活动评价与其他领域的活动评价一样，需要对教育活动各个要素做出价值判断，包括活动名称、活动目标、活动准备、活动过程、活动延伸、活动效果以及活动实施等要素。

活动名称需要包括年龄班、领域和具体的活动，例如，中班社会领域活动“节约用水”。

活动目标要包含认知、情感、技能三个维度，且要做到条理清晰，明确、具体、可操作，书写角度统一，内容指向学前儿童社会性发展。

活动准备包括物质准备和经验准备。其中，物质准备要齐全、有针对性；经验准备即学情分析，要准确、具体。

活动过程包含导入、展开、结束等环节。其中，展开环节可以设计多个教学步骤，教学环节之间要逻辑清晰、环环相扣、层层递进，要符合学前儿童社会性核心经验形成的心理机制。

活动延伸要切实可行，可与学前儿童一日生活活动、游戏活动、家园协同育人等活动紧密结合，有助于学前儿童经验迁移。

活动效果主要是评价活动目标的达成，要定性评价与定量评价相结合。

活动实施主要是评价学前儿童社会教育活动实施的详细过程，例如，活动过程中教师语言的组织、师幼互动的质量、教师的教学监控能力和学前儿童参与活动的积极性与效果等。

小练笔

查阅中班社会领域活动“神奇的中草药”，请从活动名称、活动目标、活动准备、活动过程、活动延伸等方面对活动设计方案做出评价。

（四）学前儿童社会教育评价的原则

学前儿童社会教育评价原则是学前儿童社会教育评价活动应当遵循的基本要求。

1. 目的性原则

目的性原则是指进行学前儿童社会教育活动评价时要有明确的目的。依据目标导向理念，评价者的评价目的不同，使用的评价体系、评价方法，以及对评价结果的解释和处理就会不同，并最终影响评价工作的实际效益。

学前儿童社会教育评价的根本目的是了解学前儿童社会性发展状况，优化学前儿童社会教育活动设计与实施，提高学前儿童社会教育质量，最终促进学前儿童社会性发展。因此，强调目的性原则是为了树立正确的教育观与评价观，避免为了评价而评价，甚至为了攀比等功利性目的而评价。

2. 客观性原则

客观性原则是指在对学前儿童社会性发展状况和学前儿童社会教育活动进行评价时，应采取客观、公正的态度，依据客观标准评价学前儿童和社会领域教育活动，而不能凭自己的主观喜好，随心所欲地实施评价活动。

客观性评价原则要求教师在评价时，选择经过检验的、可信度比较高的评价指标体系作为评价标准，慎重使用自己编制的评价标准；在搜集评价资料时，要多选用结构性观察、问卷法等客观性比较强的评价方法，使用作品评价法、学习故事法等评价方法时，要注意查阅相关理论资料，且尽力使用多种评价方法，以求评价结果可以相互印证；在对评价结果做出解释时，应有相应的理论根据，尽力做到公平公正地进行分析。

3. 全面性原则

全面性原则指评价学前儿童社会性发展状况时，要注意认知、情感和行为的协调统一；评价学前儿童社会教育活动时，应注意从活动设计、活动实施和活动效果等多个方面展开。

在对学前儿童社会性发展状况进行评价时，应该认识到社会认知是基础，社会情感是动力因素，社会行为是社会性发展的最终表现，要注意评价学前儿童是否达到了知、行、情统一；对学前儿童社会教育活动的评价内容比较繁琐，从活动设计的规范性、科学性到活动实施的组织效果、师幼互动效果、材料使用情况，以及活动结束后的反思等等，都需要做出全面细致的评价，才有助于更全面地发现问题、总结经验，提升活动设计与实施水平，提升幼儿教师实施社会领域教育的能力。

4. 发展性原则

发展性原则是指在评价学前儿童社会性发展状况时，既需要评价学前儿童社会性发展的已有水平，进行横向比较，与该年龄段的常模表现比较，发现在发展速度与时间早晚等方面的个体差异；也需要用发展的眼光进行纵向比较，看到幼儿的发展潜力，以及今后的发展趋势。

发展性原则要求避免用静态的眼光评价学前儿童，以免得出不合理的结论，对学前儿童发展产生负面影响。

5. 量化评价与质性评价相结合的原则

量化评价是指将那些能够直接量化的，并且确实存在量化途径的评价指标进行数量化的评价方式，如考试成绩、专注时间等。质性评价是指力图通过自然调查、全面充分地提示和描述评价对象的各种特质的一种评价方式，包括档案袋评价、表现性评价、真实性评价等等。尽管质的评价与量的评价在评价的取向、评价的情境、评价的过程、资料的收集等方面存在差异，但我们也不能人为地夸大两者之间的差别。其实，两者在选择评价内容、形成评价结论等多方面是相辅相成的，只有根据评价的具体内容整合质性评价与量化评价，使其有机结合，才有助于对学前儿童社会性发展与教育活动做出客观、全面的评价。

6. 诊断性评价、形成性评价和终结性评价相结合的原则

诊断性评价是在课程计划或教学活动开始之前，对学前儿童的需要或准备状态进行评价的一种评价形式，其目的在于使计划或活动安排更具有针对性；形成性评价是在课程开发或课程实施过程中所采用的评价形式，其主要目的是在课程开发或实施过程中对局部内容收集资料，分析优缺点，为进一步修订和完善课程提供依据；终结性评价是在课程开发和实施完成之后进行的评价形式，其主要目的在于收集资料，对课程的整体成效做出判断。在学前儿童社会教育课程实施之前、过程中和完成后均进行评价，充分发挥每种评价的作用，更有助于优化课程开发与实施。

（五）学前儿童社会教育评价的方法

我国对儿童发展与教育评价的研究日益增多，评价方法越来越具有综合性与科学性，与我国《幼儿园教育指导纲要（试行）》中所倡导的评价精神日趋一致。具体而言，评价方法从测试量表发展为综合运用观察法、作品分析法、谈话法、问卷调查法、档案袋评价法、游戏评价法等。近年来，运用学习故事对学前儿童发展进行评价也越来越普遍。在此对学前儿童社会教育课程中比较常用的观察法、档案袋法和学习故事法进行讲解。

1. 观察法

观察法是指教师带着明确的目的，用感官或辅助工具，有针对性地收集学前儿童或教师在日常生活、游戏、集体教学等教育活动中的行为表现，分析学前儿童社会性发生和发展规律、社会教育活动规律等内容的方法。它和日常生活中的观察不同，要求观察具有系统性、计划性和目的性，而且要对观察到的现象做出实质性和规律性的解释。

按照观察中教师所处的位置或扮演的角色，观察法可以分为局外观察和参与观察；还可以根据观察方式的结构化程度分为结构观察和无结构观察。

局外观察也称非参与观察，即教师处在被观察对象群体之外，完全不参与其活动，尽可能不对观察对象或其活动的环境产生影响，形象地说，局外观察就是“冷眼旁观”；参与观察是教师深入被观察对象的活动中，在实际参与他们日常生活或活动的过程中进行观察。

结构观察是教师按照一定的程序，采用明确的观察提纲或观察记录表格对观察对象进行的观察，通常采用局外观察的方式进行，观察内容固定，对每一个观察对象进行统一的观察和记录，结果可以进行定量分析；非结构观察则指没有统一的、固定不变的观察内容和观察表格，完全依据观察对象的表现进行自然观察，多采用参与观察的方式进行，观察的结果不具有统一的形式，得到的资料通常只能进行定性分析。

观察法可以用于观察学前儿童社会性发展状况，也可用于观察教师组织的学前儿童社会教育活动。对于学前儿童社会性发展状况的观察评价，有研究者设计了非常详细的观察记录表以及评价标准，幼儿教师可以在工作中参考，例如，高敬老师编写的《幼儿发展评

价指南》中的观察记录表样式见表 1－5 所列。

表 1－5 幼儿社会性观察评价表[①]

<table>
<tr><td>观察日期</td><td></td><td>观察时间</td><td></td><td>观察者</td><td></td></tr>
<tr><td>观察对象</td><td></td><td>观察情境</td><td colspan="3">来、离园活动时与人互动打招呼</td></tr>
<tr><td colspan="6">观察目的：与别人说话时眼睛是否能注视对方；说话时是否态度自然、大方；是否能在提醒下使用“你好”“谢谢”“再见”等合适的礼貌用语。</td></tr>
<tr><td colspan="2">表现
内容</td><td>能
★★★</td><td>基本能
★★</td><td colspan="2">加油
★</td></tr>
<tr><td colspan="2">与别人讲话时眼睛注视对方。</td><td></td><td></td><td colspan="2"></td></tr>
<tr><td colspan="2">说话态度自然大方。</td><td></td><td></td><td colspan="2"></td></tr>
<tr><td colspan="2">在提醒下来园时使用“你早（好）”等合适的礼貌用语。</td><td></td><td></td><td colspan="2"></td></tr>
<tr><td colspan="2">在提醒下活动中使用“谢谢”等合适的礼貌用语。</td><td></td><td></td><td colspan="2"></td></tr>
<tr><td colspan="2">在提醒下离园时使用“再见”等合适的礼貌用语。</td><td></td><td></td><td colspan="2"></td></tr>
<tr><td colspan="2">观察记录、照片：</td><td></td><td></td><td colspan="2"></td></tr>
<tr><td colspan="2">分析与评价：</td><td colspan="4"></td></tr>
<tr><td colspan="2">原因与措施：</td><td colspan="4"></td></tr>
<tr><td colspan="2">两周后的表现与评价：</td><td colspan="4"></td></tr>
<tr><td colspan="2">再次的原因与措施：</td><td colspan="4"></td></tr>
<tr><td colspan="2">再两周后的表现与评价：</td><td colspan="4"></td></tr>
<tr><td colspan="2">其他表现：</td><td colspan="4"></td></tr>
</table>

小贴士：

以上三条表现可同时收集信息。观察记录幼儿在来、离园时及与别人打招呼、交流时的动作、神态、音量等方面的表现，重点关注幼儿眼睛是否能注视对方，态度是否自然和大方。同时，观察记录幼儿在来园问候、离园道别及来园活动中在提醒下使用合适的常用文明用语的表现。如在来、离园时或在得到别人的帮助时，幼儿是否能在提醒下说“谢谢”。注意成人提醒的次数一般不超过三次。

2. 档案袋评价法

档案袋评价法是指收集学前儿童在学习过程中有代表性的作品和典型的表现记录，以学前儿童的实际表现作为判断学前儿童学习质量的依据的评价方法。学前儿童成长档案，是教师有目的、有计划地收集的学前儿童作品，记录的学前儿童学习状态，并依据学前儿童发展指引进行分析，形成的关于学前儿童学习和发展情况的一系列档案资料。随着信息化技术的发展，当前教育实践中多使用电子档案的形式进行收集整理，更便捷且便于保存。

① 高敬．幼儿发展评价指南［M］．上海：华东师范大学出版社，2001.

3. 学习故事评价法①

自20世纪90年代以来，人们在反思传统的标准化评价方法的基础上提出了表现性评价的理论与方法。表现性评价是建立在建构主义学习理论基础上的一种评价儿童发展的新理论和方法。它要求评价与儿童的生活经验相结合，力求反映儿童在真实情境中理解和运用知识的能力，提倡在不同的情景中运用不同的手段来评价儿童。

学习故事，有时又称为叙事性评价，是一种与表现性评价的理念非常接近的评价儿童的方法。叙事性评价以建构主义学习理论为基础，并在一定程度上受到情境理论的影响。因为个人在学习中不是去习得知识固有的意义，而是自己建构有关世界的意义，因此，缺乏情境的学习对儿童来说是没有意义的。叙事性评价试图通过连续描述儿童在真实情境中的行为来展示儿童的学习与发展状况，以及学习与情境的多方面联系，它强调对儿童的学习与发展进行全面和整体的观察和评价（Carr，2004）。

学习故事一般用于观察和评价个别儿童的学习活动。用学习故事作为评价儿童的方法要涉及四个方面的过程，这四个方面的过程也被称为学习故事中的四个“D”，即描述、记录、讨论、决定（Carr，2001）。“描述”是指对儿童当前的学习和发展中的表现性行为的描述。“记录”是用某种方式把儿童的学习行为记录下来并做出评价。“讨论”是指和其他教师、儿童、家庭成员的谈话交流，目的是进一步了解、肯定或质疑教师对儿童行为的解释和评价。“决定”是教师对下一步要采取什么行动的思考，是立刻回应还是提供信息、材料，或制订下一步的干预计划。

小练笔

幼儿学习故事在幼儿园教育实践中的应用越来越广泛，请查阅一篇幼儿教师记录的幼儿学习故事，与同学们分享。

小资料

学前儿童评价研究的发展特点

1. 评价内容从身体、智力测验到儿童全面发展评价

20世纪80年代以来，我国学前儿童发展评价的内容从最初强调对儿童智力的测验，以及对儿童身体发展等的评价发展到现在重视对儿童全面发展的评价。

2. 评价主体从教师到教师、家长、幼儿等多方主体

传统的儿童发展评价主要由教师来完成，教师是儿童发展的唯一评价者，儿童发展的优劣都由教师评定。2001年颁布的《幼儿园教育指导纲要（试行）》明确指出：“管理人员、教师、幼儿及其家长均是幼儿园评价工作的参与者。评价过程是各方参与、相互支持

---

① 周欣，黄瑾，华爱华，等．学前儿童数学学习的观察和评价——学习故事评价方法的应用［J］．幼儿教育，2012（16）：12－14.

与合作的过程。”

3. 评价方式从统一量表到综合运用观察、成长档案袋等

学前儿童评价的方式从测试量表发展为综合运用观察法、作品分析法、谈话法、问卷调查法、档案袋评价法、游戏评价法等。

4. 评价指标体系的逐步构建与实施

儿童发展评价指标体系的构建和实施在儿童发展评价过程中起着重要的作用。

任务单

知识检测

评价标准	自我评价	小组评价	教师评价
可以准确说出学前儿童社会教育各项教育原则的内涵			
能够评价学前儿童社会教育的各种教育途径的优缺点			
针对具体教育内容，能够初步选择教育方法			
能够准确说出学前儿童社会教育评价的内容			
能够举例分析各项学前儿童社会教育评价原则的内涵			
能够分析具体的案例中所使用的教育评价方法			

案例分析

下面是一位老师记录的一则幼儿学习故事①：

幼儿姓名：东东（化名）

幼儿年龄：小班

视频描述：东东在进行磁力片的搭建游戏，搭建过程中自主选择合适的磁力片进行垒高，同时，与妈妈分享本次搭建的想法，其间，搭建作品不小心倒塌，东东在妈妈的鼓励下没有放弃，继续搭建作品。

教师分析：

依据《3—6岁儿童学习与发展指南》社会领域——人际交往的“目标3：具有自尊、自信、自主的表现”进行分析：视频中，磁力片倒了，孩子并没有发脾气，没有气馁，妈妈及时给予的回应也让孩子敢于放手操作。从妈妈的行为中，我们感受到她能够关注幼儿的感受，保护其自尊心和自信心；鼓励幼儿自主决定，独立做事，增强其自尊心和自信心。

① 资料来源：微信公众号“槐荫云教研”。

教师指导建议：

在幼儿保持搭建兴趣的基础上，家长帮助幼儿提升搭建技能，如架空、垒高等；幼儿搭建结束后，家长引导幼儿回忆搭建过程，梳理搭建经验，并鼓励幼儿介绍搭建作品；及时为幼儿补充搭建材料，满足幼儿搭建的需求。

请结合以上资料分析学习故事评价法的基本结构。

参考答案

本学习故事详细描述了幼儿建构游戏中的行为表现，用视频和文字做好记录，并做出分析，提出指导建议。

精准备考

一、填空题。(请将正确答案写在横线上)

1. ________即通俗意义上的模仿、榜样学习法，其心理机制为班杜拉提出的替代强化。

2. 叙事性评价，又称为________，是指试图通过连续描述儿童在真实情境中的行为来展示儿童的学习与发展状况，以及学习与情境的多方面联系，它强调对儿童的学习与发展进行全面和整体的观察和评价。

二、单项选择题。(请选出唯一正确的答案)

1. (　　)是指学前儿童社会教育的内容不仅包括科技发展所带来的现代文明，还包括我们中华民族的优秀传统文化。

A. 生态化原则　B. 民族性原则　C. 生活化原则　D. 熏陶性原则

2. (　　)是在课程计划或教学活动开始之前，对学前儿童的需要或准备状态的一种评价，其目的在于使计划或活动安排具有针对性。

A. 形成性评价　B. 发展性评价　C. 终结性评价　D. 诊断性评价

三、判断题。(正确的打√，错误的打×)

1. 集体教学活动是指教师有目的、有计划地选择社会领域教育内容，灵活选用教育方法对幼儿进行社会性教育的活动。由于其计划性太强，与生成课程理念不符，不可以应用到幼儿园教育实践中。(　　)

2. 对学前儿童社会性发展评价时，要避免用静态的眼光评价幼儿，以免得出不合理的结论，对学前儿童发展产生负面影响。(　　)

参考答案

一、1. 观察学习法　2. 学习故事

二、1. B　2. D.

三、1. ×　2. √

项目二　学前儿童自我意识的发展与教育

学习目标

☞ **认知目标**

1. 理解自我意识的内涵，可以说出自我意识的心理结构。

2. 知道学前儿童自我意识发生、发展的典型行为表现。

3. 分析学前儿童自我评价、自我情绪体验、自我控制的发展特点及内在联系。

4. 理解《幼儿园教育指导纲要（试行）》《3—6岁儿童学习与发展指南》等文件对于学前儿童自我意识教育目标、内容和实施建议的阐述。

5. 理解学前儿童自我意识教育活动设计原理。

☞ **能力目标**

1. 能够观察、记录学前儿童自我意识发展的行为表现，并做出初步分析。

2. 能够准确书写学前儿童自我意识教育主题活动与具体教育活动的目标，尝试设计完整教育活动方案。

3. 能够分组合作实施学前儿童自我意识集体教学活动。

4. 能够识别学前儿童生活活动、游戏活动中的自我意识教育机会，实施随机教育。

☞ **素养目标**

1. 认同自我意识发展与培养的价值，自觉进行内省观察。

2. 在日常生活中愿意提高自我控制水平，能体会责任感、愧疚、内疚、自尊等自我情绪体验对个体成长、社会发展的价值。

3. 领悟自主与规则之间的辩证关系，认同中华优秀传统文化中对自我意识发展与教育的理念。

项目导学

自我意识是学前儿童社会性发展的核心经验之一，也是学前儿童获得社会认知、培养社会情感、养成行为习惯的前提条件。通过本项目的学习，同学们将领悟到自我意识发展与教育对于个体与社会发展的重要意义，自觉进行内省观察；理解学前儿童自我意识发展的心理机制与年龄特点，掌握引导学前儿童自我意识发展的途径与方法，能够设计并实施学前儿童自我意识教学活动，并可以在游戏活动、日常生活、外出参观等活动中对学前儿童进行随机教育。本项目主要学习任务如图 2-1 所示。

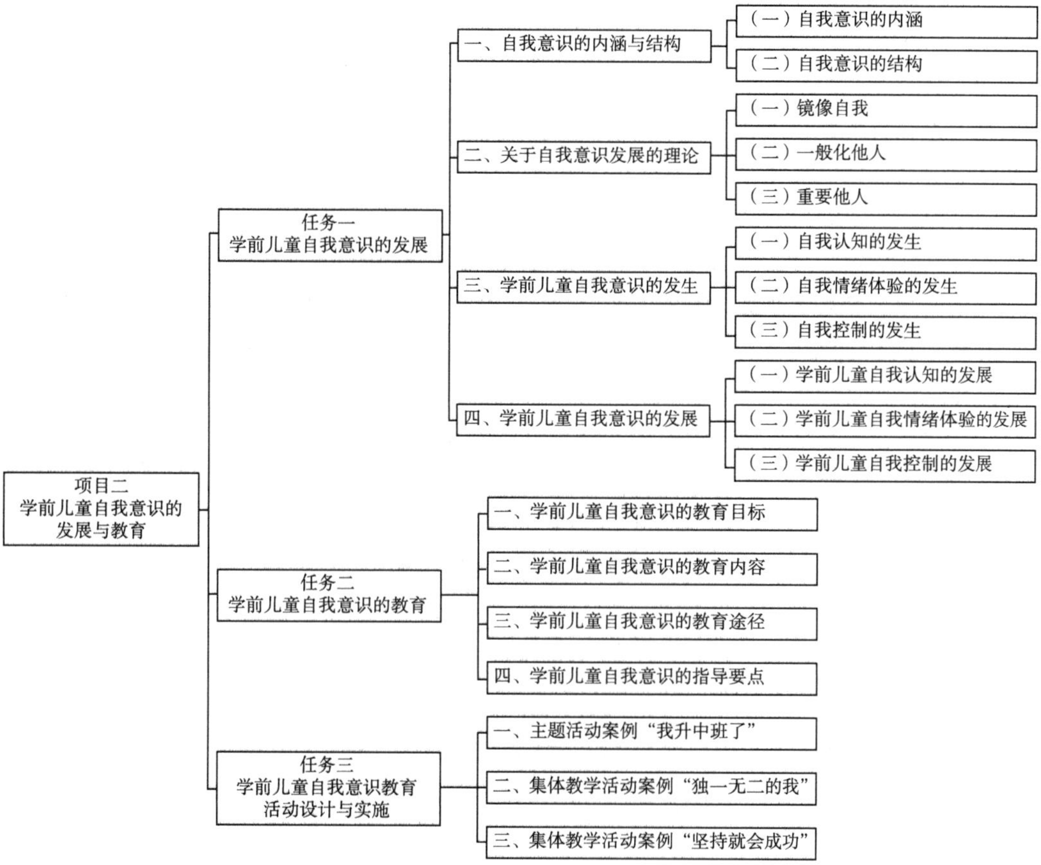

图 2-1　项目二　学前儿童自我意识的发展与教育学习任务思维导图

任务一　学前儿童自我意识的发展

情境导入

在“爱和自由”公众号文章《孩子拉裤子，却不敢告诉老师》中，作者详细分享了自己处理事情的经过及感悟。

午睡起床时，教师发现乐乐（5 岁，化名）又将大便拉到了裤子里，这已经是第三次了，但是，他依然呆坐在小床上等待别人帮他处理。教师首先反思了自己原来的处理过程：用接纳的态度告诉幼儿没关系，充满爱心地协助幼儿换洗衣裤，事后与幼儿一起想办法。但是，这次教师思考得更深入了，幼儿呆坐着是等待教师帮助，还是有别的情绪体验？教师到底应该如何引导幼儿意识到这件事情的主人是他自己？最后，教师决定告诉幼儿：“把大便拉到裤子里的人是你，你是这件事情的主人，无论你怎么处理，老师都尊重你。”经过耐心的等待，幼儿终于自己找到换洗的衣服，走到厕所，在教师的协助下处理干净了，并且还说“自己没有勇气将这件事告诉老师”。

如果你是这位教师，你认为小朋友将大便拉到裤子里时会产生什么样的情绪体验，仅仅是害怕吗？我们应该用什么样的态度对待幼儿的这种情绪体验？

知识梳理

古希腊的德尔菲神庙上刻着：“人啊，认识你自己。”我国老子所著的《道德经》中写道：“知人者智，自知者明；胜人者有力，自胜者强。”自我意识是一个古老的话题，在个体社会性发展中占有核心地位。1890 年，廉·詹姆斯在其著作《心理学原理》中首次提出“自我”的概念，詹姆斯认为“自我是个人心理宇宙的中心”。100 多年来，“自我”在心理学界也一直是经久不衰的研究课题。在学前儿童社会性发展中，自我的发展往往被认为是社会性发展的首要方面，与心理活动的其他方面都存在关系。

一、自我意识的内涵与结构

（一）自我意识的内涵

自我意识，也被许多心理学工作者称为自我，是指个体对其自身的意识。通俗来讲，自我意识即个体对自己的意识。例如，一个人知道自己的外貌特征，可以较客观地评价自己的能力与性格，清楚自己是否可以与某个人融洽相处、自己在某个群体中的地位等，这些都是自我意识的具体表现。

自我意识是一个由多种心理成分构成的动力系统，它具有两个基本特征：一是区别于他人的“分离感”，即意识到自己作为一个独立个体，在身体、情感和认知方面都具有自身的独特性；二是跨时间、跨空间的“稳定的同一感”，即一个人知道自己是长期持续存在的，不随环境及自身的变化而否认自己是同一个人。

（二）自我意识的结构

虽然心理学家高度重视对自我的研究，但是由于不同的学者对自我的界定不同，其结构划分也不尽相同。西方学者倾向于将自我分解为不同组成部分，而苏联和我国学者则一般将自我看成一个系统，主张从自我认知、自我情绪体验和自我控制，即知、情、意三个方面进行分析。

1. 威廉·詹姆斯关于自我结构的论述

威廉·詹姆斯是美国19世纪下半叶重要的哲学家和心理学家，是真正从科学心理学的角度来阐述与研究“自我”问题的第一人。1890年，威廉·詹姆斯在《心理学原理》一书中首次提出了自我的构成，即自我可以分为主我（I）与客我（Me）两方面，这一论述得到西方心理学研究者的普遍认可。

（1）主我

主我是个体活动的觉察者，即作为认识者和行动者的自我，认识到自我是与周围世界相分离的，不管多长时间，自己总是自己，有着不为人知的内在、私密的生活，能控制自己的思想和行为。“我命由我不由天”、自主意识、自觉性等可以说是对主我的典型叙述。

威廉·詹姆斯认为，主我包括：①自我意识，即对个人内在状态、需求、思想和情绪的正确感受；②自我驾驭力，即个人对思想行为的掌控感；③自我连续感，即随着时间的推移，个人仍然维持原状的感受；④自我和谐感，即自我作为独立、一致、有边界的实体的稳定感。

（2）客我

客我是作为被知者的自我，是主我所感知的主体状态及身心活动。客我是在观察过程中形成的，威廉·詹姆斯用术语“经验自我”来指代人们对自己的各种各样的看法，“我们每个人的经验自我就是所谓的客我”，包括以下几个方面。

① 物质自我

物质自我也称生理自我，是指个体对自己的生理属性的意识，包括对自己的身高、体重、相貌、身材等方面的认识。有时也将对与个体密切联系的衣着、打扮的意识，以及属于“我”的人和物（如家属、财产等）的意识包含在物质自我之中。如果一个人对生理自我不能接纳，例如，觉得自己个子矮、不漂亮、身材不匀称等，就会讨厌自己，表现出自卑心理。

② 心理自我

心理自我是指个体对自己的心理属性的意识，包括对自己的人格特征、心理状态、心理过程及行为表现等方面的意识，例如，我是一个胆汁质的人，我喜欢清净，我比较善良，等等，都是心理自我的表现。

③ 社会自我

社会自我是指个体对自己的社会属性的意识，包括对自己的社会角色、社交地位、需要承担的社会义务和拥有的权利等内容的意识。如果一个人认为自己不善于交流或沟通，周围的人不喜欢自己、不接纳自己，没有知心朋友，即社交地位堪忧，就会感到孤独、寂寞。

2. 我国及苏联学者对自我结构的论述

我国学者认为，自我是由知、情、意三方面有机统一而构成的高级反映形式。“知”即自我认识，包括自我感觉、自我概念、自我评价等；“情”指自我情绪体验，包括自我感受、自尊、尴尬、骄傲、羞耻等情绪体验；“意”指自我控制和调节，也称自我控制。

（1）自我认知

自我认知也称自我认识，是自我意识的认知成分，指一个人对自己各种身心状况的认识，包括自我感觉、自我观察、自我概念、自我分析和自我评价等不同层次。自我概念和自我评价是自我认知中最主要的方面，集中反映了个体自我认识乃至自我意识的发展水平，也是自我体验和自我控制的前提。

自我认知主要解决“我是一个什么样的人”的问题，包括对生理自我、社会自我和心理自我的认知，所有内容构成一个统一的整体的认知，并据此进行自我评价。例如，我是一个相貌平平的人，我是一个善于交际的人，我是一个心理素质很好的人，我是一个幽默的人，等等。

（2）自我情绪体验

自我情绪体验是自我意识的情感成分，在自我认知的基础上产生，反映个体对自己的态度，包括自我感受、自爱、自尊、自信、自卑、内疚、自豪感、成就感、自我效能感等。其中，自尊是自我体验最主要的方面。

（3）自我控制

自我控制是个体意志品质的集中体现，我们常说的自制力，就是自我控制能力。从某种意义上来说，自制力的优劣决定着学习、工作、生活的成败。自制力强的人，就会表现出自觉、自立、自强、自信、自律，在活动的任何阶段都有明确的目标追求，能够很好地调节、控制自己的情绪，行为主动而有节制，有责任感，遇事沉着冷静，果断而坚毅，决不半途而废；自制力差的人，往往目标不清，易受暗示，缺乏主见，优柔寡断，对自己的情感和行为控制能力，凡事难以坚持到底。

总之，自我认知、自我情绪体验和自我控制之间相互联系、相互制约，统一于个体的自我意识之中。其中，自我认知是三者中最基础的部分，决定着自我情绪体验的主导心境以及自我控制的主要内容；自我情绪体验可以强化自我认知，决定自我控制的行动力度；自我控制则是完善自我的实际途径，对自我认知、自我情绪体验都具有调节作用。三个方面有机整合，形成完整的自我意识。

表 2-1　中西方学者自我结构比较分析表

<table>
<tr><td rowspan="7">威廉·詹姆斯
对自我结构的论述</td><td rowspan="4">主我</td><td>自我意识</td><td rowspan="7">我国及苏联
学者的观点</td><td rowspan="2">自我控制</td></tr>
<tr><td>自我驾驭力</td></tr>
<tr><td>自我连续感</td><td rowspan="2">自我情绪体验</td></tr>
<tr><td>自我和谐感</td></tr>
<tr><td rowspan="3">客我</td><td>物质自我</td><td rowspan="3">自我认知</td></tr>
<tr><td>心理自我</td></tr>
<tr><td>社会自我</td></tr>
</table>

二、关于自我意识发展的理论

自我发展的理论主要探讨个体的自我意识是如何发生发展的，即自我发展的心理机制。关于自我发展的理论研究起源于西方，苏联的研究虽然起步比较晚，但在马克思主义理论指导下，强调社会文化对个体发展的重要影响，维果茨基、列昂捷夫等苏联学者提出了独到的见解。近年来，我国学者的相关研究亦逐步深入。现在以符号互动理论的发展为例，简单介绍自我形成的心理机制。

(一) 镜像自我

19 世纪初，社会学家库利发现，社会交往在个体自我概念形成中具有重要意义。

库利认为，社会是由个人和集体两方面构成的整体，用任何一种单一的观念解释社会和历史都是不科学的。个人、集体、制度等社会生活的基本要素都要通过心理沟通形成和发挥功能，同时，社会意识和自我意识也是无法分离的。只有“参照”社会，我们才可以认识“自我”；反过来，也只有参照“自我”才可以认识社会。库利说：“不存在个人和社会的分离，把二者分离是毫无意义的，而二者结合就是一切。”由此，他提出“镜中自我”“参照群体”等一系列重要概念。

儿童的自我概念是通过“镜映过程”形成的“镜像自我”。别人对于儿童的态度反映，包括表情、评价与对待等，就像一面面镜子，儿童通过这些镜子了解和界定自己，形成相应的自我概念。库利认为，通过这种镜映的过程，别人对于儿童的态度与行为反应不仅塑造着儿童的自我意象，而且会通过儿童的自我概念引导他的行为，并塑造真实的自我。正如马克思所说：“人起初是以别人来反映自己的。名叫彼得的人把自己当作人，只是由于他把名叫保罗的人看作是和自己相同的而已。”

(二) 一般化他人

米德将自我分为“主格的我”和“宾格的我”两部分，即主我和宾我。主我代表自我的自然属性，认为每个个体都是独一无二的；宾我代表自我的社会方面，即社会的内在化需要和个体对这种需要的理解。主我首先发展，宾我在个体学习社会期望和规则中逐渐发展，是一个长期的过程。

米德认为，自我产生的机制存在于符号互动的过程中。他认为，通过尝试错误和周围的人有意地训练，个体与他人达成对符号的一致理解，并能形成表达相同意义的常规符号。例如，“吃饭时让年长者先动筷子”这些文字是一种社会符号，儿童在与周围人的互动中达成一致理解，掌握餐饮礼仪“尊重长者”，丰富自我。

自我发展就是在符号互动中进行主我和宾我的不断对话，实现自我的内化过程。换言之，自我意识就是个人对“普遍的他人”或社会习惯的内化。普遍的他人，也称为一般化他人或概化他人，代表社会上大多数人的观点。米德认为，个体能够采择他人的观点，就标志着自我开始发展。但是，这只是开始，真正的社会化是必须能够采用社会上大多数人的观点，用抽象的方式看待自己。

米德认为，个体自幼就具有角色扮演能力，自我形成于这种能力的发展过程中，这一过程可划分为如下三个阶段：首先是嬉戏阶段，也称之为模仿阶段，个人扮演其他人的社会角色，如医生、护士、警察等，在此阶段，儿童还没有自己作为独立的社会存在的概念；其次是游戏阶段，这一阶段儿童可以扮演不同的角色，遵循游戏的规则与约定，同时意识到自己对群体的重要性和群体对自己的重要性；最后是泛化的他人阶段，儿童逐渐以泛化的他人（由一般的期待和标准构成）来计划和执行他们的行动路线，儿童的交往范围逐渐从家庭、游戏群体扩大到学校、社区，他们不断将这些社会群体的要求体现在自我的概念中，增加和扩大自我概念。①

（三）重要他人

在米德有关自我发展理论的基础上，美国社会学家米尔斯提出了重要他人的概念。我国的吴康宁认为，重要他人是指对个体的社会化过程具有重要影响的具体人物。

米德认为，他人对个体自我具有重要影响，随着研究的深入，重要他人的概念逐渐清晰起来。例如，张玲（2022）指出，小学生的互动性重要他人主要有父母、老师和同伴，他们对小学生生活技能的社会化、行为规范的社会化、生活目标的社会化和人格特质的社会化进程等有重大的影响。② 朱海英（2022）不但指出了不同类型的重要他人的评价与小学儿童自我评价的不同方面存在不同程度的相关，其中行为和智力、学校情况、社会交往三个方面，儿童自我评价与教师评价显著相关（$P<0.01$），在躯体外貌、焦虑、满意度方面，两者评价的相关不显著；在行为和智力、学校情况、躯体外貌、社交分量表和总分量表方面，儿童自我评价与同伴评价具有显著的相关（$P<0.01$ 或 $P<0.05$），只是在焦虑量表中相关不显著；儿童自我评价与家长评价的各项内容均存在显著相关。③

三、学前儿童自我意识的发生

婴儿没有自我与非我的分化，因此，他们可能会抓伤自己，甚至咬疼自己。出生后的两年时间内，个体的自我意识逐渐形成，婴儿对自己的身体、自身的连续性开始有感觉，认识到自己是一个连续的“事件”，像意识到不同时间的妈妈是同一个人一样。儿童的自我认知最先出现，随后才能产生自我情绪体验和自我控制。

（一）自我认知的发生

一般说来，在出生后的第一年，婴儿自我的发展主要集中在自我认知方面，把自身和物体分开，把自己和他人分开，从而产生主体自我；1岁半左右，幼儿会用自己的名字称呼自己，随后逐渐学会使用“我”这一代词，这是自我命名的过程，也标志着客体自我的产生；两三岁以后，儿童开始把自己与他人进行比较，从而产生简单的自我评价。总而言之，自我的发展表现出“自我认识——自我命名——自我评价”的发展顺序。

1. 自我认知发生的时间

18世纪末至19世纪末，有研究者尝试运用早期观察确定婴儿自我认知发生的时间，

---

① 付宗国，张爱玲．米德的符号互动自我理论初探［J］．山东师范大学学报（社会科学版），1995（2）：65-69.
② 张玲．论互动性重要他人对小学生社会化的影响［D］．广西：桂林，广西师范大学，2003.
③ 朱海英．儿童自我概念与重要他人评价的相关研究［D］．广东：广州，华南师范大学，2004.

随后把镜像技术应用到人类婴儿自我认知的研究中，通过观察婴儿对自己镜像的反应来研究视觉自我。

达尔文在《婴儿日记》中记录自己 9 个月大的儿子在照镜子时，听到有人叫他的名字，惊讶地发出“啊”声。达尔文认为，这种行为表示儿童具有了最初的有意识的自我认知。普莱尔观察了婴儿照镜子现象，也得出类似的结论：有“意识”的自我认知最早出现于婴儿 14 个月时。尽管这些研究选用的自我认知发生标准值得推敲，研究方法也欠严谨，但是，这些研究为自我认知的科学研究提供了有益的线索，并为后来的研究打下了基础。

20 世纪 50 年代至 80 年代初，对婴儿自我认知问题的研究通常以婴儿在镜子前面时是否产生自我指向行为或自我指向行为是否增加为标志来确定婴儿自我认知的发生；研究方式也不再只是纯自然的观察，而是在观察中改变某些实验条件，使婴儿自我认知发生发展的指标更加明显，例如，迪克逊、阿姆斯特丹、刘易斯和布鲁克斯-冈恩等人设计的点红实验。

哈特总结大量的相关研究，提出了一个婴儿主体我与客体我的发生模型。[①] 她把婴儿自我认知的发生分为五个阶段，前三个阶段为主体我的发生，后两个阶段为客体我的发生。

第一阶段（5—8 个月），婴儿显示出对镜像的兴趣，他们注视它，接近它，微笑并呀呀作语，但他们对自己的镜像与对其他婴儿形象的反应没有区别，说明他们并未意识到镜中的形象是自己的映象、自己与他人的差别，以及自己是独立存在的个体。因此可以说，此时婴儿还没有萌生自我意识。

第二阶段（9—12 个月），婴儿显示出对自己作为活动主体的认识，他们主动地以自己的动作引起镜像中的动作。因此可以说，这一阶段的婴儿产生了初步的主体我。

第三阶段（12—15 个月），幼儿已经可以区分自己所做动作与他人所做动作的区别，可以清楚地认识到镜像与自己活动之间的关系。说明这一阶段的幼儿已经能够把自己与他人分开，主体我得到了明确的发展。

第四阶段（15—18 个月），幼儿开始把自己作为客体来认识，能够认识客体特征（例如红鼻头镜像）与主体特征的联系，知道客体特征来自主体特征，对主体某些特征有了稳定的认识。可以说，这一阶段的幼儿已出现了对客体我的认知。

第五阶段（18—24 个月），幼儿发展出用语言描述自己的能力，能够意识到自己的特征，可以从照片等客体中识别出自己。可以说，此年龄阶段的幼儿已经发展出明确的客体我。

婴儿自我认知发生过程模式为我们研究个体自我认知的发生与发展提供了许多有益的线索和帮助，但是，主体我和客体我的发展不是截然分开的，在 0—2 岁，主体我和客体我都在稳步地发展着，且相互影响与促进。

2. 自我认知发生的过程

苏联的安南耶夫把自我意识的发生看成是一个逐渐发展的过程，包括一系列的准备

---

① 刘凌．婴儿自我认知的发生、发展及其与母婴依恋的关系［D］．辽宁：大连，辽宁师范大学，2009.

阶段。

第一阶段是婴儿从动作对象中区分出自己的动作。例如，1 岁左右的婴幼儿摆弄玩具，玩具突然掉到地上，成人把玩具捡起来递给他；几次之后，婴儿会故意扔掉玩具，而且边扔边哈哈大笑，甚至反复地扔玩具。这说明，婴儿已经把自己扔的动作与玩具掉到地上的现象之间建立起联系，体会到自己动作的效果，意识到自己是活动的主体。

第二阶段是幼儿能够叫出自己的名字。安南耶夫认为，在相当长一段时间内，婴幼儿会使用自己的名字谈论自己所做的一些活动，表达自己的要求，他指出："从发生学的观点看，使用自己的名字是儿童自我意识发展中的巨大飞跃，是过渡到把自己当作固定的整体从变化着的动作的连续进程中分离出来。"他把婴幼儿开始使用自己的名字的技能看成是自我意识形成的最重要的因素，并把这个因素和以自己的愿望和动作的表象为概括形式的"自我感觉"能力的出现联系起来。

第三阶段是幼儿使用代名词"我""我有"。安南耶夫认为，第一人称代词"我"的出现，也就是幼儿在会话中有意识地使用代词"我"，说明其已完成"从自己的表象向关于自己的思想过渡"。这个阶段大约出现在 2.5 岁到 3 岁。

图 2-2　幼儿开始使用名字称呼自己

图 2-3　幼儿无法正确使用代词"我"

刘金华重复了"点红实验"研究，研究结论与国外学者的基本一致，认为婴幼儿自我意识的发生要经历四个阶段：（1）对镜子感兴趣阶段。9—10 个月的婴儿对镜子感兴趣，而对镜子中自己的影像并不感兴趣。（2）镜像伙伴游戏阶段。1 岁及稍大几个月的幼儿对镜中自我的影像感兴趣，会亲吻、微笑，还会到镜子后面去找这位伙伴。（3）相依性探究阶段。大约在 18 个月左右，幼儿特别注意镜子里的影像与镜子外物体的对应关系，对镜子中影像的动作伴随自己的动作显得更好奇，有 24%的幼儿可以根据相依性线索认识到镜中的影像就是自己。（4）自我认识出现阶段。18—24 个月的幼儿看到镜中自己的影像立即去摸自己鼻子的人次迅速增加，自我意识发展出现了质的飞跃①。

① 张文新．儿童社会性发展［M］．北京：北京师范大学出版集团，2015.

各国心理学家关于儿童自我意识的研究表明，在婴儿末期，婴儿已经出现了自我意识的萌芽，即初步的自我意识。

小资料

自我意识形成的标准

时蓉华在综合国内外多项研究的基础上，提出了确定儿童自我意识形成的四个标准。

1. 儿童能够区分自己的动作，并意识到动作的目的和动机。如婴儿从抓自己的脸与抓其他物体没有区别，逐渐发展到能够有目的地抓握物体，产生初级的自我意识。

2. 儿童能够把自己与自己的动作分开，知道自己是活动的主体。

3. 儿童能够使用自己的名字。即儿童产生了概括自己愿望和自己动作表象的"自我感觉"。

4. 儿童能够用第一人称"我"来指代自己。这说明儿童已经完成从自己表象到抽象的飞跃，即自我意识已经形成。

（二）自我情绪体验的发生

自我情绪体验反映了个体对自己的内心感受，包括羞耻、尴尬、愧疚、嫉妒、骄傲等。一般认为，自我情绪体验比自我认知出现得晚，例如，迈克尔·刘易斯认为，"只有当儿童能在镜子里或者照片上认出自己时，尴尬这种最简单的自我意识情绪才会出现。"

有研究表明，自我情绪体验出现在儿童出生后的第二年末。例如，劳拉·E. 贝克在《儿童发展》中写道："18—24 个月的儿童会表现出难为情或尴尬，他们会垂下眼睛，低下头，双手捂脸。此时的儿童还会表达骄傲，但真正的嫉妒和愧疚直到 3 岁时才会出现。"其实，羞愧、骄傲等自我体验情绪不仅需要自我认识，还需要儿童理解评价自己行为的规则和标准，因此，3 岁以后才能出现。

（三）自我控制的发生

虽然自我控制和自我调节有时会被交叉使用，但是其含义却有差异。自我控制指在目标受阻时，个体抑制其行为或改变行为发生的能力；自我调节指在没有外部指导或监视的情况下，个体维持其行为历程以达到某一特定目的的过程。

个体出生时是完全没有自我控制和自我调节能力的，这时的婴儿几乎完全受冲动和欲望的影响，很难在长时间内从事一种活动，也不能控制自己的欲望和情感，更不能抑制自己去等待那些令人高兴的事情。有研究者认为，注意机制的成熟是自我控制发生与进一步发展的重要基础，伴随注意机制成熟而出现的努力控制，最早可出现于婴儿 6—12 个月大时。而且，根据幼儿 12—20 个月时维持注意的能力可以预测其 24 个月时的自控水平。但是，大多数研究者认为，自我控制最早发生于出生后的 12—18 个月，自我调节在出生后的第三年才出现。

就自我控制和自我抑制的发生机制而言，科普指出，儿童自我控制的发生是以出生后第二年中的一些认知成就为基础的。首先，儿童必须有将自己视为独立的、具备自主性的个体的能力，这是儿童控制自己行动的基础；第二，必须具备一定的表征与记忆能力，能够将抚养者的指示与要求内化到自己的行为中。而且，他认为早期儿童自我控制和自我调节的发生要经历五个重要的阶段。

第一阶段为神经生理调节阶段。在此阶段，婴儿童的生理机制保护着儿童免于遭受强烈刺激的伤害。由于中枢神经系统没有发育成熟，很多刺激不被婴儿加工，有的婴儿也会选用一些方式避免自己受到过多的刺激，比如通过吮吸来降低自我唤醒水平和减少身体运动。

第二阶段属于知觉运动调节阶段。在此阶段，儿能够从事一些自发的动作活动，并可以根据环境的变化来调节自己的行为，例如，他们能够伸手去抓物体或人。婴儿的行为反映出气质和活动水平的个别差异，也逐渐学会通过他人的行为来区分自己的行为，这是这一阶段儿童自我意识发展的重要标志。

第三阶段属于外部控制阶段（1 岁左右）。在此阶段，婴幼儿能够使自己的行为服从控制者的命令，行为中有意的成分在增加，行为开始具有目标导向性。婴幼儿开始行走，对身体机能的意识增强，自我日益从周围世界中分化开来；记忆力提高，使他们开始能够识别出照看者的要求，并抑制自己的行为。

第四阶段属于自我控制阶段（2 岁左右）。在此阶段，幼儿的自我控制能力逐渐发展起来。他们的心理表征能力开始发展，能够运用符号代表物体，当物体不在眼前时可以回忆起物体的形象，这使幼儿能够在没有外界监控的情况下服从照看者的要求，并根据他人的要求延缓自己的行为。

第五阶段属于自我调节阶段（3 岁左右）。在此阶段，儿童获得了自我统一性和连续性的认识，开始把自己的行为与照看者的要求联系起来，有可能产生相应的动机，进行自我调节。

各发展阶段的发展特征见表 2－2 所列。

表 2－2　儿童自我调节的早期形式

发展阶段	发展形势	特征	出现的年龄	影响因素
神经生理调节阶段	控制与系统组织	唤醒状态，早期活动的激活调节	从母亲怀孕晚期到出生后 3 个月	神经生理成熟、亲子间交往、儿童的生活常规
知觉运动调节阶段	依从	对成人警告性信号的反应	9～12 个月出现	对社会行为的偏向、母子交往质量
外部控制阶段	冲动控制	自我的发生、行为与言语间的平衡	第 2 年出现	成熟因素（如言语的发生）、照看者对儿童需要和情感的敏感性、降低压力的措施的应用
自我控制阶段	自我控制	社会品质的内化、动作抑制	第 2 年中儿童对成人的要求进行反应，3～4 岁时利用外部言语进行自动调节，6 岁时转换为内部言语调节	社会互动与交流、言语的发展及其指导作用

（续表）

发展阶段	发展形势	特征	出现的年龄	影响因素
自我调节阶段	自我调节	采用偶然性规则来引导行为而不顾及环境压力	第3年出现	认知过程，社会背景作用

韩进之认为，儿童自我系统中各成分的发生时间比较接近，其中自我评价发生于3～4岁，自我体验发生于4周岁左右，自我控制则开始于4～5岁。

四、学前儿童自我意识的发展

（一）学前儿童自我认知的发展

1. 学前儿童自我概念的发展

自我概念是个体对自己的主观知觉和判断，它是自我系统中的认知方面或描述性内容，所表达的是人们关于自己身心特点的主观认识，所回答的是“我是谁”的问题。这种知觉和判断包括对自己的生理状态、人格、态度、社会角色、过去经验等方面的认知，是由一系列态度、信念和价值标准所组成的有组织的认知结构。个体的自我概念是一个多侧面、多层次的心理结构。

小资料

自我概念的作用①

1. 保持个体内在的一致性

自我概念为个体的存在提供了自我认同感和连续性，并引导其行为按照有利于保持一致性的方式行动。

2. 决定个体对经验的解释

个体按照与自我概念保持一致的方式解释自己和他人的行为。

3. 决定个人的期望

个体在自我概念的基础上建立自己的期望和后继行为。

（1）儿童自我概念发展的一般趋势

①从简单到分化

年幼儿童的自我概念非常简单概括，他们只是简单地把自己评价为“好”或“不好”、“聪明”或“愚笨”、“身体强壮”或“软弱”，而不能做出更为细致的区分。后来，儿童逐渐认识到，在每一对两极特征之间还存在着许多变化，自己只是擅长某一方面而不擅长另

① 张文新．儿童社会性发展［M］．北京：北京师范大学出版集团，2015.

一方面，例如，自己记忆力比较好，但是数学思维不怎么严密。

②自我概念发展曲线呈现出“U”字形

国外有些研究者发现，自我概念的发展变化有着非常明显的年龄趋势，从幼儿期到青年早期呈现先下降后升高的趋势，11～14 岁是自我概念水平的最低点，而后趋于平缓，然后再不断上升，一直到成年早期。对此，国内的一些研究也得出了相似的结果，例如，周国韬、贺岭峰研究发现，除身体自我外，儿童的各项自我概念发展基本上表现出“U”字形发展趋势，13 岁时是个体自我概念发展的最低点。

③自我概念结构的复杂性随年龄增长而不断变化

自我并非与生俱来，儿童对自我的理解大致始于生命的第二年，从对身体的识别，到社会自我的认知，最终发展出对自我心理特征丰富、全面的认识，形成心理自我概念。幼儿时期，儿童的自我概念主要反映生理方面的内容，并开始逐步涉及与父母、同伴的关系的内容；进入小学后，儿童与学习有关的学业概念开始形成。

（2）学前儿童自我概念的发展特点

①学前儿童的主我先于客我出现，2 岁左右形成生理自我的内在意象

儿童首先认识到的是主体我，换言之，儿童认识到“我”是使物体发生运动的主导者。2 岁左右，幼儿基本获得稳定的自我识别能力（认识到自己是独立于环境中其他客体的个体），自我表象开始发展，出现客体自我，这时客体自我的内容主要表现为自身生理特征的内在意象。

②学前儿童早期的自我概念以物质自我为主，且不恒定

学前儿童最初的自我概念的内容并不包含稳定的自我感受和自我态度，自我概念内容仅仅局限在姓名、性别、年龄、体型或拥有的物品上。

学前儿童自我概念并不恒定。以性别认知为例，2 岁的学前儿童在描述自己时会使用“男孩”或“女孩”的标签，4 岁的学前儿童能把他人准确地归为“男孩”或“女孩”，但在 5～6 岁以前，他们并未形成性别恒常性，即并未意识到性别是不可更改的。

③学前儿童在 5～6 岁时出现相对稳定的结构性自我概念

学前儿童的自我概念非常具体。到 5～6 岁时，学前儿童的抽象逻辑思维开始萌芽，他们会更频繁地审视自己的优点和缺点，用社会比较的结果来定义和评价自己，发展出了相对稳定的、结构性的自我概念，会从不同方面认识自己，例如，3～4 岁的幼儿自我介绍时，会说自己的姓名、性别、年龄、喜欢做的事情等多项内容。但是总体而言，整个幼儿期学前儿童自我概念非常具体。

学前儿童自我概念之所以非常具体，和他们的言语表达能力有关，他们缺少描述自我的言语技能。例如，瑞贝卡·埃德尔研究发现，如果向幼儿提供选项，诸如“我喜欢自己玩”和“我喜欢和朋友一起玩”让幼儿选择，而不是笼统地问幼儿“我是谁”，幼儿可以描述自己的心理特征，知道自己社会交往的喜好。可以说，在学前儿童可以独立选择词汇描述社会自我之前，已经有了社会自我的概念。

实践活动可以影响学前儿童自我概念的形成。列昂捷夫和埃里克森认为，实践活动的结果可以让学前儿童体验到成就感，从而促进自我概念的发展。例如，埃里克森指出，

2～3 岁的学前儿童正在努力变得独立或自主；4～5 岁的儿童则会学习新技能，实现重要目标，并自己为自己的成绩感到骄傲，由此逐步形成了自主感；学前儿童主要是通过自身活动来认识自己，这是学前儿童成长的迹象。

2. 学前儿童自我评价的发展

韩进之与杨丽珠研究发现，学前儿童自我评价发生的转变期在 3～4 岁。① 在此期间，幼儿的自我评价从无到有，绝大多数 5 岁儿童可以进行自我评价。这一观点与苏联学者的观点一致，即“自我评价产生于学前期”，具体而言，学前儿童自我评价的发展表现出以下趋势。

（1）从依赖成人的评价发展到独立的自我评价

3 岁儿童基本上还不能够进行自我评价，有 40％的幼儿只能以他人的评价作为自己的评价，即以成人的评价作为对自己的评价，这种评价方式被称为依从性自我评价。例如，当回答为什么自己是好孩子，他们会说“老师说我是好孩子”“妈妈说我是好孩子”等，依从性自我评价并不属于真正的自我评价，而是“前自我评价”。

4 岁组儿童有 63.33％的人可以进行自我评价，5 岁组儿童能够评价自己的比例已达到 80％，但主要是从个别方面或局部评价自己，例如，当回答为什么自己是好孩子时，有的幼儿说“我不打人”，有的说“我帮老师收餐具”等。

（2）从对个别方面的评价发展到对多方面的评价

4～5 岁的儿童基本从个别方面对自己进行评价，在回答为什么自己是好孩子时，总是从一个方面说，例如，“我听故事不说话”“我帮妈妈擦桌子”等；6 岁儿童能从几个方面进行自我评价，表现出自我评价的多面性，例如，有的幼儿会说：“我是好孩子，客人来了我会主动问好，上课大胆发言，爱惜幼儿园的积木……”

（3）从对外部行为的评价向对内心品质的评价过渡

学前儿童的自我评价基本上表现为对自己外部行为的评价，还不能对自己的内在心理品质进行评价。韩进之等人研究发现，6 岁组只有极少数孩子（3.33％）在自我评价中涉及心理品质，但仍属于过渡的中间状态，还不是真正的对自己内心品质的评价。例如，小朋友在回答他是好孩子的原因时说：“我不撒谎，上课坐得好，我不想欺负小朋友。”由此可以看出，儿童自我评价表现出从外部行为向内心品质转化的趋势。

（4）从具有强烈情绪色彩的评价发展到根据简单行为规则的理智性评价

学前儿童往往不是从具体事实出发，而是从情绪出发进行自我评价。在一个实验里，要求儿童对自己的作品同别人的作品作比较性评价，当儿童知道比较的对方是教师的作品时，尽管这些作品比自己的作品质量差（这是实验者故意设计的），但是儿童总是评价自己的作品不如对方；而当儿童对自己的作品和小朋友的作品作比较时，则总是评价自己的作品比别人的好。这一试验结果充分说明了学前儿童自我评价的主观性，学前儿童一般过高评价自己；随着年龄的增长，自我评价逐渐趋于客观。

---

① 韩进之，杨丽珠．我国学前期儿童自我意识发展初探［J］．心理发展与教育，1986（3）：3－5.

3. 学前儿童自尊的发展

（1）自尊的内涵

自尊是指个体在社会比较的过程中对自我的价值判断以及与这些判断有关的感受。自尊在自我意识中具有评价意义的成分，是与自尊需要相联系的对自我的态度体验，也是心理健康的重要指标之一。

张丽华将3～9岁儿童的自尊划分为三个维度，分别是重要感、自我胜任感和外表感。① 重要感是指由于儿童在心理上渴望得到他人的注意、接纳或接受、支持、喜欢，所以通过言语、身体姿态、面部表情等方式来展示自己，从而获得他人肯定的情感体验。例如，3～4岁的幼儿非常喜欢在同伴或老师等人面前夸耀自己或自己的拥有物，以寻求别人的注意和肯定性评价。自我胜任感是儿童自尊的核心内容，指儿童在游戏、体育、学习、交往等活动中，通过表现出成功的行为和能力，获得了他人对其学业、体育活动等方面的赞许，以此证明自己是成功者，从而获得一种积极的自我价值体验。例如，在集体教学活动中，认真听故事、积极回答问题，获得老师的表扬与肯定。外表感是指从身体外表方面获得的一种自我价值体验。例如，幼儿会知道自己是否漂亮，如果她认为自己长得很甜美，就会体验到满足感。

自尊的三个维度具有密切的联系。重要感是儿童自尊发展的基础，外表感是自尊获得的重要内容和途径，自我胜任感是儿童自尊发展的最高表现形式。

（2）学前儿童自尊的发展

研究表明，儿童的自尊从3周岁左右萌芽，4岁开始出现，并随着自我意识或自我评价能力的发展而发展。例如，魏运华认为，2～3岁时，幼儿自尊开始形成并发展，而其最初的表现形式是儿童对独立活动的要求。

自尊的发展不同于儿童认知的发展，它可能不会随着儿童年龄的增加而呈直线上升的趋势，而是既有上升时期，也有平稳时期，甚至可能还有下降时期。例如，张丽玲和陶俊媛研究发现，我国3～6岁学前儿童自尊的总体水平随年龄增长而呈上升趋势，4岁是幼儿自尊发展的转折点，在此之后，儿童的自尊水平开始出现下降趋势；② 张丽华研究发现，3～9岁儿童的自尊呈“波浪式”发展趋势，4岁和7岁在儿童自尊发展中是两个明显的关键年龄，而且4岁是儿童自尊发展的最高峰，具体变化趋势如图2-4所示。

高自尊的儿童对自己感到满意，能认识到自己的优点，也承认自己的缺点，并希望克服它们；相比之下，低自尊的儿童对自己的满意度较低，他们常常关注自己的不足，而不是自己的优点。

（3）学前儿童自尊形成的心理机制

对于学前儿童的自尊是如何产生的，有研究者认为，学前儿童的自尊受到亲子依恋关

① 张丽华．3—9岁儿童自尊结构、发展特点及其相关影响因素的研究［D］．辽宁：大连，辽宁师范大学，2004.

② 陶俊媛．3—6岁学前儿童自尊与社会适应行为关系研究［D］．天津：天津师范大学，2012.

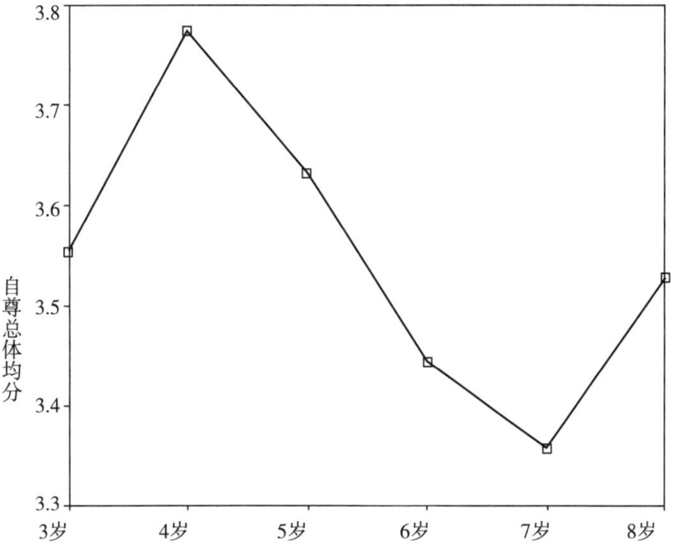

图 2-4 3～9 岁儿童自尊发展趋势图

系的影响，也是对教师如何评价他们的一种合理而准确地反映。例如，鲍尔比提出了“心理作用模型”理论，认为安全型依恋的儿童建构了一个积极的自我心理作用模型，非安全型依恋儿童的自我心理作用模型不是太积极。与非安全型依恋儿童相比，安全型依恋的儿童应该很快就开始更满意地评价自己。比利时学者以 4～5 岁儿童为研究对象，发现与非安全依恋型的儿童相比，和母亲建立了安全联结的儿童不仅自己认为自己更友好，而且幼儿园老师也评定他们的能力比较强，具有较高的社交技能；那些与双亲建立了安全型依恋的儿童自我描述中积极的方面最多。

张向葵认为，儿童自尊的形成包括能力感和价值感的形成，是一个社会化过程。学前教育能力感获得的关键在于儿童自身能力的多样化和自我认知的发展，例如，学前教育可以完成搭建积木、绘画、讲故事等多项活动，并且意识到“我会做很多事情”，就会萌发高自尊；如果学前教育总是做不好一日生活、游戏、学习等活动中的事情就会形成低自尊。成人评价与社会比较也是幼儿能力感获得的重要来源，例如，教师评价一名学前教育说他的手工做得粗糙，他就会体验到挫败感；学前教育会对他们生活、游戏、学习中的具体活动或活动结果进行社会比较，例如，跳绳的动作和数量、绘画作品、建构的积木造型等内容，进行简单比较并根据比较结果体验不同的成就感。总体而言，由于幼儿期对社会规则的理解处在无规则概念或成人即规则阶段，成人与同伴的接纳成为他们价值感的重要来源。

（二）学前儿童自我情绪体验的发展

1. 学前儿童自我情绪体验发展的特点

(1) 出现自我情绪体验的学前儿童数量随年龄增长增多

具有自我情绪体验的学前教育数量随年龄增长而增多。例如，我国学者研究发现，

23.33%的3岁组儿童有自我情绪体验，而4岁组则有48.3%的儿童表现出自我情绪体验，可以说，4岁是学前儿童自我情绪体验发生的转折年龄；绝大多数5～6岁的儿童发展出自我情绪体验。

（2）学前儿童的自我情绪体验逐步丰富化

学前儿童体验到的自我情绪由简单到复杂，逐步丰富化，但是其发展并不均衡，其中对愉快感和愤怒感的体验发展较早，对委屈感、自尊感、羞愧感的体验发生较晚。例如，我国学者研究发现，只有33.33%的4岁儿童有自尊感，而66.67%的4岁儿童会体验到愤怒；到5岁时，83.33%的儿童会有自尊体验，90%的儿童会有羞愧的体验。

（3）学前儿童的自我情绪体验逐步社会化

学前儿童不仅能基于生理需要产生自我情绪体验，而且能对社会性需要产生自我情绪体验，开始发展出社会情感的自我情绪体验。他们往往因为成人的表扬而为自己感到高兴，因自己的行为被他人指责而害羞、内疚。特别是5岁以后，幼儿会因自尊心受到伤害而闷闷不乐，甚至会因自己的行为不符合道德规则而羞愧。

（4）学前儿童的自我情绪体验逐步独立

学前儿童产生自我情绪体验时，成人的暗示非常重要，年龄越小，成人暗示的作用越大。例如，韩进之研究发现，在有成人暗示的条件下，26.67%的3岁儿童会产生羞愧的情绪体验，而在没有暗示的条件下，只有3.33%的3岁儿童会产生羞愧的情绪体验；5岁时，有无成人的暗示，幼儿产生羞愧体验的比例没有显著差异。这可能是因为，随着儿童社会认知水平的提高，他们会逐步掌握社会规则，不再需要成人的评价便可独立对自己的行为做出道德判断。

2. 学前儿童羞愧和内疚的发展

羞愧和内疚是两种不同的自我情绪体验。羞愧是在个体行为违背了某种社会准则时而产生的痛苦、自责、无地自容的体验；内疚则是一个人在未能对别人尽到义务或者自身行为对别人带来了不利影响时而体验到的一种消极情绪，感到内疚的儿童可能会关心自己的错误造成的人际后果，并且尽力接近他人，弥补自己的伤害。可见，内疚作为典型的道德情绪，与道德行为密切相关，并具有较高的亲社会性；而羞愧体验使个体更加关注别人的评价，产生逃避或敌意的行为倾向，羞愧也代表了一种自我检查和内在激励的能力，会促使幼儿产生积极的自我控制。

（1）学前儿童羞愧感的发展特点

羞愧是学前儿童比较典型的自我情绪体验，有研究者发现，3岁左右的学前教育往往因为成人的责备而产生羞愧。学前教育做错事情后，当成人责备学前教育说“这多让人害羞啊”“真没羞”等，他们会产生一种萌芽的羞愧和难为情。但是，这种羞愧的产生不是因为学前教育真正地、自觉地认识到了自己的过错，而是因为成人的责备和生气而产生的。如果大人不说这种话，那么只有10%的3岁学前教育会产生羞愧。5～6岁的学前教育能自觉地产生羞愧，做错事情时，即使成人不责备，他们也会体验到羞愧。因为他们已经能够独立地自我评价，可以根据他人的要求评价自己的行为，开始知道哪些行为会受到表扬，哪些行为会令人不满。所以说，羞愧感的产生离不开道德认识，且只能产生在相应的道德认识之后，5～6 岁的学前教育已经知道，说谎、拿别人东西、打人、骂人、说脏话、不把玩具和食物分给别人……这些都是令人羞愧的行为。随着儿童道德经验的丰富，以及理解与掌握越来越多的人际关系准则，羞愧感的范围也逐渐扩大，逐渐地“社会化”。

一般来说，小班、中班幼儿只是在成人面前才会感到羞愧，而大班儿童在同伴面前，特别是在本班小朋友面前也会感到羞愧。如果学前教育在同伴面前因为过失而体验到羞愧，今后他就会尽力避免再产生那种令人不快的羞愧心情；幼儿园大班儿童还能区别出谁在小朋友群体中威信高、谁威信低，所以，他们面对一些小朋友会产生羞愧体验，面对另一些小朋友却没有羞愧体验。因此可以说，意识到舆论压力是学前教育道德认识发展中的一个重要转折。

达尔文、乌申斯基、安诺辛等学者则认为，羞愧感有一定的遗传性，他们发现，羞怯感在世界各民族中有不同程度的表现，而且同一民族人们的羞怯表情相同，即使是先天盲人，而盲人是无法模仿他人的表情动作的，只能是遗传使然。另一些学者认为，羞愧感只能是人与人之间的相互关系，特别是道德关系的产物，如果一个人生来从不和别人打交道，他也就无从产生羞愧感。

(2) 学前儿童内疚感的发展特点

情绪分化理论的代表人伊扎德认为，内疚作为一种基本情绪，是基于良心的认知成分而产生的情感体验，是良心的基本体现。内疚情绪的产生是基于个体具有相对成熟的道德认知，以及稳定的自我道德标准，还有一定水平的道德判断能力，而不是单纯地害怕被惩罚、被排斥。20 世纪 60 年代，霍夫曼认为能够体验他人情感，并能进行理解和分析的能力对于内疚的产生很重要。当个体意识到他人的不幸是由自己的不良行为（有意或无意）造成的，并对他人的状态有感同身受的体验时，就会产生内疚感。有研究者将儿童内疚感的发展分为四个阶段。

第一阶段（0～3 岁），这一阶段的儿童会产生移情性反应，但还不能认识到他人的内部状态，还无法区分自己与他人，这一观点得到儿童心理理论研究结果的支持。该理论认为，一般要到 4 岁，儿童才能够认知他人的内在状态，所以在 3 岁之前，儿童还不能确定自己做了伤害他人的事情，不会产生内疚感。

第二阶段（4～5 岁），这一阶段的儿童移情能力进一步得到发展，儿童对他人内部状态的认知能力逐步发展，可以理解他人的行为要求，并能根据某些道德标准来认识自己和他人的关系，因而可以初步产生内疚感。但这时他们还不能把外在的道德标准内化成自己的行为准则，内疚感的发展尚处于初级阶段。

第三阶段（6～8 岁），这一阶段的儿童开始产生真正的内疚感，他们会因为没有承担自己的责任而体验到内疚情绪，同时还会伴随补偿性行为。

第四阶段（9～12 岁），这一阶段的儿童自我意识水平不断提高，道德水平也随之提高，他们具备了维护和坚持道德标准的内在动力，当觉察到自己的行为与道德标准不相符时就会产生内疚情绪，甚至有时自己有了违反道德标准的念头和想法就会感到内疚、自责。

埃里克森也指出，儿童羞愧的产生早于内疚。自主要求得不到满足时，儿童会对自身能力产生怀疑从而产生羞愧体验，因此，1.5～3 岁儿童的主要心理矛盾是自主对害羞（羞怯）的冲突，3～6 岁儿童主要的心理矛盾是主动对内疚的冲突。

（三）学前儿童自我控制的发展

1. 学前儿童自我控制的构成要素

自我控制的探索始于延迟满足的研究，20 世纪 80 年代中期以后，有学者认识到“以延迟满足为代表的实验研究，难以与儿童日常生活中的社会行为相对应”。一些学者开始研究社会场景中儿童的自我控制行为表现与结构，例如，杨丽珠、董光恒研究发现，幼儿自我控制能力由自制力、自觉性、坚持性、自我延迟满足四个方面组成①。

自制力主要表现为儿童通过抑制直接的、短期的欲望而控制冲动的能力，是幼儿自我控制能力极其重要的基本成分，含有抑制冲动和监督调节两个水平。抑制冲动作为幼儿自我控制能力的初级表现，是幼儿自我控制能力发展的基础，而监督调节则是幼儿自我控制能力的高级表现，由简单抑制机体的冲动转化为高度灵活的自我调节是一个循序渐进的过程。幼儿初期，儿童行动时缺乏思考，冲动的驱动力较强，还达不到高度灵活的自我监督调节水平；幼儿中后期，儿童逐渐克服其冲动性，学会控制自己的活动，主要表现在对动作、运动的控制，对认知活动的控制，对情绪情感的控制。儿童控制冲动的方式是其个性特征的体现。

自觉性表现为在无人监督的情况下，儿童可以认识到被禁止的内容，保持与保教人员期望相一致的动机和行为。自觉性是幼儿自我控制结构中的重要因素，是幼儿实现自我控制的认知保证，发挥提醒和监督作用。当幼儿掌握社会规则之后，就可以提醒并监督自己按照规则行事，使自己的行为符合规则要求。

坚持性表现为在某种困难情境中，儿童为了达到某一目的而坚持不懈地克服困难，并表现出持续性或持久性的行为倾向。坚持性是对自制力的深化与发展，因为现实生活中仅仅控制冲动是不够的，更多的场景需要幼儿长时间地维持某种令其感到厌烦的活动或抵制某种富有吸引力的事情的诱惑，这就要求幼儿不间断地调节和控制自己的情绪、行为，以达到外界的要求。可以说，坚持性是狭义的自我控制能力。

自我延迟满足表现为一种为了更有价值的长远结果而放弃即时满足的抉择取向，是儿童在等待中展示出来的自控能力。它在幼儿自控结构中居于高层次地位，对于幼儿自身的社会化进程具有重要的意义。

2. 学前儿童自我控制发展的特点

20 世纪 50 年代以来，以 H·P. 察马塔为代表的苏联心理学家认为，由于学前儿童参加游戏，有了评价情境，促进了儿童评价能力的发展，并有助于他们形成自律、自制等特征。我国学者研究发现，进入幼儿园后，学前儿童的自我控制能力逐步发展，并表现出如下特征。

① 杨丽珠，董光恒．3—5 岁幼儿自我控制能力结构研究［J］．心理发展与教育，2005（4）：7-12.

（1）学前儿童自我控制发展的转变期为4～5岁

韩进之研究发现，16.67%的3岁儿童表现出自我控制，4岁组儿童表现出自我控制的百分比为33.33%，可见，3～4岁，儿童自我控制能力的发展还不明显；83.33%的5岁儿童表现出初步的自我控制，4～5岁这个阶段，幼儿自我控制发展速度最快，自我控制水平也有所提高。因此，学前儿童自我控制发生转变的年龄是4～5岁，绝大多数5、6岁儿童都具有一定的自我控制能力。

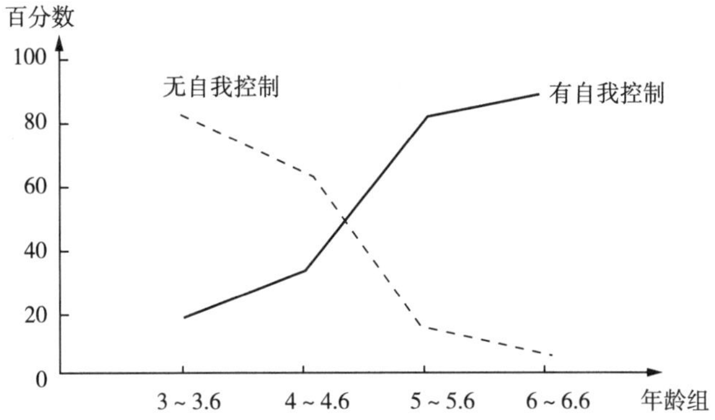

图2-5 学前儿童有无自我控制分布示意图

（2）学前儿童自我控制的发展并非稳步提升

陈会昌教授对208名儿童进行了从2岁到11岁历时9年的追踪研究，发现2～4岁儿童的自我控制水平随年龄增长而升高，但是在4～11岁，儿童的自我控制水平并未随年龄增长而持续增高，甚至出现下降趋势。特别值得注意的是，男孩和女孩之间存在差异，男孩的自我控制水平在4～7岁出现了下降趋势，7～11岁没有显著变化，而女孩的自我控制能力在4～11岁则是平稳发展的。①

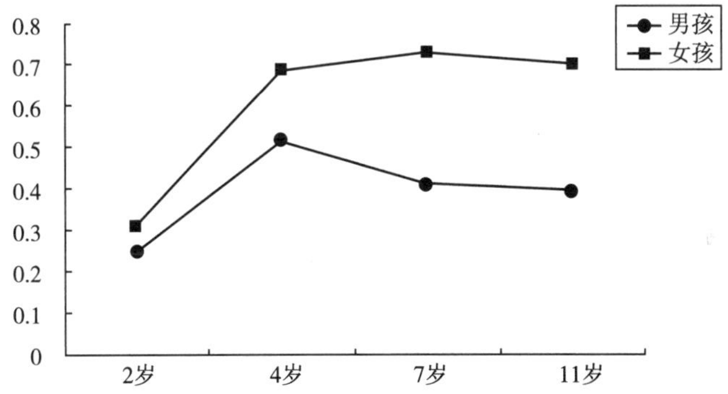

图2-6 男孩女孩在2～11岁之间自我控制水平的发展变化

① 张萍，梁宗保，陈会昌，张光珍．2—11岁儿童自我控制发展的稳定性与变化及其性别差异［J］．心理发展与教育，2012，28（5）：453-470.

儿童的自我控制水平在2～4岁随年龄增长而升高，这一发现与以往的研究结论一致。但是在儿童中晚期，研究结论并不一致，有研究发现，个体自我控制水平随年龄增加而升高，但也有研究发现，在4～5岁到8～9岁，儿童的自我控制水平逐步提升；而在8～9岁至12～13岁没有发展变化。

3. 学前儿童自我控制发生发展的心理机制

根据哈特的观点，个体自我控制能力的形成必须具备两个条件，即对价值的内化和技能的获得。

所谓价值内化，是指个体赞同并认可社会规范或道德准则所规定的价值标准，并认为根据社会规范或道德准则的要求而控制自己的行为是值得的。例如，儿童赞同“谦让是一种美德”的说法与要求，认为控制攻击冲动、遭遇挫折不做出攻击性反应是正确的。成人对儿童的价值内化起着重要作用，成人依据社会规范的要求惩罚或奖励儿童的行为、为儿童树立榜样，以及与他人建立亲密关系等都是影响儿童价值内化的重要因素。

技能的获得是指个体按照已经内化的行为标准，掌握控制自己行为的技能的过程。个体完成了社会价值观的内化并不等于掌握了相应的自我控制技能。例如，幼儿认同“表达要求、不动手”这一规则之后，面对自己想玩的玩具别的小朋友也想玩这一场景时，如果不会礼貌表达“我先看见的”“你玩完告诉我，我再玩”，也可能会用抢、推等行为解决同伴冲突。

拓展阅读

学前儿童自主性的发展

邹晓燕将幼儿的自主性划分为三个维度，即自我依靠、自我控制和自我主张。自我依靠指自己的事情自己做，与之相反的是依赖；自我控制指能够按照规则做事，与之相反的是任性；自我主张指较少受到外在环境压力的影响、有主见，与之相反的是从众。

邹晓燕等人设计了几种实验情境研究儿童自主性的发展，研究表明，儿童的自我依靠和自我控制在3岁时已经表现出较为稳定的个人特点，到5岁时达到相对稳定的程度；而自我主张在3～4岁时还不太稳定，到5岁才开始表现出稳定趋势，儿童的自我主张在5岁时表现出的特点与自我依靠和自我控制在3岁时的特点相似。这说明相对于自我依靠和自我控制，自我主张发展相对较晚，其原因可能在于，自我主张需要思维能力和生活经验的支持。

在儿童自主性发展过程中，文化是一个十分重要的因素，文化通过父母的教养方式发挥其作用。例如，柏木认为：“日本与欧美相比，幼儿的母亲在自我主张和自我抑制之间更倾向于重视儿童自我抑制的发展。对二者发展期待的差异，一方面，容易促进儿童自我抑制的发展；另一方面，它导致自我主张长期停滞，自我主张行为没能顺利地发展起来。”这提醒我们，应该注重父母的教养方式，注意“控制”和“放手”的适度性。

任务单

知识检测

评价标准	自我评价	小组评价	教师评价
可以说出自我意识的结构			
可以举例分析符号互动理论关于自我形成的原理			
能够分析学前儿童自我概念发展的一般趋势			
可以完整叙述学前儿童自我评价的发展趋势			
能够理解自尊的内涵，意识到自尊、羞愧等自我情绪体验在个体发展中的价值			
可以举例分析自我控制发展的特点			

案例分析

某天的游戏时间，张老师记录了如下场景。

【情景一】孩子们玩着自己喜欢的玩具，突然，哗啦啦，建构区传来一阵嘈杂。亮亮生气地说："哼，垒了好几次还是和我在公园里看见的不一样！"只见亮亮面前有一堆散落的积木，显然，他把他们小组搭建的作品破坏掉了。

【情景二】我对孩子们说："现在，我们玩一个'开商店'的游戏，我开的商店是一个'宠物店'，你们来当'小宠物'，告诉我你是谁？"孩子们纷纷举手发言，有的说"我是小猫"，有的说"我是小狗"，还有的说"我是小鱼"，只有明明一直看着窗外，当我请他说时，他告诉我说："我是木头人。"开始我没有听清，又请他说了一遍。我问他："木头人是动物吗？"他看着我说："我就是木头人。"没办法，我只好请他坐下。

【情景三】做操了，大家都跟随音乐认真地做着操，只有乐乐站在那里，东看西看，自言自语，手脚乱动，不知在做什么，于是我叫了他的名字。然而，他只是看了我一眼，就又恢复之前的状态了。

你认为张老师记录的这三个场景中，幼儿的自我控制行为有什么共同特点呢？可以从哪几个方面评价幼儿的自我控制能力？

参考答案

在生活中，有的幼儿容易情绪激动，乱发脾气；有的幼儿上课容易分心，左顾右盼；有的幼儿磨蹭拖拉，无法控制自己……这些行为表现都与幼儿的自我控制能力有关系。儿童的自我控制主要表现为情绪自控、言语自控、行为自控。情绪自控包括不随便发脾气、忍让、经受得住批评、能承受失败与挫折；言语自控主要指不骂人、不讲脏话、不插话；

行为自控包括规则意识、坚持性、无侵犯行为等。张老师记录的三位幼儿，有的幼儿没有抑制住自己冲动的情绪或行为，表现出应有的坚持性，例如，情境一中的亮亮小朋友和情境三中的乐乐小朋友；有的幼儿没有做出与教师要求相一致的行为，表现出应有的自觉性，例如，情境二中的明明小朋友和情境三中的乐乐小朋友。

精准备考

一、填空题。(请将正确答案写在横线上)

1. 苏联和我国学者将自我看成一个系统，主张从________、________和________三个方面进行分析。

2. 库利认为儿童的自我概念是通过"镜映过程"形成的________。

3. 我国心理学工作者研究发现，学前儿童自我评价发展的转变期在________岁之间。

二、单项选择题。(请选出唯一正确的答案)

1. (2017年下半年) 研究儿童自我控制能力和行为的实验是(　　)。

A. 陌生情境实验　　B. 点红实验

C. 延迟满足实验　　D. 三山实验

2. 1～2岁，儿童已经开始学会说话，会用自己的名字称呼自己，而后逐渐学会用"我"这一代词称呼自己，这是自我命名的过程，也标志着(　　)的产生。

A. 主体自我　　B. 客体自我

C. 自然自我　　D. 生理自我

3. 张丽玲和陶俊媛研究发现，我国3～6岁学前儿童自尊水平随年龄增长而呈上升趋势，(　　)是幼儿自尊发展的转折点，在此之后儿童的自尊水平开始出现下降趋势。

A. 3岁　　B. 4岁

C. 5岁　　D. 6岁

三、判断题。(正确的打√，错误的打×)

1. 主我先于客我出现，2岁左右形成生理自我的内在意象，5～6岁，学前儿童出现相对稳定的结构性自我概念。(　　)

2. 羞愧意味着一个人未能在某一方面对别人尽到义务而体验到的愧疚，感到羞愧的儿童可能会关心自己的错误带来的人际后果，并且尽力接近他人，弥补自己的伤害。(　　)

3. 陈会昌教授对208名儿童从2岁到11岁进行了历时9年的追踪研究，发现学前儿童自我控制水平的发展呈现稳步提升的发展趋势。(　　)

参考答案

一、1. 自我认知　自我情绪体验　自我控制　2. 镜像自我　3. 3～4

二、1. C　2. B　3. B

三、1. √　2. ×　3. ×

任务二 学前儿童自我意识的教育

情境导入

3 岁半的宁宁上幼儿园马上一学期了，适应得非常不错，可以独立进餐，和小朋友玩玩具时也知道谦让。可是，最近宁宁的妈妈非常苦恼：宁宁原来在家非常活泼，学习了自己喜欢的画画、唱歌、跳舞等各项才艺，也愿意在他人面前展示。但是，最近宁宁变得不爱表现了，家里来客人让她表演个节目，她怎么也不肯，问她为什么，她说就是不愿意在不熟悉的人面前表演。为什么上了幼儿园反而变得不大方了呢？宁宁的妈妈非常不理解。

你怎么解释宁宁的表现呢？宁宁是因为上了幼儿园就变得不大方了吗？

知识梳理

我国著名心理学家朱智贤教授指出："儿童主体的自我意识是个性的核心，不仅统率着他们的个性特征，使之成为一个整体，而且也统率着他们的社会性特征，为其社会性的发展和表现提供深刻的源泉。"现在，越来越多的幼教工作者认同学前儿童自我意识教育在学前儿童社会教育中占有非常重要的位置。

一、学前儿童自我意识教育的目标

（一）学前儿童自我意识教育的总目标

学前儿童自我意识教育的总目标指整个学前教育阶段幼儿自我意识教育应该达到的水平和要求，是选择学前儿童自我意识教育内容和实施教育、教学活动的方向。《幼儿园工作规程》等纲领性文件对学前儿童自我意识教育总目标做出了概括性陈述，一些心理学、教育学工作者也从不同学科视角对其进行了探索。

1.《幼儿园工作规程》对学前儿童自我意识教育总目标的阐述

《幼儿园工作规程》从德育范畴规定了社会领域教育目标，即"萌发幼儿爱祖国、爱家乡、爱集体、爱劳动、爱科学的情感，培养诚实、自信、友爱、勇敢、勤学、好问、爱护公物、克服困难、讲礼貌、守纪律等良好的品德行为和习惯，以及活泼开朗的性格"。分析可知，《幼儿园工作规程》对学前儿童自我意识教育目标以"品德行为和习惯""性格"来描述，"自信""勇敢"是对学前儿童自我意识教育总目标的具体论述。

2.《幼儿园教育指导纲要（试行）》对学前儿童自我意识教育总目标的阐述

《幼儿园教育指导纲要（试行）》对社会领域教育总目标的阐述如下

（1）能主动地参与各项活动，有自信心；

（2）乐意与人交往，学习互助、合作和分享，有同情心；

（3）理解并遵守日常生活中基本的社会行为规则；

（4）能努力做好力所能及的事，不怕困难，有初步的责任感；

(5) 爱父母长辈、老师和同伴，爱集体、爱家乡、爱祖国。

分析可知，“能主动地参与各项活动，有自信心”和“能努力做好力所能及的事，不怕困难，有初步的责任感”是对学前儿童自我意识教育目标的论述，包括“主动”“自信”“自立”“责任感”等具体内容。

3.《3—6 岁儿童学习与发展指南》对学前儿童自我意识教育总目标的阐述

《3—6 岁儿童学习与发展指南》将学前儿童自我意识教育融入了人际交往子目标，其中，目标 3“具有自尊、自信、自主的表现”是对学前儿童自我意识教育总目标的论述，核心经验为自尊、自信和自主。

(二) 学前儿童自我意识教育的年龄目标

确定学前儿童自我意识教育的年龄目标时，一般根据学前儿童发展心理学对学前儿童社会性发展特点的研究成果，观察评价本班幼儿自我意识发展实际水平与典型行为表现，分析确定本班幼儿自我意识的最近发展区，制定各年龄班的教育目标。《3—6 岁儿童学习与发展指南》科学阐述了学前儿童自我意识教育的年龄目标，可以为我们的教育实践提供指导。

《3—6 岁儿童学习与发展指南》对学前儿童自我意识教育年龄目标的论述在“人际交往”子目标下的“目标 3”，具体内容见表 2-3 所列。

表 2-3 目标 3 具有自尊、自信、自主的表现

3～4 岁	4～5 岁	5～6 岁
1. 能根据自己的兴趣选择游戏或其他活动。 2. 为自己的好行为或活动成果感到高兴。 3. 自己能做的事情愿意自己做。 4. 喜欢承担一些小任务。	1. 能按自己的想法进行游戏或其他活动。 2. 知道自己的一些优点和长处，并对此感到满意。 3. 自己的事情尽量自己做，不愿意依赖别人。 4. 敢于尝试有一定难度的活动和任务。	1. 能主动发起活动或在活动中出主意、想办法。 2. 做了好事或取得了成功后还想做得更好。 3. 自己的事情自己做，不会的愿意学。 4. 主动承担任务，遇到困难能够坚持而不轻易求助。 5. 与别人的看法不同时，敢于坚持自己的意见并说出理由。

横向比较表格内容可以发现，同一教育目标在小、中、大班的变化趋势，例如，第一条描述的是在游戏或其他活动中幼儿自主性的表现与教育要求，小班的具体要求为“根据自己的兴趣”，中班为“按自己的想法”，大班为“出主意、想办法”，且可以“主动发起”活动，小、中、大班教育目标的变化趋势一目了然，要求幼儿越来越清晰地意识到自己的想法，并根据活动场景发挥主动性。纵向看，可以总结出“自尊、自信、自主”核心经验包含的具体内容和教育要求，例如，在小班和中班共有四项，可以概括为自主、自尊、自立和责任心，大班共有五项，可以概括为自主、自尊、自立、责任心和坚持性。

小练笔

请尝试分析《3—6 岁儿童学习与发展指南》中自我意识教育每一条年龄目标所指向的学前儿童自我意识发展的核心经验。

（三）学前儿童自我意识教育的月目标

学前儿童自我意识教育月目标一般融于主题教育活动中，例如，主题活动“我升中班了”、培育幼儿责任心的主题活动等。主题活动为幼儿整合、重组、再现日常生活经验创设了特定的背景，为他们延伸、拓展与整合习得的知识和经验提供了广阔的天地。教师要尊重幼儿自我意识发展的生活经验，关注幼儿发展的寻常时刻，捕捉生长点，将自我意识教育有机融入主题教育活动中。

小练笔

请写出“我升中班了”主题活动的目标，并分析哪些内容是学前儿童自我意识教育的目标。

（四）学前儿童自我意识教育具体活动目标

学前儿童自我意识教育具体活动指日常生活、游戏、集体教学、家庭生活等，例如，幼儿园的值日活动、进餐环节的自助取餐、区域活动的自主游戏、集体教学活动“独一无二的我”等。书写这些教育教学活动目标时，要做到具体、明确、可操作性强，要叙述清楚学前儿童自我意识的核心经验是什么。

小练笔

“木头人”是小朋友百玩不厌的经典游戏，它满足了幼儿模仿和运动的需要，符合幼儿走一走、跑一跑、跳一跳的天性，而且对活动场地没有过高的要求，室内室外都可以玩。在实践中，有些幼儿教师还在该游戏的基础上探索出了各种新玩法。例如，有的教师将木头人的玩法与音乐游戏联系在一起，幼儿在教师的带领下，伴随音乐自由行走，学小熊、学大象、学小猴，扮鬼脸，个个急切地展示自己。当音乐停下来时，孩子们瞬间变成了“木头人”，有的小手放在下颏，变成了花朵；有的小手举起来，像小兔子；有的变成了孙悟空，手握金箍棒，单脚站立。当音乐再次响起，孩子们才“解冻”，继续游戏。幼儿一遍遍地说，怎么都玩不够。一场游戏对于幼儿来说就是一次美丽童话世界的畅游。幼儿在享受快乐的同时，也获得了发展。下面是一位教师从学前儿童自我意识发展与教育视角书写的木头人游戏的活动目标。

1. 通过有趣的游戏活动，发展幼儿的思维判断能力、动作协调能力等，培养幼儿活泼的性格。

2. 在游戏活动中，练习幼儿听指令、做出反应的本领，促进幼儿自控力、自信心的发展。

你认为这位教师写的活动目标合适吗？如果有不合适的地方，应该怎样修改呢？

二、学前儿童自我意识的教育内容

（一）纲领性文件对学前儿童自我意识教育内容的概述

《幼儿园教育指导纲要（试行）》对社会领域教育内容的描述共有 8 条，其中，与幼儿自我意识教育相关的内容有 3 条。

1. 引导幼儿参加各种集体活动，体验与教师、同伴等共同生活的乐趣，帮助他们正确认识自己和他人，养成对他人、社会亲近、合作的态度，学习初步的人际交往技能。

2. 为每个幼儿提供表现自己长处和获得成功的机会，增强其自尊心和自信心。

3. 提供自由活动的机会，支持幼儿自主地选择、计划活动，鼓励他们通过多方面的努力解决问题，不轻易放弃克服困难的尝试。

其中，第一条指出要引导学前儿童参加各种集体活动，帮助学前儿童正确认识自己；第二条指向学前儿童自我情绪体验，即增强学前儿童的自尊心和自信心；第三条与学前儿童自我意识相关的教育内容为自主性和坚持性，具体为自主选择、计划活动，克服困难不放弃，属于自我控制。分析可知，以上内容涵盖了从自我认知、自我情绪体验到自我控制的三维自我意识教育内容。

（二）选择学前儿童自我意识教育内容

1. 依据《3—6 岁儿童学习与发展指南》中学前儿童自我意识教育目标选择教育内容

《3—6 岁儿童学习与发展指南》分别阐述了小班、中班、大班自我意识教育的年龄目标，比较笼统、概括，幼儿教师必须将其进一步分解，转化成主题活动目标或具体活动目标，并据此选择教育内容。例如，大班目标“与别人的看法不同时，敢于坚持自己的意见并说出理由”，可以进一步分解为在游戏活动中、在评价自己时、在与同龄小朋友合作的时候、在面对成人的建议时等不同情境中如何坚持自己的意见，分析目标达成的难易程度，组织目标顺序，选择教育内容。

小练笔

幼儿入园后自我意识和社会认知能力不断发展，常能听到他们稚嫩的声音“我做……”“让我来……”“我来帮你吧”……他们总是积极主动地想要当小助手、小老师，乐于帮忙收拾、整理餐具和玩具等物品。

值日生的工作贯穿于幼儿园一日生活流程，每个班级会根据本班幼儿的年龄特点和能力水平，合理安排值日生工作内容，幼儿分工明确。小小的身躯，却有大大的力量！他们能擦桌子、摆放餐盘、帮小朋友接水、带领小朋友散步、打扫食物残渣、帮小朋友挽袖子等等。甚至有人认为值日生是培养领导力的一种途径。

当然，不同年龄班值日生的工作内容不尽相同。

根据《3—6 岁儿童学习与发展指南》中的年龄目标，你认为小、中、大各年龄班的值日生具体可以做哪些工作呢？

2. 依据学科研究成果选择学前儿童自我意识教育内容

学前儿童发展心理学从心理结构、内容结构等不同视角研究了学前儿童自我意识的发展，例如，我国心理学工作者主张将学前儿童的自我意识划分为自我认知、自我情绪体验、自我控制三个维度。邹晓燕认为，幼儿自主性结构包括自我依靠、自我控制、自我主张三个维度。许多心理学工作者和教育工作者合作开发了学前儿童自我意识教育课程，例如，陈会昌教授团队开发设计的品格教育课程。幼儿教师可以参考这些心理学、教育学等学科研究成果开发设计幼儿园课程。

另外，一些国外的幼儿自我意识教育课程也可以给我们启发，例如，美国北得克萨斯州大学 G·S. 莫里逊教授提出了美国学前教育机构自尊的教育目标，具体包括：(1) 帮助儿童发展良好的自我意象和高度的自尊水平；(2) 帮助儿童学会认识自己、自己的家庭及其文化背景；(3) 通过体验成功提高儿童的能力，发展儿童的自我价值观；(4) 帮助儿童了解身体的各个组成部分。我们也可以根据这些目标开发设计具体的教育内容。

小资料

品格教育

习近平总书记曾提到："教师不能够只做传授书本知识的教书匠，而要成为塑造学生品格、品行、品味的'大先生'。"近年来，我国将立德树人放在教育的核心位置。

厘清"品格教育"的内涵与外延，促进幼儿健康成长。潘光旦认为，"品"，从三口，众庶也，意为人多；"格"就是典型、规范、标准，不达此标准者，就是不及格的人。有学者认为，受教育者的品格是由"道德认知""道德情感""道德行为"等子系统组成的"态度"动力系统，建立在传统文化基础上，围绕"立身""处世""行事"三个维度，体现"尊重—责任"的关系（生命个体对自己、他人、社会、自然等）和价值观，既是受教育者的核心品格，也是学校道德教育应该追求的教育目标。①

陈会昌教授团队根据品格教育的内涵开发设计了学前儿童品格教育的具体课程内容，认为幼儿品格教育包含做人、做事和共处，其中做人又包含乐观和自制两方面内容，做事包括主动和创造，共处则包括仁爱和尊重，具体内容如图 2-7 所示。

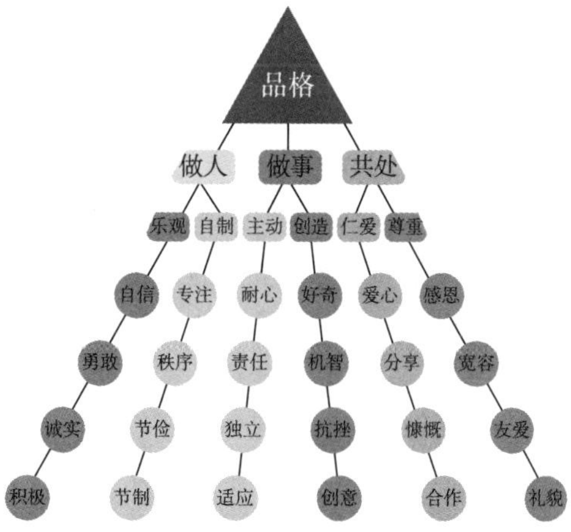

图 2-7 学前儿童品格教育课程内容

① 丁锦宏. 品格教育论［M］. 北京：人民教育出版社，2005.

幼儿园可以每月围绕品格主题开展系列品格教育活动，创设浸润式品格园所文化；探索在生活、游戏、学习活动中培养幼儿良好品格的策略与方法；教师树立立德树人的正确理念，让幼儿在一日生活中获得品格教育的熏陶和培养。①

3. 贴近生活选择学前儿童自我意识教育内容

陶行知说："生活教育是生活所原有，生活所自营，生活所必需的教育。教育的根本意义是生活之变化。"现代生成课程的理念也要求幼儿教师观察幼儿，捕捉幼儿自我意识发展的已有经验，选择合适的教育内容，开发设计幼儿园课程。

案例赏析拓展资料

源于生活的课程故事②

孩子们升入中班后，自我意识快速发展，表现出强烈的好奇心和求知欲，并渴望独立与自主，经常听到幼儿之间发生如下对话。

我从哪里来？你的头发为什么是卷卷的？为什么我们的名字不一样？为什么你长得和我不一样？我喜欢吃苹果，你为什么不喜欢吃？我最喜欢骑车，你喜欢干什么？……

带着孩子们的问题，我们开启了"独一无二的你"探索之旅。

"你们知道什么是独一无二吗?""独一无二就是长得不一样。""我妈妈跟我讲过一个故事就是独一无二。""独一无二就是我的脸跟别人的不一样，我的头发跟别人也不一样。"……

今天李老师给大家分享故事《独一无二的你》，我们跟着小鱼丹尼，一起去探寻"独一无二"的自己吧！

三、学前儿童自我意识的教育途径

（一）重视学前儿童自我意识的随机教育

我国教育家陈鹤琴先生说："凡是孩子自己能做的事，让他自己去做。"正是在日常生活中的穿衣吃饭、游戏活动中的操作搭建等过程中，学前儿童认识到自己的本领，体验到成功的快乐和自豪，学会了坚持与自觉等，实现了自我意识的发展。当然，教师要扮演好引导者、支持者的角色，看到日常生活、游戏等活动的教育价值与教育机会，随机引导学前儿童自我意识的发展。例如，可以利用值日生活动培养幼儿的自我服务习惯，增强其自信心、独立性，在游戏活动中发现幼儿自我评价偏差，并进行合理的引导。

---

① 资料来源：济南市槐荫区实验幼儿园微信公众号.

② 参考资料：宜昌市西陵区和塘悦舍幼儿园微信公众号文章：【和雅致美】课程故事《独一无二的我》.

教育案例

成长故事[①]

今年转来读中班的陈乐是一个内向的男孩子，平时很少举手回答问题，也不主动参与各类活动，经常独自玩耍，或者看着别人玩，平时听他说得最多的话就是“我不会”，与家长交流得知，孩子的个性就是这样，于是我开始关注他。

开展区域活动时，陈乐来到手工区，拿起一个牙膏盒看了看，又放下了，接着看旁边的雯雯用盒子做汽车。过了一会儿，陈乐站了起来，似乎想离开那里。因为类似的情况已经出现多次，所以我就走过去问他：“陈乐，你是不是想做一辆小汽车呀?”陈乐看看我，说：“老师，我不会。”

“不难的，慢慢试着做，你一定能做出来的。”我鼓励他。

陈乐坐下来，重新拿起那个牙膏盒开始做小汽车。他用硬板纸剪了四个圆，粘在盒子下面当车轮，又用笔在盒子上画上了车窗、车灯，一个小汽车完成了。

“真棒，等会儿我们拿给小朋友们欣赏一下。”

评议时，我请陈乐介绍自己做的小汽车，陈乐有些兴奋，又有些紧张，将小汽车举起来，却不知道说什么。他用求助的目光看着我，我带着笑容说：“你可以告诉大家，你做的是什么，是用什么做的。”

面对大家，陈乐用很轻的声音说：“这是小汽车，我用牙膏盒做的。”我带头鼓起了掌，说：“陈乐做事很有耐心，做得也非常认真，很快就做出了这辆小汽车。”小朋友们都跟着鼓掌，陈乐脸红红地回到了座位上。

以后，每次听到陈乐说“我不会”，我都会说：“还没做，你怎么知道不会呢？试试看，我相信你一定能学会的。”并在平时注意多给陈乐锻炼的机会，鼓励他大胆地尝试，当他遇到自己不能独立解决的困难时，我会给予恰当的帮助，使他最终获得成功。

你赞同这位教师的做法吗？你认为教师哪些方面做得比较好呢？

（二）充分发挥各领域渗透教育对学前儿童自我意识的教育作用

自我意识的发展具有经验性、整体性，离不开具体的活动以及幼儿在活动中的体验，正如自然主义教育家卢梭所论述的：“儿童是有他特有的看法、想法和感情的；如果想用我们的看法、想法和感情去代替他们的看法、想法和感情，那简直是最愚蠢的事情。”在引导学前儿童自我意识发展时，我们要做的是尊重和了解他们，充分利用各个领域丰富的活动内容，将自我意识教育无痕嵌入。例如，健康领域的体育教育活动可以培养学前儿童的坚持性，艺术领域的表演活动可以增强学前儿童的自信心，语言领域的绘本教育可以引导学前儿童在阅读中体会、反思，提高学前儿童的自我认识水平等。

---

① 管旅华．《3—6岁儿童学习与发展指南》案例式解读［M］．上海：华东师范大学出版社，2013：122.

拓展阅读

以下是不同作者以“害羞”为主题创作的绘本故事，请同学们阅读、欣赏并比较其创作视角的异同。

我会害羞[①]

第一次见到阿姨，我会很害羞，脸红红的，眼睛盯着地板，不敢和阿姨打招呼。阿姨拿了水果给我吃，我很小声很小声地说了句“谢谢”，声音小到只有我自己能听到。妈妈和阿姨在聊天，我自己在一边玩玩具。

窗外传来小朋友的嬉闹声，妈妈和阿姨鼓励我去外面和小朋友一起玩。但我还是很害羞，虽然我也很想玩，却又不敢靠近。这种感觉和在幼儿园面对大家朗诵诗歌时一样，心里很紧张，脸上热热的，说话的声音也小小的。

我不喜欢这种感觉，不想总是做一只害羞的小熊。从大树后面走出来，大声打个招呼，虽然还是会脸红，但好像也没有那么难。不害怕害羞，脸上挂着发自内心的微笑，会让我交到更多的好朋友。

又到了朗诵诗歌的时候了，深呼吸，松口气，更大声，会赢得更多掌声。不再害羞了，我觉得心情很舒畅。

我知道害羞的时候怎么做，你呢？

我很害羞[②]

当我害羞时，就像不愿意开放的花，躲进妈妈怀里的小鸡，在高亢的管弦乐队中轻轻敲响的三角铁。

当我害羞时，脸会红，腿会发抖，肚子也会哆嗦。

当我害羞时，有时很安静，有时会傻笑。不是因为高兴，而是担心。

老师提问时，我会很害羞，担心回答错误，我说了傻话，让大家笑话。

在学校里表演节目时，我会很害羞。但当掌声一响起来，我就非常自豪。

参加聚会时，我常会害羞，也不好意思去玩游戏。可是，过一会我就不害羞了。看见朋友们玩得兴高采烈，我也会加入他们的行列。

去看莫德阿姨时，我很害羞。但她请我一起做茶点，我就不害羞了。

有时大人也会害羞，妈妈去一个谁也不认识的聚会时，会很害羞。爸爸说当时他在婚礼上很害羞，因为所有人都盯着他和妈妈看。见到大人物或者明星，大人也会紧张害羞。

当我害羞时，希望自己是一个魔术师。这样就能把自己变没有了。当我害羞时，如果有人对我微笑，感觉就好多了。

也许你知道有人害羞了，你会做些什么呢？

---

① 江小渔，王丽娜．我会害羞［J］．吉林：长春，吉林出版集团有限公司，2017.

② （英）卡伦·布莱恩特－莫尔．我很害羞［J］．河北：石家庄，河北出版集团河北教育出版社，

(三)组织专门的自我意识教育活动

专门的自我意识教育活动主要指以自我意识教育目标为主的主题教育活动，有计划、有目的、有组织的集体教学活动，以及诸如小朋友在幼儿园过生日等有针对性的节日庆典活动。

集体教学活动案例

一、活动名称

大班社会领域活动：自己的事情自己做

二、活动背景（设计意图）

勤劳朴实是中华民族的传统美德，教导幼儿自己的事情自己做，热爱劳动，以劳动为荣，是培养儿童健全人格的必要条件。《3—6岁儿童学习与发展指南》指出，中班幼儿可以“自己的事情尽量自己做，不愿意依赖别人”，大班幼儿需要“自己的事情自己做，不会的愿意学”。

在一次课间游戏的时候，小朋友非常自豪地谈论着穿衣服的事情。皓皓说：“我会自己穿衣服、袜子和鞋子！”果果也说：“这算什么，我早就会了！”一旁的晓晓不服气地说：“才不是呢！今天来幼儿园的时候，我看到你妈妈帮你撑伞，我都是自己撑的！”果果听了立刻反驳：“我还会做好多事情呢！”

孩子们争论得热火朝天，甚至还有点面红耳赤。分析幼儿的谈话内容可知，有些幼儿可以做到自己的事情自己做，有的幼儿还有依赖心理。马上要上小学了，整理书包、记录作业要求等都需要幼儿独立完成，我认为有必要设计一次集体教学活动，引导他们知道劳动是一件光荣的事情，生活中不会做的事情要耐心学习，养成自己的事情自己做的习惯。为此，我设计了本次集体教学活动。

三、活动目标

1. 知道劳动是一件光荣的事情，不会做的事情需要耐心学习。

2. 能够独立将书包整理好。

3. 体验学会整理书包的快乐，愿意学习自己不会做的事情。

四、活动重难点

活动重点：体验学会整理书包的快乐，愿意学习自己不会做的事情。

活动难点：能够独立将书包整理好。

五、活动准备

1. 物质准备：大象手偶、白板课件、书包（每组一个）

2. 经验准备：幼儿了解一些动物的劳动，有自己劳动的经验。

六、活动过程

（一）导入环节：手偶剧导入，激发兴趣

1. 谈话引出“五一劳动节”，创设故事背景。

教师引导语：小朋友们，你们知道5月1日是什么节日吗？

2. 教师手持大象手偶，创设情境。

教师引导语：“五一劳动节”到了，森林里的小动物都来比试比试，看谁的劳动本领大，谁最勤劳。大象是大法官，小朋友认为谁会来比拼呢，它们会比什么呢？

（二）展开环节1：想一想，说一说，知道劳动是件光荣的事情

1. 教师随机回应幼儿，总结小动物的不同劳动方式，深化认识小动物的勤劳。

2. 梳理幼儿经验，完整讲述故事，总结过渡引出人类的勤劳。

教师引导语：其实不只是小动物们很勤劳，我们人类也是很勤劳的，谁愿意说一说你的爸爸妈妈是做什么的？你认为他们勤劳吗？

3. 了解人们的不同劳动方式，萌发劳动最光荣的情感。

教师引导小朋友讨论交流，并总结。

教师引导语：许许多多的叔叔阿姨和爷爷奶奶都是很勤劳的，他们都在做着不同的劳动。劳动可以服务很多人，我们要学会尊重、关心劳动者。

（三）展开环节2：学习整理自己的书包

1. 激发幼儿自己整理书包的愿望。

教师引导语：小朋友们马上就要上小学了，我们也要做一个勤劳的小学生，很多事情要自己独立去做。

2. 学会整理书包。

（1）教师展示一个小学生的书包，引导幼儿观察里面有什么

教师引导语：这是一位小学生姐姐的书包，我们看看里面有什么吧。（边展示边叙述）有课本，它们是语文书、数学书，还有音乐书、美术书、传统文化读本，这是作业本、文具盒，还有水壶、纸巾。

（2）分组整理，每一组说一说自己整理的方法，找出最好的方法

教师引导语：每组小朋友都整理好书包了，有的小朋友是把书、作业本、文具盒按顺序放的，有的小朋友说整理书包的时候要看一看课程表，可以按课程表的顺序放。

（3）认识课程表

教师呈现课程表，引导幼儿观察，横着看是星期一到星期五，竖着看是每一天要上的课，头一天晚上要根据第二天的课程表整理书包。

（4）比一比，巩固整理书包的方法

根据今天的日期整理明天的书包，小组比一比，教师点评。

（四）总结环节：迁移经验，萌发幼儿学习自己不会做的事情的愿望

表扬强化幼儿学习的效果和学习的热情，鼓励幼儿学习更多本领，做好上小学的准备。

教师引导语：今天小朋友们学会了整理书包，心情怎么样啊？小朋友们生活中还有哪些本领？这些本领也是慢慢学会的，上小学的时候也有很多事情需要自己慢慢地学习，小朋友们愿意吗？

（五）活动延伸

教师引导语：从明天起，上幼儿园之前，请小朋友们自己整理书包。

文件阅读

阅读《3—6岁儿童学习与发展指南》中对学前儿童自我意识教育的建议。

四、学前儿童自我意识教育的指导要点

（一）培养自我评价能力

以安南耶夫为代表的心理学家们研究了儿童自我意识发展和培养的阶段性问题，他们认为，自我评价能力的产生，起始于学龄前期。由此可见，教育过程中要注意提升学前儿童的自我评价能力，促进其形成客观的自我评价。

教师对幼儿的评价要及时、明确具体、客观公正。幼儿的自我评价具有依从性，教师要把握好评价时机，及时反馈，如果幼儿长时间得不到评价反馈，会削弱强化效果。教师评价要明确具体、客观，如果教师笼统的、夸张性的表扬与幼儿的自我体验不符，会给幼儿带来矛盾感，也不利于幼儿形成客观的自我评价，如开展“故事大王”比赛后，教师可以评价幼儿“故事讲得很完整”“讲故事声音很响亮”“讲故事时表情丰富”“故事讲得很连贯”等，而不是笼统地说讲得很好。教师评价要客观公正，肯定幼儿的优点，也要指出幼儿的不足，培养幼儿健康的自尊。

引导幼儿学会自我评价的方法，提高自我评价能力。幼儿年龄越小，对自己的评价就越不准确，也越容易出现夸大的现象，教师要理解幼儿自我评价的年龄特点，营造幼儿大胆进行自我评价的氛围，不要认为幼儿是骄傲自负。同时，要注意丰富幼儿的语言，为幼儿独立自我评价奠定基础，例如，引导幼儿学会使用“我觉得……”“我喜欢……”等语句；提供直观形象的图片和各种表征符号方便幼儿做出价值判断，激发幼儿进行自我评价的兴趣，提高其参与的主动性；引导幼儿逐步学会自我评价的方法，如用表情贴纸，笑脸表征“好”，哭脸表征“不好”，用星星数量的多少表征优秀等级等。

（二）保护自我情绪体验

自我情绪体验既有积极的情绪体验，如自尊、骄傲、自豪、自信等，也有消极的情绪体验，如内疚、羞愧等。在教育过程中，一方面，要创设机会，引导幼儿在完成任务的过程中体验成功的快乐，培养自尊、自豪等积极情绪体验；另一方面，要科学认识羞愧、内疚等消极情绪体验在儿童社会化过程中的价值，注意保护幼儿的自尊心。

小资料

内疚式教育

内疚式教育，在心理学上对应的概念是“愧疚诱导”，简而言之，就是通过让孩子感到内疚来达到控制孩子的效果。

一个4岁女孩和姥姥逛超市时想吃黄桃罐头，姥姥说：“咱们家没钱，这一瓶罐头是咱家一天的饭钱。我们买了罐头就会变成乞丐，你要让全家人为了你去讨饭吗？”听了这

番话，宝宝乖巧得什么都不敢买了。随着生活水平的提高，这样极端的说法几乎听不到了。但是，这样的内疚式教育真的消失了吗？以下说法是否似曾相识？“我辛辛苦苦工作都是为了你能上个好学校，你还不快去学习。”“如果不是因为你我早就离婚了。”“你知道我们为你花了多少钱吗?”甚至在一档综艺节目中，一位妈妈在孩子背错文章时情绪失控，自己扇自己的嘴巴。

诸如此类的教育行为数不胜数，这些做法由于可以激起儿童暂时的内疚感而起到立竿见影的教育效果，很多人便认为这是正确的教育行为。可是，内疚式教育真的好吗？作家刘娜说：“在中国，亲子关系最大的问题是父母无处安放绝望无助的自己，打着‘还不是为了你，我才牺牲了自己’的名义，让孩子在愧疚中，一生过得拧巴又委屈。”

内疚式教育会带来很多不良的后果，比如会让孩子失去快乐的能力；忽视自我需要，不敢索取，只懂压抑；在内疚感的影响下惩罚自己等。

（三）培养适宜的自我控制能力

几十年来，国内外心理学家的大量研究证明，一个人在儿童时期形成的良好自控力，对其学业成绩、社会适应能力以及成年后的事业成功均有重要影响，其影响力甚至超过智力。陈会昌教授通过一项长达 19 年的追踪研究发现，每个儿童身上都有自控力和主动性“两颗种子”。第一颗种子的核心品质是自我控制力，是控制自己按照外界环境提出的要求，学习社会期望的知识、技能，完成成人要求的任务的能力；第二颗种子的核心成分是主动性和创造性，是出于个人内在兴趣、动机和愿望，自发地做自己喜欢做的事情的能力。儿童发展最理想的状态就是两颗种子饱满地、和谐平衡地得到发展，家庭和学校教育都需要把握好自控力和主动性的平衡发展。

（四）关注有特殊需要的幼儿

学前儿童自我意识发展有发展水平与发展速度的差异，对于一些有特殊需要的孩子，比如特别乖的幼儿，教师需要为其提供科学、专业的指导。德国心理学家海查曾对 200 名 2～5 岁的儿童进行了追踪调查。这 200 名孩子中，有 100 名孩子有强烈的反抗倾向，另 100 名则没有这种倾向。海查发现，这些孩子到了青年期，前者有 84％的人意志坚强，有主见，有独立分析、判断事物和做出决定的能力，而后者仅有 26％的人意志坚强，其余的人遇事不能做决定，不能独立承担责任。

没有反抗意识或自我意识的儿童，在我们的生活中也往往被称为“乖”孩子。很多心理咨询师都有这样的经验，长大后出现心理问题的儿童，小的时候一般都比较乖。“乖”意味着忽略自己内心真实的感受，意味着不敢表达真实情绪，越“乖”的孩子，独立能力越差。“乖”孩子身上有着太多家长的控制感。幼儿教师要明确一种观点，即我们并不是因为孩子“乖”才爱他，“乖”并不是一个褒义词，我们爱的是那个原原本本的儿童，我们希望儿童做出人生选择是因为他自己的真实喜好，而不是牺牲自己的感受去讨好别人。[①]

---

① 为什么越乖的孩子，长大后越不省心，https：//www.sohu.com/a/140098906_762884.

（五）选择有针对性的教育途径与方法

学前儿童自我意识教育内容包括学前儿童自我认知、自我情绪体验和自我控制三个方面，其中每一项内容又可以分为多项，内容丰富，形成的心理机制比较复杂。有的适合通过集体教学活动升华生活经验，比如，集体教学活动“独一无二的我”，教师可以条理化幼儿的生活经验，强化幼儿的自尊和自信；有的适合在日常生活中、游戏活动中或其他领域的教育活动中日积月累地熏陶浸染，例如，在体育活动中培养坚持性，在区域游戏活动中通过自选游戏培养自主意识，通过进餐环节的排队等候提升幼儿延迟满足能力等；有的需要体验练习；有的需要澄清价值、分清对错。教师要针对具体内容、具体目标，结合本班幼儿实际选择教育途径和具体教育方法，设计教育方案。

（六）指导家长进行学前儿童自我意识教育

学前儿童自我意识发展与家庭教育关系密切，例如，有研究发现，与同伴评价、教师评价相比，幼儿自我评价与父母对其的评价相关性最强；父母的教养方式对儿童自尊发展具有显著的影响，其中，民主型的教养方式有助于儿童形成高自尊，溺爱型、不一致型、放任型教养方式则容易使儿童形成低自尊。这些研究结论为我们清晰地展示了，家庭教育在学前儿童自我意识发展中的价值，教师要通过家长、学校及时沟通，个别指导等方式，提高家长引导学前儿童自我意识发展的水平。

小资料

美国《机构认证标准》（2005 版）课程标准评估细则中与社会教育相关的内容①

……

第二，发展领域：社会情绪发展。

儿童每天可以拥有各种各样与早期儿童教师建立密切关系的机会，这些早期儿童教师关心并反馈儿童；儿童拥有不同的机会认识和描述自己和他人的感受；儿童拥有各种各样的机会学习调节自己的情绪、行为和注意力所需的技能；儿童拥有各种各样培养自己的能力和学习的积极态度，如坚持、参与、好奇心和控制掌握的机会；儿童拥有各种各样培养进入社会群体、建立友谊、学习帮助以及其他亲社会行为技能的机会；儿童拥有各种各样与他人积极、尊重、合作地互动或向他人学习、互相学习，以建设性的方式解决冲突的机会；儿童拥有各种各样学会理解、同情，并考虑他人观点等的机会。

你能发现他们是怎样引导儿童自我意识发展的吗？

① 张鸿宇．美国早期教育质量认证发展研究（1982—2010）［D］．吉林：长春，东北师范大学，2017.

任务单

素材收集

要求：收集学前儿童自我意识教育的素材，例如，绘本、成语故事等。

素材内容	自我评价	小组评价	教师评价

案例分析

很多家长在孩子还没有成长起来的时候，就用几个词语框定了他们的一生。

“你很聪明，就是太粗心了！”

“快给阿姨打招呼，不能这么没礼貌！”

“为什么不把玩具给弟弟玩，你太小气了！”

大部分父母在孩子犯错误的时候，都会在第一时间把孩子的行为归类：不爱打招呼就是内向，成绩不好就是粗心，吃饭太少就是挑食，大大咧咧就是没心眼。

美国心理学家贝科尔认为：“人们一旦被贴上某种标签，就会成为标签所标定的人。”当一个人被一种词语名称贴上标签时，他就会做出自我印象管理，使自己的行为与所贴的标签内容相一致，这种行为是由于贴上标签后引起的，故称为“标签效应”。

学前儿童正处在由依赖成人评价向独立自我评价的发展过程中，所以标签效应对他们的影响可能会进一步放大。那么，作为幼儿教师，我们应该如何评价幼儿呢？

参考答案

对幼儿的评价要明确具体，指向具体的语言、行为等，坚持正面评价。

精准备考

一、填空题。（请将正确答案写在横线上）

1.《3—6 岁儿童学习与发展指南》中的教育目标“敢于尝试有一定难度的活动和任

务”是对________班的教育要求。

2. 以安南耶夫为代表的心理学家研究了儿童自我意识发展和培养的阶段性问题，他们认为，自我评价能力的产生起始于________。

二、单项选择题。(请选出唯一正确的答案)

1. (　　)不可以作为学前儿童自我意识教育途径。

A. 一日生活　　B. 集体教学活动

C. 健康领域的体育活动　　D. 提高自控能力

2. 《3—6 岁儿童学习与发展指南》中的教育目标“自己能做的事情愿意自己做”是对(　　)班的教育要求。

A. 托　　B. 小　　C. 中　　D. 大

三、判断题。(正确的打√，错误的打×)

1. 儿童的自我意识是个性的核心，不仅统率着他们的个性特征，使之成为一个整体，而且也统率着他们的社会性特征，能为其社会性的发展和表现提供深刻的源泉。(　　)

2. 没有反抗意识或自我意识的儿童，在我们的生活中往往被称为“乖”孩子。(　　)

参考答案

一、1. 中　2. 学龄前期

二、1. D　2. B

三、1. √　2. √

任务三　学前儿童自我意识教育活动设计与实施

情境导入[1]

在某幼儿园的园本教研活动中，教师们发现幼儿园课程开发与实践遇到了两大问题，其一是教学活动质量不高，年龄班主题审议通过后，教师根据教学参考资料按部就班地组织教学活动，很少会根据本班幼儿发展需要修改调整；其二是教师重视程度不够，自主游戏在一日活动中的比重不断增加，部分教师产生“重游戏轻教学”的想法，出现课前准备不充分、教具准备较随意等问题。

通过园本教研，教师们找到了解决问题的途径。一方面，教师共同梳理出园本课程建设行动导向图（如图 2 - 8 所示），按照目标调整、内容优化、环节梳理及评估反思四个阶段、九个步骤循环推进；另一方面，赋权教师，下放班级审议决策权，有能力的教师可以在原有导向图的基础上创新调整，基础薄弱的教师可以依照行动导向图，向平行班教师或教研组借力实施。

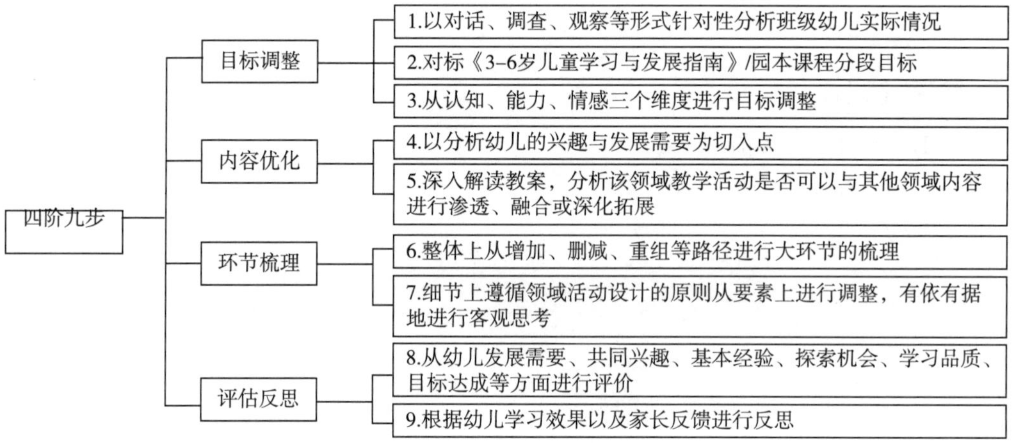

图 2 - 8　某幼儿园园本课程建设行动导向图

该幼儿园设计的课程行动导向图对你有什么启发？

案例分析

一、主题活动案例“我升中班了”

（一）主题活动名称

中班主题活动：我升中班了[2]

---

① 资料来源：“幼师口袋”微信公众号

② 方明主编，本册主编向海英．山东省幼儿园课程指导教师用书［M］．济南：明天出版社，2018.

(二) 主题活动设计意图

幼儿升入中班，群体意识逐渐增强，独立性、交往能力进一步提高，一系列的变化让幼儿对新一年的学习生活充满向往。中班幼儿不再是小班的弟弟妹妹，不再只是简单地跟随和模仿老师。崭新的环境、更多的同伴，让幼儿处处感受到成长带来的愉悦。主题活动“我升中班了”，通过三个次主题“我的新班”“我的朋友多”“能干的我”，围绕适应新环境、学习友好交往、愿意为集体服务三个方面，使幼儿在不断地认知与感受中了解班级环境的变化，逐步适应和喜欢新环境、新同伴、新老师，并学会用简单而真诚的方式表达对老师、同伴的爱；在说说、做做、玩玩等活动中，使幼儿尝试学习自我服务和为集体服务，增强自信心，体验成长的快乐，激发升中班带来的自豪与喜悦之情。

在实施本主题时，教师应努力让幼儿感受到班级温暖、关爱的集体生活氛围，结合教师节以及日常生活和游戏，尽量多地提供关爱老师、为班级服务、与同伴交往的机会，使幼儿在具体情境中实践，较快地适应升班发生的一系列新变化，从而喜欢和爱上自己所在的幼儿园、班级和集体生活。

(三) 主题活动网络图

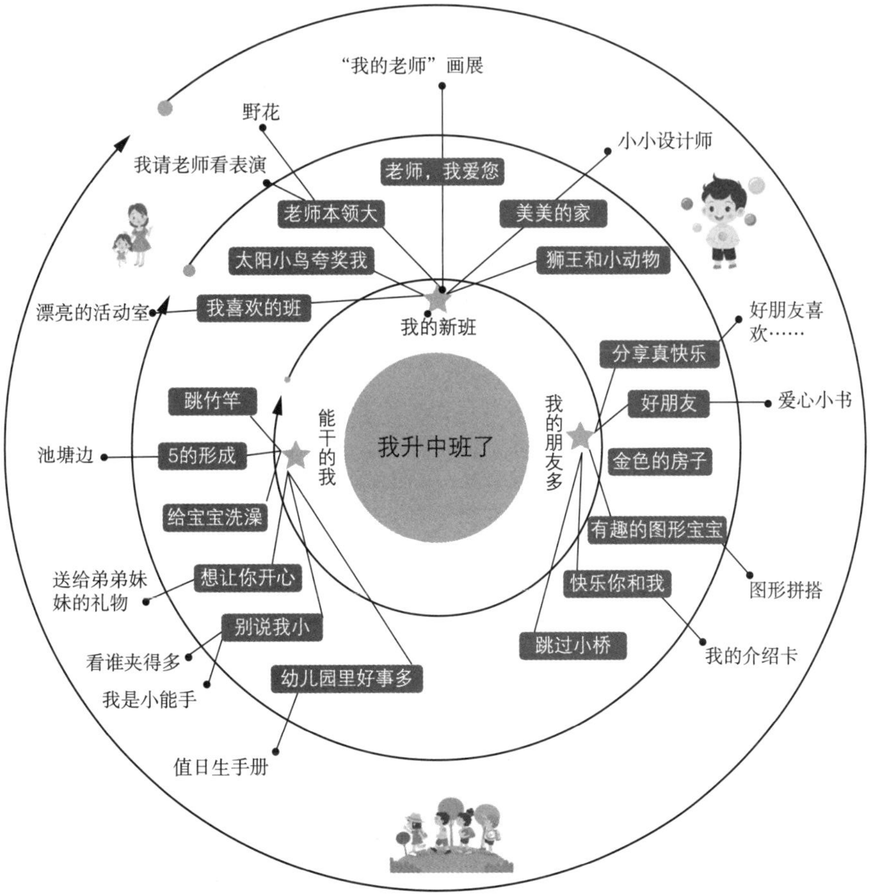

图 2-9 “我升中班了”主题活动网络图

（四）次主题“能干的我”活动计划与建议

1. 基本教育教学活动建议表（周计划表）

表 2－4　教育教学活动建议表

<table>
<tr><th>时间</th><th>教学活动</th><th>区域活动</th></tr>
<tr><td>周一</td><td>幼儿园里好事多
关键经验：能用愉快的声音和不同的动作表现歌曲中值日生为大家做事时的愉悦心情，有为集体做事的愿望。</td><td rowspan="6">美工区：
1. 纸袋手偶
关键经验：能用剪、贴、画等方法对废旧纸袋进行装饰，做成纸袋手偶。
2. 送给弟弟妹妹的礼物
关键经验：能运用不同的材料制作小玩具送给小班的弟弟妹妹，有长大的自豪感。
益智区：
1. 池塘边
关键经验：能正确点数出图中小动物的数量，并按数量用圆点表示。
2. 劳动区
关键经验：玩掷骰子游戏，懂得自己的事情自己做。
表演区：
· 幼儿园里好事多
关键经验：能与同伴合作表演，并会用碰铃、沙球、双响筒等进行伴奏，体验表演的快乐。
阅读区：
1. 值日生手册
关键经验：能画出值日生的工作内容，并做成自制画册，喜欢介绍给同伴听。
2. 我是小能手
关键经验：喜欢读诗歌《别看我小》，会简单仿编。
角色区：
1. 娃娃家
关键经验：扮演爸爸、妈妈等角色，玩为宝宝整理家等游戏，体验全家人共同劳动的乐趣。
2. 快乐城堡
关键经验：扮演快乐城堡的工作人员，为游客提供“售票”“介绍景点”“导游”等服务。
生活操作区：
· 看谁夹得多
关键经验：会正确使用筷子，喜欢自己的事情自己做。
体育游戏：
1. 我喜欢赤足活动
关键经验：说出不同材料的地面带给小脚丫的感受，提高走、爬、跳等基本动作技能。
2. 好玩的易拉罐
关键经验：练习跑、跳、投掷等动作。</td></tr>
<tr><td>周二</td><td>别说我小
关键经验：能有表情地朗诵诗歌，感受自己长大的快乐与自豪的心情。</td></tr>
<tr><td rowspan="2">周三</td><td>1. 想让你开心
关键经验：知道让好朋友高兴起来的简单方法，体验让别人快乐自己也快乐的愉悦心情。</td></tr>
<tr><td>2. 跳竹竿
关键经验：练习双脚连续向前跳，掌握用力蹬地起跳的动作要领，有一定的力量、耐力和协调性。</td></tr>
<tr><td>周四</td><td>给宝宝洗澡
关键经验：会用简单的线条画出自己喜欢的小花、小草、小鸟等形象，尝试用盐作画，感受撒盐画的奇妙。</td></tr>
<tr><td>周五</td><td>5 的形成
关键经验：学习 5 的形成，知道 4 添 1 是 5，理解 4、5 两数之间多 1、少 1 的关系。</td></tr>
</table>

小练笔

找出学前儿童自我意识发展与教育的核心经验，并分析实现教育目标的途径。

2. 环境创设

（1）收集反映幼儿小时候的照片和物品以及长大帮助家人做事的照片，布置“我长大了”主题展台，引导幼儿体验成长的喜悦心情。

（2）布置“我是值日生”和“劳动小窍门”主题墙饰，展示值日生的工作内容和劳动中扫地、擦桌子等方法和步骤图，使幼儿学会劳动的方法。

（3）创设“值日生提醒区”，放置值日生牌、小围裙等值日用品，展示各小组“值日生劳动记录表”，提醒每天值日的幼儿及时佩戴值日生牌进行劳动。

（4）创设“想让你开心”主题墙饰，幼儿运用绘画等不同形式展示交流消除坏心情的方法，同时布置一个“倾诉小屋”，引导幼儿向同伴倾诉自己的烦恼。

3. 生活活动

（1）培养幼儿的自我服务能力，来园、离园时，提醒幼儿自己脱、穿外套，会简单折叠并整齐摆放到相应的位置；学会判断正反鞋的方法，能正确穿好鞋袜；学习正确拿筷子的方法，会用筷子吃饭。

（2）愿意尝试有一定难度的事情，喜欢做值日生为大家服务。

（3）观察了解班级各种物品的摆放位置，坚持做到用过的玩具材料物归原处。

（4）为幼儿提供与年龄小的同伴相处的机会，启发幼儿主动为弟弟妹妹做力所能及的事情。

4. 家园共育

（1）开展“周末亲子劳动”活动，家长为幼儿提供整理自己房间的机会，教给幼儿整理衣物、图书等物品的方法，鼓励幼儿自己的事情自己做。

（2）鼓励幼儿在家时坚持用筷子进餐。

5. 集体教学活动“别说我小”

（1）活动目标

① 知道应为自己和家人做力所能及的事情。

② 能有表情地朗诵儿歌，正确发出“穿、说、桌”等翘舌音。

③ 体验自己长大的喜悦心情。

（2）活动准备

① 提前用幼儿收集的小时候的照片和其他物品布置“我小时候”主题展览台；准备优美的背景音乐。

②“别说我小”教学挂图、“别说我小”教师教学资源（音频、课件）。

③ 学习资源一第 28—29 页。

（3）活动建议

① 参观“我小时候”主题展览台，说说自己的变化以及掌握的新本领，引出活动。

❖教师提问：请你比一比、说一说自己现在与过去的不同之处。如小时候的衣服和鞋子穿不上了、身体长高了。

❖以“我会做”为话题进行交流，引导幼儿展示自己学会的本领，如唱歌、拍球、画画等。

② 教师边出示教学挂图或课件边念儿歌，幼儿初步学习、理解儿歌内容。

❖教师出示图片或课件，引导幼儿观察并提问：图片上的小朋友在做什么？

❖在师幼共同讲述的过程中，引导幼儿初步理解儿歌的内容，教师提问：儿歌中小朋友对“妈妈”“爸爸”“奶奶”说了什么？引导幼儿结合图片或课件说说儿歌中的小朋友会做的事情。

③ 进一步欣赏儿歌《别说我小》，幼儿有表情地、完整地朗诵儿歌。

❖讨论：图片中的小朋友会做这么多事情，她是怎样的孩子？为别人做事情心情怎样？朗诵时可以用怎样的声音表现？

❖采用集体、分组等形式，幼儿在背景音乐中有表情地朗诵儿歌，教师注意帮助幼儿发准“穿、说、桌”等翘舌音。

④ 阅读学习资源一第 28—29 页，请幼儿说说画面中的小朋友在做什么，自己能做哪些事情，体验自己长大的快乐与自豪的心情。

（4）活动延伸

幼儿阅读学习资源一第 35 页，学习使用筷子的方法，鼓励幼儿在家用餐时主动用筷子，了解一些文明用筷的行为，如不乱翻菜、不用筷子乱敲打餐具等。

附儿歌：

别说我小

妈妈你别说我小，
我会穿衣和洗脚。
爸爸你别说我小，
我会擦桌把地扫。
奶奶你别说我小，
我会给花把水浇。
现在我都长大了，
会做的事情真不少。

二、集体教学活动案例——独一无二的我

（一）“独一无二的我”集体教学活动方案设计

1. 活动名称

大班社会领域活动“独一无二的我”

2. 设计意图

盥洗室里的一场对话：

香香：橙橙妹妹，你看我的嘴边长了一颗小黑痣，妈妈说这是嘴馋的表现。

橙橙：我脸上也有痣，在眉毛的旁边，上面还长了一些毛毛。

香香：哈哈哈，我们都有痣。

大妹：但是你们的痣不一样。

橙橙：是的，我们每个人都是不一样的。

桉宝：男生和女生也不一样。

久久：我们长得不一样。

梅梅：名字也不一样。

豆豆：身高也不一样。

欣欣：每个人喜欢的东西也不一样。①

不经意间，孩子们从中班升到了大班，他们的各方面都悄然发生着变化，身体长高了，本领变多了，朋友也多了，对自己的认识也逐渐由只是认识生理特征发展到开始认识自己的心理活动，自我认识内容逐渐丰富，自我评价逐步摆脱成人的评价，表现出独立性。《3—6 岁儿童学习与发展指南》指出，大班幼儿“与别人的看法不同时，敢于坚持自己的意见并说出理由”，在自我认识、自我评价时引导幼儿知道自己是独一无二的，接纳自己，增强自信，“敢于坚持自己的意见”，是正确地认识自己、评价自己的重要教育目标。因此，在幼儿表现出探索自己的生理和心理特征时，教师捕捉到幼儿心理发展的需要，设计了本次集体教学活动。

3. 活动目标

（1）认知目标：知道每个人的长相、声音、本领等特征都是独一无二的。

（2）能力目标：能够找出自己和其他小朋友不一样的地方。

（3）情感目标：为自己的长相、声音、本领等特征感到自豪。

4. 活动的重难点

（1）活动的重点：为自己的长相、声音、本领等特征感到自豪。

（2）活动的难点：能够找出自己和其他小朋友不一样的地方。

5. 活动准备

（1）物质准备：绘本《各种各样的人》，与绘本内容相匹配的 PPT；本班部分小朋友的特写照片、展示才艺的侧面照片、录音等；与幼儿人数相当的绘画用品。

（2）经验准备：了解自己和身边熟悉的人的一些生理特征、爱好、特长等。

6. 活动过程

（1）导入环节：由绘本《各种各样的人》引出话题，激发幼儿的探索兴趣。

教师呈现“人”这个字，进而展现有很多人的画面，引出话题“人与人不一样”。

教师引导语：一撇一捺是一个大写的“人”字，中国人都是顶天立地的。小朋友们请看，这里有许许多多的人、各种各样的人，他们长得一样吗？有什么地方不一样？

（2）展开环节 1：阅读绘本，帮助幼儿积累人与人不一样的经验。

① 资料来源：微信公众号——成都市第五幼儿园集团。

选择合适的绘本内容，引导幼儿观察比较，教师及时点评、引导、强化，并总结得出结论“人与人有很多地方不一样”。

教师引导语：小朋友们看，这两人有什么不一样？

教师小结：原来呀，世界上有很多很多人，他们长得都不一样。

（3）展开环节 2：通过观察、辨别知道自己的外貌特征是独一无二的，并为自己感到自豪。

① 通过展现小朋友的眼睛、耳朵、发型等局部照片，让幼儿辨别是谁，并呈现完整照片验证。

教师引导语：小朋友们猜猜看，这是谁？你们是怎么知道的？

② 在“听声音辨朋友”游戏中，知道人的声音是不一样的，并为自己的声音感到自豪。

教师引导语：除了长得不一样，小朋友们的声音也不一样。你们相信吗？大家都会背诵“床前明月光，低头思故乡”这两句诗吧，现在我们蒙上一位小朋友的眼睛，大家自愿站到他面前背诵这句诗，看看他能不能猜出来是谁。

③ 每个小朋友在画纸上留下自己的一个指纹，并观察自己的指纹和别人的有什么不同。

教师引导语：小朋友们知道吗？我们还有一个很神秘的地方和别人不一样，看，这是老师的指纹，现在请每个小朋友在这张纸上摁下一个指纹，看看你的指纹和别人的一样吗？

④ 自由讨论，自己和别人还有哪些地方长得不一样，并玩接龙游戏“我和谁哪里长得不一样”梳理经验。

教师引导语：看看自己和身边的小朋友，你们还有哪里长得不一样？我们玩接龙游戏，老师说“我和乐乐的头发不一样”，乐乐就要再找一位小朋友，说“我和谁谁哪里不一样”。

（4）展开环节 3：通过观察、辨别，知道自己的内在特征是独一无二的，并为自己感到自豪。

① 看小朋友的才艺展示照片、视频，猜猜他是谁，知道每个人有不一样的爱好和本领，并展示自己的爱好和本领。

教师引导语：小朋友们猜猜看，这是谁？你们是怎么知道的？来，给小朋友们表演一下。

② 找一找谁是自己的好朋友，说一说他为什么是你的好朋友，知道我们都有不一样的朋友。

教师引导语：我们每个人的本领不一样，那么，每个人的好朋友一样吗？找一找自己的好朋友，坐在一起，并给小朋友们说一说，你们为什么是好朋友。

（5）结束环节：让幼儿照镜子画自己，并向小朋友们展示自画像，强化幼儿认识“自己是独一无二的”，增强幼儿的自豪感。

教师引导语：我们的材料盒子里有小镜子，小朋友们可以仔细观察一下镜子中的自己，给自己画一幅自画像，画出最喜欢的自己。

（6）活动延伸：继续探索独一无二的自己，并与家长合作，为幼儿创设富有爱心、充满希望的环境。

教师引导语：有的小朋友说，我们每一个人的名字也不一样。每一个小朋友的名字为什么不一样呢？有什么含义呢？我们回家后可以问问爸爸妈妈，录个小视频告诉老师和其他小朋友。

小资料

成都市第五幼儿园小朋友探索“独一无二的我”①

1. 小朋友在探索神奇的指纹

“我的指纹像小山一样。”

“我的指纹是弯弯的，一圈一圈的。”

“我的指纹像一个小小的红果子。”

“我的指纹像旋涡一样，很多个圈圈。”

“我的指纹像一个编织艺术品。”

2. 小朋友发现的男生和女生有什么不同

凡凡：男生站着小便，女生坐着小便。

洋洋：男生穿裤子。

小宝：男生跑步更快。

桐桐：男生头发短，女生头发长。

皓皓：男生吃得比女生多，很强壮。

大妹：女生可以扎辫子、穿裙子、化妆。

乔乔：我爸爸的骨头比妈妈的骨头要粗一点。

凡凡：对对对，我爸爸要比我妈妈高很多。

3. 小朋友的辩论：男生好还是女生好

---

① 资料来源：公众号“成都市第五幼儿园”：https：//mp. weixin. qq. com/s? _ _ biz=MzI0MTk0MjQ0Mg==&mid=2247503459&idx=1&sn=470f67fdf557713b831abce97e8cc7e4&chksm=e90164a6de76edb0da3d87960cb74900fb3f188461c00761635bdccb39318233f7c96b1b7df7&mpshare=1&scene=23&srcid=0730qSORO92cKH8Vtb6lclSY&sharer _ ：sharetime=1659277119949&sharer _ shareid=49c89e7bad3ac4882a180ac1b370d7e8#rd。

菡菡：女生好，女生可以穿漂亮的裙子。
笑笑：女生好，可以画美美的妆。
妞妞：我觉得男生比女生厉害，男生可以保护女生。
然然：我喜欢男生，因为男生力气比女生大。
微微：男生女生我都喜欢。
香香：女生还可以穿高跟鞋。
可乐：男生比女生跑得快。
钦钦：我觉得女生好，因为女生可以玩好玩的城堡玩具。
轩轩：我觉得男生好，男生更擅长修东西。
思齐：我觉得男生好，男生长大可以当消防员。
可可：女生也可以当消防员啊。
小石头：救火的都是男孩子，消防员都是男的。

4. 小朋友画的最喜欢的自己

夏天：我喜欢自己的头发，长长了可以扎漂亮的发夹和辫子。

铭铭：我喜欢我的腿，可以做很多运动，跑得也很快。

笑笑：我喜欢我红红的小脸，像抹了腮红一样，很可爱。

桉宝：我喜欢我的小手，小手可厉害了，可以做美味的蛋糕。

小石头：我喜欢我的小心脏，因为它是爱心的形状，还会怦怦的跳动。

以上图片均由宜昌市西陵区和塘悦舍幼儿园小朋友创作。

(二)《独一无二的我》集体教学活动说课稿

1. 说设计意图

进入大班，学前儿童自我认识的内容逐渐丰富，不仅仅可以认识自己的生理特征，也可以逐步认识到自己的兴趣爱好、能力等心理特征，同伴交往表现出友谊的萌芽，开始认识到自己是否被小朋友喜欢等社会特征，自我评价也逐步表现出独立性。《3—6岁儿童学习与发展指南》亦指出，中班幼儿“知道自己的一些优点和长处，并对此感到满意”，具有初步的自尊，大班幼儿对自己的认识应该更深化；同时，“与别人的看法不同时，敢于坚持自己的意见并说出理由”，具有更强的自主性。因此，我设计了大班社会领域活动《独一无二的我》。

2. 说活动目标

根据布鲁姆的目标分类学，以及学前儿童自我意识发展的结构，我从认知、情感、行为技能三个维度设计了本次活动目标，分别是：认知目标，知道每个人的长相、声音、本领等特征都是独一无二的；能力目标，能够找出自己和其他小朋友不一样的地方；情感目标，为自己的长相、声音、本领等特征感到自豪。三维目标立足幼儿知情行合一，引导教学活动设计。

3. 说活动重难点

学前儿童自我意识是学前儿童社会性发展的核心内容，是个体发展的动力因素。《3—6岁儿童学习与发展指南》指出，学前儿童自我意识的发展与教育的总目标在于幼儿“具有自尊、自主、自信的表现”，分解总目标，结合大班幼儿年龄特点，将情感目标作为活动的重点，即“为自己的长相、声音、本领等特征感到自豪”，重在培养幼儿的自尊心和自豪感，激发内在动力；观察并认可自己和别人的不一样的地方，需要幼儿具备一定的观察能力和自我认知发展水平。大班幼儿的自我认知还是以生理自我为主，因此我将“能够找出自己和小朋友不一样的地方”作为活动的难点。

4. 说活动准备

本次教学活动的活动准备包括物质准备和经验准备，其中，物质准备包括绘本《各种各样的人》，与绘本内容相匹配的PPT；班级内部分小朋友的特写照片、展示才艺的侧面照片、录音等；与幼儿人数相当的绘画用品，方便幼儿观察与操作。经验准备包括了解自己和身边熟悉的人的一些生理特征、爱好特长等。

5. 说教法学法

本次教学活动选用了的教法与学法有讨论法、观察法、体验法、游戏法等。

6. 说活动过程

本次集体教学活动共有三个环节，分别为导入环节、展开环节和结束环节。其中，导入环节是通过绘本《各种各样的人》引出话题，激发探索兴趣；展开环节则包含四个步骤。

展开环节的第一个步骤，师幼共同阅读绘本，幼儿观察比较、分享绘本画面，教师及时点评、引导、强化，并总结得出结论“人与人有很多地方不一样”，丰富人与人不一样的经验。

展开环节的第二个步骤，通过观察、辨别知道自己的外貌特征是独一无二的，并为自己感到自豪。

首先，通过展现小朋友的眼睛、耳朵、发型等局部照片，幼儿尝试辨别是谁，之后呈现完整照片验证。

其次，玩“听声音辩朋友”游戏，幼儿在游戏中知道人的声音是不一样的，为自己的声音感到自豪。

然后，每个小朋友在纸上留下自己的一个指纹，并观察自己的和别人的区别。

最后，自由讨论，自己和别人还有哪些地方长得不一样，并通过接龙游戏“我和谁哪里长得不一样”梳理经验。

展开环节的第三个步骤；通过观察、辨别知道自己的内在特征是独一无二的，并为自己感到自豪。

首先，展示小朋友的才艺展示照片、视频，猜猜他是谁，了解了每一个人有不一样的爱好和本领，再展示自己的爱好和本领。

其次，找一找谁是自己的好朋友，说一说他为什么是自己的好朋友，了解了我们都有不一样的朋友。

展示环节的第四个步骤，照镜子画自画像，并向大家展示，强化自己是独一无二的理念，增强幼儿的自豪感。设计的引导语：我们的材料盒子里有小镜子，小朋友可以仔细观察一下自己，给自己画一个自画像，画出最喜欢的自己。

本次集体教学活动的活动延伸环节，引导幼儿继续探索独一无二的自己，并与家长合作，为幼儿创设富有爱心、充满希望的环境。选择探索的内容是幼儿和家长一起聊聊自己名字的含义，并录制视频与小朋友分享。

7. 说活动特色

本次教学活动通过看照片、听声音、展特长、找朋友等一系列的观察活动、游戏活动、体验活动，幼儿逐步理解了自己独一无二的特点，增强了自豪感，可以有效实现教学目标。

(三)《独一无二的我》集体教学活动方案分析

自我意识是个体社会性发展的首要内容，是社会认知、社会情感、社会行为以及人际交往的基础，其核心内容在于形成客观的自我评价，生活中做到自尊、自主、自信。本次集体教学活动基于幼儿生活经验，并拓展幼儿经验，从外貌、声音是独一无二的切入，引导幼儿讨论、发现指纹是独一无二的，兴趣爱好是不一样的，好朋友也会是不一样的，由外而内，逐步深入，条理清晰；观察图片猜是谁、听声音辨是谁等游戏中，被猜出来的幼儿会油然而生自豪感，实现情感教学目标，突出重点；接龙游戏、自画像会将零散的经验系统化，幼儿在游戏中、在绘画中加深我是独一无二的认知、体验我是独一无二的情绪。

三、集体教学活动案例《坚持就会成功》[①]

(一)《坚持就会成功》集体教学活动方案设计[②]

1. 活动名称

大班社会领域活动：坚持就会成功。

2. 设计意图

意志是人们改造世界不可缺少的心理素质，是意识的能动力量，意志的品质也体现了个体的自我控制水平。大量的事实证明，事业成功的人，都有着非凡的意志。陈会昌教授经过多年追踪研究认为，每个儿童身上都有两颗种子，第一颗种子叫制作自我控制，第二颗叫作主动性，这两颗种子对于儿童未来的前途至关重要[③]。杨丽珠教授认为，幼儿自我控制能力由四个方面组成，分别是自制力、自觉性、坚持性和自我延迟满足，其中坚持性表现为在某种困难情境中，为达到某一目的而坚持不懈地克服困难，并在此过程中表现出持续或持久的一种行为倾向。4—5 岁是儿童自我控制发生转变的年龄，因此应抓住时机对其进行教育引导。在对幼儿的培养过程中，首先应该培养幼儿独立确定目标的能力，更为重要的是要培养幼儿抗拒诱惑、排除干扰、克服困难、实现预定目标的坚持性和锲而不舍的精神，这个过程中家长和教师应通过让幼儿参加各种有趣的活动，体验到只有不懈的努力才能收获成功的喜悦和快乐。

---

① 张明红．学前儿童社会教育与活动设计［M]，上海：华东师范大学出版社，2021：129.

② 周世华，王燕媚．学前儿童社会教育［M］．北京：高等教育出版社，2019：212.

③ 在这两个维度的基础上就形成了四种类型的孩子：高主动性高自控——既有创造力又能遵守纪律的孩子，低主动性高自控——听话守纪律但缺乏创造性的孩子，高主动性低自控——有创造性但不守纪律的孩子，低主动性低自控——既无创造性又不守纪律的孩子。

3. 活动目标

（1）认知目标：知道“有意志”“有毅力”在一些活动中的表现。

（2）能力目标：可以坚持完成游戏任务。

（3）情感目标：体会坚持不放弃和锲而不舍的意义。

4. 活动重难点

（1）活动重点：可以坚持完成游戏任务。

（2）活动难点：知道“有意志”“有毅力”在一些活动中如何表现。

5. 活动准备

（1）物质准备：故事视频、卡片、卡片箱、多媒体课件、挂图、迷宫图纸若干。

（2）经验准备：熟悉儿歌“小燕子”，坚持完成任务的日常生活经验。

6. 活动过程

（1）儿歌导入，营造氛围。

播放儿歌《小燕子》，感受小燕子的坚持性；教师提问，强化幼儿的感受。

教师引导语：小燕子是怎样造房子的？儿歌中为什么说小燕子有志气？

（2）展开环节1：观看视频《铁杵磨成针》，知道有毅力就是坚持每天读书。

教师过渡语：小燕子非常有毅力，一口一口地衔泥，终于把自己的窝垒好了。下面我们来看看，有位大诗人他写了很多古诗，小朋友们还会背诵不少呢，我们一起看看这位诗人有没有毅力呢，他是怎么做的呢？

播放视频，通过提问启发幼儿思考。

教师引导语：老婆婆说怎样把铁杵磨成针呢？听到老婆婆的话，李白明白了什么道理？

（3）展开环节2：判对错，将坚持性的经验迁移到不同情境中，知道具体活动中坚持性的表现。

幼儿自由组合分组，抽取图片箱中的图片，讨论判断这种做法的对错（图片为教师日常积累的幼儿生活、游戏中的图片或身边成人的活动图片）。

分组展示小组讨论的结果，教师评价引导。

教师小结：许多人坚持到底，事情就成功了；没有坚持的小朋友，失败。

（4）展开环节3：玩“鱼宝宝找鱼妈妈”的迷宫游戏，体验坚持后取得成功的快乐。

教师引导语：老师这里有一些非常复杂的迷宫，在玩这些游戏时，小朋友应该怎么做呢？

分组游戏，教师点评。

（5）结束环节：分享生活经验，总结提升。

幼儿分享自己曾经做过的坚持不懈的事情。

教师小结：在做任何事情的时候，只要坚持不懈就可以体验到成功的喜悦和快乐。

（6）活动延伸，强化经验。

日常生活中，游戏中锻炼幼儿的坚持性；与家长沟通，让幼儿在家中做一些力所能及的事情，培养锲而不舍的精神。

附：

儿歌《小燕子造房子》

小燕子造房子，要衔多少泥？要飞多少里？

没人催，没人逼，

一口一口不容易，燕子垒窝有志气。

(三)《坚持就会成功》集体教学活动方案分析

本活动的目标是要培养幼儿坚持不懈、锲而不舍的精神，并体验通过不懈努力获得成功的喜悦。活动从儿歌入手，初步让幼儿感受什么是坚持；通过播放故事《铁棒磨成针》的多媒体课件，幼儿进一步了解有毅力才能成功；然后，通过帮助鱼宝宝找妈妈，幼儿体验到坚持不懈、努力进行到底，获得成功的喜悦和快乐；最后，幼儿互相说一说自己曾经做过的坚持不懈的事情，更坚定了锲而不舍的精神。教师运用了多种形式，启发、调动幼儿的积极性，一步一步圆满地实现了活动的目标。

本活动材料准备充分，有效地促使幼儿踊跃参与活动。活动延伸安排了日常生活中的随机教育，并与家长沟通，让幼儿在家做一些力所能及的事情。家园教育一致，有助于幼儿形成稳定的、坚持不懈的良好个性品质。

任务单

集体教学活动实施

评价内容	自我评价	小组评价	教师评价
活动目标的维度、角度是否明确具体			
活动准备的适宜性			
活动过程中的教态			
活动过程的逻辑性			
教学方法的适宜性			
活动过程中的师幼互动质量			
其他需要注意的内容			

精准备考

1. 活动设计

生命教育近些年在幼儿园教育中的重要性越来越高，包括理解出生与死亡，珍爱生命等教育内容，幼儿对自己从哪儿来，怎么来的这类问题也会产生强烈的好奇心。绘本《小威向前冲》用童话一样的语言清楚地讲述了精子、卵子、受精、遗传这些事情，把比较羞涩的事情讲得既准确又唯美。阅读这本书不只是帮助大人解决一个难以启齿的问题，更是帮助大人寻找到一种用幼儿的思维来回应幼儿好奇心的方式。该书是一本适合幼儿的好书，值得我们学习探讨。

今天，请同学们以绘本《小威向前冲》为素材，从自我意识教育的视角设计一个集体教学活动。

参考答案

参考应彩云优质课实录视频《小威向前冲》，设计集体教学活动方案。

项目三　学前儿童社会认知的发展与教育

学习目标

☞ **认知目标**

1. 理解社会适应和社会认知的内涵，知道学前儿童社会认知的内容。

2. 理解观点采择、移情、心理理论、社会规则认知等社会认知能力的内涵，分析其内在联系，领悟学前儿童社会认知发展特点。

3. 理解学前儿童社会认知教育的目标和内容。

4. 理解学前儿童社会认知教育活动设计原理。

☞ **能力目标**

1. 能够观察和记录学前儿童社会认知发展的行为表现，并尝试做出分析。

2. 能够准确书写学前儿童社会认知教育主题活动与具体教育活动的目标，设计完整的活动方案。

3. 能够设计并实施学前儿童社会认知集体教学活动。

4. 能够识别学前儿童生活活动、游戏活动中社会认知教育机会，并实施随机教育。

☞ **素养目标**

1. 认同传统文化对社会认知的积极影响，主动提升自己的社会化水平。

2. 意识到个体道德认知的后习俗水平对社会发展的积极影响，愿意为社会和谐奉献自己的智慧。

3. 意识到学前儿童社会认知发展对培养合格公民的意义，愿意提高引导学前儿童社会认知发展的能力。

项目导学

社会认知发展是学前儿童社会性发展的重要内容，设计与实施学前儿童社会认知教育活动是幼儿教师重要的岗位责任。通过本项目的学习，我们可以领悟社会认知对培养合格公民的价值观以及完成立德树人根本任务的重要意义，理解个体社会认知发展原理，明确幼儿园社会认知教育的目标、内容和实施要求，提升实施幼儿园社会领域教育活动的岗位能力，引导学前儿童社会性发展，本项目的主要学习任务如图 3－1 所示。

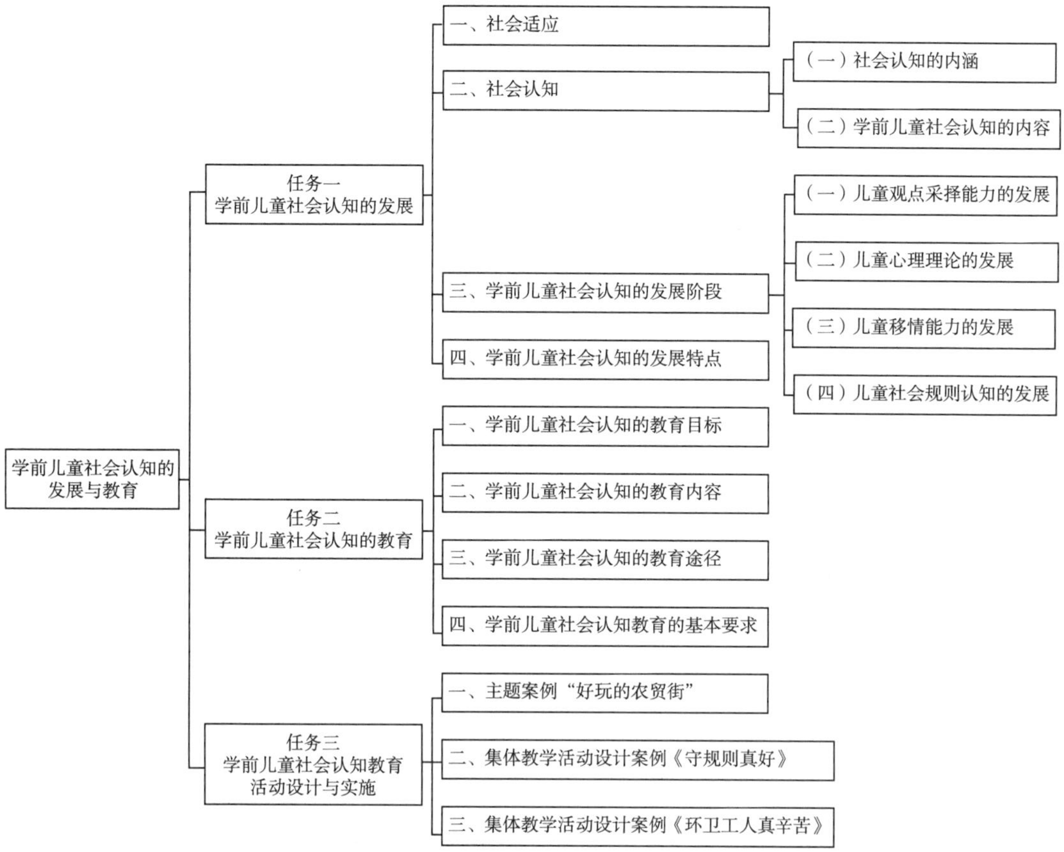

图 3－1　项目三　学前儿童社会认识的发展与教育学习任务思维导图

任务一 学前儿童社会认知的发展

情境导入

中班李老师最近发现小朋友之间的交往互动明显比小班增多了，矛盾也是层出不穷、花样翻新。他们会因为一块小积木而争吵不止，也会因为有意无意地磕碰而回击，会为谁帮老师发铅笔而争得面红耳赤，甚至会为地球超人和战神金刚谁最厉害而大动干戈……每当这些矛盾出现的时候，很多幼儿就会找老师告状。区角活动时，两个小朋友在图书角说“悄悄话”，妍妍告诉老师：“萍萍和阳阳在说话!”老师因为比较忙没有理会她，过了一会儿后，讲话的孩子多起来了，说话的声音也越来越响，连妍妍也按捺不住，加入了说话的行列。

李老师非常迷惑，图书角入口清楚地用文字和图片提示小朋友“保持安静”，妍妍告诉别人说话说明她知道应该遵守这项规则，为什么自己也加入说话的行列呢？你认为妍妍为什么也违反规则呢？

知识梳理

一、社会适应

如果说适应是生物体在漫长的进化过程中获得的自然生存的基本法则，那么，社会适应就是人们必须获得的社会生存的基本法则。社会适应问题来源于人们的社会生活实践，而且与心理健康的关系密切。从一般意义上看，社会适应就是个体在与社会环境的交互作用过程中，旨在追求与社会环境达成与维持和谐平衡关系的过程[①]。

社会适应是心理学、社会学研究的重要内容。皮亚杰认为，社会适应是有机体通过同化和顺应不断与环境达成动态平衡的过程；有心理学者强调社会适应的结果因素，认为可以从外显行为（如问题行为）和内隐问题（如焦虑、抑郁）两个方面考察青少年的社会适应；陈建文和黄希庭认为，适应社会所需要的心理素质称之为社会适应性，可以从心理优势感、心理能量、人际适应性、心理弹性四个方面考察学前儿童的社会适应性。

社会适应性在社会心理学中称为社会适应行为或社会适应，一般也统称为适应行为。对社会适应行为最先展开研究的是美国心理学家利兰以及科恩，他们都认为，社会适应性是指个体在与社会环境交互作用中的心理适应，即对社会文化、价值观念和生活方式的应对；阿瑟·S·雷认为社会适应性是“对促进和谐社会互动的无数技能的统称”；美国智力落后协会对社会适应性的定义是“个体达到人们所期望的与其年龄和所处文化团体相适应

① 陈建文．论社会适应［J］．西南大学学报（社会科学版），2010，36（1）：11-15.

的个人与社会责任标准的有效性或程度”，并在2002年对适应行为做了进一步说明，认为“个体的适应行为是其在日常生活中所习得的社会和实践技能”①。

李季湄、冯晓霞认为，社会适应是使儿童与社会环境建立起和谐关系的过程，对儿童的学习与发展具有重要意义②。《3—6岁儿童学习与发展指南》将学前儿童社会适应教育目标分解为“喜欢并适应群体生活”“遵守基本的行为规范”“具有初步的归属感”，涵盖了社会认知、社会情感和社会行为三个方面的教育要求与期待，引导学前儿童从认知、情感和能力各方面实现身心和谐发展。

二、社会认知

（一）社会认知的内涵

认知是人类个体对客观世界的认识过程。客观世界包括无生物界、生物界和人类社会三大部分，其中，前两者统称自然界，国外心理学者通常称之为物理世界，而把后者称为社会世界。因此，认知发展既包括对物理世界的认知发展，又包括对社会世界的认知发展，两者共同构成认知发展的全部内容。

社会认知在当代心理学研究中呈现出盛况空前的局面，然而，作为一个独立研究领域，它的历史则非常短暂。心理学家通常认为，社会认知研究起源于20世纪70年代中期或80年代初期。1980年，美国心理学会正式同意在《人格与社会心理学》杂志上开辟“社会认知”栏目。1982年，《社会认知》杂志宣告出版；同年，第一本以社会认知为题的专著面世。从此，社会认知主题逐渐在当代心理学研究中占有一席之地，成为认知心理学、发展心理学、社会心理学共同的研究对象，各学科研究者站在不同角度试图定义社会认知的内涵。

作为教育工作者，从发展心理学视角理解社会认知的内涵时应抓住两个本质特征：其一，认知对象的社会客体性，或者说社会认知是对人和社会性事件的认知；其二，人的社会认知对其社会行为的调节作用，社会认知的研究要把知和行结合起来。据此，我们认为，社会认知是指人对社会性客体及其之间关系、社会现象的感知、理解的心理活动等，如人（他人和自我）、人际关系、社会群体、社会角色、社会规范和社会生活事件的认知，以及对这种认知与人的社会行为之间关系的理解和推断等。

（二）学前儿童社会认知的内容

社会认知的内容十分广泛，从其对象看，社会认知包括对自己、他人、社会关系（权威、友谊、公平等）、社会群体、社会角色、社会规范和社会生活事件等的认知；对人的认知又具体包括认识人的情感、意图、知觉、思维、态度、动机、行为等心理过程或特征。总之，就如著名心理学家弗拉维尔所言，“社会认知课题可以是很综合或很广泛的”，学前儿童社会认知的主要内容包括人际关系、社会环境、社会角色、社会规则和重大社会

---

① 杨彦平，金瑜．社会适应性研究述评［J］．心理科学2006（5）：149-151.

② 李季湄，冯晓霞．《3—6岁儿童学习与发展指南》解读［M］．北京：人民教育出版社，2013：91-93.

事件等[1]。

1. 人际关系的认知

人际关系一般指在人际交往过程中建立的个体之间的各种关系，或者说是个体与他人间的心理距离或行为倾向。人际交往是个体重要的社会需要，在满足这一需要的过程中个体与其他人沟通信息、建立情感联结、相互影响从而形成了各种人际关系。国内外许多研究都表明，人际关系的质量对儿童青少年的社会技能、自我意识、学业成就和心理健康等多方面具有重要影响，健康的人际关系能够促进儿童青少年社会技能、自我意识的发展及学业成绩的提高。对学前儿童而言，他们的人际关系主要包括与父母的关系、与同伴的关系、与教师的关系和与陌生成人的关系等。

2. 社会环境的认知

社会环境是指人类生存及活动范围内的社会物质精神条件的总和。根据布朗芬布伦纳的生态系统论观点，个人的生存环境是一个完整的生态系统，即由一系列相互联系的因素构成的一种功能性整体。人是在环境中与各种生态系统持续互动的主体，既受到各种不同社会系统的影响，也持续和具有活力地与其他系统相互作用，包括家庭系统、朋友系统、工作职业系统、社会服务系统、政府系统、宗教系统等，可以划分为四个层次，即微观系统、中间系统、外层系统和宏观系统。

对于学前儿童来说，微观系统是对学前儿童产生直接影响的环境，主要是家庭和学校（幼儿园）；中间系统指学前儿童直接参与的微观系统之间的联系和相互影响，例如父母和教师教育观念的一致性等；外层系统指那些儿童并未直接参与但对个人有影响的环境，例如学前儿童父母的工作环境；宏观系统指学前儿童所处的社会或亚文化中的社会机构的组织或意识形态。因此，学前儿童社会环境认知的主要内容包括：对家庭的认知；对幼儿园的认知；对社会机构的认知；对家乡、祖国与民族的认知。

3. 社会角色认知

角色最初是戏剧中的专有词汇，指戏剧舞台上所扮演的剧中人物及其行为模式。后来，社会学家在分析人际互动时发现，社会舞台与戏剧舞台有相似之处，正如莎士比亚在剧本《皆大欢喜》中写的："全世界是一个舞台，所有的男人和女人都是演员，他们各有自己的进口和出口，一个人在一生中扮演许多角色。"于是，把角色概念借用到社会学中，产生了社会角色的概念。

社会角色是指由一定社会地位决定的符合一定社会期望的行为模式，是人们多种社会属性或社会关系的反映，是构成社会群体或社会组织的细胞。社会角色是个人和社会沟通的桥梁，承担和扮演社会角色是人社会化中的一个重要内容，可以说社会角色是社会化的结果。社会角色要素包括角色权利，即角色扮演者所享有的权力和利益；角色义务，即角色扮演者应尽的社会责任；角色规范，即角色扮演者在享受权利和履行义务过程中必须遵守的行为规范或准则。学前儿童对社会角色的认知主要是指对警察、医生、工人等社会角色所有享有的权利、应该履行的义务以及所遵循的社会规范的认知。

---

① 张明红，学前儿童社会教育与活动指导［M］．上海：华东师范大学出版社，2021：141.

4. 社会规则认知

规则是人们活动的规范，是对规律的应用。维持社会秩序主要是靠社会规则，可以说没有规则就不可能有秩序。社会规则是人们在社会生活学习和工作中必须遵守的、科学的、合理的、合法的行为规范和准则，它是人与人之间、人与组织之间、组织与组织之间彼此的约定。对社会规则的认知是学前儿童社会认知的一个重要方面，它对于人们形成社会预期、发展协作精神和良好的社会互动模式具有重要意义，也是人类道德系统形成和发展的重要支柱。

领域特殊论者提出，学前儿童对社会规则的认知具有确定的、彼此区分清晰的不同领域，学前儿童在不同的社会领域表现出不同的认知发展规律，而并非表现出普遍的、一致的发展模式。学前儿童的社会认知具有三个明确的领域，即道德、习俗和个人领域，相应的儿童社会规则认知包括对道德规则、习俗规则和谨慎规则的认知①。

（1）道德规则

道德规则是指基于他人福祉、公平和权利的社会规则，在人际交往中具有义务性的成分，如不许打人、不许骂人等，是学前儿童社会化过程中必须学习理解的社会知识。从某种意义讲，道德更像“软的法律”，主要通过对人心的拷问来加以内部约束的一种行为准则。

（2）习俗规则

习俗规则是一种更为武断的调节规则。对这种规则，人们彼此认同并达成特定社会情境下适宜行为的统一标准，对人们之间的社会交往和人际互动起着重要的调节作用。例如，不同社会文化中的社会风俗、礼节礼仪等，它们并不具有道德强制性，而是具有情境相对性、权威依赖性、规则依赖性和可变性，可以随着社会舆论或权威的要求而改变。

（3）谨慎规则

谨慎规则是个人领域的规则，指向个体的自主性和自我概念，主要包括个体生活中与自身有关的各种偏好和选择。例如，出门穿什么颜色的衣服、喜欢与什么样的朋友来往等。

5. 重大社会事件的认知

重大社会事件的认知是学前儿童了解社会、关心社会的一个重要途径，主要包括了解社区、家乡和祖国以及世界近期的一些重大活动。例如，所在社区的“爱鸟周”活动、家乡的环境治理和环境保护活动、祖国的重大成就、国家和世界上发生的一些重大自然灾害等。

三、学前儿童社会认知的发展阶段

学前儿童社会认知的发展，除受一般认知成熟的影响之外，还受到儿童社会互动经验的影响，具有独特的发展规律，现从儿童观点采择能力、心理理论、移情能力、社会规则

① 刘国雄，李红．儿童对社会规则的认知发展研究述评［J］．华东师范大学学报（教育科学版），2013，31（3）：63－69.

认知四个方面做简单分析。

（一）学前儿童观点采择能力的发展

观点采择能力是指个体把各种社会角色的观点加以区分并整合，重建社会情景意义的能力。观点采择能力经常被形象地比喻为“从他人的眼中看世界”或者“站在他人的角度看问题”，是学前儿童社会认知能力的核心体现，在其社会化过程中具有重要意义。在发展心理学的历史上，鲁宾、塞尔曼、佛拉维尔等人都对学前儿童观点采择能力进行过系统研究，张文新教授认为，观点采择是区分自己观点与他人观点，并进而根据先前或当前的有关信息对他人的观点做出准确推断的能力，包含区分自己的观点和别人的观点、准确推测他人观点两个方面的内容。

1. 儿童观点采择能力发展的阶段模式

20 世纪初，社会心理学家米德提出了角色采择的概念，认为在社会互动过程中个体会进行角色采择，设想自己是他人的角色，通过想象他人对自己的看法来形成自我概念。皮亚杰沿用了角色采择这一专业术语来描述儿童的社会认知发展，他指出，学前儿童在认知发展过程中会逐渐从自我中心思维方式中脱离出来，逐步考虑他人的观点与想法，正如其在“三山实验”中所描述的，处于前运算阶段的儿童无法站在他人的视角报告他人视野中三山的位置关系，而随着年龄的增长，儿童逐渐获得这种去中心化的能力。塞尔曼继承了皮亚杰及其儿童心理发展研究的结构分析方法，对儿童观点采择进行了结构分析，建立了儿童社会观点采择发展的阶段学说，认为儿童观点采择的发展历程为从自我中心到社会观点采择。

塞尔曼选用的研究方法是向儿童呈现人际关系的两难故事情境，借助这些故事对儿童进行访谈，分析儿童回答，据此把 3 岁到青春期儿童观点采择的发展划分为 5 五阶段。

（1）水平 0（3～6 岁）自我中心的或未分化的观点采择。儿童只知道自己的观点，意识不到别人的观点。他们认为，不管自己认为霍莉应该怎么做，别人都会这么想。

（2）水平 1（6～8 岁）社会信息的观点采择。儿童意识到别人有与自己不一样的观点，但相信这是因为每个人接收到的信息不同，如果每个人都获得相同的信息，他们就会有相同的观点。处于此发展阶段的儿童仍不能考虑别人的想法，并事先预测别人的反应。

（3）水平 2（8～10 岁）自我反省的观点采择。儿童知道即使两个人知道的信息相同，自己和他人的观点也会发生冲突。他们能够考虑对方的观点（根据对方的观点调整自己的行为），还能认识到别人也会站在自己的角度看问题，可以预测对方对自己的反应。但是，儿童不能同时考虑自己的和别人的观点。

（4）水平 3（10～12 岁）相互角色的观点采择（同时性的相互观点采择水平）。儿童能够同时考虑自己和他人的观点，而且认为别人也可以这么做；还能假定与互动双方无关的第三者的观点（比较具体的权威人物，例如同伴的妈妈等），且预测自己与他人对另一方观点的反应。

（5）水平 4（12～15 岁）社会的或习俗的观点采择。此阶段的儿童试图通过与社会系统观点的比较（即“概括化他人的观点”、社会规则、社会习俗等）来理解另一个人的观点。换而言之，儿童期望他人考虑和采纳社会群体中大多数人所持有的观点。

小资料

塞尔曼选用的两难故事

霍莉是一个8岁的女孩，她喜欢爬树，在邻居所有的孩子中她最会爬树。一天，当她从一棵高树上下来时，在离地面不高的树枝上掉了下来，但没有摔伤。她爸爸看到了，很担心，要求霍莉以后再也不要爬树了，霍莉答应了。后来有一天，霍莉和她的朋友们遇到了肖恩。肖恩的猫夹在了树上下不来，必须立即想办法把猫救下来，不然猫就会从树上摔下来。只有霍莉一个人能够爬上树把猫救下来，但她记起曾答应爸爸再也不爬树了。

问题：

1. 霍莉知道肖恩的感受吗？
2. 如果霍莉的爸爸发现她又爬树，他会怎么样？（知不知道别人的观点）
3. 如果霍莉的爸爸发现她又爬树，她认为他爸爸会怎样做？（知不知道别人对自己的观点）

2. 学前儿童观点采择的发展特点

近年来，许多研究者提出儿童出现观点采择能力的年龄要早于皮亚杰和塞尔曼指出的年龄，例如香茨等人认为，儿童在4、5岁时就可以达到认识上的去自我中心化。

方富熹选用《东郭先生和狼》的故事，研究发现我国儿童观点采择能力的发展次序为：儿童首先能够理解别人行为的简单目的和意图；然后可以认识事件明显的前因后果关系，个体观点脱离自我中心；最后才是认识别人较为复杂隐晦的目的和意图，分化与整合不同故事角色的观点。我国儿童在6、7岁时理解别人的目的和意图、事件的前因后果及去自我中心化已经达到较高的水平。例如，有71%以上的4岁儿童可以明确地回答说“狼躲进口袋里并要求东郭先生把口袋捆起来是为了不让猎人发现”，即可以准确推测故事角色狼的意图和目的；73%的4岁儿童能正确判断出“猎人并不知道口袋里藏着狼”，可以把自己和别人的前后视觉印象经验区分开来，克服“自我中心”而形成观点；80%以上的4岁儿童都肯定地回答说“东郭先生知道口袋里藏着狼”，能根据故事角色获得的不同信息把他们的观点彼此区别开来；对东郭先生为什么假装说没看见狼的问题，大部分5、6岁儿童被试能中肯地回答“为了救狼”，他们也能认识到猎人走远后东郭先生才把狼放出来是为了“不让猎人看见”“为了救狼”。但是，儿童分化整合所有角色观点、认知别人较为复杂隐晦目的和意图的能力较差。这一能力需要儿童能认知交际双方中每一方，把对方的思维活动采择过来作为他自身思维活动的对象或客体，使思维过程带有“连环套”性质，从而认识别人更为隐蔽的思想意图。例如，大部分7、8岁儿童被试时仍然不明白农民为狼设置的圈套，他们以为农民真的不相信狼和东郭先生的话；只有当他们阅读到农民举起锄头把狼打死在口袋中时，他们才领悟到事情的前后因果，理解老农的真实意图。

张文新研究发现，6 岁左右的儿童开始初步克服认识上的自我中心主义，能够初步认识到个人对于某一事件的观点取决于其所得到的特定信息，但在准确推断他人观点方面仍存在着较大的困难。6—10 岁是儿童的社会观点采择能力快速发展的时期，10 岁左右的儿童已经能够根据环境信息准确推断他人的观点[①]。李幼穗的研究发现，社会观点采择的发展对儿童的分享行为有影响，儿童认知观点采择和情感观点采择的发展均发生在幼儿园大班阶段[②]。

（二）儿童心理理论的发展

近年来，心理理论成为发展心理学中一个新兴的研究领域，探讨的核心问题是儿童对他人心理活动或心理状态以及心理与行为关系的认知能力的发展。儿童如果可以理解他人拥有愿望和信念、对世界有自己独特的解释，并且认识到他人的行为以其愿望或信念为基础，那么他就具有了心理理论。通过心理理论，个体可以对他人行为做出解释。

儿童心理理论发展的经典研究内容是儿童对他人信念以及信念与行为之间关系的认知发展，经典实验任务是韦尔曼和普那设计的错误信念任务，如图 3－2 所示。研究者发现，4 岁儿童能够知道莎莉会从篮子里找小球，而 3 岁儿童则回答说会到盒子里找小球。但是，近年来该领域众多研究均证实，4 岁儿童还不能够认识到他人存在错误信念。

图 3－2　错误信念任务示意图

① 张文新．郑金香．儿童社会观点采择的发展及其子类型间的差异的研究［J］．心理科学．1999，（2）：116－119.

② 贾蕾，李幼穗．儿童社会观点采择与分享行为关系的研究［J］．心理与行为研究，2005，（4）305－309.

一般情况，儿童在 4 岁左右形成心理理论，其标志是成功地完成了“错误信念任务”。但是，这并不意味着在此之前儿童的心理理论完全处于空白状态，从 2 岁左右开始，儿童认知他人心理状态的一些基本能力逐步发展起来。韦尔曼认为，2—4 岁儿童心理理论的发展经历了 3 个阶段。

阶段 1（2 岁）：“欲望心理学的心理理论”阶段。这一阶段的儿童假定他人是有欲望的，这些欲望影响着他人的行为。

阶段 2（3 岁左右）：“信念-欲望为基础的心理理论”阶段。这一阶段的儿童不仅可以考虑他人的欲望，还会考虑他人对这个世界的信念，可以根据故事中儿童对客观世界的表征来预测其行为。但是，儿童认为他人信念是对客观世界的“摹写”或“拷贝”，他们难以认识到，个人关于世界的信念只是对客观世界的一种解释。

阶段 3（4 岁左右）：“个人信念对世界的解释”阶段。这一阶段的儿童认识到个人关于世界的信念是对世界的一种解释，而不是对世界的“拷贝”，而且这种解释有时是不准确的或错误的。

小资料

霍夫曼儿童心理理论

美国心理学家霍夫曼认为，两岁的儿童已经能够欺骗或操纵他人。霍夫曼提供了一个事例：玛西，两岁整，正在家中的游戏室游玩，她想得到姐姐正在玩的一个玩具，她于是向姐姐讨要，但姐姐坚决地拒绝了她。玛西停顿了一会儿，好像是在想怎么办，突然她径直跑向姐姐心爱的摇木马，是姐姐绝不让任何人触碰这个摇木马的。玛西爬上摇木马，大声叫喊：“摇木马真好！摇木马真好！”拿眼一直盯着姐姐。她姐姐看到，迅速扔掉手中的玩具，愤怒地跑向摇木马。这时，玛西立刻从木马上爬下，径直奔向那个玩具，把玩具抓在手中。霍夫曼认为，对玛西在这一过程中的心理活动可以做不同水平的推测，但无论怎样，至少有把握说，两岁的玛西已认识到姐姐不会情愿地放弃手中的玩具，因此，要想得到玩具，她就得诱骗姐姐放弃玩具，而诱骗的一个办法就是爬上她最爱的摇木马。换言之，这个两岁儿童的行动表明，尽管她的年龄这样小，观点采择实验中恐怕连指导语也理解不了，但她已意识到别人的内心状态与自己的不同。由此可见，即使儿童在物理世界的认知发展中仅处于感觉运动阶段，但在其熟悉的具有激发特性的自然情景中，他却有可能对他人的内心状态做出迅速的信息加工。

（三）儿童移情能力的发展

移情是一种特殊的观点采择能力。费希贝奇认为，移情包括两种认知成分和一种情感成分，两种认知成分是辨别、命名他人情感状态的能力和采择他人观点的能力，一种情感成分是移情反应能力。由此，发展心理学对移情具有认知取向的定义和情感取向的定义两种。认知取向的定义，即移情是儿童对他人情绪、情感的理解，表现在儿童区分和辨别情感线索并推测他人内部情感状态，尤其是建立在观点采择基础上的对他人内部情感所做出的情绪反应；情感取向的定义为，即移情是指自己对他人情感所做出的情绪反应，即“儿童觉察到他人情绪反应时所体验到的与他人共有的情绪反应”。

1. 学前儿童的移情反应

弗拉维尔认为，儿童对他人的情绪表现可能会做出三种不同的反应：

（1）非推断的或非认知的移情。其是指儿童产生与他人相同的情感体验，但这种情感体验并不伴随社会认知过程。例如，婴幼儿看到别人哭的时候也跟着哭，甚至不知道别人为什么哭的时候也会一起哭。

（2）移情的推断。其是指理解他人情感产生的原因，并体验到相同的情感。例如，看电视剧时被感动的泪流满面。

（3）非移情的推断。其是指能够认知他人的情感，但是自己并不能产生相同的情感。例如，有的人在危急关头也会表现得异常冷静。

2. 学前儿童移情能力的发展阶段

霍夫曼认为，儿童移情的发展要经历以下四个阶段：

阶段一（出生第一年）：非认知的移情阶段。出生第一年，儿童对自我-他人的关系尚未达到分化，还不能区分此时此刻的情绪体验是自己的情绪状态体验还是对他人情绪状态的体验，移情是对自身和情境的一种模糊不清的混合物。

阶段二（出生第二年）：自我中心的移情。出生第二年，儿童的自我意识开始萌芽，开始能够对他人情感做出反应，但是这种反应只是为了减轻自己的不安和痛苦，表现出对他人痛苦的同情。

阶段三（2～3 岁）：推断的移情阶段。2～3 岁开始，儿童形成最初的角色采择能力，表现出一些利他主义的尝试。

阶段四（童年晚期）：超越直接情境的移情阶段。童年晚期以后，儿童能够注意到他人的生活经验和背景，对他人的情感反应超出了直接情景的局限。例如，儿童可以意识到，一个富人丢了 50 元钱和一个穷人丢了 50 块钱，伤心的程度是不一样的。

（四）儿童社会规则认知的发展

社会规则认知是儿童社会认知发展的重要方面，是社会化的重要任务，儿童要成为合格的社会成员，就必须理解社会规则和社会期望。儿童的社会规则来源主要有三个方面，首先是父母老师的影响，如父母、老师经常说不要打人；其次是法律规定，如法律规定不可以偷别人的东西等；最后是儿童的社会互动，如一个儿童抢了别人的玩具，别人就不想和他玩了。道德规则、习俗规则、谨慎规则是儿童社会规则认知的主要范畴，现主要介绍儿童道德规则认知的发展。

1. 皮亚杰对儿童道德认知发展的研究

一般认为，皮亚杰是首位有计划、系统地研究儿童道德判断的心理学家，1932 年出版的《儿童的道德判断》被称为发展心理学研究儿童道德发展的里程碑。皮亚杰与他的合作者创立了临床法研究儿童对规则的意识和道德判断的发展问题，设计了包含道德价值内容的“对偶故事”。

小资料

皮亚杰设计的对偶故事

A. 一个叫约翰的小男孩，听到有人叫他吃饭，就去开吃饭房间的门，他不知道门外有一张椅子，椅子上放着一只盘子，盘内有5只茶杯，结果撞倒了盘子，打碎了5只杯子。

B. 有个男孩名叫亨利，一天，他妈妈外出，他想拿碗橱里的果酱吃，一只杯子掉在地上碎了。

哪个小男孩犯的过失较大？

利用对偶故事，皮亚杰研究了儿童对游戏规则的认知与执行，对说谎和过失的道德判断以及儿童的公正观念等内容，并概括出儿童道德认知发展的阶段[①]。

阶段一：前道德阶段（2～4岁）。此阶段幼儿的认知由感知运动阶段逐步发展到前运算阶段，其认知是自我中心的，行为直接受行为结果支配，很少受到外界规则的约束，并未表现出对规则的关注意识。因此，这个阶段的幼儿的认知还不能对行为做出一定的道德判断。

阶段二：他律道德阶段（5～7岁）。此阶段儿童处于前运算阶段，逐渐形成具体运算思维，进行道德判断的依据是行为的结果而不是行为的意图或动机；儿童具有了规则意识，认为规则具有强制性，需要绝对服从，来源于外部的力量，例如教师、父母、警察等；把规则看成是绝对化的，总是持极端态度，任何道德问题都是是非对错的问题，要么绝对正确要么绝对错误。因此，这个阶段也称之道德现实主义。

阶段三：自律道德阶段（8～11岁）。此阶段儿童的认知逐步出现形式运算思维，判断行为对错时，除了观察行为的结果还要考虑行为的动机；意识到规则具有相对性，为了满足人们的需要或经过规则制定者同意，规则可以进行协商更改，不再盲目服从权威。因此，这个阶段称之为道德相对主义。

儿童思维能力增强，逐渐获得守恒、可逆的认知能力，因此，也开始从利他角度考虑道德问题，发展出公正的概念。

2. 科尔伯格对儿童道德认知发展的研究

科尔伯格对皮亚杰的理论框架进行了深入研究和系统扩充，指出皮亚杰研究方法的一些局限性，编制道德道德两难故事引发儿童的道德判断。

① 邹晓燕. 学前儿童社会性发展与教育［M］. 北京：北京师范大学出版社，2015：186－189.

小资料

两难故事——海因兹偷药

海因兹是一个穷人，他的老婆生病了，医生认为只有一种药可以医治他的老婆。这种药是本市一个药店的老板研究出来的。药店的老板制造这种药花了 200 元，现在要价 2000 元。海因兹只能处找人借钱，但只借到了 1000 元，他就问老板能不能先赊给他，后续再还钱。药店老板不愿意，海因兹走投无路，在某个晚上撬开了药店的大门。

讲完故事后问儿童：海因兹应该这样做吗？为什么应该？为什么不应该？法官是否应该判海因兹刑罚？为什么？

科尔伯格选用纵向研究设计，经历了长达 10 年时间，连续测量记录了 72 名 10～26 岁男孩的道德判断，于 1969 年提出了三种水平六个阶段的道德发展理论，并且经过跨文化研究后认为，这一道德发展阶段具有跨文化和种族的一致性[①]。

水平一：前习俗道德水平（4—10 岁）。儿童遵守的道德标准源于外部，而非内化的规则；遵守权威制定的规则是为了避免惩罚或获得奖励。

阶段 1：惩罚与服从定向阶段。儿童出于害怕惩罚或服从权威而遵守规则，根据有形的行为结果判断对错，如果某项行为未受到惩罚，儿童就会认为是合理的。

阶段 2：天真的享乐主义阶段。儿童遵守规则是因为想要得到奖赏或满足个人需要，本着“你帮我，我也帮你”的互惠性原则。

水平二：习俗道德水平（10—13 岁）。儿童逐渐内化道德行为标准，并运用这些标准进行道德判断。

阶段 3：“好孩子”定向阶段。儿童遵守规则是为了取悦他人，与他人保持良好关系依据行为者意图判断是非对错。

阶段 4：维护法律和社会秩序阶段。儿童开始关心社会道德和自身职责，是否遵守权威制定的规则是判断行为对错的依据。

水平三：后习俗道德水平（13 岁至青春期）。个体道德水平开始成熟，依据社会承认的公正原则判断是非对错。

阶段 5：社会契约定向阶段。个体开始把法律和规则看作是社会秩序的体现，当个人需要与法律冲突时，认为应该服从法律要求。

阶段 6：以良心为个人原则的道德阶段。个体依据符合良心的道德原则进行道德判断，注重的是内在道德标准。

---

① 陈会昌．道德发展心理学［M］．合肥：安徽教育出版社，2004：98－103.

拓展阅读

儿童权威认知的发展

皮亚杰将儿童对道德规则的认知（规则来源、制定规则、遵守规则）分为他律阶段和自律阶段，处在他律阶段的儿童，认为规则由权威制定；由他律转向自律，儿童倾向于把道德规则看成是存在于平等个体之间、得到集体认可的契约，儿童这种对权威及其合理性的认知是以平等、民主的同伴群体生活为基本条件实现的。家庭生活的不平等性和不民主性，即家庭中的成人权威对儿童道德发展不具有主导作用。在此基础上，达蒙采用道德两难故事研究了儿童对权威认知的发展，将儿童对权威认知的发展分为前后相继的六个水平。

水平一：儿童不能将权威人物的要求与自己的愿望区分开来，对权威持一种盲目崇拜和依赖的态度。

水平二：儿童意识到权威人物的要求与自身愿望之间的冲突，通过对权威的单向服从来消除这种冲突。

水平三：儿童把权威看作拥有至高无上的社会地位或体力优势、全知全能的人。基于这种认知所产生的崇敬与对权威惩罚的畏惧构成儿童服从的依据。

水平四：儿童的服从行为基于交换或互惠原则，将服从作为对权威过去付出的一种报偿或为了获得某种报偿而做出的必要投资和努力。

水平五：儿童开始放弃对权威人物的盲目崇拜或情绪支配下的无条件服从，取而代之以理性评价与有条件服从。在这一阶段，儿童的自律性在发展，公正感也逐渐增强。

水平六：儿童将能为集体成员带来福利、被集体所认可的人奉为权威。儿童发展到这一阶段，心目中的绝对权威已不复存在，取而代之的是与具体情境相应的相对权威。

四、学前儿童社会认知的发展特点①

（一）学前儿童社会认知的发生发展是一个逐步区分认识社会性客体的过程

婴儿社会认知的发生是一个逐步区分认识社会性客体的过程，即区分认识人类客体与非人类客体、一个个体与另一个个体、自我与非我的过程。例如，婴儿对人脸的偏爱即反映了儿童最早对人类客体与非人类客体的区分，约 4 个月时能对经常照顾者和陌生人做出不同反应，6 个月时能进一步对特定抚养者形成依恋，标志着婴儿能将不同的个体区别开。儿童社会认知的过程还表现在儿童对不同情绪情感、行为意图及社会规则的认识上，如儿童 4 岁左右可以完成错误信念任务，正确推断他人的信念与行为。

① 庞丽娟，田瑞清．儿童社会认知发展的特点［J］．心理科学，2002（2）：144－147.

（二）学前儿童社会认知发展的核心体现是观点采择能力的发展

观点采择是指个体根据一定的信息对他人的内部心理状态（如观点、思想、情感等）的理解和推断。塞尔曼认为，儿童认识自己和他人的能力是以对其观点的假设或采择为前提的，要认识一个人，就必须理解他的观点并了解他的思想、情感、动机和意图等影响、决定其外部行为的内部因素。由此可知，观点采择在儿童社会认知发展中处于核心地位。对行为意图的认知、行为归因、他人整体认知以及友谊等社会关系的认知，也都需要理解、认同或采纳他人内部心理状态。

（三）学前儿童社会认知各方面的发展是非同步、不等速的

儿童对自我、他人、社会关系、社会规则以及对他人的情绪情感、行为意图、态度动机、个性品质等的认识并非同时开始，发展也是非等速的，其发生发展的总体趋势是：从认识他人到自我，再到相互关系；从认知情绪到行为，再到心理状态；从认知身体到心理，再到社会。在同一年龄，儿童各方面的发展水平也是不同的。

（四）学前儿童社会认知的发展具有认知发展的普遍规律，但不完全受认知发展的影响

社会认知是认知的一个方面，具有认知的普遍规律和特点。皮亚杰认为，认知他人的发展与其他方面认知的发展是平行的，反映认知能力发展的普遍规律，正是认知发展形成的思维结构为儿童社会意识和道德意识的发展奠定了基础。

然而有越来越多的学者认为，儿童社会认知发展与一般认知发展并非完全平行，它并不完全受认知发展的影响。近年众多研究发现，儿童智商与其观点采择能力之间的相关系数一般是中等或偏下，在0.2～0.4。有研究指出，儿童智商与六种观点采择作业水平之间的相关系数在学前期最高，也仅为0.39；在小学五年级为最低，仅0.10。这说明儿童的社会认知受其一般认知的影响，年龄越小这种影响越大；当儿童的一般认知达到一定水平后，个体社会认知能力就更多地受到社会、文化、教育等因素的影响。例如，生活在不同国家、城市或农村的儿童，其社会认知的发展有差异；另外，家庭经济状况、父母受教育程度、同伴关系、社区氛围等都会对儿童的社会认知发展产生不同程度的影响。随着儿童的成长，其生活交往范围逐渐扩大，社会经验不断丰富，这些社会因素的影响作用也日益增大、更加复杂。虽然一般认知水平对社会认知仍有影响，但其在社会认知发展中的作用程度下降。

（五）学前儿童社会认知的发展与社会交往密切相关

儿童社会认知的对象既是社会性客体（人及社会关系），也是其生活的社会环境，儿童不仅是认知者，更是积极的行为者，在与他人的社会交往、相互作用过程中认识社会。霍夫曼认为，社会认知的这一特点有利于它的发展，社会认知常常发生在有反馈机会的社会环境中，这就比儿童操作物理客体时更容易发现是否犯了错误；社会认知的主体和认知客体间的相似性也可以提高认知的准确性与效果。已有观察和实验研究均表明，儿童社会认知的发展与其社会交往存在着密切的关系。

任务单

知识检测

评价标准	自我评价	小组评价	教师评价
可以说出社会适应、社会认知的内涵			
举例分析儿童社会认知的内容			
举例分析学前儿童观点采择发展阶段			
领悟学前儿童观点采择发展特点			
举例分析学前儿童心理理论发展			
举例分析儿童道德规则认知发展阶段			
领悟学前儿童社会认知发展特点			

案例分析

教师出示饼干盒，之后问学生亮亮里面有什么。亮亮说：“饼干。”教师打开饼干盒，亮亮发现里面装的是蜡笔。教师盖上盖子后再问：“欣欣没看过这个饼干盒，等一会儿我要问欣欣里面装的是什么，你猜她会怎么回答？”亮亮很快就说：“蜡笔。”

问题：

（1）亮亮更可能是哪个年龄班的幼儿？（6 分）

（2）你判断的依据是什么？（14 分）

参考答案

（1）亮亮更可能是小班的幼儿。

（2）判断的依据（两个依据写出一个即可）。

① 亮亮的行为体现了其思维具有自我中心性。

皮亚杰的认知发展阶段理论指出，2～4 岁幼儿处于前运算阶段。这一阶段幼儿的思维是“自我中心思维”。思维具有自我中心性的幼儿不能依据事物的客观联系和关系来解决问题，只凭个体经验、个体意义的象征进行思考。他们会以为每个人看到的世界和自己看到的一样。材料中的亮亮认为欣欣和自己想的一样，并没有根据欣欣没有看到“饼干盒里装的不是饼干”这一事实推断欣欣的观点，没有站在欣欣的角度考虑问题，这是典型的自我中心思维的体现。因此，材料中的亮亮应处于 2～4 岁。

② 3 岁左右的幼儿无法理解错误信念。

错误信念是指他人或自己的一些与现实不一致的信念。当幼儿了解到他人对同一事物的信念可能与自己不一致时，就理解了错误信念。3 岁左右的幼儿通常不能理解错误信念，4 岁左右则能理解错误信念。材料中的亮亮无法认识到欣欣和自己想的不一样，表明其未理解错误信念，应处于 3 岁左右。

综上所述，亮亮应是小班幼儿。

精准备考

一、填空题。(请将正确答案写在横线上)

1. 人际关系、社会环境、________、社会规则和________是婴幼儿社会认知的主要内容。

2. 根据布朗芬布伦纳的生态系统论观点，个人的生存环境是一个完整的生态系统，可以划分为四个层次，即微观系统、中间系统、外层系统和宏观系统。家庭属于________系统。

3. 儿童社会认知发展的核心体现是________的发展。

二、单项选择题。(请选出唯一正确的答案)

1. 如果一名儿童在“霍丽爬树”这个故事测验里说“霍丽的爸爸如果不知道霍丽爬树的原因就会很生气，但是如果知道了，那就不会生气”，那么该儿童的观点采择能力属于(　　)。

A. 自我中心的观点采择阶段　　B. 社会信息的观点采择阶段

C. 相互性观点采择的阶段　　D. 社会性观点采择的阶段

2. 根据瑞士心理学家皮亚杰提出的道德认知发展理论，4～8 岁的儿童道德认知发展水平属于(　　)阶段。

A. 他律向自律过渡阶段　　B. 他律阶段

C. 前道德阶段　　D. 自律阶段

3. 在对道德两难故事“海因茨偷药”进行评判时，小明认为海因茨偷药会被警察抓起来，所以他不应该偷药。根据柯尔伯格的道德发展阶段理论，小明的道德发展阶段处于(　　)

A. 惩罚与服从道德定向阶段　　B. 相对功利阶段

C. 好孩子定向阶段　　D. 维护权威阶段

三、判断题。(正确的打√，错误的打×)

1. 社会适应就是个体在与社会环境的交互作用过程中，旨在追求与社会环境达成与维持和谐平衡关系的过程.　　(　　)

2. 观点采择包含区分自己的观点和别人的观点、准确推测他人观点两个方面的内容。(　　)

3. 儿童社会认知的发展具有认知发展的普遍规律，完全受认知发展的影响。　(　　)

参考答案

一、1. 社会角色　社会重大事件　2. 微观　3. 观点采择能力

二、1. B　2. B　3. A

三、1. √　2. √　3. ×

任务二　学前儿童社会认知的教育

情境导入

睡觉前，壮壮特意跟妈妈强调明天早点喊他起床。因为今天自己迟到了，错过了早餐，班级李老师叮嘱"明天要早点来。"

第二天早上，妈妈喊他起床的时候，他"噌"地坐起来，很自觉地自己穿衣服、刷牙洗脸。妈妈非常吃惊，之前起床上学一直是难题，每天都会为闹别扭、赖床，没想到老师的一句话作用这么大!

其实，幼儿在家和在幼儿园的表现差异非常大并不是个例，有的幼儿在家是个天不怕地不怕的"小霸王"，在老师面前却是个遵守规则的暖心宝贝，对老师说的话甚至可以说是言听计从。甚至当孩子不听话时，有许多家长喜欢这样吓唬孩子："你再这样，我就告诉你们老师……"

为什么幼儿在家和在幼儿园的表现会出现鲜明的对比呢?

知识梳理

自然主义教育的代表人物卢梭认为："社会就是书，事实就是教材。"我国的张宗麟亦指出："生活便是教育，整个的社会便是学校。"20 世纪 30 年代，张宗麟和陈鹤琴先生异口同声地说："课程！我们最急需做的是课程，我们需要自己的课程，要让我们的孩子学自己国家的东西。"随着时代的变迁，科学文化的发展，社会知识也表现出新时代的特征。今天的幼儿教师要立足社会发展需要与幼儿身心发展的年龄特点，开发建设适合当今中国学前儿童的社会认知教育课程。

一、学前儿童社会认知的教育目标

(一) 学前儿童社会认知教育的总目标

1.《幼儿园工作规程》对学前儿童社会认知教育总目标的阐述

《幼儿园工作规程》从德育范畴规定了社会领域教育目标，即"萌发幼儿爱祖国、爱家乡、爱集体、爱劳动、爱科学的情感，培养诚实、自信、友爱、勇敢、勤学、好问、爱护公物、克服困难、讲礼貌、守纪律等良好的品德行为和习惯，以及活泼开朗的性格"。分析可知，《幼儿园工作规程》对幼儿社会认知教育目标以"良好品德行为和习惯"来描述，"爱护公物、讲礼貌、守纪律"是对学前儿童社会认知教育总目标的论述。

2.《幼儿园教育指导纲要（试行）》对学前儿童社会认知教育总目标的阐述

《幼儿园教育指导纲要（试行）》将社会领域教育的总目标阐述为：

(1) 能主动地参与各项活动，有自信心；

(2) 乐意与人交往，学习互助、合作和分享，有同情心；

(3) 理解并遵守日常生活中基本的社会行为规则；

(4) 能努力做好力所能及的事，不怕困难，有初步的责任感；

(5) 爱父母长辈、老师和同伴，爱集体、爱家乡、爱祖国。

分析可知，“理解并遵守日常生活中基本的社会行为规则”和“能努力做好力所能及的事，不怕困难，有初步的责任感”是指向学前儿童社会认知教育的目标，主要指学前儿童对社会规则的认知。

3.《3—6岁儿童学习与发展指南》对学前儿童社会认知教育总目标的阐述

《3—6岁儿童学习与发展指南》主要在“社会适应”子目标下阐述学前儿童社会认知教育目标，具体表述为“目标2　遵守基本的行为规范”，指向学前儿童对社会规范的认知；“目标1　喜欢并适应群体生活”，暗含着对幼儿园、社区、小学生活环境的认知教育。另一方面，在子目标“人际交往”中的“目标4　关心尊重他人”，其中论述到“知道父母的职业”“尊重为大家提供服务的人，珍惜他们的劳动成果”，主要指对社会角色的认知。

（二）学前儿童社会认知教育的年龄目标

确定学前儿童社会认知教育的年龄目标时，一般根据学前儿童发展心理学对学前儿童社会性发展特点的研究成果，观察评价本班幼儿社会认知发展实际水平与典型行为表现，分析确定本班幼儿社会认知的最近发展区，制定各年龄班的教育目标。同时，《3—6岁儿童学习与发展指南》科学阐述了学前儿童社会认知教育的年龄目标，可以为我们的教育实践提供指导。

《3—6岁儿童学习与发展指南》对学前儿童社会认知教育年龄目标的论述分别在人际交往和社会适应两个子目标中，具体详见表3-1所列。

表3-1　《3—6岁儿童学习与发展指南》中学前儿童社会认知教育的年龄目标

子目标	具体内容	3～4岁	4～5岁	5～6岁
（一）人际交往	目标1 喜欢并适应群体生活	2. 对幼儿园的生活好奇，喜欢上幼儿园	2. 愿意与家长一起参加社区的一些群体活动	2. 对小学生活有好奇和向往
	目标4 关心尊重他人	3. 在提醒下能做到不打扰别人	3. 知道父母的职业，能体会到父母为养育自己所付出的辛劳	3. 尊重为大家提供服务的人，珍惜他们的劳动成果
（二）社会适应	目标2 遵守基本的行为规范	1. 在提醒下，能遵守游戏和公共场所的规则	1. 感受规则的意义，并能基本遵守规则	1. 理解规则的意义，能与同伴协商制定游戏和活动规则
		2. 知道不经允许不能拿别人的东西，借别人的东西要归还	2. 不私自拿不属于自己的东西	2. 爱惜物品，用别人的东西时也知道爱护
		—	3. 知道说谎是不对的	3. 做了错事敢于承认，不说谎
		—	4. 知道接受了的任务要努力完成	4. 能认真负责地完成自己所接受的任务
		3. 在成人提醒下，爱护玩具和其他物品	5. 在提醒下，能节约粮食、水电等	5. 爱护身边的环境，注意节约资源

通过分析《3—6岁儿童学习与发展指南》对小班、中班、大班年龄目标的表述，可以看出学前儿童社会认知教育目标的纵向变化趋势，即要求逐步提高。例如，认知规则的教育目标中，小班是“提醒下可以遵守”，中班为“感受意义、基本遵守”，大班则是“理解意义，协商制定”，教育目标要求略高于皮亚杰和科尔伯格所论述的学前儿童社会认知发展水平，体现了维果茨基提出的“教育走在发展的前面”的教育理念。单独分析某一个年龄班的教育目标可知学前儿童社会认知教育目标的具体内容，例如大班的教育目标包含对社会环境小学的认知、对社会角色的认知、对社会规则的认知三个方面，其中社会规则又包括游戏规则、活动规则、道德规则（爱护公物、诚实、责任心、保护环境和节约）。

（三）学前儿童社会认知教育的月目标

学前儿童社会认知教育的月目标一般体现在主题活动目标中。作为幼儿园教育内容的一种组织形式，主题活动具有多层次的整合功能，追求幼儿经验的整体性。主题的展开往往以主题蕴含的事件、事实、现象等为中心，主题引发的活动其目标有不同的侧重点，有的活动以认知为主，有的活动以技能训练为主，有的活动以情感体验为主。社会认知教育要根据主题内容，随机融入，例如在“落叶飘飘”主题活动中可以设置认知社区环境——美丽的公园的教育目标，在“交通事故发生了”主题活动中可以预设学习交通规则的教育目标等。

小练笔

1. 活动主题

童心有爱致敬抗疫英雄

2. 设计意图

新型冠状病毒来势汹汹，在全球肆虐，中国在这场疫情阻击战中取得了决定性的胜利。这了让幼儿了解抗疫期间涌现出的不平凡的人和事，认识英雄、崇敬英雄，从小树立正确的价值观，培养幼儿的感恩意识，幼儿园组织开展了“童心有爱，致敬抗疫英雄”主题教育活动。

请根据幼儿的年龄特点写出本主题活动的教育目标，并分析哪些目标是与社会认知教育相关的目标。

（四）学前儿童社会认知具体教育活动的目标

社会认知教育可以通过日常生活、游戏、集体教学、参观等教育途径实现，在组织实施具体教育活动时，需要根据主题活动目标，写出具体、明确、可操作的具体活动目标。

小练笔

在上述“童心有爱致敬抗议英雄”主题活动中，中班的李老师设计了集体教学活动“抗疫医生，您辛苦了”，活动目标为：

1. 认识那些为了大家舍小家的英雄，知道英雄都是来自普通人。

2. 能够通过言语、绘画等方式表达感激之情。

3. 激发幼儿的感恩之情。

你认为李老师书写的集体教学活动目标合适吗？如果有不合适的地方，可以怎么修改呢？

二、学前儿童社会认知的教育内容

（一）纲领性文件中对学前儿童社会认知教育内容的阐述

《幼儿园教育指导纲要（试行）》对社会领域教育内容的描述共有 8 条，其中与学前儿童社会认知教育内容相关的有：

4. 在共同的生活和活动中，以多种方式引导幼儿认识、体验并理解基本的社会行为规则，学习自律和尊重他人。

5. 教育幼儿爱护玩具和其他物品，爱护公物和公共环境。

6. 与家庭、社区合作，引导幼儿了解自己的亲人以及与自己生活有关的各行各业人们的劳动，培养其对劳动者的热爱和对劳动成果的尊重。

其中，第 4 条和第 5 条均指向社会规则认知，包括行为规则和公共道德；第 6 条内容是关于社会角色认知，既认识与幼儿生活关系比较密切的各种职业。

（二）选择学前儿童社会认知教育内容

1. 依据《3—6 岁儿童学习与发展指南》所阐述的幼儿社会认知教育目标选择教育内容

《3—6 岁儿童学习与发展指南》分别阐述了小班、中班、大班的社会认知教育目标，为方向，分析选择具体的教育内容。例如，大班教育目标“爱护身边的环境，注意节约资源”，并没有指出具体可以选择哪些资源作为教育内容，需要教师根据幼儿的实际经验选择相应的教育内容，有的幼儿园选择节约用纸；有的幼儿园在世界地球日发起了“善待地球，从节约资源开始”的主题活动，并设计了大班集体教学活动拒绝白色污染；还有的教师设计了集体教学活动节约使用牙膏，引导幼儿养成良好生活习惯；有的幼儿教师组织了“变废为宝”的区域游戏，与幼儿一起用废旧物品布置游戏区域。

小练笔

围绕《3—6 岁儿童学习与发展指南》中小班的教育目标“对幼儿园的生活好奇，喜欢幼儿园”设计一个主题教育活动。

2. 依据学科研究成果选择学前儿童认知教育内容

社会认知的内容十分广泛，包括对自己、他人、社会关系（权威、友谊、公平等）、社会群体、社会角色、社会规范和社会生活事件等，其中对人的认知又包括认识人的情感、意图、知觉、思维、态度、动机、行为等心理过程或特征。正如著名心理学家弗拉维尔所言：“社会认知课题可以是很综合或很广泛的。”许多研究者基于社会认知的内涵与学前教育相关文件，积极探索学前儿童社会认知教育内容。例如钱文认为，学前儿童社会认知教育包括人际关系认知、社会环境认知、社会角色认知、社会规则认知，其中社会规则认知又包括基本道德规则、文明礼貌规则、公共场所行为规则、群体活动规则、安全规则[①]。幼儿教师也在实践研究的基础上设计了大量新颖的幼儿园课程，丰富了学前儿童社会认知教育内容。我们要树立终身学习的理念，实时关注、学习这些新的研究成果，并根据本幼儿园的实际条件做出分析选择。

小练笔

世界航天日主题活动：童心向太空，共筑航天梦[②]

梦想是一颗种子，萌发于最初的探索心。为了让幼儿了解航天事业的发展历程与取得的伟大成就，向航天英雄致敬，在世界航天日来临之际，济南市天桥区鹤琴英华幼儿园开展“童心向太空，共筑航天梦”主题活动。

“从天谈起的谈话活动”：太空中有什么交通工具呢？有火箭和载人飞船，说不定还有太空小汽车呢。世界上有外星人吗？当然有啦，我之前看过《阿凡达》，他们就是外星人！在太空中我们能不能讲话呀？不能用嘴讲话吧，应该是用肢体语言来表达。天上的星星有人住吗？我知道，嫦娥住在月球上，有时候我还能看见她！

“航天知识我知道”：通过观看火箭发射、航空航天视频，孩子们对宇航员职业以及太空生活有了更多了解，激发了探索宇宙的兴趣与热情。

“小手寄情航天梦”：“小小的我，有大大的太空梦，我想摆脱引力，去遨游童话般的太空，探索宇宙万物……”看到神秘而又美丽的外太空，小朋友有了当宇航员的梦想，孩子们纷纷画出心目中宇航员的形象；孩子们是祖国的未来，是新时代的开拓者，也是航天精神的继承者和发扬者。孩子们将他们对航天科技的热情和求知欲，转化成积极探究的好品质，利用废旧材料设计动力小火箭，以此寄托自己太空梦。

“航天科学小实验”：活动中，孩子们走近科学，探索火箭发射的奥秘。吸管小火箭，比一比，谁的火箭飞得更高更远。原来，细细的吸管也可以做成飞天火箭，真是太神奇了！水力小火箭，火箭不仅能够飞上太空，它在水里也能“飞”。

“中国航天英雄”：我国航天事业蓬勃发展，默默奉献的中国航天人功不可没，让我们一起来认识他们。

航天梦托举强国梦，梦想是一颗种子，萌发于最初的探索之心，相信每一个孩子，在寂静的夜晚仰望星空时，都有过一个航天梦。这梦，就在不远的未来；这梦，也在触手可及的现在。

重大社会事件认知是社会认知的重要内容，请根据主题活动内容绘制主题网格图，并尝试进一步丰富活动内容。

---

① 3—6 岁儿童社会认知培养的教育建议钱文幼儿教育 2015，(Z4)：7 - 9.

② 微信公众号“天桥教育”：https：//mp. weixin. qq. com/s? _ _ biz = MzA4MDU4ODQyNw = = &mid = 2652158367&idx=5&sn=2a7ac11ee01f04acc075758ce9bd4100&chksm=8441e27bb3366b6d51447ed709dd14bea e4b141469668db6129bb54016689d056668f2e3fe2c&mpshare=1&scene=23&srcid=0805lPTCHZZySthrJkIo2nwz&sharer _ sharetime=1659669397349&sharer _ shareid=49c89e7bad3ac4882a180ac1b370d7e8#rd

3. 源于幼儿生活选择学前儿童社会认知教育内容

社会生活事件和幼儿自身的生活事件是幼儿社会认知教育重要的内容来源。与幼儿相关的主题内容更符合他们的兴趣和认知特点，因此，应以幼儿自身的生活事件为主，正如威廉·司密斯所主张的，真正的学习情境必须考虑与学习者有关的问题，关心学习者生活世界的主要层面，激发学习者能动的和创造的行为。学前儿童自身的生活事件往往发生在其直接生活其中的微观环境之中，这些事件是感性的、近距离的，也是最能吸引学前儿童学习兴趣的，如社会角色认知内容“幼儿园的工作人员”、社会环境认知内容“认识医院”、社会规则认知内容“游戏中的规则”，以及正在发生的重大社会事件认知内容“社区抗疫英雄”等。选择这些教育内容，基于幼儿生活经验并拓展幼儿生活经验。

小资料

小小环卫工人

案例赏析《小小环卫工——热诚幼教集团（隆声园区）中三班课程故事》①

幼儿园在开发园本课程过程中，综合教育目标、幼儿经验与兴趣选择教育内容，开发设计课程，实现课程育人。

1. 课程缘起

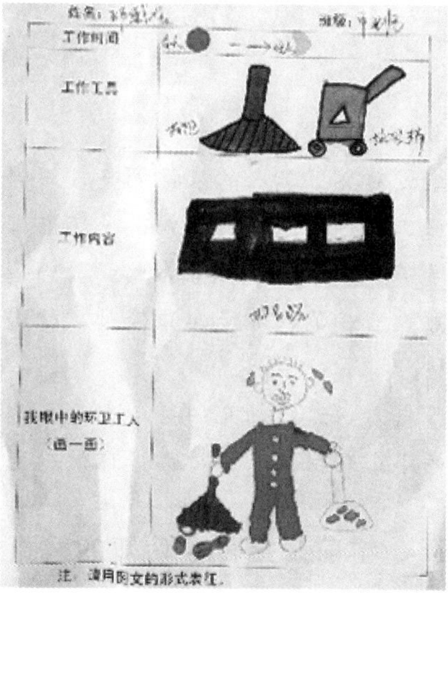

我们的生活离不开许许多多勤劳的人们。五月迎来了劳动月，孩子们聊起了劳动的话题。环卫工人引起了孩子们的兴趣，他们说马路上的环卫工人就是劳动的人，那么环卫工人要做哪些工作？他们辛苦吗……《3—6岁儿童学习与发展指南》指出，中班的社会领域教育目标为“知道父母的职业”，大班的为“尊重为大家提供服务的人，珍惜他们的劳动成果”，在《3—6岁儿童学习与发展指南》精神的指引下，追随孩子的兴趣，开启《小小环卫工人》的课程故事。

2. 我想知道

儿童提问：

环卫工人要做哪些工作？

老师，他们都是几点上班的？

① 微信公众号“绍兴市热诚幼儿教育集团”：https：//mp. weixin. qq. com/s? _ _ biz=Mzk0MjEyNzA4OA==&mid=2247511493&idx=4&sn=766a25bc7779a4a7299c791cafb6a62b&chksm=c2c50f5af5b2864c4975fa0c475d71e95e68ac3ea17dbb1d552c203f111e83619dd446e7fe13&mpshare=1&scene=23&srcid=0804IfqNywHgvzQfWhoKonSE&sharer _ sharetime=1659582787527&sharer _ shareid=49c89e7bad3ac4882a180ac1b370d7e8#rd

他们平时打扫需要用到哪些工具？

孩子们你一言我一句，讨论着。于是带着疑问，开始了对环卫工人采访调查……

调查完成后，回到幼儿园进行交流。

交流内容：

他们要扫落叶、各种垃圾。

还要把各种垃圾都运到其他地方去。

老师，他们打扫需要大扫把，还有簸箕。

我发现，每个环卫工人还有一辆垃圾车。

他们天还没亮就开始上班了。

3. 开启课程

通过对环卫工人的采访调查，同伴间互相交流后，孩子们都有不同的发现，初步了解了环卫工人一天的工作。知道了环卫工人每天把小区、大街等打扫得干干净净，他们的工作很辛苦，很平凡，却很伟大。教师通过绘本故事《清洁工》，让幼儿对环卫工人有进一步了解。当我们还沉浸在睡梦时，就连我们的城市也在熟睡中，环卫工人却已经走上了工作岗位。

紧接着，追随幼儿的兴趣点，我们开始探索垃圾去哪了、垃圾如何分类，并且还做了一天的小小环卫工人，举办了环保时装秀，对环卫工人表达了感恩。

三、学前儿童社会认知的教育途径

（一）重视学前儿童社会认知的随机教育

重视学前儿童社会认知的随机教育，充分发挥生活教育的价值。陶行知先生提出："生活无时不变，即生活无时不含有教育的意义。"学前儿童社会认知教育与现实生活紧密联系，借助生活事件和生活情境，幼儿在真实的场景中探索、练习和体会，可以熟悉生活其中的社会环境，丰富相关的社会知识，学习社会规则与礼仪风俗，提升基本的社会生活能力和技能，培养安全感。正如虞永平教授所指出的，"充分利用现实生活，在生活事件、生活活动中利用一切可以利用的机会，让幼儿练习、实践，只有这种结合现实生活的社会教育才能真正取得成效①”。

幼儿社会认知的随机教育也需要重视游戏的教育价值。《幼儿园教育指导纲要（试行）》指出：“幼儿与成人、同伴之间的共同生活、交往、探索、游戏等，是其社会学习的重要途径。”游戏是幼儿的基本活动，幼儿可以在游戏中学习社会规则、体验社会角色等，多项研究发现区域游戏对幼儿社会认知的教育作用十分童趣。

充分发挥生活活动与游戏活动对幼儿社会认知的教育作用，需要教师科学观察，随机引导。生活和游戏本身具有教育价值，但是如果离开了教师的引导，也很难发挥作用，“理想的教育是用思想去操作，用理性的眼睛去观察”。幼儿教师要保持一种职业敏感性，通过随机教育过程中的师幼互动，才可以实现对幼儿主体性的积极影响，让教育转化为幼儿真实的发展。

教育案例

游戏中的随机教育：商店售货员②

三个孩子在玩商店游戏，他们在柜台上摆弄了一阵，便眼巴巴等待“客人”上门来买东西，可其他的小朋友要么在“娃娃家”，要么在玩具角，或者是“宝贝工作室”，玩得不亦乐乎，好像没有要来商店买东西的意向。小雅和小美明显兴趣减弱了，小刚则完全沉不住气了，他正磨蹭着想离开商店……

老师走过去：“售货员你好！我家来客人了，要买好多好多东西。”

幼儿：“太好了，你要什么？”

老师：“这么多东西，拿也拿不下，可怎么办呀？你们商店能不能帮着送货上门呢？”

由此帮商店引出了送货上门的服务内容，“商店”的“工作人员”主动开始了“送货服务”。

在这个案例中，教师通过观察，发现幼儿游戏内容贫乏，无法深入开展游戏，这对教师的指导提出了更高的要求。教师巧妙引导，用扮演角色的方法参与游戏，使游戏情节有了突破（丰富了幼儿对社会职业内容的认知），保证了游戏的顺利进行，充分体现了教师观察对随机教育的作用。

（二）充分发挥渗透教育对学前儿童社会认知的教育作用

社会认知教育是学前儿童社会教育的重要内容，可以通过专门的教育活动、生活活动、游戏活动等实现教育目标。其他领域教育必然也会渗透社会认知教育的目标和内容。例如，司马赛博研究发现，绘本阅读对幼儿的社会规则认知具有明显的促进作用，道德规则认知干预效果优于习俗规则认知。社会教育的内容也常常与幼儿的生活活动、游戏活动

---

① 虞永平．社会领域与课程渗透［J］．幼儿教育，2005（21）：32－33.

② 谢艳敏．谈谈教师在幼儿游戏中的随机教育［J］．当代学前教育．2008（6）：29－30.

紧密相连，也可以在其中实现渗透教育，例如表演游戏中可以实现对社会角色的认知等。

教育案例

中班语言活动：小象的心愿

设计意图：活动通过故事创设情景，让孩子们感悟到想要为大家服务，应该去做适合自己的事情；感受小象实现心愿前后强烈的情感对比，了解各行各业的职业特点、需要的不同本领；知道为他人服务应从自己力所能及的事情做起。

（三）组织专门的社会认知教育活动

专门的社会认知教育活动是指以社会认知为主要目标的教育活动，包括主题活动、集体教学活动、外出参观活动等，例如以环境保护为内容的主题活动“环保小卫士”，学习排队规则的集体教学活动“守规则真好之排队”，以认识超市为内容的外出参观活动“超市购物”等。

集体教学活动、外出参观活动是常用的专门的社会认知教育活动。外出参观活动可以在体验、感知中认识社会环境、社会角色等内容；集体教学活动“在幼儿园教育中仍有其他活动不可替代的价值[①]”，社会认知教育主要目标是认识社会，通过集体教学活动，全班幼儿面对同一社会认知内容共同探究，不仅可以自己思考，也可以了解别人的观点看法，建构经验，集体教学活动中教师也可以面对全体幼儿进行观察评价，了解幼儿的社会认知发展水平，提高教育效率。

活动案例

1. 活动名称[②]

大班社会领域活动：课间十分钟。

2. 设计意图

大班下学期是幼儿园生活的最后一学期，幼儿即将迈入小学大门，开始新的学习与生活，初步了解小学生活、克服焦虑情绪是幼小衔接的重要内容。《3—6岁儿童学习与发展指南》也建议“带领大班幼儿参观小学，讲讲小学有趣的活动，唤起他们对小学生活的好奇和向往，为入学做好心理准备”。课间十分钟是小学生活非常重要的环节，一般由小学生自由支配，与幼儿园两次活动之间的过渡活动差别比较大。幼儿对课间十分钟的重要性

---

① 华爱华．追求“教学的有效性”还是“有意义的教学”[J]．幼儿教育．2008（19）：6-8.

② 马利民名师工作室，撰稿人：郴州市幼儿园杨英英．https：//mp. weixin. qq. com/s? _ _ biz = MzIxNjI0MDI0MQ = = &mid = 2653089658&idx = 1&sn = 295fde8a908d3712eaf37b17543fa209&chksm = 8c5a5664bb2ddf72a073d6df34771798332bc5e31b2c6dd9f559081595a89e77ddce124da515&mpshare = 1&scene = 23&srcid =080462ZUMxqrMrv7zlQeYJr3&sharer _ sharetime=1659622620900&sharer _ shareid=49c89e7bad3ac4882a180ac1b370d7e8#rd

不是很了解，加上幼儿时间知觉发展水平使他们还不能非常准确的估计十分钟的长度，不知道十分钟之内可以做些什么事情，刚刚入学的小学生很难合理安排这十分钟的活动。因此，在幼儿即将进入小学之前，我设计了本次集体教学活动，引导幼儿感知时间与活动之间的关系，增强时间观念，并培养独立解决问题的意识和能力，为尽快适应小学生活做好准备。

3. 活动目标

（1）感知时间与活动的关系，了解课间十分钟适合做哪些事情。

（2）学会独自安排喝水、如厕、准备学习用具、游戏等课间活动。

（3）克服进入小学的焦虑情绪，萌发进入小学的愿望。

4. 活动重难点

（1）活动重点：学会独自安排喝水、如厕、准备学习用具、游戏等课间活动。

（2）活动难点：克服进入小学的焦虑情绪，萌发进入小学的愿望。

5. 活动准备

（1）物质准备：小学下课铃声、小学生课间十分钟视频等。

（2）经验准备：基本的生活经验。

6. 活动过程

（1）导入环节：播放下课铃声或音乐，激起探究欲望。

教师引导语：他们听到的声音是什么声音？

（2）展开环节 1：讲述小学生上课活动安排，并播放小学生课间十分钟活动视频，获得初步经验，激起入小学的愿望。

教师引导语 1：小学生一节课的时间是 40 分钟，一节课和一节课之间会休息 10 分钟，小朋友们看看他们在休息时间都做了哪些事情呢？

播放视频，幼儿观看。

教师引导语 2：你看到他们在课间 10 分钟都做了哪些事情？

（3）展开环节 2：做好计划 10 分钟里做哪些事情，体验 10 分钟，感知时间。

教师引导语 1：小朋友先想一想，你在课间 10 分钟打算做哪些事情呢？在统计表上简单画出来。

教师引导语 2：小朋友画好了吗？现在老师用表计时 10 分钟，去做自己计划好的事情吧，听到铃声就是要上下一节课了，小朋友要马上回到自己的小椅子上。

开始体验 10 分钟，幼儿自由活动。

（4）展开环节 3：对照计划，完成统计表，分享计划完成情况，学习独立安排课间 10 分钟的活动。

教师引导语：小朋友看一下自己的计划表，看看自己计划做的事情做完了吗？做完了就在表上画个笑脸，没做完的画一个哭脸，看看自己 10 分钟可以做哪些事情呢。

（5）展开环节 4：一起讨论判断课间十分钟可以做哪些事情，不可以做哪些事情，先做什么后做什么，完成统计表，强化经验。

教师引导语：老师这里有一些活动的贴画，我们一起看看哪些可以在课间十分钟内去做，哪些不可以做。你们认为应该先做什么，后做什么。

（6）展开环节4：根据活动计划表，再次体验10分钟，检验判断，强化认知。

（7）结束环节：点评计划活动完成情况，激发向小学生学习如何安排课间10分钟的愿望。

教师引导语：表扬乐乐小朋友，他们先上厕所，又准备了下节课的课本，还到窗口去向远处看看。萌萌做事情也很有条理，做什么事情都是慢慢地走，不乱跑……小学生他们安排的课间10分钟活动和我们设想的一样吗？明天我们一起去参观小学，小朋友们可以采访一下大哥哥、大姐姐。

7. 活动延伸

带着问题去参观小学，采访小学生，学习他们如何安排课间活动。

文件阅读

《3—6岁儿童学习与发展指南》中与学前儿童社会认知教育相关的实施建议。

四、学前儿童社会认知教育的基本要求①

（一）体现学前儿童在社会化过程中的主动性和主体性

学前儿童很早就表现出对社会环境和社会现象的好奇，并在此基础之上形成对社会规范的认知。根据建构主义学习理论可知，学前儿童对社会环境和社会规范的认知，不再是简单地接受成人的传递和要求，而是自己主动建构的过程。他们在认知社会环境以及社会规范的基础上做出自己的判断与抉择，形成自己的见解。个体建构社会认知的过程是个体用自己的身心去感受、关注、欣赏、评价外部世界，进而形成经验的过程，是个体对外部世界的体验过程。它必然是个体自主进行的活动，其他人无法代替个体的主体地位，例如，儿童在道德规范认知过程中，并不是原封不动的认可和接受已有的道德规范，而是自主地感悟和发现，体验着独特的道德情感，逐步完成道德规范的内化，并最终体现为幼儿一定的自主道德行为。因此，社会认知教育活动要充分体现学前儿童的主体地位，营造宽松和谐的氛围，让学前儿童以主动性和创造性的方式参与社会认知教育活动，在主动建构中形成社会道德规范。

（二）鼓励学前儿童与环境、材料产生积极互动

社会认知发展理论强调学前儿童在对环境适应过程中的主动性。早在二十多年前，美国的高瞻课程模式就认为，幼儿主要依靠动作、自主学习、直接作用于环境而获得经验。马图索夫认为，学校要给学生提供充分的活动和交往的环境，发挥学生的学习自主性，特别是充分利用师幼之间、同伴之间的相互作用，对幼儿的社会环境和规范认知发展具有一定的促进作用。因此，我们在开展社会认知教育活动时，要鼓励儿童与环境、材料积极互动，精心选择和设计社会活动环境，发挥学前儿童社会认知的主动性。

① 张明红．学前儿童社会教育与活动指导［M］．上海：华东师范大学出版社，2021：150－151.

（三）重视体验在社会认知教育中的价值

我国的陈鹤琴先生提出："做中教、做中学，做中求进步。"学前儿童的体验是社会认知的一种重要方式和途径。其体验在学前儿童社会教育中的价值逐步得到认可"体验"就是让学前儿童亲身去经历，让学前儿童在实践的过程中动手动脑，使学前儿童在对社会环境和社会活动的直接"体验"中建构社会认知和道德价值观。学前儿童可以在生活中体验，也可以在游戏活动中体验，例如学前儿童可以在自主取餐时体验排队的重要性，也有教师设计了"逃生小兔"游戏[①]，引导学前儿童在游戏情境中体验规则的意义[②]。

小资料

幼儿规则意识与规则认知[③]

幼儿规则意识和规则认知水平确实有一个发展的过程，按照皮亚杰的说法，就是"从规则他律走向规律自律"的过程，即从规则的外部强制性走向规则的内在自觉性，这是规则内化的过程。皮亚杰也特别指出，"规则内化"是在玩伴自由交往的过程中实现的。而总是在权威强制下执行规则的幼儿，一旦离开了权威就会违反规则，因为规则对于他们是被动的。而在自由交往中经常体验成功交往经验和失败交往教训的幼儿，能够自觉按照规则行事，因为规则的公正性常常使他们受益。所以，教师必须意识到游戏中的"自由"虽然容易引起纠纷，但纠纷意味着幼儿之间产生了社会认知冲突，这恰恰是幼儿社会性发展的契机。

解决纠纷的过程就是幼儿学习和体验规则的过程，他们会体验到不同的解决方法所产生的不同结果：有时争抢会两败俱伤，霸道会导致孤立，暂时得益会丧失其他；有时这里吃点小亏那里赢得更多，退让一步反而玩得更开心，给予别人也会获得别人的给予……因此，自由交往中处理纠纷让幼儿学会了协商，知道什么时候需要让步，什么时候要保护自己，规则在其中起到积极原作用，因为规则不偏不倚地站在纠纷双方的中间位置上，让幼儿体验公正。

---

① 逃生小兔游戏玩法：把小球装入瓶子里，小球上系有绳子，通过拉绳子将小球取出来，共三次操作机会。第一次操作，幼儿自由拉小球，感受到拥挤带来的不便，教师记录下逃生时间。第二次幼儿得出一个接一个的方法，再操作，教师记录下逃生时间。最后每组幼儿自己排好拉球顺序，按序拉球。每一次教师都用表格记录幼儿的操作时间，通过时间对比，得出一个接一个效率高的结论。

② 吴海亚．幼儿园社会活动中"真"体验情境的设置——以中班社会活动《小兔的一天》为例［J］．华夏教师．2017（13）：82.

③ 华爱华．幼儿规则意识与规则认知［J］．课程教材教学研究．2012（2）：50.

任务单

素材收集

要求：收集关于学前儿童社会认知教育的素材，例如绘本、成语故事等。

素材内容	自我评价	小组评价	教师评价

案例分析①

近日下午，正在路口执勤的长宁公安交警支队辅警带着一个小男孩走进了新华路派出所的接待大厅……辅警夸奖道："这孩子警觉性很强，迷路后，沉着冷静懂得如何应对。"

听辅警说，这个小男孩"落单"之后，没有慌张也没有哭泣，而是"镇定"地走到马路边，找到信任的警察叔叔才开口寻求帮助。

可是，小男孩只能说出自己的名字，不记得家庭住址。无奈之下，辅警只能先把他带到派出所详细了解情况再说。眼前的这个小男孩玩弄着手里的篮球，神情自若。他是如何从家里出来的呢？出来之后，又去了哪里呢？小男孩向民警讲起了自己的"奇葩"遭遇。

原来，当天下午，小男孩和一位同小区的哥哥一起出来打篮球，然而，在打球的过程中，两个小朋友却闹起了矛盾。没想到，哥哥一气之下把他一个人扔在球场独自回家了。

落单以后，小男孩彻底傻眼了，根本不认识回家的路。他忽然想起，家长常常说有事情可以找警察叔叔帮忙，于是，他就"乖乖"地独自走到路上，直到遇到路口执勤的辅警。

他的家在哪儿呢？根据小男孩提供的姓名，民警很快确定了他的身份信息，正打算准备送他回家时，他却说，目前他和奶奶住在别的地方。

"寻家"之路一波三折，这可怎么办？在小男孩的"带领"下，他们开启了一段独特的"寻家"之旅。

民警耐心地进一步询问，根据小男孩回忆，"家附近有天桥，周围还有一个公园"。民警猜测，小男孩大概是住在延安路凯旋路附近。当走到延安路凯旋路路口时，小男孩看到熟悉

---

① 微信公众号"上海长宁".

的环境开心地说："自己就住在附近。"为确保小男孩安全，民警跟着小男孩东走西找，最终，找到了正在小区门口的奶奶。此刻，小男孩的奶奶并不知道到孙子走失了，民警向其说明情况后，她连忙向民警表示感谢。小男孩开心地说："有事情找警察，准没错！"

从这个案例中你可以受到什么启发？你认为社会认知的哪些内容帮助小男孩避免了危险，成功找到家呢？

参考答案

1. 对警察职业的认知，小男孩知道遇到困难去找谁更可靠。

2. 对社区环境的认知，对于小男孩在警察的帮助下找到家起到了非常重要的作用。

3. 今后教育过程中，应该进一步丰富幼儿关于社区环境的认知，比如社区的名字，街道的名字，周边有什么商场、超市、银行标志性场所等，也可以教育幼儿记住父母的有关信息。

精准备考

一、填空题。(请将正确答案写在横线上)

1. "在提醒下能做到不打扰别人"是《3—6 岁儿童学习与发展指南》________班的教育目标内容。

2. "与家庭、社区合作，引导幼儿了解自己的亲人以及与自己生活有关的各行各业人们的劳动，培养其对劳动者的热爱和对劳动成果的尊重。"《幼儿园教育指导纲要（试行）》中这一教育内容是学前儿童社会认知教育中________认知的教育内容。

二、单项选择题。(请选出唯一正确的答案)

1. 《幼儿园教育指导纲要（试行）》阐述的社会领域教育总目标"理解并遵守日常生活中基本的社会行为规则"，主要是指(　　)教育目标。

A. 自我意识　　B. 社会认知　　C. 社会情感　　D. 人际交往

2. "设计出建构区的规则"，可以作为(　　)目标。

A. 社会认知教育总目标　　B. 中班的年龄目标

C. 主题活动目标　　D. 集体教学活动目标

三、判断题。(正确的打√，错误的打×)

1. 集体教学活动在幼儿园仍有其他活动不可替代的价值。(　　)

2. 体验在学前儿童社会教育中的价值逐步得到认可，体验是学前儿童社会认知的一种重要方式和途径。(　　)

参考答案

一、1. 小　2. 社会角色

二、1. B　2. D

三、1. √　2. √

任务三　学前儿童社会认知教育活动设计与实施

情境导入

为更好提升教师专业化成长与发展，让不同的教师面对相同的教材，进行独具个性的游戏化教学设计，赋予静态教材以生命活力，达到同课共研、共同进步的目的。本学期，济南市天桥区工人新村南村中心幼儿园进行社会领域与健康领域“同课异构”教研活动，教研活动以“能说会道　研磨共进”说课形式进行。

教师们精心准备、巧妙设计，依次进行说课。面对相同的教学内容，结合幼儿已有经验，教师根据自己的教学经验设计出不同的教学活动环节，说课时教师不仅说出了自己的教学活动中“教什么”，而且说清楚了“怎么教”和“为什么这么教”。

随后，教师们围绕目标可行性、环节设计的新颖性、师幼互动的有效性等方面展开了热烈的讨论，对每节活动的亮点和每位老师的教学特点以及有待进一步改进的地方，提出了自己的建议①。

说课是幼儿园教师教研活动的主要形式，分析该幼儿园的教研活动总结，你认为说课的基本内容包括哪些呢？

案例分析

一、主题活动案例“好玩的农贸街”②

（一）主题活动名称（社会环境）

混龄主题活动：好玩的农贸街。

（二）主题活动设计意图

菜市场是幼儿生活中既熟悉又陌生的场所，不少幼儿都有逛菜市场的经验，菜市场中热闹的场景深深地吸引着他们的眼球，但幼儿往往只是在菜市场之旅中扮演了“参观者”的角色，对于菜市场的一切认知都仅仅存在于浅表的认知，他们渴望成为菜市场的主人翁，扮演买家与卖家的角色，自由地售卖或购买物品。《幼儿园教育指导纲要（试行）》指出，幼儿园教育内容“既贴近幼儿的生活来选择幼儿感兴趣的事物和问题，又有助于拓展幼儿的经验和视野”，所以“好玩的农贸街”的主题课程由此产生了。

---

① 微信公众号“济南市天桥区工人新村南村中心幼儿园”.

② 微信公众号“泗门镇中心幼儿园盛事达分园”：https：//mp.weixin.qq.com/s?__biz=MzAwMDU0NTU1Ng==&mid=2651174442&idx=1&sn=583e69885c291c3d7cc83a78c59b9309&chksm=81165051b661d947c20ea5ae2128570abaad83ccbf97866bcc5400be9863fac3c98e68a87548&mpshare=1&scene=23&srcid=08032bsOhJjasIlZvrmBP9jC&sharer_sharetime=1659488020463&sharer_shareid=49c89e7bad3ac4882a180ac1b370d7e8#rd

（三）主题活动目标

1. 知道菜市场是购买生活用品的地方，了解购买蔬菜、水果等生活必需品的规则。

2. 尝试依据计划购买物品。

3. 尊重在菜市场工作的人员，热爱家务劳动。

（四）主题活动展示

1. 幼儿前期经验建设

教师与幼儿以谈话的形式围绕“菜市场”展开讨论，在谈话过程中，幼儿自由谈论所认识的菜市场，以及在菜市场中发生的趣事。

教师：小朋友，你们有去过菜市场吗？

幼儿 1：我去过，菜市场离我们家很近，奶奶带我去过。

幼儿 2：我也去过，里面卖很多东西。

教师：那菜市场里有什么？

幼儿 1：有鱼、有虾，还有螃蟹呢！

幼儿 2：有肉、蔬菜，还有鸡蛋……

教师：有的小朋友去过，有的小朋友没有去过，我们周末和爸爸妈妈或爷爷奶奶去菜市场逛一逛，找一找关于菜市场的秘密吧！

2. 农贸街之旅

“家庭是幼儿园重要的合作伙伴”，本次课程充分利用家长资源，让家长带领幼儿去菜市场体验购物。幼儿在亲身体验中学习购物的具体流程，家长在与孩子的互动过程中，感受课程的价值和意义，从而给予幼儿更科学的帮助和支持。

3. 我眼中的农贸街

菜市场实地之旅过后，孩子们记录下了看到的，观察到的画面（如图 3－2 所示）。

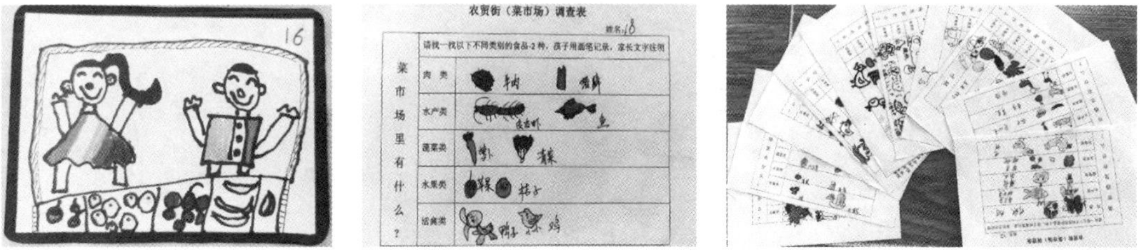

图 3－2　幼儿记录的“我眼中的菜市场”

4. 我们的农贸街

教师：你们想不想在幼儿园开设一个农贸街呢？

幼儿 1：好啊，好啊！我要当老板！

幼儿 2：那我来买东西！

教师：我们要准备很多东西的。

幼儿 1：农贸街还要有城管。

在孩子们合作努力下，我们将农贸街命名为“盛幼农贸街”，开始划分农贸街区域了，分为蔬菜区、生鲜区和水果区。孩子们分工合作，制作标识、准备货物，农贸区马上就可以开张了（如图 3－3 所示）。

图 3－3　幼儿制作的农贸街区域牌

5. 认识钱币

在农贸区买卖东西需要用到钱币，我们提前认识一下。先弄清楚钱币可以做什么，在买卖活动中有哪些使用方式，以及钱币的一些简单换算。

6. 农贸区开张了

在孩子们的期待中，我们的农贸街终于开张了，叫卖声此起彼伏“快来买呀，我的苹果又大又甜”，“萝卜便宜卖喽”！顾客和“小老板”还讨价还价的，孩子们的售卖有模有样。虽然天气炎热，但也挡不住孩子们的热情。

购买完自己所需要的物品，大家席地而坐，将今天购买的物品马上进行记录（如图 3－4所示）。

图 3－4　农贸街幼儿活动场景

7. 认识杆秤

农贸街的开张，摊位的小老板们个个笑脸相迎，声声吆喝着自己的物品。但是有几个摊主遇到了问题：该怎么用我们手上的秤来称物品呢？听大人说过电子秤，还没见过这样的秤，我们一起来研究一下如何使用这些秤吧。

通过老师的介绍和孩子们的研究，幼儿知道了杆秤是秤的一种，是利用杠杆原理来称质量的简易平衡器。由木制的带有秤星的秤杆、金属秤锤、提线等组成，是一种传统的手工艺品，有着悠久的历史，幼儿还学到了一个小知识呢！相信孩子们会使用得越来越顺手的，我们的农贸街也会越来越热闹。

8. 课程反思

生活是最好的课程，体验是最好的学习。孩子们的生活中处处都能找到学习资源；孩子们的课程，行走在没有屋顶的广阔天地；孩子们的成长，就在这些不经意的瞬间。

孩子们的探索学习还未结束，故事还在发生，我们将继续创造新的篇章……

二、集体教学活动设计案例《守规则真好》

（一）《守规则真好——排队》集体教学活动方案设计①

1. 活动名称

大班社会领域活动：守规则真好。

2. 设计意图

国有国法，家有家规，班有班规，社会规则是学前儿童社会认知的重要内容。幼儿如果没有规则意识，做什么事都会拖拖拉拉、浪费时间。大班幼儿知道生活中、游戏中的一些规则，对于身边的一些现象也能做出是非对错判断，但最近观察发现本班幼儿无论是自己遵守规则还是提醒小朋友遵守规则时表现得并不尽人意。例如，晨间锻炼结束取衣服时大多数幼儿都是奔跑过去、相互拥挤推搡，还会在上下楼梯时说笑打闹等，每次和他们聊天谈及这些问题总会说这样做不好，下次不这样做了，但是，大多数孩子还是一如从前。

《3—6岁儿童学习与发展指南》指出大班幼儿可以“理解规则的意义，能与同伴协商制定游戏和活动规则”，因此，我设计了本次集体教学活动《守规则真好》，选取生活中“拥挤”这一现象，通过创设情境、观看实例讨论等方式方法，引导幼儿理解规则的意义，意识到遵守规则的重要性，并在讨论体验环节设计一些规则提示图。希望孩子们今后在生活中、游戏中养成遵守规则的习惯，做一个自律的人。

3. 活动目标

（1）知道生活中要遵守许多规则以及遵守这些规则的重要性。

（2）能积极参与集体活动，共同制定游戏规则。

（3）体验遵守规则带来的快乐。

4. 活动的重难点

（1）活动的重点：体验遵守规则带来的快乐。

（2）活动的难点：能积极参与集体活动，共同制定游戏规则。

5. 活动准备

（1）物质准备：乘电梯、滑滑梯、取彩笔等场景的视频，幼儿绘画材料，泡沫垫、搭建山洞的游戏材料。

（2）经验准备：相关场景中幼儿的游戏经验和生活经验。

6. 活动过程

（1）导入环节：情景体验，自然导入。

---

① 杭州石板桥幼儿园刘韵老师执教视频《守规则真好》。

请幼儿自己拿椅子，观察幼儿拥挤、争抢的行为表现，引导幼儿思考，自然进入话题。

教师引导语：小朋友取椅子的时候老师很担心，为什么？

（2）展开环节1：观看乘电梯视频，发现不遵守规则存在的问题，并找到解决问题的办法，体验生活中规则的重要性。

① 师幼交流，教师引导语：有什么办法解决这种拥挤的现象呢？

② 根据讨论结果，幼儿体验乘坐电梯，并交流感受。

体验活动玩法：用一块垫子作为电梯间，选7名幼儿站在垫子上为坐电梯的人，再请其他的幼儿扮演等电梯的人，体验有人进入电梯、出电梯等活动。

师幼交流，教师引导语：想想自己是怎么乘坐电梯的？心里感觉怎么样？

（3）展开环节2：请幼儿观看玩滑梯的视频，发现问题并讨论解决问题的办法，体验游戏活动中规则的重要性。

师幼交流，教师引导语：看完视频后谈谈自己的看法，我们应该怎么玩？

（4）展开环节3：请幼儿观看取彩笔视频，发现问题并讨论解决问题的办法，再结合自己的经验体会学习活动中规则的重要性。

师幼交流，教师引导语：视频中的小朋友这样做有什么不好，应该怎么做？你们在取彩笔、拿绘本、从材料框里拿美术材料的时候会排队、按顺序拿吗？你们在哪些时间会排队？

（5）展开环节4：设计钻山洞游戏规则，深化规则意识。

① 教师介绍游戏玩法：三个山洞都要玩到，当老师摇铃鼓的时候没有玩完的小朋友也要回到座位。

② 没有制定规则，玩钻山洞的游戏，创设需要制定规则的情境，引导幼儿主动发现。

师幼交流，教师引导语：玩山洞游戏时出现了什么问题，怎么解决？需建立什么规则。

③ 幼儿讨论制定规则，并绘制出来，接下来请小朋友根据自己建立的规则再玩一次，强化规则意识。

教师小结：原来钻山洞的游戏需要制定规则。

（6）展开环节5：迁移经验，讨论发现生活中更多场景需要规则。

师幼交流，教师引导语：生活中还有哪些地方需要遵守规则？

（7）结束环节：总结经验，升华情感。

教师总结：规则在我们生活中很重要，在生活中还有许多规则需要大家一起来遵守，他不仅会给我们生活带来方便，也会带来快乐，让我们一起来争做规则小标兵。

7. 活动延伸

在美工区准备材料，幼儿可以制作建构区、图书角等活动区的规则，并贴到活动区入口处。

（二）《守规则真好——排队》集体教学活动说课稿

1. 说设计意图

社会规则是学前儿童社会认知的重要内容，幼儿如果没有规则意识，不仅做事效率低下，还会带来社会适应困难。大班幼儿已经知道生活中、游戏中的一些规则，但是需要加深理解遵守规则的重要性，亦需要学习协商制定生活、游戏中的规则，进而体会规则在生活中的价值。《3—6 岁儿童学习与发展指南》指出：大班幼儿可以“理解规则的意义，能与同伴协商制定游戏和活动规则”，因此，教师选取幼儿生活中的基本规则排队为内容设计了本次集体教学活动“守规则真好”。

2. 说活动目标

本次集体教学活动的目标包含认知、情感、能力三个维度，引导幼儿对规则的学习达到知行合一，利于今后生活中养成遵守规则的习惯，做一个遵纪守法的人。三维目标分别是：①知道生活中有许多规则要遵守，以及遵守这些规则的重要性；②能积极参与集体活动，共同制定游戏规则；③体验遵守规则带来的快乐。

3. 说活动的重难点

为了充分发挥情绪情感的动机作用，激励幼儿在日常生活中养成遵守规则的习惯；本次集体教学活动的重点是体验遵守规则带来的快乐，根据皮亚杰和科尔伯格关于儿童道德认知发展的理论，大班幼儿对规则的理解还具有绝对性和功利性，比较难以理解规则是可以协商制定的这一现象，因此，教师将活动的难点确定为能积极参与集体活动，共同制定游戏规则。

4. 说活动准备

活动准备包括物质准备和经验准备，物质准备包括乘电梯、滑滑梯、取彩笔等场景的视频，幼儿绘画材料，泡沫垫、搭建山洞的游戏材料，方便创设情境和展开活动；经验准备为相关场景中幼儿的游戏经验和生活经验，依据《幼儿园教育指导纲要（试行）》指出的教育内容要基于幼儿经验并拓展幼儿经验的原则。

5. 说教法学法

本次教学活动教师选用了观察法、体验法、游戏法、讨论法等教与学的方法。幼儿观察乘坐电梯、滑滑梯、取画笔等视频，发现问题、解决问题，理解规则的重要性；体验先下后上、排队等乘电梯的规则；在玩钻山洞游戏中尝试协商制定规则；通过讨论，幼儿将对规则的理解迁移到生活经验中。

6. 说活动过程

本次集体教学活动分为导入环节、展开环节和结束环节，层层递进，引导幼儿在活动中理解规则的重要性，并尝试制定规则，延伸环节有利于幼儿养成遵守规则的习惯。

首先是导入环节，教师选用情景体验，自然导入的方法，请幼儿自己拿椅子，观察幼儿拥挤、争抢的行为表现，引导幼儿思考“为什么会拥挤”，自然进入话题。

教师引导语是：“取椅子的时候老师很担心，为什么？”（后面各环节可以根据时间要求选择性的插入教师引导语，展现教师素质）

其次是展开环节，本环节共包含 5 个步骤，逐步深入。

步骤 1：观看乘电梯视频，发现存在的问题，也就是人们不遵守规则，非常拥挤，上下电梯很慢也很危险；进而引导幼儿找到解决问题的办法，并通过游戏体验生活中规则的重要性。

游戏的具体玩法：用一块垫子作为电梯间，选 7 名幼儿站在垫子上为坐电梯的人，再请其他的幼儿扮演等电梯的人，体验有人进入电梯、出电梯等活动。

步骤 2：体会游戏中规则的重要性，选用的视频是幼儿滑滑梯的内容，滑滑梯时幼儿很容易因为兴奋而忘记了遵守规则。通过集体教学活动，幼儿可以发现问题并讨论解决问题的办法，加深认识。

步骤 3：体会学习活动中规则的重要性，选用的视频资料是幼儿争先恐后取彩笔的视频，这也是幼儿在教学活动中经常出现的行为现象。

步骤 4：选用了钻山洞的游戏。在没有制定规则时幼儿玩一次，创设情境，引导幼儿主动发现需要制定规则；幼儿讨论制定规则，并绘制出来；接下来请幼儿根据自己建立的规则再玩一次，强化规则意识。

步骤 5：幼儿讨论、发现生活中更多场景需要规则，迁移经验回归生活。

最后是结束部分：教师总结，给幼儿以整体印象，形成认知。

活动延伸：在美工区准备材料，幼儿可以制作建构区、图书角等活动区的规则，并贴到活动区入口处，引导幼儿养成遵守规则的习惯。

7. 说活动特色

本次教学活动基于幼儿生活经验，选用幼儿生活中的视频资料创设情境，引导幼儿发现问题、解决问题，幼儿在探索中主动思考，充分体现了幼儿是学习的主体，学习时幼儿生活经验的丰富与改造。

(三)《守规则真好——排队》集体教学活动方案分析

大班社会领域活动《守规则真好——排队》，是教师基于对幼儿的生活观察，将幼儿发展水平与《3—6 岁儿童学习与发展指南》相对照，进而确定教育目标，选择活动内容。本活动的课程开发与实施体现了课程预设与生成的结合。

教学活动从认知、能力和情感三个维度制定了明确的活动目标，符合知情行合一的全人教育理念；活动过程层层递进环环相扣。首先从真实情景、基于幼儿生活经验引出话题；展开环节包括乘电梯的生活场景、滑滑梯的游戏场景、取彩笔的学习场景，涵盖幼儿生活的方方面面，有助于幼儿形成关于遵守规则的完整经验，在幼儿体验了各种场合规则的重要性后，创设游戏情境钻山洞，幼儿在体验没有规则的混乱后主动制定规则，并通过讨论引导幼儿将学习内容与生活经验相结合，实现经验的迁移，回归生活；延伸环节有利于幼儿强化经验，形成遵守规则的习惯。

整个活动流程逻辑清晰，视频感知、游戏体验、讨论碰撞，活动形式多样，符合幼儿学习特点，有利于调动幼儿参与的积极性与主动性，保障教学效果的实现。

三、集体教学活动设计案例《环卫工人真辛苦》

(一)《环卫工人真辛苦》集体教学活动方案设计

1. 活动名称

中班社会领域活动《环卫工人真辛苦》。

2. 设计意图

我们的生活离不开环卫工人，他们起早贪黑、辛勤劳动，换来我们城市的整洁和生活的便捷。中班幼儿已经有了一定的社会生活经验，经常在马路上看到环卫工人，但少有机会能够全面深入地去了解这些“城市美容师”的工作。《3—6 岁儿童学习与发展指南》指出：中班的教育目标为“知道父母的职业”，大班为“尊重为大家提供服务的人，珍惜他们的劳动成果”，幼儿对职业的认知是基于自己的生活范围和生活经验逐步深入的。幼儿园里有负责卫生工作的保洁人员，社区里有日夜工作的环卫工人，可以说这份职业距离幼儿的生活非常近，因此在中班下学期设计了本次集体教学活动《环卫工人真辛苦》。本次集体教学活动通过调查了解、观看视频、制作文明公约等形式，幼儿加深了解环卫工人的工作，体验环卫工人工作的辛苦和不易，由衷萌发尊敬之情。

3. 活动目标

(1) 认知目标：了解环卫工人一天的工作内容，知道环卫工人的工作与我们生活环境的关系。

(2) 能力目标：能够大胆表达对环卫工人的尊敬与感激，爱惜他们的劳动成果。

(3) 情感目标：感受环卫工人的辛苦与不易，尊重环卫工人的劳动。

4. 活动重难点

(1) 活动重点：能够大胆表达对环卫工人的尊敬与感激，爱惜他们的劳动成果。

(2) 活动难点：感受环卫工人的辛苦与不易，尊重环卫工人的劳动。

5. 活动准备

(1) 物质准备：幼儿调查表、可以体现环卫工人一天工作的视频、多媒体课件。

(2) 经验准备：幼儿提前调查、了解环卫工人一天的工作内容。

6. 活动过程

(1) 交流经验，导入活动：幼儿将调查表贴到展板上，大胆分享自己的调查结果，根据幼儿的表达适时提问引导。

例如，教师提问：“你调查的环卫工人需要做什么工作，他们一天需要做多久？”等。

(2) 展开环节 1：观看可以体现环卫工人一天工作内容的视频，全面了解环卫工人的工作时间、工作内容、工作环境等，体会他们的辛苦，萌发尊敬之情。

观看完视频后，教师用问题引导小朋友回忆、梳理环卫工人一天的工作。

教师引导语：在视频中，你们看到环卫工人做了什么？每一天他们什么时间开始工作？他们工作的环境是什么样的？

根据幼儿经验，逐步引导幼儿知道：环卫工人的工作内容包括清扫马路，特别是落叶铺满地的季节，有人乱扔垃圾的地方，下雪了还要清扫积雪；更要清运垃圾，垃圾臭气熏天、灰烟瘴气，有害垃圾存在危险。他们的工作时间很长，早晨天蒙蒙亮就开始工作了，无论是春夏秋冬从不懈怠。城市的角角落落、宽阔的马路、幽静的社区小道，都可以看到他们在辛勤的劳动。

(3) 展开环节 2：逐一观察不同危险场景的图片，了解环卫工人工作过程中面临的危险，例如垃圾中的玻璃、钉子、化学物品，夏季高温、冬季严寒，马路中间的垃圾等，拓展幼儿关于环卫工人的经验。

教师引导语：你们看到了什么？为什么会这样？我们应该怎么做？

（4）展开环节3：出示有关分类扔垃圾、车窗抛物、扔玻璃和化学物品等内容的图片，判对错，学习爱惜、尊敬环卫工人的劳动的日常做法。

教师引导语：这样做你们认为对吗？为什么？应该怎么做？

（5）展开环节4：观看社会关爱与尊敬环卫工人的图片，说一说自己的感受与打算，萌发关爱之情。

教师引导语：他们是怎么做的？环卫工人会有什么感受？我们还可以怎么做？

（6）展开环节5：鼓励幼儿大胆联系实际，与同伴交流日常生活中还可以怎么做，分组制定文明公约，学习爱护环境，懂得关爱和尊重环卫工人。

教师引导语：为了保持一个整洁的环境，我们能做些什么呢？

（7）结束环节：把小组制定的文明公约讲给全班小朋友，大家一起维护环境卫生。

7. 活动延伸

（1）建立打扫小分队，分组打扫幼儿园环境卫生。

（2）组织给环卫工人“送礼物献爱心”的公益活动。

（三）《环卫工人真辛苦》集体教学活动方案分析

《3—6岁儿童学习与发展指南》指出：社会领域中班的教育目标为“知道父母的职业”，大班为“尊重为大家提供服务的人，珍惜他们的劳动成果”。教师基于幼儿生活中关于环卫工人的经验，通过视频、图片等直观手段，引导幼儿在观察、讨论、辨析中进一步了解环卫工人工作的危险与辛苦，萌发对环卫工人的尊敬之情，知道如何去爱护环境、表达爱心，活动目标清晰，活动方式符合幼儿年龄特点。

任务单

集体教学活动实施

评价内容	自我评价	小组评价	教师评价
活动目标的维度、角度是否明确具体			
活动准备的适宜性			
活动过程中的教态			
活动过程的逻辑性			
教学方法的适宜性			
活动过程中的师幼互动质量			
其他需要注意的内容			

精准备考

1. 在生活中我们常常看到这样的现象，美丽的花坛旁边有人们丢弃的果皮，随手乱扔的纸巾，这种现象潜移默化地影响下一代的生活态度。根据皮亚杰提出的儿童道德认知发展阶段理论，幼儿的道德判断处于他律阶段，表现出对外在权威绝对地尊重和顺从，把权威确定的规则看作是绝对的、不可更改的。因此，我们要通过教育活动引导幼儿明辨是非，学习相应的道德规则和社会规则。

《幼儿园教育指导纲要（试行）》在科学领域教育内容与要求中指出："在幼儿生活经验的基础上，帮助幼儿了解自然、环境与人类生活的关系。从身边的小事入手，培养初步的环保意识和行为。"《3—6 岁儿童学习与发展指南》中对大班幼儿教育目标有"初步了解人们的生活与自然环境的密切关系，知道尊重和珍惜生命，保护环境"。(科学领域）和"爱护身边的环境，注意节约资源"（社会领域)。从身边的小事做起，培养初步的环保意识和行为是幼儿园教育的重要目标。

请设计在主题活动"环境保护"中的一个社会领域集体教学活动，引导幼儿树立环保意识，萌发爱护生存环境的情感，以期幼儿可以在日常生活中养成节约资源的习惯。

参考答案

查阅资料，设计教学活动，在设计教学目标和活动过程时注意科学领域与社会领域的渗透与区别。

项目四　学前儿童社会情感的发展与教育

学习目标

☞ **认知目标**

1. 理解情绪情感、归属感的内涵，知道学前儿童归属感的内容。

2. 理解学前儿童情绪情感发展的趋势和归属感的发展特点。

3. 熟练说出《幼儿园教育指导纲要（试行）》《3—6岁儿童学习与发展指南》等文件对学前儿童社会情感教育目标、内容、实施建议等内容的基本观点。

4. 领悟学前儿童社会情感教育活动设计与实施原理。

☞ **能力目标**

1. 能够观察并记录学前儿童社会情感发展的行为表现，并做出初步分析。

2. 能够准确书写学前儿童社会情感教育主题活动与具体教育活动的目标，尝试设计完整的活动方案。

3. 能够分组合作实施学前儿童社会情感教学活动。

4. 能够识别学前儿童生活活动、游戏活动中社会情感教育机会，进行随机教育；能够分析其他教育活动在学前儿童社会情感教育中的价值，并科学地设计相应活动。

☞ **素养目标**

1. 提高自己对家庭、工作单位、家乡、祖国、民族和文化归属感的自觉性。

2. 愿意主动研究中国传统文化，选择适合学前教育的内容。

3. 意识到学前儿童社会情感教育在立德树人过程中的重大意义，愿意提高引导学前儿童社会情感发展的能力。

项目导学

学前儿童社会情感教育的核心内容是培养学前儿童对家庭、班级、幼儿园、家乡、祖国、民族和中华文化的归属感，通过本项目的学习，我们可以理解学前儿童归属感发展的趋势，领悟学前儿童社会情感教育目标，熟悉学前儿童社会情感教育内容，设计并实施随机的、渗透性的、专门的学前儿童社会情感教育活动。本项目的主要学习任务如图 1－1 所示。

图 1-1 项目“学前儿童社会情感的发展与教育”任务导图

任务一　学前儿童社会情感的发展

情境导入①

幼儿园活动室的环境布置可以说美轮美奂，但也耗费了幼儿教师大量的精力。到底什么样的环境才会让幼儿有亲切感呢？有研究者为幼儿提供相机，让他们通过拍照的方式呈现自己所喜爱的班级环境，以此了解什么是幼儿眼中优质的班级环境。分析幼儿拍摄的照片发现，幼儿十分喜爱环境中包含了“自我”的元素，如自己的照片、物品和作品等，或者有可支持他们亲手操作的元素。幼儿拍摄的照片反映了他们近期的学习经验，从中可以发现，优质的班级环境应和儿童有积极地互动，支持“儿童对环境归属感”的形成和发展。

因此，有人提出应站在“儿童的视角”创设活动室环境，而不是“儿童视角”。“儿童视角”通常是指成人在了解儿童的特点和兴趣的基础上对其认知、经验和行为的理解，是成人尽可能接近儿童的经验之后所创造的。而“儿童的视角”是指儿童自己的认知、经验和理解，在这里，儿童是主体，我们关注的是儿童对自己生活的认知。“儿童视角”与“儿童的视角”是有差异的，成人首先要拥有“儿童视角”才有可能去捕捉“儿童的视角。”

这个月大一班的主题活动是“国庆节”，本班的李老师在思考：应该如何根据幼儿归属感形成的规律从“儿童的视角”创设“国庆节主题活动墙”呢？你们有什么好的建议吗？

知识梳理

2002 年，联合国教科文组织向全球一百多个国家颁布社会情感学习原则，随后日本、泰国等国家迅速展开了社会情感学习项目的实施，产生了良好的效果和深远的影响。社会情感学习是个体获得并应用知识、技能和态度的过程，通过该过程个体发展健康的身体、管理情绪、实现个人和集体目标，表现出对他人的同情，建立和保持支持性关系，并做出负责任和关心他人的决定。发展社会情感能力可以培养学生积极的社交技能，减少行为问题，减轻情绪压力，提高学业成绩。

一、社会情感

（一）情绪和情感的内涵

1. 情绪和情感的内涵

情绪和情感是人对客观事物的态度体验，是人对客观事物与个体需要之间关系的反

① 魏婷，贺小琼．归属感与幼儿视角的优质班级环境［J］．幼儿教育，2018，(9)：20－23.

应。当客观事物符合个体愿望或满足个体需要时就会产生高兴、幸福等积极的情绪和情感；当客观事物不符合个体愿望或不能满足需要时，就会体验到失望、伤心、愤怒等消极的情绪和情感。

情绪和情感不同于认知过程，认知过程是人对客观事物的反映，而情绪和情感反映的是客观事物与人的主观需要之间的关系。体验是情绪情感的基本特征，无论个体对客观事物持什么态度，自身都能够直接体验，离开了体验就谈不上情绪和情感。

2. 情绪和情感的区别与联系

情绪和情感都是个体对需要是否被满足的心理反应，是属于同一类不同层次的心理体验，既相互联系又有明显的区别。

情绪和情感的区别主要表现为：首先，情绪更多的是与生理需要满足状况相联系的心理活动，而情感则是与社会性需要满足状况相联系的心理活动；其次，婴儿最初的表情反应具有无条件反射的性质，甚至有心理学家认为个体出生时即有原始的情绪反应，而情感则是在与社会接触过程中逐渐产生的；第三，情绪具有较强的情境性、激动性和暂时性，会随着情境的改变或需要的满足而变化，而情感则具有稳定性、深刻性和持久性，是对事物态度的反映，是构成个体心理品质的稳定部分；最后，情绪表现具有明显的冲动性和外部表情，而情感多以内在感受、体验的形式存在（见表 4－1 所列）。

表 4－1　情绪和情感主要区别分析表

差异维度 / 体验类型	满足需要状况	个体发生时间	持续时间	外部表情
情绪	生理需要	较早	情境性、激动性、暂时性	明显
情感	社会需要	社会接触	稳定性、深刻性、持久性	内隐

情绪和情感彼此之间有密切联系：从情感的视角看，情感以情绪为基础，是在情绪稳定固着的基础上建立和发展起来的；情感通过情绪的形式表达出来，离开具体的情绪过程，人的情感及其特点就不可能现实地存在。例如，小朋友正是在一次次参观、歌唱等活动中体验着对家乡美食、名胜古迹、民俗文化的喜爱，并逐渐沉淀出对家乡的归属感。从情绪的视角看，情绪的各种变化受制于个体已有的情感，情感的深度决定着情绪表现的强度，情感的性质决定了情绪在一定情境下的表现形式。可以说，情绪发生过程中往往深含着情感因素。例如，一位热爱幼教事业的幼儿教师，当面对小朋友挑食、难以午睡、违反纪律等行为时，消极情绪体验的程度比不热爱幼教事业的人员要弱。

（二）情绪成分

情绪是包含着生物学基础、外显行为模式和内在体验状态的复合心理现象（伊扎德，1987），即情绪由生理唤醒、外部表现和独特的主观体验三种成分组成，既不能把情绪看作单一的生物现象，也不能把它看作脱离脑生物学的虚无心理现象，更不能把它归结为社会构成的单纯行为反应。

（1）生理唤醒

生理过程是情绪的生物学载体，生理唤醒是指个体情绪产生时的生理反应，例如，有人激动、焦急万分时会“面红耳赤”，受到惊吓时会“吓出一身冷汗”，焦虑紧张时会心跳加速，等等。情绪的生理唤醒涉及广泛的神经结构，如中枢神经系统的脑干、丘脑、杏仁核、前额叶皮质等，还有周围神经系统和内外分泌腺。

人们可以感知自己的情绪状态，但是不能有效控制自己的情绪，这是因为主控情绪的自主神经系统一般不受个人意志所控制。现代司法心理学中使用的测谎仪，就是根据情绪状态下个体不能控制其生理变化的原理设计的。

（2）外部表现

情绪的外部表现，也就是表情。表情是情绪信号的传递工具，是情绪借以社会化的途径，包括面部表情、语调表情和姿态表情，例如高兴时地眉开眼笑是面部表情，愤怒时的声嘶力竭是语调表情，高兴时的手舞足蹈是姿态表情。面部表情是所有面部表情肌肉变化所组成的模式，能精细表达不同的情绪，是鉴别情绪的主要标志；语调表情是通过言语的声调、节奏和速度等变化来表达情绪的；姿态表情是指面部以外的身体其他部分的表情动作。

（3）主观体验

主观体验是个体对不同情绪状态的自我感受，反映着外界与人的利害关系，也是驱动人行动的根源。情绪体验是一种主观感受，很难确定产生情绪体验的客观刺激是什么，而且不同的人对同一刺激也可能产生不同的情绪体验，例如高兴的体验可能是见到了久违的友人，也可能是取得了优异的成绩；拿到毕业证时，有的同学高兴，有的同学焦虑，还有的同学可能是恐惧。

（三）情绪情感的分类

1. 情绪的分类

人有“七情六欲”，所以个体的情绪体验非常丰富。从生物进化的角度看，人的情绪可分为基本情绪和复合情绪，其中基本情绪又可以分为积极情绪和消极情绪。

（1）基本情绪和复合情绪

基本情绪是先天的，不学而能的；是人与动物所共有的，在发生上有着共同的原型或模式。每一种基本情绪都具有独立的神经生理机制、内部体验和外部表现，并有不同的适应功能。例如，我国古代思想家荀子将情绪分为好、恶、喜、怒、哀、乐六类，倡导“六情说”；笛卡尔认为，人有惊奇、爱悦、憎恶、欲望、欢乐和悲哀六种原始情绪，其他情绪都是他们的组合或分支。

复合情绪是由基本情绪的不同组合派生出来的，也就是说，复合情绪是由两种以上的基本情绪组合而形成的情绪复合体。例如，普拉切克根据自己的研究提出了恐惧、惊讶、悲伤、厌恶、愤怒、期待、快乐和信任八种基本情绪，一种基本情绪可以与相邻的情绪混合产生某种复合情绪，也可以与相距更远的情绪混合产生某种复合情绪，恐惧和期待混合在一起就会产生焦虑情绪。

（2）积极情绪和消极情绪

积极情绪是指个体由于体内外刺激、事件满足个体需要而产生的伴有愉悦感受的情绪[①]，包括快乐、满意、兴趣、自豪、感激和爱等。罗素曾提出“积极情绪就是当事情进展顺利时，你想微笑时产生的那种好的感受”，孟昭兰认为“积极情绪是与某种需要的满足相联系，通常伴随愉悦的主观体验，并能提高人的积极性和活动能力”。积极情绪能够激活个体的行动倾向，对于认知具有启动和扩展效应；能够建设个体的资源，撤销消极情绪产生的激活水平；而且积极情绪是心理健康的重要组成部分，对身体健康具有促进作用。因此，我们可以说积极情绪对于个体适应具有广泛功能与重要意义。

消极情绪是指个体由于体内外刺激、事件未满足个体需要而产生的伴有负性感受的情绪，如痛苦、悲伤、愤怒、恐惧等。适度的消极情绪有时是有益的，有研究者认为消极情绪是有机体在进化过程中由于适应环境而被赋予或设置的，在应对具有生存威胁的环境中逐渐进化而来的。在进化的阶梯上，消极情绪与特定行动趋势密切联系。例如，愤怒生成攻击欲求，恐惧产生逃离欲求，厌恶引发驱逐欲求等，这种特定行动的趋势对于应对危险和生存挑战是必须的和关键的。

2. 情感的分类

情感是个体与社会性需要相联系的稳定、深刻和持久的态度体验。按其内容，人的社会性情感可分为道德感、理智感和美感。

（1）道德感

道德感是个体根据一定的社会道德规范评价自己和他人的行为时产生的一种内心体验。当其行为符合社会道德规范时，就产生肯定性的情感体验，如自悦、欣慰、赞赏、敬佩等；否则便产生否定性的情感体验，如自责、羞愧、厌恶、憎恨等。一般认为，道德感包括热爱祖国，对社会劳动和公共事务的义务感，对社会集体的集体感、责任感，对同志的友谊感、同志感等。卢家楣教授认为，道德情感主要包括爱国感——对国家和民族的忠诚、热爱的情感；同情感——对他人的挫折、不幸等遭遇的怜悯或同情的情感；正直感——勇于坚持原则、主张公正的情感；责任感——对自己分内的事勇于承担并尽力完成的情感。

道德感是品德结构中的重要组成部分，是道德认识和道德行为的中介变量，道德认识只有与道德情感相结合，才会产生道德动机，从而推动、控制和调节道德行为。缺乏道德情感常常是造成知行脱节、言行不一的主要原因。可以说，儿童青少年道德感是我国学校教育最为强调要加以培养的一类情感，可以集中体现我们社会主义学校公民教育的情感特色。

（2）理智感

理智情感是指个体对认识活动成就进行评价时产生的一种内心体验。例如，探究真理的求知欲，对未知的好奇心，探究问题百思不得其解的焦躁、迟疑，恍然大悟后的喜悦等。卢家楣教授认为，理智情感主要包括乐学感——乐于学习的情感；探究感——乐于对

---

① 郭小艳，王振宏．积极情绪的概念、功能与意义［J］．心理科学进展，2007（5）：810－815.

事物的特性、机制、规律等进行研究的情感；自信感——对自己学习能力确信的情感；好奇感——易于对新事物产生兴趣的情感；成就感——在学习中追求成功的情感。

理智感是高级情感，是在认识活动过程中产生和发展起来的，对人们学习知识、认识事物发展规律和探究真理活动具有积极的推动作用。理智感也是学校教育要着力培养的、与科学文化知识学习、能力发展、相应观念形成紧密相连的一类情感，它不仅影响儿童青少年在校的学习，甚至会影响终身学习的态度，而且其本身就是学校教育的重要目标之一。

（3）美感

美感是对事物美的体验，是人们基于美的需要，按照个人审美标准对自然和社会生活中各种事物进行评价时产生的情感体验。例如在中华文化中，我们认为“秀外慧中”的人是最美的，欣赏“出淤泥而不染，濯清涟而不妖”的荷花。卢家楣教授认为，审美标准是美感产生的关键，美感体验具有愉悦性和倾向性。美感常常在欣赏自然景物、艺术作品和社会和谐现象的过程中产生，符合个人审美标准的客观事物可以引起美感体验。当然，美感是在一定历史条件下产生的，受到社会历史条件的制约，具有社会性、历史性和阶级性。在中华文化中，我们认为内在美是外在美的源泉，对内在美的追求是由更深刻的审美需要引起的，例如我们赞美“墙角数枝梅，凌寒独自开”的坚强，认为梅花是美的。

（四）归属感的内涵与内容

亚里士多德认为，从本质上讲人是一种社会性动物，必须归属于一定群体才能获得心理的满足。换言之，归属感对于个体的成长和发展具有十分重要的意义，个体对所属团体产生归属感之后，就能自觉地以所属团体的规范来约束自己的行为，在团体中接受信息、经验和情感，把自己看作是团体中的一个成员。

1. 归属感的内涵

“归属”在《新华词典》中的释义是“属于；归于；划定从属关系”。马斯洛认为，归属与爱的需要是在生理需要和安全需要得到满足之后产生的，并进一步将“爱和归属的需要”描述为“追求与他人建立友情，在自己的团体里求得一席之地”。

归属感被认为是基于社会需要而产生的一种情感，诸多心理学家试图解释内涵。例如，《心理学词典》将归属感描述为在社会心理学和社会学中，指被某一群体包容或接纳的感觉；《社会心理学词典》将其解释为个体将自己归属于某一团体，并对其产生亲切、自豪的情绪体验；佛洛姆认为归属感是指心理上的安全感和落实感；侯玉波认为归属感是指成员所具有的一种属于自己团体的感觉；李季媚和冯晓霞认为个体认同所在的群体，并感觉到自己被群体认可和接纳时而产生的一种隶属于这个群体、与这个群体休戚相关的感觉。

综上可知，归属感是指个体对自己所属群体在思想上和感情上的认同和投入，愿意承担作为其中一员的各项责任和义务，以及乐于参与各项活动。对于3—6岁儿童来说，归属感就是感觉到自己是某一个群体中的重要一员、被他人接受、被他人认为有价值以及与他人成为一个整体的一种情感。

2. 学前儿童归属感的内容

归属感是学前儿童社会性发展中的重要情感，研究结果显示，学前儿童归属感的建立一方面与其心理健康水平的提升、学习动机的激发、不良行为的遏制等存在正相关关系；另一方面对学前儿童适应班级及与之良性互动有重大影响。学前儿童的归属感主要包括集体归属感、民族归属感和国家归属感等[①]，具体包括以下几方面。

（1）对家庭的归属感

家庭是3—4岁儿童归属感的重要指向，他们与父母建立了稳定的依恋关系，对主要照料者表现出信赖与亲近，体会到自己是家庭的一员，感受到家人之间相互的爱。苏霍姆林斯基曾经说过："一个孩子如果连自己的父母也不爱，身边的伙伴也不愿帮助，他是根本不可能爱家乡、爱人民、爱祖国的"。建立对家庭的归属感是儿童发展归属感的第一步。

（2）对班集体和幼儿园的归属感

刚刚入园的幼儿面对陌生的幼儿园环境、不熟悉的教师和小朋友会产生分离焦虑，这正是对家庭建立了稳定的归属感的体现。当幼儿对班级、幼儿园产生了认同感与信赖感以后，分离焦虑降低，逐步形成对班级和幼儿园的归属感。这时，幼儿的依恋对象会扩大到教师，表现为寻求教师的关注与赞许，并开始适应幼儿园与班级的新环境，在新环境中获得安全感。

中班的幼儿会逐步表现出班级荣誉感，喜欢自己所在的班级，为自己是班级一员而高兴，喜欢参加集体活动；也开始在意教师和同学对自己的认可与赞赏。

大班幼儿对班级归属感的自觉性和自主性进一步提升，集体荣誉感和责任感大大增强，更在意是否被老师和同学肯定与接纳。

（3）对社区和家乡的归属感

随着幼儿生活范围的扩大，开始了解自己居住的社区、知道居住地周围的环境和标志性建筑，知道自己是什么地方的居民，伴随着认知的加深开始喜欢听家乡的名人故事、名胜古迹，为家乡的发展变化而自豪，萌发对社区和家乡的归属感。

（4）对祖国和民族的归属感

幼儿对祖国的归属感从知道自己是中国人、认识国旗、跟唱国歌开始，5—6岁的儿童会非常喜欢听老师和家长介绍社会热点新闻和祖国取得的重大成就，知道汉族和少数民族的风俗习惯，并为自己是中国人而感到自豪。

（5）认识多元文化

随着生活经验的丰富以及阅读范围的扩大，幼儿开始知道其他国家和文化的存在，对多元文化有了初步的体验与认知。美国学前教育专家莫里逊认为，多元文化教育是帮助儿童理解、欣赏、尊重其他种族、社会经济、语言和文化背景不同的人，使儿童能够在一个拥有不同文化的世界中生活、学习、交往和工作。多元文化教育能够让儿童以客观、公正、开放、包容的态度对待外来文化，培养其初步的文化认知感与判断力。事实上，在对儿童进行爱国主义教育、培养国家归属感的同时，引导儿童意识到文化的独特性和多样性，使儿童学会尊重别人、友好地与别人合作，也是帮助儿童形成归属感的重要教育途径。

---

① 张明红．3—6岁儿童归属感及其发展［J］．幼儿教育，2015，(25)：7-9.

小资料

正兴幼儿园国庆篇之归属感培养——爱家爱国的中国娃[①]

金秋十月，孩子们带着祝福、带着希望迎来了祖国妈妈的生日。为了让孩子们更好地了解国庆节的意义，培养对祖国的热爱，激发幼儿爱国主义和自强不息的精神，在国庆佳节来临之际，天府新区正兴幼儿园开展了“喜迎国庆，礼赞祖国”国庆节系列主题活动。爱国主义教育重在培养幼儿的归属感，归属感教育的本质是爱的教育，因此幼儿园此次活动共有四个篇章组成。

篇章一：我爱我的家

小朋友用独特的方式向爸爸妈妈们表达爱意。

篇章二：我爱我的幼儿园

每天我都会开开心心地来到幼儿园！幼儿园里有我喜欢的老师、喜欢的朋友、喜欢的玩具，我爱我的幼儿园。

篇章三：我爱我的家乡

在我的家乡有许多好吃的，赖汤圆、甜水面、钟水饺、糖油果子、三大炮，还有香喷喷的火锅，我们在“美味餐厅”区角游戏里试一试怎么做吧；小朋友们都去过家乡的哪些地方呢？我们可以在建构区搭建我们去过的地方，在纸上画出我们看到的美丽风景，也可以在游玩的时候拍照留念展示在活动室的墙壁上。

篇章四：我爱我的祖国

中大班的哥哥、姐姐们也用自己的方式表达着自己对祖国的热爱之情，让我们一起来聆听这爱的表白。

二、情绪情感的心理机制[②]

情绪几乎伴随着我们日常生活的每一天，我们每天都会经历多种不同的情绪，那么这些情绪是如何产生的呢？情绪体验与外界刺激、生理反应、认知观念等因素之间存在着怎样的关系？从古希腊至今，历代思想家都试图在理论上解释情绪的产生。在心理学领域，存在三种影响较大的情绪理论，即詹姆斯-兰格理论、坎农-巴德理论和情绪认知理论。

（一）詹姆斯-兰格理论

美国心理学家詹姆斯和丹麦生理学家兰格，分别于 1884 年和 1885 年提出了内容相同

① 四川天府新区正兴幼儿园：https：//mp. weixin. qq. com/s? _ _ biz = MzIyNzc3NjM3Nw = = &mid = 2247508313&idx = 1&sn = 3006d7da587a2f629e22dd09afc581b0&chksm = e85ee34fdf296a59889ff86cbaa9efc0e2d9069e479d82e2d28ec47be600391f99eee02aa3b7&mpshare = 1&scene = 23&srcid = 0808KQdlGGajnoHk9mPoQeZm&sharer _ sharetime=1659932771352&sharer _ shareid=49c89e7bad3ac4882a180ac1b370d7e8#rd

② 彭冉龄．普通心理学（第四版）［M］．北京：北京师范大学出版社，2012：432－438.

的情绪理论，他们强调情绪的产生是自主神经系统活动的产物。

詹姆斯根据情绪发生时引起的自主神经系统的活动和由此产生的一系列机体变化提出：情绪就是对身体变化的知觉。他说："情绪只是一种身体状态的感觉，他的原因纯粹是身体的。"他认为，先有机体的生理变化，而后才有情绪。在詹姆斯看来，悲伤乃由哭泣而起，愤怒乃由打斗而致。兰格认为，情绪是内脏活动的结果，他特别强调情绪与血管变化的关系，他认为"情感，假如没有身体的属性，就不存在了"。

詹姆斯和兰格在情绪产生的具体原因上虽然描述不同，但他们的基本观点是相同的，即情绪刺激引起身体的生理反应，而生理反应进一步导致情绪体验的产生。

（二）坎农-巴德学说

坎农对詹姆斯-兰格理论提出质疑，并提出了自己的学说，认为情绪的中心不在外周神经系统，而在中枢神经系统，并进一步描述了这一过程：外界刺激引起感觉器官的神经冲动，通过内导神经传至丘脑；再由丘脑同时向上向下发出神经冲动，向上传至大脑产生情绪的主观体验，向下传至交感神经引起机体的生理变化，如血压升高、瞳孔放大、内分泌增多等，使个体生理上进入应急状态。因此，情绪体验和生理变化同时发生，他们都受丘脑控制。

坎农的学说得到巴德的支持和发展，故后人称之为坎农-巴德学说。

（三）情绪认知理论

20 世纪 50 年代，阿诺德提出了情绪的评定兴奋学说。阿诺德认为，刺激情景并不直接决定情绪的性质，从刺激出现到情绪产生，要经过对刺激的估量和评价，情绪产生的基本过程是刺激情景—评估—情绪。对相同刺激情景的不同评价会产生不同的情绪，如果认为情境对个体"有利"，就会产生肯定的情绪体验，并试图接近刺激物；如果认为"有害"就会产生否定的情绪体验，并试图躲避刺激物；如果认为"无关"，就会忽视刺激物。

20 世纪 60 年代初，美国心理学家沙赫特和辛格提出，对特定的情绪而言，生理唤醒、认知唤醒和相应的环境因素是三个必不可少的因素。通过实验研究证明，人对生理反应的认知和了解决定了最后的情绪体验。环境中的刺激因素，通过感受器向大脑皮层输入外界信息；生理因素通过内部器官、骨骼肌的活动，向大脑输入生理状态变化的信息；认知过程是对过去经验的回忆和对当前情境的评估。来自这三个方面的信息经过大脑皮层的整合作用，才产生了某种情绪经验。换言之，情绪状态是由认知过程（期望）、生理状态和环境因素在大脑皮层中整合的结果，并将这一理论转化为一个工作系统，成为情绪唤醒模型。

拉扎勒斯是情绪的认知-评价理论的代表。他认为情绪是人与环境相互作用的产物，情绪的产生不仅接受环境刺激事件的影响，还必须有认知活动的指导，只有这样才可以了解刺激事件的意义，选择适当的动作反应。在情绪产生过程中，个体对情景刺激事件的评价分为初评价、次评价和再评价。初评价是对刺激事件及其与个体利害关系的评价；次评价是对自己反应行为的调节与控制；再评价指个体对自己的情绪和行为反应的有效性和适宜性的评价。

小练笔

根据不同的情绪学说，你认为在培养学前儿童对家乡和祖国归属感的过程中感知欣赏素材起着什么样的作用？

三、学前儿童情绪和情感的发展趋势

（一）学前儿童情绪和情感发展的一般趋势

随着脑神经系统的逐步成熟和社会经验的日益丰富，学前儿童情绪和情感的发展表现出逐步丰富化和深刻化、社会化以及自我调节化的趋势。

1. 学前儿童的情绪和情感逐渐丰富化和深刻化

（1）情绪和情感逐渐丰富化

学前儿童情绪情感的逐渐丰富化包括两层含义，其一为情绪过程越来越分化，体验到的情绪种类越来越多；其二为情绪所指向的事物不断增加。

学前儿童的情绪过程越来越分化。多个情绪分化理论指出，新生儿只有几种基本情绪，随着年龄的增长，婴幼儿的情绪类型不断分化、增加。这主要是因为儿童的活动范围逐渐扩大，需要越来越丰富，继而出现了多种新的情绪体验，例如幼儿中期逐渐出现友谊感、道德感，幼儿晚期出现集体荣誉感等。

学前儿童的情绪所指向的事物不断增加。在日常生活中，原来并不能引起婴幼儿情绪体验的事物，逐渐开始引起他们的情绪体验，例如2岁左右的幼儿游戏时以旁观游戏、单独游戏为主，不太在意其他小朋友是否和他玩；3～4岁的幼儿，会想办法主动加入他人的游戏，渐渐出现联合游戏，如果小朋友不和他玩会很伤心。

（2）情绪和情感逐渐深刻化

学前儿童情绪和情感的深刻化意味着指向事物的性质发生变化，由指向事物的表面特征发展到指向事物的本质特征，例如2～3岁的幼儿对父母的依恋，主要是由于父母能够满足他的基本生活需要，而4～5岁幼儿开始出现对父母的尊重与敬佩等情感体验。

2. 学前儿童的情绪情感逐渐社会化

（1）引起学前儿童情绪反应的社会性动因不断增加。

婴儿的情绪反应主要是和他的基本生理需要是否得到满足相联系，例如舒适的环境、干爽的尿布、吃饱睡足、身体舒适等常常是引起婴儿积极情绪的动因；3—4岁时，幼儿情绪由主要与满足生理性需要相联系向主要与满足社会性需要相联系过渡；到中班时，与人交往、被教师和同学喜欢等社会性需要的作用越来越大，甚至直接影响着幼儿情绪的性质。

（2）理解他人情绪的能力和运用社会化表情的能力逐步提高。

学前儿童理解他人情绪的能力逐步提高，例如理解他人表情的能力，儿童最初认为微笑面孔代表着愉快，以后逐步发现并非所有情境下的微笑都是愉快的，某些情境下成人微笑的面部表情表达的只是这种情境下的一般反应，比如礼貌。理解他人情绪的能力与儿童自身的感受、移情能力、情绪概念化的能力以及认识行为后果的能力有关，例如儿童对负性情绪地表达比正性情绪的表达要晚，因此，4 岁才开始理解情境与某种负性情绪相联系。

学前儿童运用社会化表情的能力逐步提高。婴儿会用面部表情和全身动作毫不保留的表露自己的情绪，以后则会根据社会习俗、文化要求调节自己的情绪表达方式，例如幼儿伤心时，在家可能会号啕大哭，在众人面前却满含眼泪而不再出声哭。有研究发现，4—5 岁是幼儿情绪表达规则认知能力发展的关键年龄阶段，特别是积极情绪表达规则认知能力的发展进入一个快速发展的阶段，5 岁幼儿消极情绪表达规则认知能力的发展已经接近成熟水平①。

3. 学前儿童的情绪情感逐渐自我调节化

学前儿童情绪情感的自我调节化表现为情绪体验的冲动性逐渐减少、稳定性逐渐提高，情绪表达逐步由外露到内隐。

学前儿童情绪情感的冲动性逐渐减少。幼儿早期由于大脑皮层的兴奋容易扩散，加上大脑皮层中枢控制能力发展不足，幼儿常常处于激动的情绪状态；随着大脑皮层和语言的发展，到幼儿晚期，幼儿情绪的冲动性逐渐减少。

学前儿童情绪情感的稳定性逐渐提高。幼儿早期儿童的情绪体验持续时间短暂，稳定性差，两种对立情绪常常在较短时间内相互转换。正如俗语所说："小孩的脸六月的天，说变就变。"例如，幼儿因为得不到心爱的玩具而哭泣时，成人给他一个爱吃的零食，立刻会破涕为笑。到大班，幼儿情绪情感的稳定性逐步提高，甚至一种情绪可以持续一天。

学前儿童情绪情感的表达逐步从外露到内隐。幼儿初期的儿童，不能意识到自己情绪的外部表现。他们的情绪常常完全表露于外，丝毫不加掩饰和控制。随着言语和幼儿心理活动有意性增强，幼儿逐步能够调节自己的情绪和外部表现，越来越内隐，这也更符合中华文化坚忍不拔的品格要求。

小资料

情绪 ABC 理论是由美国心理学家埃利斯提出的理论。他认为，激发事件 A（activating event）只是引发情绪和行为后果 C（consequence）的间接原因，而引起 C 的直接原因则是个体对激发事件 A 的认知和评价而产生的信念 B（belief），即人的消极情绪和行为（C）不是由于某一激发事件（A）直接引发的，而是由于经受这一事件的个体对它不正确的认知和评价所产生的错误信念（B）所直接引起的。

通常人们会认为诱发事件 A 直接导致了人的情绪和行为结果 C，发生了什么事就引起了什么情绪体验。然而你有没有发现，同样一件事对不同的人会引起不同的情绪体验。例如，同样是英语六级考试，两个人都没通过，一个人无所谓，而另一个人却伤心欲绝。

为什么？就是诱发事件 A 与情绪、行为结果 C 之间还有个对诱发事件 A 的看法、解

① 孟红霞. 幼儿情绪表达规则认知能力的发展［J］. 天津师范大学，2008.

释的B在起作用。一个人可能认为这次考试只是试一试，考不过也没关系，下次可以再来；另一个人可能觉得这是背水一战，不能失败。于是，不同的B带来的C大相径庭。

（二）学前儿童归属感发展的趋势

幼儿获得归属感是培养幼儿产生热爱家庭、热爱集体、热爱家乡、热爱民族、热爱祖国情感的坚实基础。如果一个幼儿缺乏归属感，那么他就很难会对别人产生兴趣，进而也会导致其表现出孤僻、不合群等异常行为。幼儿归属感的发展表现出由近及远、由小到大、由个体到群体、由熟悉到陌生的趋势[①]。

1. 由近及远

归属感的形成是一个由近及远的过程。幼儿归属感指向的社会环境，是从家庭开始的。在进入幼儿园之前，家庭是幼儿主要的生活场所，幼儿首先对家庭成员产生亲近感，感觉到被爱、被接纳；进而会对家庭环境萌发熟悉感与安全感，从家庭生活中获得安慰。

随着幼儿需要的逐步丰富，生活环境也逐渐扩大。幼儿进入幼儿园开始集体生活，走入社区的娱乐休闲场所，认识周围的小朋友、邻居，去超市购物，逐渐对幼儿园、社区产生熟悉感、认同感，即萌发对幼儿园、社区的归属感。

幼儿的生活半径逐步扩大，节假日会出去游玩，去参加各种活动，进而对家乡、祖国萌发归属感。

2. 由小到大

从幼儿归属感指向的地理版图看，呈现出由小到大的趋势，归属感最初指向最小的家庭，范围越来越大，逐步到社区、家乡，进而扩大到国家、世界。

3. 由个体到群体

幼儿对家庭、幼儿园、家乡、祖国的归属感均体现出由个体到群体的发展趋势。例如，在家庭生活中，婴幼儿首先对妈妈、爸爸等主要照顾者产生依恋，进而对所有家庭成员产生情感，感受到被爱，萌发安全感、归属感；在幼儿园生活中，幼儿首先感受到某个小朋友、班级老师对自己的喜爱，逐渐与多个小朋友建立友谊，感受到更多老师的认可与爱护；大班的小朋友会具有比较强烈的集体荣誉感，喜欢自己的班级、幼儿园，会为自己是某个班级、某一幼儿园的小朋友而自豪。

4. 由熟悉到陌生

幼儿归属感的发展，从了解家庭成员开始，体会自己在家庭中的位置，与父母、亲人的关系；进而了解自己生活的社区，经常接触邻居；进入幼儿园，感受到来自老师、小朋友的温暖；然后开始了解家乡的名称、在地图上的位置、拥有的名胜古迹，本民族的风俗；最后知道祖国的名称、传统节日、风俗文化，世界上还有许多国家，文化风俗不同。

---

① 张明红．3—6岁儿童归属感及其发展［J］．幼儿教育，2015，(25)：7-9.

小资料

情绪智力

20 世纪 90 年代后期，高尔曼所著《情绪智力》中文译本问世，国内社会掀起了一股“情商热”，车文博主编的《心理学词典》中也使用了“情感智力”这个术语。情绪智力是人成功完成情感活动所需的个性心理特征，也可以说是人以情感为操作对象的一种能力，培养情绪智力就是培养个体对情感的操作能力。陈帼眉教授结合操作和对象两个维度分析了情绪智力的成分，为观察与引导儿童情绪情感的发展指明了方向，操作情感的心理活动主要包括观察、理解、评价、预见、体验、表达、调控等，可被操作的情感对象主要包括个体自己的情感、他人的情感、自己与他人之间的情感、他人与他人之间的情感等。

四、学前儿童归属感教育的意义

（一）获得归属感使幼儿具有价值感

心理学家阿德勒说，人们终其一生，都在寻找一种价值感和归属感。何谓自我价值感？最早系统研究这一问题的美国心理学家威廉·詹姆斯认为，一个人的自我价值感水平取决于其成就与抱负的比率。刘丽分析前人的研究成果后认为，自我价值感是表达在个体对自己的态度里的个人价值判断，自我价值感在自我判断、评价的基础上形成，是一种稳定的态度和情感。影响个体自我价值感发展的要素主要有两大类：一类是内部要素，是指能反映人的价值的个人特征，如能力、成就等；另一类是外部要素，是指个体周围的他人对个体的评价与态度。自我价值感是个体以内在的自我价值为依据、以外在的他人评价与态度为标准形成的。

学前儿童自我评价逐步由依赖成人的评价发展到独立评价，因此，幼儿的归属感，即家庭、集体的接纳与认可会影响幼儿的价值感体验，建立了归属感的幼儿容易认为自己是被认可的、有价值的。

（二）获得归属感使幼儿具有安全感

安全感是指个体的一种主观感受，它受主体经验及外界环境的影响，表现为对自我及外界的有力掌控感以及能从恐惧和焦虑中脱离出来的信心和自由的感觉。

对安全感的论述最早见于弗洛伊德精神分析的理论研究，艾里克森等其他精神分析学派的人也对安全感进行过论述。他们认为，在孩子幼小的时候，父母（尤其母亲）如果能够给孩子足够的爱，持续的、稳定的、持之以恒、前后一致的爱，孩子就会体验到安全感，并延伸出对他人及世界的信任，并且感觉到自尊、自信以及对现实和未来的确定感和可控制感。

人本主义心理学家马斯洛指出，当大部分生理需要被满足之后，个体变得越来越对寻求环境的安全、稳定和保障感兴趣，产生了发展某种结构、秩序和限制的需要，即出现了安全的需要；心理的安全感指的是“一种从恐惧和焦虑中脱离出来的信心、安全和自由的感觉”，缺乏安全感的人往往感到被拒绝、不被接受和受到冷落，具有安全感的人则感到被他人喜欢与接受，从他人处感到温暖和热情，认为自己是群体中的一员。

安全感伴随人的一生，对个体发展的各个阶段皆有重要影响，幼儿期有着良好安全感的儿童能够发展出更好的人格及社会适应能力。安全感的形成是隐性的，有研究者认为儿童的安全感主要是通过安全型的依恋关系、需要得到及时满足及对环境的基本信任感而建立①，也有研究者发现流动儿童安全感与其学校归属感之间存在紧密关系②。

综上可知，安全感与归属感之间关系密切，相互影响。通过教育活动，幼儿萌发对家庭、幼儿园、家乡、祖国和文化的归属感，可以给自己带来踏实感、安全感。

（三）获得归属感使幼儿具有责任感

“天下兴亡，匹夫有责。”“先天下之忧而忧，后天下之乐而乐。”生活在社会中的人对国家、社会、团体、家庭、他人都负有一定的责任，责任反映的是道德、法律、职业和人的良心要求。个体通过社会化过程将社会的价值观与行为规范等内化，在社会生活实践中逐渐认识到自己的责任，并产生了相应的内心体验，表现出一定的责任行为，这样便产生了个体的责任心。我国研究者（朱智贤，1989；姜勇等，2000）一般认为，责任心由责任认知、责任感和责任行为三个维度构成，其中责任感是指一个人对自己的言论、行动、许诺等持认真负责、积极主动的态度，并随之产生的情感体验和反应。潘丽娟认为，幼儿的责任心由自我责任心、他人责任心、任务责任心、过失责任心、承诺责任心、集体责任心六个维度构成③，也有研究者（李洪曾，2002）把幼儿责任心区分为对己责任、对家庭责任、对团体责任和对社会责任四个维度。

幼儿责任心的发展受诸多因素的影响，例如，李洪增研究发现幼儿责任心与家庭人际关系有联系，家庭人际关系愈融洽，幼儿责任心愈强。家庭关系越融洽，幼儿的归属感也越强。因此可以说，个体归属感和责任感的体验相互影响。

（四）获得归属感使幼儿具有爱的情感和爱国情怀

幼儿获得归属感，具体指幼儿热爱家庭、热爱班集体和幼儿园、热爱家乡和祖国以及民族，归属感的获得使幼儿感受到满满的接纳与认可，感受到大爱。归属感教育的本质是爱的教育，幼儿园归属感教育的具体内容就是培养对家庭、幼儿园和国家的爱。如果一个幼儿缺乏归属感，那么他就很难会对别人产生兴趣，进而也容易形成孤僻、不合群的个性。

爱国主义是中华民族的民族心、民族魂，是中华民族最重要的精神财富，是中国人民和中华民族维护民族独立和民族尊严的强大精神动力。爱国主义是一种高级的道德情感，爱国主义教育是情感教育，就学前儿童来说，爱国主义教育具体内容是归属感的培养，具体来说，就是对家的归属，对集体的归属，对国家和民族的归属。

---

① 彭进．母亲教育品质与幼儿安全感的形成探析胥兴春［J］．教育与教学研究 2014，28（8）：119-121.

② 李人龙，师保国．北京市流动儿童安全感和学校归属感研究温颖［J］．北京：首都师范大学学报（社会科学版）2009，（S4）：188-192.

③ 姜勇，庞丽娟．幼儿责任心维度构成的探索性与验证性因子分析［J］．心理科学．2000，（4）：417-420.

任务单

知识检测

评价标准	自我评价	小组评价	教师评价
可以说出情绪情感的内涵与分类			
可以说出学前儿童归属感的内容			
可以说出情绪情感的心理机制对情感教育的启示			
举例分析学前儿童情绪情感的发展趋势			
分析学前儿童归属感的发展特点			
举例分析学前儿童归属感教育的意义			

案例分析

能否合理疏导新入园幼儿的分离焦虑、减少入园初期的混乱、尽早建立良好的一日常规和教学秩序是考验一所幼儿园保教工作质量的重要指标①。小班新生平均年龄 3 岁左右，绝大部分幼儿自理能力较差，依恋情绪明显，分离焦虑现象严重。每年九月份，大批处于分离焦虑期的小班儿童同一时间入园，给小班第一个月的保教组织工作带来了诸多困难，常常是一个孩子哭闹，其他几个孩子也跟着哭闹，此起彼伏，十分“热闹”。最新的认知神经研究表明，对于 1～6 岁的儿童来说，与主要抚养者（如母亲）的分离是冲击儿童安全依恋、影响其心理健康的最重要的心理事件。实践中我们也能看到，分离焦虑重的儿童确实会在入园后的很长一段时间里有比较明显的生理反应，出现头痛、腹痛、恶心等躯体症状。即使分离焦虑比较轻的儿童也普遍会出现一些消极的心理反应，如烦躁、注意力分散、情绪低下等。

你认为可以采取哪些措施减缓幼儿的入园焦虑，尽快形成对班级、幼儿园的归属感呢？

参考答案

可以从入园制度、教师教育活动、家园合作等方面入手。

（1）梯度入园，逐步适应新环境。（2）教师亲切的教育态度、组织专门的活动、布置环境、允许幼儿短时间内携带依恋物品等。（3）家长调整作息与幼儿园保持一致、培养幼儿的生活自理能力、及时安抚幼儿等。

---

① 徐建华．有效缓解新生入园焦虑的策略：提前入园与混龄体验［J］．学前教育研究．2015，（12）：59－60.

精准备考

一、填空题（请将正确答案写在横线上）

1. 伊扎德认为情绪是包含着生物学基础、外显行为模式和内在体验状态的复合心理现象，即情绪由生理唤醒、外部表现和独特的________三种成分组成。

2. 从生物进化的角度看，人的情绪可分为基本情绪和复合情绪，其中________又可以分为两类，即积极情绪和消极情绪。

二、单项选择题（请选出唯一正确的答案）

1. 在商场里，4～5 岁的幼儿看到自己喜爱的玩具时，已经不再像 2～3 岁时那样吵着要买。他们能听从成人的要求并用语言安慰自己“家里有许多玩具了，我不买了”。下列对这一现象最合理的解释是(　　)。

A. 4～5 岁的幼儿形成了节约的概念

B. 4～5 岁幼儿的情绪控制能力进一步发展

C. 4～5 岁幼儿能够理解玩其他玩具同样快乐

D. 4～5 岁幼儿自我安慰的手段有了进一步发展

2. 幼儿获得归属感，是培养幼儿产生热爱家庭、热爱集体、热爱家乡、热爱民族、热爱祖国情感的坚实基础，其发展表现出的趋势不包括(　　)。

A. 由近及远　B. 由小到大　C. 由成人到同龄伙伴　D. 由熟悉到陌生

三、判断题。(正确的打√，错误的打×)

1. 卢家楣教授通过研究认为，道德情感主要包括爱国感、同情感、正直感、责任感和荣誉感。　(　　)

2. 对于 3—6 岁儿童来说，归属感就是感觉到自己是某一个群体中的重要一员、被他人接受、被他人认为有价值以及与他人成为一个整体的一种情感，是对自己所处的群体在思想上、感情上和心理上的认同和投入。　(　　)

参考答案

一、填空题

1. 主观体验　2. 基本情绪

二、单项选择题

1. B　2. C.

三、判断题

1. ×　2. √

任务二 学前儿童社会情感的教育

情境导入

中班洋洋的妈妈向李老师求助，孩子在家表现得非常乖巧，也很有礼貌。但是走出家门不爱和别人打招呼，无论家长怎么引导，就是躲在家长身后一言不发，没有什么变化，让家长非常尴尬。自己到底应该怎么做才可以让他变得主动一些呢？李老师告诉这位妈妈“放心吧，我试试看”。接下来李老师对洋洋进行了系统观察，并做了详细的观察记录，分析发现洋洋小朋友非常乖巧听话，很少主动和别人说话，做什么事情都显得非常拘谨。

随后，李老师制定了系统的教育方案。早晨入园时，李老师热情地和洋洋打招呼，洋洋对老师微笑一下就坐到了自己的座位上；晨间谈话时，李老师引导小朋友认识自己班级的名字“菠萝班”，每个小朋友都是一个小菠萝，都是班级的小主人，幼儿园就是小朋友的家，帮助幼儿明确身份；故事阅读环节，李老师让洋洋去帮助老师拿绘本，做老师的小助手；离园时，老师问洋洋明天是否可以早到幼儿园，做小礼仪人员，和老师一起迎接其他小朋友，洋洋没有说什么，点点头答应了；第二天，洋洋早早来到幼儿园站到李老师身边，李老师紧紧牵着他的小手，鼓励说“老师给你力量”，洋洋慢慢的可以和小朋友热情地打招呼。

你认为李老师的做法有效吗？为什么呢？

知识梳理

育人之本，在于立德铸魂。引导学前儿童社会情感发展时，必须“把立德树人作为教育的根本任务”，培养学前儿童对家庭、幼儿园、社区和祖国以及中华民族和中华文化的归属感，开发设计适合中国学前儿童社会情感教育的课程。

一、学前儿童社会情感教育目标

（一）学前儿童社会情感教育的总目标

1.《幼儿园工作规程》对学前儿童社会情感教育总目标的阐述

《幼儿园工作规程》从德育范畴规定了社会领域教育目标，即“萌发幼儿爱祖国、爱家乡、爱集体、爱劳动、爱科学的情感，培养诚实、自信、友爱、勇敢、勤学、好问、爱护公物、克服困难、讲礼貌、守纪律等良好的品德行为和习惯，以及活泼开朗的性格”。分析可知，《幼儿园工作规程》对幼儿社会情感教育目标“萌发幼儿爱祖国、爱家乡、爱集体的情感”，涵盖“爱祖国”“爱家乡”“爱集体”三个方面的内容。

2.《幼儿园教育指导纲要（试行）》对学前儿童社会情感教育总目标的阐述

《幼儿园教育指导纲要（试行）》将社会领域教育的总目标阐述为：

1. 能主动地参与各项活动，有自信心；

2. 乐意与人交往，学习互助、合作和分享，有同情心；

3. 理解并遵守日常生活中基本的社会行为规则；

4. 能努力做好力所能及的事，不怕困难，有初步的责任感；

5. 爱父母长辈、老师和同伴，爱集体、爱家乡、爱祖国。

分析可知，既有指向家庭归属感的“爱父母长辈”，也有指向幼儿园归属感的“爱老师和同伴”，“爱集体”，以及指向家乡归属感的“爱家乡”和指向祖国归属感的“爱祖国”，并且体现了归属感的深层内涵，即责任感，明确教育目标，对于“利索能力的事情”要“具有初步的责任感”。

3.《3—6岁儿童学习与发展指南》对学前儿童社会情感教育总目标的阐述

《3—6岁儿童学习与发展指南》将学前儿童社会情感教育目标放在“社会适应”子目标条目下，具体为“目标3　具有初步的归属感”，分析各年龄班的教育目标内容可知，包含对家庭、班级、幼儿园、社区、家乡、民族和祖国等内容的归属感。

（二）学前儿童社会情感教育的年龄目标

确定学前儿童社会情感教育的年龄目标时，一般根据学前儿童发展心理学对学前儿童情绪情感发展趋势的研究成果，观察评价本班幼儿社会情感实际发展水平与典型行为表现，分析确定本班幼儿社会情感的最近发展区，制定各年龄班的教育目标。同时，《3—6岁儿童学习与发展指南》科学阐述了学前儿童社会情感中归属感教育的年龄目标，可以为我们的教育实践提供指导。

《3—6岁儿童学习与发展指南》将学前儿童归属感教育年龄目标作为子目标“社会适应”的一项内容展开论述，见表4-1所列。

表4-1　目标3　具有初步的归属感

3～4岁	4～5岁	5～6岁
1. 知道和自己一起生活的家庭成员及与自己的关系，体会到自己是家庭的一员	——	——
2. 能感受到家庭生活的温暖，爱父母，亲近与信赖长辈	——	——
——	1. 喜欢自己所在的幼儿园和班级，积极参加集体活动	1. 愿意为集体做事，为集体的成绩感到高兴
3. 能说出自己家所在街道、小区（乡镇、村）的名称	2. 能说出自己家所在地的省、市、县（区）名称，知道当地有代表性的物产或景观	2. 能感受到家乡的发展变化并为此感到高兴
——	——	3. 知道自己的民族，知道中国是一个多民族的大家庭，各民族之间要互相尊重、团结友爱

（续表）

3～4 岁	4～5 岁	5～6 岁
4. 认识国旗，知道国歌	3. 知道自己是中国人。 4. 奏国歌、升国旗时能自动站好	4. 知道国家一些重大成就，爱祖国，为自己是中国人感到自豪

分析可知对学前儿童家庭归属感的培养主要是在小班实现；对学前儿童班集体、幼儿园的归属感的培养是中班和大班的教育目标，中班的具体要求为“喜欢”，大班提升为培养幼儿的集体荣誉感；对民族的认同感是大班的教育目标。对家乡和祖国的归属感贯穿整个学前教育阶段，具体要求根据幼儿情绪情感的发展趋势逐步深刻化、丰富化，例如对家乡的归属感由小班知道家乡街道、小区的名称到中班要求知道省、市、县的名称，指向的范围逐步扩大，且指向的内容中班为具体的“物产和景观”，大班的要求则是感受“家乡的变化”，对幼儿的时间知觉、比较能力提出要求。

小练笔

请分析对祖国归属感的年龄目标变化趋势与规律。

（三）学前儿童社会情感教育的月目标

华爱华教授指出教学有效性的核心指标是目标的达成度，而目标的达成首先需要目标具有合理性①。学前儿童社会情感教育主题活动非常丰富，例如传统节日、国庆节等节日主题，家乡的特产、名胜古迹等爱家乡的主题，扎染、剪纸等传统文化主题。在书写这些主题活动目标时，教师需要分析本班幼儿的实际发展水平，对标《3－6 岁儿童学习与发展指南》中年龄目标的陈述，研读学前儿童社会情感发展趋势与年龄特点，从知情行三个维度写出主题活动目标，并注意领域间的渗透。

小练笔②

中国共产党建党 100 周年，幼儿园要深入开展“从小学党史、永远跟党走”主题教育活动。为了了解幼儿的已有经验，我们组织了谈话活动。有的幼儿说“党是谁啊”“党长什么样子”，有的幼儿说“党喜欢什么，我该送他什么生日礼物呢”，有的幼儿说“党就是中国共产党，我听我爷爷奶奶说过，但是也不知道是谁，从来没来过我家呀”……第一次谈话活动在幼儿一连串疑问中结束，这激发了幼儿对“党是谁”的浓厚兴趣。因此，教师提议幼儿回家和爸爸妈妈一起找资料、讨论这个话题，再来幼儿园交流、分享。第二天入园后，幼儿就开始自主讨论起来：“党的名字叫中国共产党。”“我的爷爷奶奶、爸爸妈妈都是党员。”“有了中国共产党的领导才有我们现在的幸福生活。”“对呀对呀，没有共产党

① 华爱华．追求“教学的有效性”还是“有意义的教学”［J］．幼儿教育 2008，（19）：6－8.

② 赖斯慧．儿童本位的爱党爱国主题教育活动实践——以大班主题活动“我们生活的地方”为例［J］．福建教育，2021，（16）：16－18.

就没有新中国，奶奶还教我唱了这首歌呢”……教师说：“中国共产党是一个组织，由好多好多党员组成，他们共同建设我们的祖国。”

幼儿生活经验逐渐丰富，选择符合幼儿兴趣和需要的事物作为教育内容，容易引起幼儿的注意，促进幼儿主动、深度学习。教师通过问卷调查、讨论交流、投票等方式，了解幼儿的兴趣和需要。经过梳理和分析，我们确定了主题“我们生活的地方”，并设计了风景美、生活美和心灵美三个次主题设计，随后制定了详细的主题活动目标，设计了一系列具体教育活动，如图 4－1 所示。

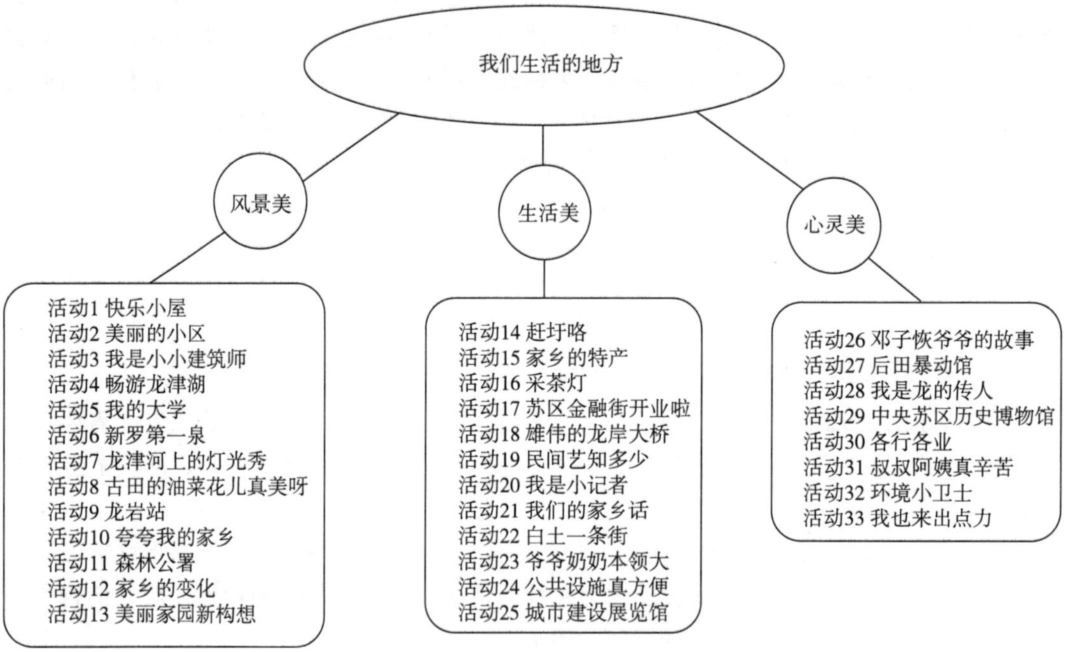

图 4－1 “我们生活的地方”教育活动

请根据“我们生活的地方”主题活动网格图写出主题活动目标吧。

（四）学前儿童社会情感教育具体活动目标

学前儿童社会情感教育可以通过有针对性的集体教学活动实现，也可以通过日常生活、游戏、外出参观等其他形式的教育活动达成。无论是有计划、有组织的针对性活动，还是其他渗透性活动，教师必须做到“心中有目标”，以此为指引，科学评价某一活动在萌发幼儿归属感过程中的教育价值，观察幼儿表现，依据具体教育情境选择教育策略。这就要求在制定学前儿童社会情感教育具体活动目标时要明确、具体，具有可操作性。

小练笔

STREAM 教育是强调科学、技术、阅读、工程、艺术、数学的一种整合性课程模式，其主要特征是跨学科整合、真实的问题情境、以工程活动为核心。将 STREAM 教育理念融入闽南本土文化课程中，首先应当在闽南传统文化中筛选蕴含STREAM特征的课程资源，其次要融合STREAM探究精神，创设探究性学习环境，最后要以探究游戏为核心，建构多样化的课程实施途径。

扎染作为我国非物质文化遗产之一，是我国民间传统的染色手工艺。这一探究主题蕴含科技与人文素养，具有STREAM教育的特征，同时既贴近幼儿生活又基于幼儿兴趣。在开展“奇妙的扎染”活动前，教师厘清这一传统手工技艺中蕴含的STREAM教育要素，并以整合性为原则，调整各个元素的比重，设计了大班艺术活动的目标：

第一，欣赏扎染的色彩和图案美，了解扎染的基本过程。

第二，观察比较，感受图案与扎染方法之间的关系。

第三，尝试设计图稿、选择材料进行自主探究，体验扎染的乐趣[①]。

你认为这位老师写的活动目标合适吗？如果有不合适的地方，你认为可以怎么修改呢？

二、学前儿童社会情感教育内容

（一）纲领性文件中对学前儿童社会情感教育内容的概述

《幼儿园教育指导纲要（试行）》对社会领域教育内容的描述共有8条，其中与学前儿童社会情感教育相关的内容：

7. 充分利用社会资源，引导幼儿实际感受祖国文化的丰富与优秀，感受家乡的变化和发展，激发幼儿爱家乡、爱祖国的情感。

8. 适当向幼儿介绍我国各民族和世界其他国家、民族的文化，使其感知人类文化的多样性和差异性，培养理解、尊重、平等的态度。

（二）选择学前儿童社会情感教育内容

1. 依据《3—6岁儿童学习与发展指南》中的幼儿情感教育目标选择教育内容

虞永平教授曾指出，“从原则上说，幼儿园的课程是幼儿园选择和编制的，而不是别人给予的。[②]”学前儿童社会情感教育教育内容涵盖对家庭、班级、幼儿园、家乡和祖国以及民族、文化的归属感，特别是对家庭、幼儿园、班级、家乡的归属感的教育内容，只有与幼儿的生活环境息息相关，才可以激起幼儿的探究兴趣，激起幼儿的内心体验，萌发相应的情感。即使是对民族、文化和祖国的归属感教育内容，各地所拥有的教育资源亦有差异。《3—6岁儿童学习与发展指南》分别阐述了小班、中班、大班的社会情感教育目标，这些教育目标富有“指导性和原则性”，需要幼儿教师根据这些目标，深度挖掘适合本园、本班的教育内容，设计具体的学前儿童归属感教育内容。例如，爱家乡的教育目标在中班为“知道当地有代表性的物产或景观”，济南市的幼儿园可以选择千佛山、大明湖、趵突

---

① 陈虹虹．基于STREAM教育的幼儿园闽南本土文化活动探究——以“奇妙的扎染”活动为例［J］．教育观察．2022，11（3）：55-59.

② 虞永平．再论幼儿园课程审议．幼儿教育［J］．2008，（21）：4-6.

泉等教育内容，而东营市的幼儿园则可以选择油田，烟台的幼儿园则可以苹果、海产品等为教育内容。

小练笔

请根据《3—6岁儿童学习与发展指南》大班教育目标“知道国家一些重大成就”，结合近年我国各领域取得的重大成就，选择适宜的教育内容。

2. 依据学科研究成果选择学前儿童社会情感教育内容

学前儿童社会情感教育主要是归属感教育，心理学对归属感的内涵和内容结构的研究为教育内容的选择具有指导价值。而且，心理学者认为随着时代的发展和人们思想观念的多元化，人类的情感现象也会因得到相应的发展而越来越丰富。我们要积极关注新的研究成果，以此指导课程内容选择与开发。例如，波果斯洛夫斯基曾指出：“社会关系的改变、生活方式的改变会引起新的情绪状态，一个人的新的情绪性的心境、新的情感。”卢家楣教授认为“人类的情感会随着人们对情感现象的认识深化而不断被发掘”，并系统分析了青少年的情感素质结构，指出道德感包括爱国情感、同情感、正直感和责任感。这些研究成果都可以为我们选择具体的教育内容提供有价值的指导。

在学前教育领域，许多幼教工作者提出了幼儿园课程开发的独特视角，研究设计了大量新颖的归属感教育课程内容，实际工作中我们要坚持学习，提高课程设计水平，丰富归属感教育班本课程内容。

小练笔①

国庆节

祖国妈妈72岁生日来临之际，为培养幼儿的爱国情怀，营造欢乐祥和的节日氛围，激发幼儿热爱祖国、热爱家乡的情感，增强幼儿的国家、民族自豪感和向心力，泰州市环溪幼儿园开展了“我眼中的国，我眼中的家”主题活动。该活动包含“钟爱我的中国红”“表白我的中国心”“抒发我的中国情”“畅想我的中国梦”和“勇走我的长征路”五个子活动。

一、钟爱我的中国红

“钟爱我的中国红”包含的具体活动为“升国旗，奏国歌”和“我和国旗合个影”。

朝阳正在东方升起，金色的阳光洒满大地，小朋友们扬起一张张纯真的笑脸，排列着整齐的队伍，一起参加了升旗仪式；升旗仪式完成后，小朋友幸福地和国旗合影。

① 泰州市环溪幼儿园：https：//mp. weixin. qq. com/s? _ _ biz=Mzg5MjczMDI2MQ==&mid=2247547957&idx=1&sn=3cb2ea967f22878618107eb60ee3ee97&chksm=c03bd2cff74c5bd9c85d9caa8857d6cc9cb821728c5fc55f20df6e41e4dd1b4ad9c7577100c2&mpshare = 1&scene = 23&srcid = 0808fwS1Y5gMrcxJVqjxFqCj&sharer _ sharetime = 1659933104588&sharer _ shareid=49c89e7bad3ac4882a180ac1b370d7e8#rd

二、表白我的中国心

孩子们通过自己的方式传递了对祖国的爱。小班的宝贝们用自己的双手把对祖国的爱揉进了“饼干”里，一个个可爱的五角星、爱心“饼干”正是他们对祖国的爱；中班的小哥哥、小姐姐们开展了手掌印画国旗、泥工蛋糕、绘画“祖国妈妈生日快乐”，线描画中国名建筑和我是中国娃等活动，还用演讲的方式把中国的著名建筑告诉身边的朋友们，国人强则中国强！“中国的世界之最有哪些?”不用急，让大班的哥哥、姐姐们讲给你们听，听着听着你就会发现，原来我们的祖国如此强大，令人自豪。

三、抒发我的中国情

小班宝贝们观看了视频天安门升国旗仪式和《我和我的家乡》，看到国旗冉冉升起时，看到解放军叔叔们步伐坚定一致地行进时，小小朋友们都不由自主地为国旗和解放军叔叔们鼓掌，这种自豪、敬佩之情就在此时此刻油然升起；中班的小哥哥、小姐姐们在集体观看了祖国的名胜古迹和美丽家乡视频后开启了国庆知识小问答，《中国名人故事会》开始了，他们站在台上和大家讲述中国名人的故事，小听众们听得津津有味；大班的哥哥姐姐热情洋溢地开启“萌娃赞祖国”，把自己看到、听到、感受到的美丽祖国用丰富、漂亮、华丽的辞藻点缀，把祖国的好夸了个遍。

四、畅想我的中国梦

小朋友们用自己清脆的声音，多彩的画笔畅想未来，表达期盼。

五、勇走我的长征路

小小的身体有大大的能量，在这欢乐的日子里，小朋友们用形式多样的游戏、无畏的精神共同追忆祖国走过的七十二年风雨历程，爬雪山、过草地、强渡大渡河、飞夺泸定桥、运军粮都可以通过我们的游戏活动体验。

喜迎国庆，爱我中华。我们歌唱，我们欢笑，共同祝愿伟大的祖国妈妈生日快乐，繁荣昌盛！

你可以从该幼儿园的主题活动中提炼出幼儿祖国归属感的教育内容吗?

3. 源于幼儿生活选择学前儿童社会情感教育内容

源于幼儿生活选择学前儿童社会情感教育内容，要尊重幼儿的生活背景和已有经验，将幼儿对家庭、幼儿园、家乡和祖国归属感的培养与幼儿生活紧密结合。幼儿归属感教育内容，一方面选择富有共性的教育内容，例如认识国旗、国徽、传统节日等；另一方面要从幼儿生活实际出发，筛选和整理本土文化中健康、积极的元素，将其组织成符合幼儿经验的、幼儿容易理解和接受的内容单元，并以幼儿喜欢的形式开展丰富多彩的活动，让幼儿在活动中产生对本土文化的认同感。例如，培养幼儿对家乡的归属感时，生活在城市的幼儿一般对家乡的名胜古迹、科技成就等内容积累了一定的经验，而生活在乡村的幼儿由于生活环境的特殊性，对家乡丰富的物产、优美的乡土风情、富有地方特色的农产品等具有感性认识，在选择教育内容时应有所区别，开发设计适合本地幼儿的教育内容。

教育案例[①]

徐汇区乌南幼儿园学前儿童归属感教育案例

上海市徐汇区乌南幼儿园是一所公办涉外幼儿园，设有12个境内班和8个境外班，近500名中外幼儿在这个大家庭里一起生活、学习，其中境外班的孩子来自20多个国家和地区，而境内班的孩子虽属本地户籍，但也有三分之一来自“海归”家庭。

面对具有多元文化背景的孩子及其家长，幼儿园在培养幼儿归属感的实践中，本着“文化自尊”和“文化尊重”的原则，以“文化浸润”的方式让幼儿充分感知、体验，通过丰富多彩的活动培养幼儿的“中国心”“世界情”。

幼儿园从实际出发，选择教育内容并通过日常生活活动、主题活动、节庆活动和外出参观活动培养幼儿的“中国心”。比如在公共活动区投放关于中国民间故事的经典绘本，打造了凸显我国南方与北方迥异风格和习俗的多元文化体验馆，区域活动中开展了茶馆、武术馆、中药店、中餐厅、围棋馆等特色游戏区，设立了剪纸、国画、书法和民族乐器等操作体验区，将中国历代的发明创造、中国传统的中医文化以及中国当代的航天事业成就等作为主题活动的内容，通过节庆活动引导幼儿认识中国的春节、元宵节等。

由于幼儿家庭背景的特殊性，课程建设中注意原汁原味呈现不同文化元素。例如，创设既体现多元文化，又凸显本民族文化的环境。在安排节庆活动时，我们将中外重要节日予以梳理，比重上凸显中国传统节庆活动，平衡各国特色节日，让来自不同国家的孩子既感受中国传统文化的魅力，又感受世界文化的多彩多姿。

总之，将中国传统文化融入幼儿园课程，让每个幼儿潜移默化地受到本土文化的滋养与浸润，可以加强他们对祖国的认同感与归属感，使中国的传统文化扎根于他们的心田。同时，随着全球化时代的到来，也要用适宜的方式让幼儿感受和了解多元文化，让他们成为一个拥有“中国心”、怀有“世界情”的小公民。龚园长多次坚定地说：“不管我的孩子们来自哪里，未来会去哪里，只要他们生活在我们国家，我就有责任告诉他们，这个国家有着怎样的历史和文化，我们是如何生活在这片土地上的。”

三、学前儿童社会情感教育途径

（一）重视学前儿童社会情感的随机教育

日常生活、游戏、家园共育等活动中蕴含着大量归属感随机教育的机会，教师要善于发现，有效利用。例如，幼儿穿了一件扎染图案的衣服，教师的称赞即可激起幼儿的自豪

---

① 后朴教育：https：//mp. weixin. qq. com/s? _ _ biz=MzA3OTkxNjk4OA==&mid=2247485399&idx=1&sn=0c50c8637d8eb738d4898b4d830235a6&chksm=9fad7d04a8daf4122b0bc104549c4cdb512e540af9cbb3eb8bbefb297200fa5c326b130bda2c&mpshare = 1&scene = 23&srcid = 0808zKr3OCUm7OQQej2NZfZe&sharer _ sharetime = 1659940553885&sharer _ shareid=49c89e7bad3ac4882a180ac1b370d7e8#rd

感；国庆节开学后，小朋友滔滔不绝地讲述假期见闻时，教师可以及时肯定，保护幼儿的自豪感；建构游戏“五月的风”中，幼儿遇到困难，多次搭建失败想放弃时，教师可以与幼儿一起探索搭建技能，引导幼儿感受“中国建筑的精致与美观”等。

教育案例

中班集体备课教研开放活动——搭建技能在《我的家乡》主题中的运用[①]

教研活动开始，老师们围绕着什么是建构游戏以及中班幼儿都应该掌握什么建构技能展开了激烈的讨论。在搭建过程当中，老师们不断探索、不断尝试，既有分工又有合作，通过排列、组合、垒高、架空、转向等形式，从积木建构的造型、布局、创意、合作等进行搭建。老师们在有限的时间里充分发挥想象力与创造力，还可以使用辅助材料，根据主题内容及具体的情境进行建构，最终搭建出主题活动中的多个作品（如图所示）。同时深深体会到教师不仅仅要会“教”，而且还会“玩”，在玩中才能真正了解幼儿，走进幼儿的世界。

本次中班的主题是《我的家乡》，幼儿的搭建活动开始了，各班围绕着班级特色，在搭建区选择材料，思考搭建技巧，教师适时引导，多次尝试后幼儿完成了非常震撼人心的作品。

① 青岛市李沧区青峰路幼儿园：https：//mp. weixin. qq. com/s? _ _ biz=MzkyMzIwNTU0Ng==&mid=2247506088&idx=1&sn=1e834b19dc1a5ec8699f63f25c05c5d7&chksm=c1ea326df69dbb7bf181f2ea3985764ebdd811a910f9453eb7030a83c234a6afffa57144312f&mpshare=1&scene=23&srcid=0810qijX2lPAj4rAdFdcjK9E&sharer _ sharetime=1660094238307&sharer _ shareid=49c89e7bad3ac4882a180ac1b370d7e8#rd

（二）充分发挥渗透教育对学前儿童社会情感教育的作用

归属感教育在学前阶段开展的方式更多需要一种体验式的、沉浸式的，甚至是隐性的，特别是爱家乡、爱国主义教育是潜移默化、熏陶的过程，并不是靠说教可以实现。这主要是由于学前儿童的思维是以具体形象思维为主，还很难在抽象意义上形成家乡、国家的概念，他们的认知是与山川地貌、人文习俗、物产美景等具体事物紧密相连的。因此，需要借助具体人物、事物在游戏中、生活中渗透，萌发他们的归属感。

社会领域教育不是封闭的，它总是要借助一些内容、手段和方式，而这些内容、手段和方式往往与其他领域有着联系。可以说，幼儿园课程中没有一个文学、音乐和美术作品不是在渗透积极向上的社会价值，没有一种数量关系不传递社会意义，没有一种科学技术不产生正面或负面的社会影响，所以，幼儿社会性情感教育的目标也可以渗透到所有的领域教育中。

拓展阅读

诗歌《我们的祖国真大》[①]

我们的祖国真大，北方有冬爷爷的家，十月就飘大雪花。
我们的祖国真大，南方有春姑娘的家，一年四季盛开鲜花。
啊！伟大的祖国是妈妈，东西南北中的孩子，在同一个时候，
有的滑雪，有的游泳，有的围着火炉吃西瓜。

---

① 方明．山东省幼儿园课程指导用书教师用书（大班·上）[M]．济南：明天出版社，2018：66.

教育案例

嗨，我来了！——文道石榴娃专属的仪式感和归属感[①]

每天早上，文道分园的孩子们都有一份专属的入园仪式感。

每个班都设置了一个签到角，小小的签到角，展现的不仅是环境上的创意美，更隐含着教育的意义。鼓励孩子们积极主动地参与自我管理，激发孩子们的小主人意识，建立起归属感，当然，也建立起孩子们之间的关爱和友善。

小一班签到角特别有趣！签到桌上的桌布是小朋友一起拓印装饰的。签到小球里装着小朋友用胶泥制作的小动物造型。每天清晨入园时，孩子们会将属于自己的“动物小球”放入管道，“砰”的一声小球落下，表示着“我来啦”！孩子们在愉快的签到游戏中，萌生“我喜欢上幼儿园”“我想玩”的积极情感！

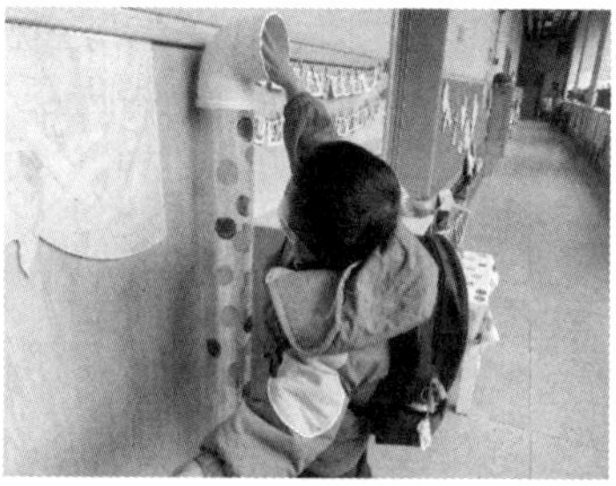

小二班的萌娃每天都会选择自己最喜欢的印章图案，在自己的大头照旁边印下属于这一天的专属印记，体验自主选择的快乐，萌生小小主人翁意识。

① 成都市第十六幼儿园，https://mp.weixin.qq.com/s?__biz=MzA4Mzk3NjAzOA==&mid=2654808433&idx=1&sn=f0b6588397f0bdec00c6c7953cfc4833&chksm=8427c378b3504a6e7789020f6a76190d6e31998a3d893305be9cb491ee7e31d0234671b8ab58&mpshare=1&scene=23&srcid=0808ET6dmlFY1JwoyCWw7NC8&sharer_sharetime=1659924720380&sharer_shareid=49c89e7bad3ac4882a180ac1b370d7e8#rd

小三班的签到墙藏着情绪小怪兽，黄色是开心，绿色是平静，红色是生气，粉色是爱和温暖。萌娃们表达着自己入园的心情，老师也能更好地识别和关注到幼儿的情绪。

中二班的签到墙是根据绘本《彩虹色的花》创设的。这里有绘本里的可爱角色，小朋友们可以把自己的卡片放在有不同角色标识的纸筒里，将自己融入到故事场景中，开启童话的一天。

这天早上，小鱼儿和糖糖将自己的卡片放在了有蚂蚁标识的纸筒里。阳阳去医院看牙齿没有来幼儿园。午饭后，他俩将阳阳的卡片也放在了蚂蚁纸筒里。老师好奇地问："阳阳没有来，为什么要把阳阳的卡片放进蚂蚁纸筒里呢？"嘟嘟妹说："他一个人很孤单。"宝妹说："他很伤心。"

孩子们的反应引发了老师的反思，签到角关注到了来园的小朋友，怎样关注未到园的孩子们呢？于是，利用这一契机和孩子们讨论"没有来园小朋友的卡片放哪里"。经过一番讨论，大家想到了一个好办法：如果要请假，就在请假的前一天请小朋友帮忙，把卡片放在指定位置。就这样，签到角里一个朋友也不少。最后，班级还讨论了如何表达对帮忙放卡片小朋友的感谢，孩子们提到比爱心、说谢谢、给一个飞吻、唱一首歌等方式。从签到互相关心，石榴娃们收获着满满的归属感和爱。

（三）组织专门的社会情感教育活动

专门的社会情感教育活动的形式主要有主题活动和集体教学活动，这些活动具有很强的预设性。冯晓霞认为，预成课程最大的优点在于“它的目的性较强，教师相对容易把握”①。目的性是课程永远抹不掉的特征，课程的目的既包含教育的社会价值——培养社会所需要的人，也包含教育的个人价值——发展每一个人的潜在能力。特别是学前儿童社会情感教育，《幼儿园工作规程》《幼儿园教育指导纲要（试行）》等系列文件均明确了“爱家乡、爱祖国”的教育目标，因此，有目的、有计划、有组织的集体教学活动是学前儿童社会情感教育必要的教育途径，而且“如果课程设计得比较好的话，教育目标较易落实，能够保证儿童的基本发展，尤其是必要的知识和技能方面的基本发展。”

教育案例

“访茶园·探茶趣·品茶香”——武夷学院附属幼儿园茶主题活动②

天地间，有灵芽。

古称茶，今叫茶。

武夷山的孩子们从小在得天独厚的茶的氛围中成长，武夷学院附属幼儿园在春茶季开展了以“茶”为主题的系列活动，孩子们了解茶从哪里来、制茶过程、认识制茶工具，感受茶文化！

1. 我们一起来聊茶

（1）寻茶园—从认识茶开始

4 月 21 日，中班孩子们来到琪明岩茶厂，在国家级非物质文化遗产传承人—王顺明爷爷的带领下，参观、了解茶的生长环境。孩子们还用写生的方式将自己看到的茶园、观察到的茶叶形态画下来！

（2）探茶趣—茶品种密码

参观了品种园，认识了更多的茶品种。聪明的茶人们用各种数字标记着不同的品种。

2. 我们一起制茶喽

（1）访茶厂

我们喝的茶，是怎么从一片绿色的叶子到成品茶的？带着这个疑问，孩子们参观了茶

---

① 冯晓霞．生成课程与预成课程［J］．早期教育．2001，（08）：2－4.

② 武夷学院附属幼儿园：https：//mp. weixin. qq. com/s？ _ _ biz＝MzI0NDA3Mjg5Nw＝＝&mid＝2649716772&idx＝1&sn＝5d0656663797eccdeca7659aef96c04c&chksm＝f178b08ac60f399cb2412bd8d32aa6808b8e9a6037b4aa85301e5b80ca8c658438c5417164ba&mpshare＝1&scene＝23&srcid＝0810t3Q6lNHqIpxGcncAWOZP&sharer _ sharetime＝1660093112139&sharer _ shareid＝49c89e7bad3ac4882a180ac1b370d7e8＃rd

的制作过程，看了制茶的工序，认识了制茶机械：有炒青锅、摇青机、揉捻机、烘焙、色选流水线等，这些机器本领可真大哦！

（2）拣茶叶

小茶人模仿着大人，认真地挑拣茶叶：将毛茶中的黄片、茶梗和茶叶分离，看，认真的小茶人多可爱啊！

（4）识器具

我们认识了各种各样的茶器具：有茶壶、茶杯、品茗杯，闻香杯，六君子……这是我们设计的茶壶，是不是很有艺术范儿？

3. 弄弄的茶文化

（1）小小茶艺师

武夷小茶人多才多艺，一起来和小茶人泡茶，品茶吧！

（2）茶礼仪

扣手礼，我们回家分享茶礼仪知识，爸爸妈妈可开心啦！

在武夷山浓厚的茶氛围中，悠久、独具魅力的茶文化滋养着这里的孩子们，孩子们知茶、懂茶、爱茶！武夷学院附属幼儿园茶主题课程中的生活体验活动，孩子们增强了对家乡、民族的感情，进而萌发继承和发扬茶文化之志，力争做一个既有世界眼光又有民族情怀的礼乐学子。

教育案例

集体教学活动案例“亲情电话”

1. 活动名称

大班社会领域活动：亲情电话。

2. 设计意图

理解他人情绪是学前儿童社会情感发展的重要内容之一。在具体情境中，5—6 岁的幼儿已经能够站在他人的角度，理解他人的情绪状态，并对自己和他人的情绪体验给出合理解释。因此，设计了本次集体教学活动。在活动中，幼儿通过亲情电话感受他人情绪的变化，理解积极沟通的意义，从而形成及时电话沟通的积极态度。本次集体教学活动由导入环节、展开环节和结束环节三个环节组成。

导入环节——谈话导入，引出主题。通过讨论，我们知道在需要与爱自己的人及时联系时可以拨打亲情电话。

展开环节——观察体验，深入理解。通过观看视频、讨论，我们体验在一定的情境中亲情电话的重要性。

结束环节——分享经验，强化体验。幼儿说一说生活中还有什么情景需要打电话，表达什么情感，实现迁移经验教师点评，强化幼儿体验。

3. 活动目标

(1) 知道我们通过亲情电话可以告诉爱自己的人一些信息，以免他们担忧。

(2) 能够在需要及时沟通的场景中打亲情电话。

(3) 体验亲情电话的重要性，培养及时电话沟通的积极态度（活动的重点和难点）。

4. 活动准备

(1) 物质准备

自拍视频 1：爸爸因为加班不能回家吃饭了，给妈妈打电话。

自拍视频 2：奶奶生病了，给奶奶打电话表示关心。

自拍视频 3：每个星期天的早上，给外婆打电话表示问候。

(2) 经验准备

电话交流的经验。

5. 活动过程

(1) 导入环节

谈话导入，知道亲情电话的作用，激发探究兴趣。

教师提问：

① 你打过电话吗？

② 你给谁打过电话？

③ 为什么要打电话？

④ 打电话时你会说些什么？

教师小结：电话已经成为我们联络感情、沟通信息、交流思想不可或缺的得力助手，在我们需要及时与爱自己的人进行联系时，可以通过打电话的方式告诉他们，以免他们担忧。

(2) 展开环节

看看说说，理解亲情电话的重要性。

展开环节 1：打电话以免担忧。

播放视频 1，教师提问：

① 现在是几点？妈妈心情怎么样？怎么会这样呢？

② 爸爸在哪里？他在电话里说了些什么？

③ 妈妈接到爸爸的电话后，心情怎么样了？

④ 爸爸为什么要打电话回家？

教师小结：因为爸爸要加班，不能回家吃饭了，妈妈在家不知道情况很担心，所以打电话告知一下很重要。

展开环节 2：打电话表示关心。

播放视频 2，教师提问：

① 这是谁？她怎么了？你从哪里看出来的？

②这是谁打来的电话？她说了些什么？

③ 奶奶听了电话后怎么样了？

④小妹妹为什么要给奶奶打电话？

教师小结：奶奶生病了，小妹妹给奶奶打电话，表达对奶奶的一种关心、一种爱，希望奶奶快点好起来。

展开环节3：打电话主动问候。

播放视频3，教师提问：

① 视频里的小妹妹在给谁打电话？她说了些什么？

② 外婆接到电话后怎么样了？外婆又说了些什么？

③ 小妹妹为什么每个星期天都要给外婆打电话呢？

教师小结：在周末、节日时可以用打电话的方式给远方的亲人送上问候。

展开环节4：情景游戏。

教师引导幼儿思考还有哪些情况需要打电话，幼儿分组进行模拟打电话游戏。体验打电话，探究更多亲情电话场景。

教师提问：生活中还有哪些情况需要打亲情电话呢？

（3）结束环节

幼儿分享经验，教师总结，强化体验。

教师提问：小朋友说说，我们又知道了哪些情境还需要拨打亲情电话。

教师小结：我们应该养成及时电话沟通的好习惯，当你遇到急事无法完成约定时，可以通过打亲情电话的方式及时告知亲人一些信息，避免他们担忧；遇到高兴的事情也可以和亲人分享快乐和幸福；还可以在平时用打电话的方式给亲人送去问候，增进感情。

6. 活动分析与评价

归属感是幼儿园社会领域教育的重要内容，对于幼儿来说，归属感就是让幼儿感觉到自己是家庭、班集体或幼儿园中的重要一员，被他人接纳、认可，可以与他人成为一个整体的一种情感。随着年龄增长，大班幼儿对于归属感的情感体验更深刻，表现出更多的自觉性和自主性。该活动以此为基础让幼儿学会承担起家庭成员的责任，养成与家人及时通电话的良好习惯，该设计符合学前儿童的年龄特点和发展需要。活动的主要环节就是通过视频创设情景，教师引导幼儿讨论交流对于亲人不同情绪反应的感受，从真实的情境出发能够有效地促进幼儿对于亲人和家庭的归属感的建立。

文件阅读

《3—6岁儿童学习与发展指南》对学前儿童社会情感教育的建议：

1. 亲切地对待幼儿，关心幼儿，让他感到长辈是可亲、可近、可信赖的，家庭和幼儿园是温暖的。如：

① 多和孩子一起游戏、谈笑，尽量在家庭和班级中营造温馨的氛围。

② 通过和幼儿一起翻阅照片、讲幼儿成长的故事等，幼儿感受到家庭和幼儿园的温暖，老师的和蔼可亲，对养育自己的人产生感激之情。

2. 运用幼儿喜闻乐见和能够理解的方式激发幼儿爱家乡、爱祖国的情感。如：

① 和幼儿说一说或在地图上找一找自己家所在的省、市、县（区）名称。

② 和幼儿一起外出游玩，一起看有关的电视节目或画报等；和他们一起收集有关家乡、祖国各地的风景名胜、著名的建筑、独特物产的图片等，在观看和欣赏的过程中激发幼儿的自豪感和热爱之情。

③ 利用电视节目或参加升旗等活动，向幼儿介绍国旗、国歌以及观看升旗、奏国歌的礼仪。

④ 向幼儿介绍反映中国人聪明才智的发明和创造，激发幼儿的民族自豪感。

四、学前儿童社会情感教育指导要点

学前儿童归属感的培养应该以情绪情感发生与发展的心理机制为指导，根据学前儿童归属感发展的年龄特点明确教育目标、创设条件，通过感知、体验等方式方法萌发学前儿童情感，并及时强化。在学前儿童社会情感教育过程中应注意以下几方面：

（一）做好入园前后的工作，引导幼儿克服入园焦虑

入园是幼儿从家庭走向社会的第一步，能否顺利适应将影响幼儿未来的心理发展。幼儿入园焦虑包涵依恋-分离、任性-约束、依赖-自理三个方面的内容，幼儿与依恋对象分离出现分离焦虑；在家可以任性而为，而在幼儿园不得不受到常规的约束；在家日常生活可以依赖父母，在幼儿园必须生活自理。这些变化都有可能导致幼儿入园的不适应，出现焦虑情绪。

幼儿入园的不适应主要是由于陌生的环境和人际导致基本需要的暂时性缺失而造成的，因此，做好幼儿从家庭到幼儿园的过渡工作，缩小家庭与幼儿园生活的差异显得尤为重要。例如，扩大幼儿社交范围，降低幼儿对父母的完全依恋；在入园前，指导与训练幼儿独立进餐、如厕、穿脱衣服、认识自己的物品等生活技能，选用梯度入园、亲子试园等过渡性入园方式，引导幼儿慢慢熟悉环境、消除陌生感。

教师还要分析幼儿入园焦虑的不同表现，有针对性地进行引导。鲍尔比研究发现9～12个月的婴幼儿与主要抚养者建立了稳定的依恋关系，这是幼儿对家庭产生归属感的情感基础；同时，艾斯沃斯认为高质量的母婴依恋是儿童顺利社会化的基础，并将母婴依恋分为安全型、回避型、矛盾型和混乱型四种依恋类型；现代依恋理论倾向于认为，母婴依恋是儿童人际交往的一种模式，会影响儿童与其他人的人际交往。幼儿与依恋对象父母分离出现分离焦虑，不同依恋类型幼儿分离焦虑的行为表现具有差异，内心体验亦不相同，教师要科学观察幼儿的入园焦虑表现，分析幼儿的交往体验，有针对性的引导。例如，对于哭闹不止的幼儿可以安抚、取得其信任，也不要忽视不哭不闹甚至有些冷漠的幼儿。

（二）创设足够的交往机会，引导幼儿尽快融入集体生活

同伴交往可以提高幼儿的人际交往水平，顺利实现社会化。幼儿在交往中学会交往，体验着如何加入同伴游戏，如何与同伴协商。同伴交往不良不仅影响儿童道德品质的发展，还可能影响其以后的社会适应，导致退缩、攻击、逃学等各种社会行为问题。教师要组织集体参观活动、自由游戏、混龄游戏等活动，创设交往机会，引导幼儿积极参与集体

生活。

同伴关系可以满足幼儿社会交往的需要，是幼儿获得社会性支持和安全感的重要源泉，对其健康心理品质的形成都起着独特的作用。良好的同伴关系会让幼儿在幼儿园感到幸福快乐，感受到彼此的关心与接纳；在同伴关系中被拒绝、被忽略的儿童往往游离于集体之外，感受不到集体的温暖。教育中要培养幼儿自信、谦让、分享、有礼貌等心理品质与亲社会行为，提高同伴关系质量，使其成为一个受欢迎的小朋友，融入集体感受到集体的温暖。

（三）引导幼儿积极参与集体活动，培养集体荣誉感和责任感

集体荣誉感是一种热爱集体、关心集体，自觉为集体尽义务、做贡献、争荣誉的道德情感，是一种积极的心理品质，它能使人产生履行道德义务、要求积极上进的巨大精神力量。一个具有高度集体荣誉感的幼儿会为了维护集体荣誉而努力进取；并能够为了集体荣誉主动克服自身的缺点，自觉摒弃不良的行为习惯。在教育过程中，教师可以通过做游戏、讲故事的方式引导幼儿理解集体概念，并组织比赛、小组竞赛等活动，创造机会，引导幼儿积极参加，体验为集体贡献力量的自豪；也可以通过值日生活动、分享活动等萌发幼儿的责任感。幼儿会渐渐明白自己是集体的一名成员，自己做得好就会给整个集体加分，自己做得不好，就会影响别的小朋友或整个集体；幼儿也会发现在集体中不能像家里一样随心所欲，必须受到集体规则的约束。

（四）通过专门性活动和渗透性活动萌发爱家乡、爱祖国的情感

爱家乡、爱祖国的专门性教育活动是指幼儿园有针对性的归属感教育活动，具有目的性、计划性、组织性的特点，可以保障归属感教育目标的达成。专门性的归属感教育活动目标明确、过程严谨，可以引导幼儿进行系统的、深刻的体验，例如国庆节、春节、中国建筑等主题活动，以家乡的美食、十二生肖、少数民族等为内容的集体教学活动，参观红色纪念观等外出参观活动。

渗透性活动是指在一日生活的各个环节或其他领域教育活动中有机地开展归属感教育。渗透性的归属感教育活动具有潜移默化的特点，可以起到润物细无声的作用，例如语言领域的红色故事、艺术领域的歌唱活动“我和我的祖国”等。

两种活动相辅相成，共同达成教育目标。

小资料①

中国动画片经历几十年跌宕起伏发展，形成一批经典之作，前不久北京冬奥会宣传片中，孙悟空、雪孩子、葫芦娃等具有年代感的国产动画“全明星阵容”出现在冰雪运动赛场上，引发阵阵好评，立即唤醒“70后”“80后”观众的美好回忆。

少年儿童是我国动画片的主要受众群体，好的动画片，尤其优秀的“少儿向”动画，能帮助孩子们扣好人生第一粒扣子。可喜的是，在一系列政策扶持引导下，我国“少儿

① 王羽．2021我国少儿向动画片发展新形态．国家广电智库（公众号）．

向”动画创作不断走向“量稳质升”，打开新时代少儿动漫的新窗口，塑造出更多少儿动画新形象、新品牌。曾经，我国动画片充分吸收中国京剧、剪纸、皮影戏、工笔画等艺术形态，在《大闹天宫》《小蝌蚪找妈妈》《骄傲的将军》《济公斗蟋蟀》中逐渐形成独特的民族风格和美学特色，剪纸动画、水墨动画、木偶动画等各种动画样式不断涌现。随着国家“中国经典民间故事动漫创作工程”持续推进，越来越多的动画片彰显中华文化基因、中国故事元素和中国审美特色，“少儿向”动画也在不断向中华优秀传统文化延伸，突显“新国风”美学。

任务单

素材收集

素材内容	自我评价	小组评价	教师评价

案例分析

这是一次大班集体教学活动研讨场景，活动来源于“我的祖国叫中国”主题活动中的建构游戏“万里长城”。

集体教学活动开始了，陈老师抛出问题“万里长城是干什么用的”，“用来走的”“用来参观的”“用来抵御敌人大炮的”，幼儿表达了不同的想法。

随后，老师分享了幼儿画的两张城墙图片，播放了他们在建构区搭建城墙的视频，并请他们说说有什么问题。幼儿很快发现了问题：城墙有裂缝，倒塌了。

紧接着老师又提问：“该怎么把城墙搭得更牢固?”幼儿各抒己见，说出了“搭得平整一点”“用水泥”等方法，老师抛出问题“如果把纸砖横过来搭，会不会更牢固?”于是，幼儿分成三组，用纸砖开始垒高。

幼儿搭建完毕，老师请每组代表介绍作品，并把准备好的“炮弹”（在立式挂衣架横梁上用绳悬挂一瓶矿泉水）推到城墙前，验证是否坚固。结果，第二组的城墙只破了一点点。老师请幼儿思考原因，并展示城墙搭建动画、图片，引导他们发现砖是错位堆垒的。接下来，幼儿开始了第二轮搭建和验证。

活动结束时，老师播放了古代劳动人民修建长城的视频资料，引导幼儿体验中国长城的雄伟壮观。

教学活动结束后，执教老师说："主题活动我的祖国叫中国进行过程中，有的幼儿开始在建构区搭建长城，但好几名幼儿搭建到一半就倒塌了，他们自己也发现了这个问题，但总是从头再来，并没有发现有效的问题解决办法。"于是就有了这次通过集体教学活动引导孩子们一起分析问题、解决问题的想法。

你如何评价执教教师在主题活动"我的祖国叫中国"中生成的本次集体教学活动呢？

参考答案

（1）执教教师能够及时捕捉到孩子们在游戏中遇到的真实问题，并通过集体教学活动让孩子们用讨论、实践、验证等方法解决的问题，这种课程意识值得学习。

（2）张雪门说："事情怎么做，我们怎么教；孩子怎么学，我们怎么教。"在本次集体教学活动中，教师通过讨论、游戏、实践引导幼儿积极探索问题解决办法，将认识祖国文化融入幼儿游戏。

精准备考

一、填空题

1. 分析《幼儿园工作规程》对幼儿社会情感教育目标的阐述可知，其内容涵盖"爱祖国""爱家乡""________"三个方面的内容。

2.《幼儿园教育指导纲要（试行）》规定应该"适当向幼儿介绍我国各民族和世界其他国家、民族的文化，使其感知人类文化的多样性和差异性，培养理解、尊重、________的态度。"

二、单项选择题

1. 根据《3－6岁儿童学习与发展指南》，"奏国歌、升国旗时能自动站好"可以作为（　　）年龄班的目标。

A. 托班　　B. 小班　　C. 中班　　D. 大班

2. 学前儿童社会情感教育的主要目标是培养幼儿的（　　）。

A. 集体荣誉感　　B. 爱国情感　　C. 民族自豪感　　D. 归属感

三、判断题。（正确的打√，错误的打×）

1. 幼儿归属感教育内容，一方面应该选择富有共性的教育内容，例如认识国旗国徽、传统节日等；另一方面也可以从幼儿生活实际出发，筛选和整理本土文化中健康、积极的元素作为教育内容。（　　）

2. 归属感教育在学前阶段开展的方式是一种体验式的，甚至是隐性的，但是爱家乡、爱国主义教育必须通过专门的教育活动来实现教育目标。（　　）

参考答案

一、填空题

1. 爱集体 2. 平等

二、单项选择题

1. C. 2. D.

三、判断题

1. √ 2. ×

任务三　学前儿童社会情感教育活动设计与实施

情境导入

同课精设计　异构促成长——七台河大学附属幼儿园开展“同课异构”教研活动

为深入贯彻落实《3－6岁儿童学习与发展指南》《教师专业标准》等文件精神，发挥骨干教师的示范引领作用，提升教师组织教育教学活动的专业能力，进一步提升园本教研水平，我园开展了以“同课精设计、异构促成长”同课异构教学研讨活动。

教师们依据《3－6岁儿童学习与发展指南》，结合各班幼儿的年龄特点，采用不同的构思、不同的切入点和侧重点设计教学活动。从对教材的挖掘，到教学策略的选择；从对问题的设计，到课堂气氛的营造，都体现出各自的风格，展现出同课异构的“相同领域、不同设计”“相同名称、不同目标”“相同流程、不同教法”的独特视角，并重点关注游戏化教学的有效性。

这是一所幼儿园的教研活动记录，你是否可以根据“相同领域、不同设计”“相同名称、不同目标”“相同流程、不同教法”的思路重新思考本项任务活动中的两个集体教学活动设计方案呢？

案例分析

一、主题活动设计案例《春节主题教育系列活动》①

（一）主题活动名称

园本主题活动：春节（小中大三个年龄班）。

（二）主题活动设计意图

敲起锣鼓放鞭炮，新的一年即将到！春节是中华民族最隆重的传统节日，是集祈福攘灾、欢庆娱乐和饮食为一体的民俗大节。春节起源于殷商时期，历史悠久，在传承发展中

---

① 日照市金海岸小学幼儿园春节主题教育系列活动：https：//mp. weixin. qq. com/s? _ _ biz=MzIzOTI1NjQ3NQ==&mid=2247483863&idx=2&sn=da1836e6c812fb728fbdb60cd51eeb0f&chksm=e92d9723de5a1e35d3190bc221ea60ae1202ffdc29b8ac39c77e8edb9b25c810c83555f096d8&mpshare=1&scene=23&srcid=0810oHMSiR2tKRPTFYhOkCxY&sharer _ sharetime=1660093679243&sharer _ shareid=49c89e7bad3ac4882a180ac1b370d7e8#rd

https：//mp. weixin. qq. com/s? _ _ biz=MjM5NzAzNDgxNA==&mid=2660879403&idx=1&sn=0be5f24f0301329155381dab0ee87133&chksm=bd8d427a8afacb6cdf8105a78cfd695afa9d2ec52b7c35b8d24523cde30500e4657cce8313c9&mpshare=1&scene=23&srcid=0810BeF7gg2fITj5sPi2oC2O&sharer _ sharetime=1660093603611&sharer _ shareid=49c89e7bad3ac4882a180ac1b370d7e8#rd

承载了丰厚的历史文化底蕴。《幼儿园教育指导纲要（试行）》指出，应当“引导幼儿实际感受祖国文化的丰富与优秀”，为了让孩子们体验浓浓的中国年味，感受春节的喜庆氛围，幼儿园组织了一系列富有中国传统文化特色的春节活动。

（三）主题活动目标

（1）感受春节的欢乐气氛，体验人们共庆新春佳节的快乐。

（2）知道春节是我国的传统节日，春节到了，自己又长大一岁，了解春节的一些习俗如贴春联、拜年、收压岁钱等。

（3）参加丰富多彩的春节活动，用连贯完整的语言讲述春节中的所见所闻。

（四）主题活动展示

1. 小小汤圆圆又圆

汤圆意味着新的一年阖家团圆，万事如意。“拌云漫舀银缸水，抟雪轻摩玉掌肤。”一团团糯米经过孩子们的揉搓，成了一个个可爱的圆圆滚滚的汤圆。

汤圆是怎么制作的呢？我们仔细观察一下老师是怎么做的吧（如图 4－2 所示）！

图 4－2　小朋友观察教师制作汤圆

活动开始啦！制作汤圆之前，为了干净卫生，我们要带上帽子和口罩（如图 4－3 所示）。

图 4－3　教师为小朋友整理帽子

把糯米面团一团、压一压，中间放上芝麻馅，然后包起来。漂亮的汤圆就出现啦（如图 4 - 4 所示）！原来，小小的汤圆隐含着大大的学问呀！

图 4 - 4　小朋友展示自己制作和汤圆

汤圆做好啦，送到厨房煮一煮，过一会就可以品尝啦。

2. 冰糖葫芦甜又香

“殷红几珠裹糖衣，碧色其中非独立。”冰糖葫芦是传统的中国美食，酸酸甜甜的味道深受孩子们的喜爱。忙碌的身影、开心的畅谈，活动室里每个角落飘逸着新年的味道。（如图 4 - 5 所示）

图 4 - 5　小朋友展示自己制作的冰糖葫芦

3. 小巧手包饺子

俗话说“好吃不过饺子。”饺子是中国传统食物，以面皮包馅、形如半月或元宝形。每逢新春佳节，饺子更成为一种必不可少的佳肴。孩子们通过动手制作水饺，体验制作水饺的过程，不仅感受了中国特有的年文化，更是理解节日背后的文化底蕴。（如图 4-6 所示）

图 4-6 小朋友制作饺子

4. 我来蒸花馍

过年可少不了花样馒头，蒸花馍是我国北方地区传统民俗之一，它寓意着日子蒸蒸日上，吉祥幸福。孩子们通过揉、捏、压、剪等技法使一个个普通的小面团摇身一变，成了一件件惊艳的艺术品。（如图 4-7 所示）

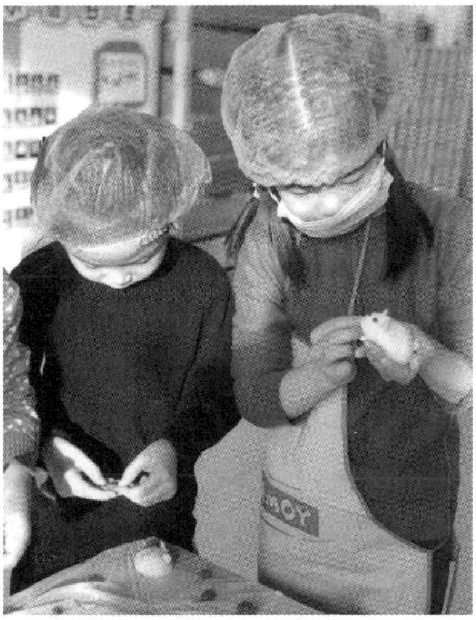

图 4-7 小朋友蒸花馍

还可以请教最会蒸花馍的奶奶呢！（如图 4－8 所示）

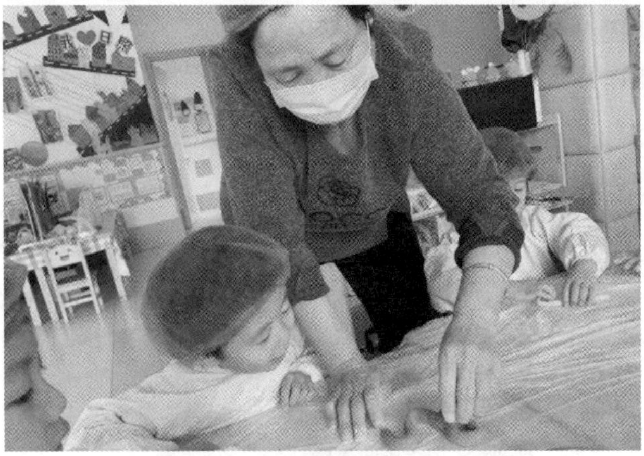

图 4－8　小朋友观察奶奶制作花馍

5. 同心绘春联

春联是春节的眉目，因着春联，年才眉清目秀，顾盼生情。“福”字指福气、福运，寄托了人们对幸福生活的向往，和对未来美好的祝愿。（如图 4－9 所示）

图 4－9　小朋友写春联

6. 看我剪的窗花

剪窗花是中国民间传统艺术之一，孩子们充分发挥想象力和创造力，用自己灵动的小手通过对折剪、勾线剪等方式，剪出了一个个栩栩如生的动物、一朵朵红火富丽的花朵，活动室里一派喜气洋洋的热闹场景。（如图 4 - 10 所示）

图 4 - 10　小朋友展示自己剪的窗花

7. 我们还一起学习了很多知识

学习了诗歌《贺年卡》、歌曲《新年好》，还有“你给谁拜年”等。

中国年，最让人欢喜的就是那种其乐融融的喜庆氛围和热闹红火的民俗文化。幼儿园丰富多彩的春节系列活动谱成了一曲欢快、喜庆的“新年序曲”，通过此次活动，孩子们了解了中国的传统风俗习惯，加深了对中国传统节日的认识和感受，体验了中国民族文化的精髓，孩子们乘着经典的翅膀，在传统文化的推动下，使童梦自由地飞翔。

二、集体教学活动设计案例《国旗飘飘》

（一）《国旗飘飘》集体教学活动方案

1. 活动名称

中班社会领域活动：国旗飘飘。

2. 设计意图

社会领域教学活动“国旗飘飘”是中班主题活动“爱心小天使”中次主题“祖国妈妈的生日”下的一次集体教学活动，安排在中班的第二月，活动时间与国庆节吻合。国庆节举国欢庆，街道上彩旗飘飘，许多商超也会播放爱国主义歌曲，大多数父母会充分利用国庆假期带领幼儿游览祖国的大好河山、名胜古迹，幼儿沉浸在欢庆的气氛中。《3－6岁儿童学习与发展指南》指出，小班幼儿已经可以“认识国旗，知道国歌”，中班的教育目标为“知道自己是中国人；奏国歌、升国旗时能自动站好”。于是，设计了本次集体教学活动，引导幼儿感受升旗仪式的庄严神圣，知道国旗上五颗星星的象征意义，在幼儿园升旗活动时可以站得更标准。

3. 活动目标

（1）知道国旗的特征，懂得国旗是国家的标志，知道尊重、爱护国旗。

（2）尝试用黏贴的方法制作国旗手工作品。

（3）感受升国旗的庄严、神圣。

4. 活动的重难点

（1）活动重点：知道国旗的特征，懂得国旗是国家的标志，知道尊重、爱护国旗。

（2）活动难点：感受升国旗的庄严、神圣。

5. 活动准备

（1）物质准备：中国国旗一面、天安门广场升旗仪式视频、《国旗国旗多美丽》音频、幼儿制作国旗手工作品的操作材料等。

（2）经验准备：参加升旗仪式的经验。

6. 活动过程

（1）导入环节：观看“升旗仪式”视频，感受升旗仪式的庄严神圣。

教师引导语：小朋友起立，我们一起观看解放军叔叔举行的升旗仪式。

观看完视频后，教师引导幼儿讨论，表达自己的感受。

教师引导语：这是哪里？解放军叔叔在做什么？说说你观看升国旗时的感受。

教师总结讲解：五星红旗是中华人民共和国的国旗，代表着我们的国家。

（2）展开环节1：教师出示五星红旗，引导幼儿观察它的颜色、形状、图案，学习五星红旗象征的意义。

教师提问：国旗是什么颜色的？什么形状的？上面有什么图案？五颗星星在旗帜的什么地方？他们是怎么排列的？代表什么意义？

（3）展开环节2：讨论如何在日常生活中尊重、爱护国旗，升旗仪式时我们应该怎样做，并请幼儿演示、判断。

（4）展开环节3：观察制作“国旗”的材料，讨论材料的用途和操作方法，教师示范操作难点。

教师示范操作引导语：五颗星星应在旗面左上角，大星星在中间，四颗小星星围在它的右边，各有一尖角对准大星星的中心点。

（5）展开环节4：幼儿观察步骤图、动手制作“国旗”，教师鼓励幼儿大胆尝试。在操作中深化认知、升华情感。

（6）结束环节：幼儿展示自己的作品，并把做好的“国旗”插到展示区，一起演唱歌曲《国旗国旗多美丽》。

7. 活动延伸

区域活动时可让幼儿在美工区练习多种方式制作五角星，如沿线剪、折纸剪等。

（二）“国旗飘飘”集体教学活动说课稿

1. 说设计意图

社会领域教学活动“国旗飘飘”是中班主题活动“爱心小天使”中次主题“祖国妈妈的生日”下的一次集体教学活动，安排在中班的第二月进行，活动时间与国庆节吻合。国庆节举国欢庆，街道上彩旗飘飘，许多商超也会播放爱国主义歌曲，大多数父母会充分利用国庆假期带领幼儿游览祖国的大好河山、名胜古迹，幼儿沉浸在欢庆的气氛中。《3－6岁儿童学习与发展指南》指出，小班幼儿已经可以“认识国旗，知道国歌”，中班的教育目标为“知道自己是中国人；奏国歌、升国旗时能自动站好”。基于幼儿的生活经验，对标《3－6岁儿童学习与发展指南》要求，教师设计了本次集体教学活动，引导幼儿感受升旗仪式的庄严神圣，知道国旗上五颗星星的象征意义，这样可以让幼儿在升旗活动时站得更标准。

2. 说活动目标

分解主题活动“祖国妈妈的生日”教育目标，教师将本次集体教学活动的目标设定为认知目标：知道国旗的特征，懂得国旗是国家的标志，知道尊重、爱护国旗；能力目标：尝试用粘贴的方法制作国旗手工作品；情感目标：感受升国旗的庄严、神圣。教师引导幼儿从知、情、行三个维度认识国旗、尊重国旗、爱护国旗。

3. 说活动重难点

知道国旗、了解国旗是认同国旗的基础，也是培养归属感、爱国情感的一种手段，因此，教师将本次集体教学活动的重点确定为“知道国旗的特征，懂得国旗是国家的标志，知道尊重、爱护国旗”，期待能在幼小的心灵里种下爱国的种子。学前儿童参加的升旗仪式多为幼儿园的升旗活动，现场感受比较庄重场合升旗仪式的机会较少，因此，我将活动的难点确定为“感受升国旗的庄严、神圣”。

4. 说活动准备

本次教学活动的物质准备有：一面中国国旗、天安门广场升旗仪式视频、《国旗国旗多美丽》音频、学前儿童制作国旗手工作品的操作材料等；经验准备为：学前儿童具有参加升旗仪式的经验。

5. 说教法学法

本次教学活动我选用的教法学法有体验法、观察法、操作法、讨论法等。播放天安门升旗仪式视频，并要求学前儿童犹如现场参加一样站好，行注目礼，体验升国旗的神圣；呈现国旗，引导学前儿童观察，获得感知经验；提供材料，学前儿童制作国旗，深化认知；并通过讨论法，讨论国旗图案的象征意义、升国旗时应该如何做等问题，引导学前儿童内省观察后总结自己的经验，并向身边的小朋友学习。

6. 说活动过程

本次集体教学活动，由导入环节、展开环节、结束环节组成。导入环节重在创设条件，让学前儿童感受升旗仪式的庄严神圣，激发学前儿童认识国旗的愿望；展开环节从观察国旗、认识国旗、制作国旗三个方面展开，层层递进，深化学前儿童对国旗的认识，升华对祖国的情感；在《国旗国旗多美丽》的歌声中结束本次教学活动。

下面教师展开具体陈述。导入环节播放解放军“升旗仪式”视频，要求小朋友仿佛在现场一样站好，做到升国旗时必有的礼仪，感受升旗仪式的庄严神圣，视频播放结束后我会引导学前儿童表达自己的感受，在表达中强化。教师引导语为：这是哪里？解放军叔叔在做什么？说说你观看升国旗时的感受。教师总结讲解：五星红旗是中华人民共和国的国旗，代表着我们的国家。

展开环节由四个步骤层层递进。第一步，教师出示五星红旗，引导幼儿观察它的颜色、形状、图案，获得完整的感性经验，并通过讨论、讲解学习五星红旗象征的意义；第二步讨论如何在日常生活中尊重、爱护国旗，升旗仪式时我们应该怎样做，并请学前儿童演示、判断，强化学前儿童认知，期待他们可以在日常生活中做到；第三步为观察制作“国旗”的材料，讨论材料的用途和操作方法，教师示范操作难点，教师示范操作引导语为“五颗星星应在旗面左上角，大星星在中间，四颗小星星围在它的右边，尖角对准大星星”；第四步引导学前儿童观察步骤图、动手制作“国旗”，教师鼓励学前儿童大胆尝试，在操作中深化认知，升华情感。

在结束环节设计的活动为学前儿童展示自己的作品，并把做好的“国旗”插到展示区，一起演唱歌曲《国旗国旗多美丽》，在优美的歌声中结束活动，给学前儿童结束感并让学前儿童回味无穷。

活动延伸为，区域活动时让学前儿童在美工区练习多种方式制作五角星，如沿线剪、折纸等，满足学前儿童个性化的学习需求。

7. 说活动特色

本次教学活动基于学前儿童对国旗的颜色、图案的初步经验，通过有目的、有计划地设计体验、观察、操作等活动，深化学前儿童对国旗的认识，理解国旗的象征意义，培养幼儿的爱国情感。

(三)“国旗飘飘”集体教学活动方案分析

中班集体教学活动“国旗飘飘”，基于幼儿对国旗的颜色、图案的初步经验，对标《3－6岁儿童学习与发展指南》教育目标“奏国歌、升国旗时能自动站好”，从深化对国旗外形、内在意义的认知入手，引导学前儿童懂得升国旗的礼仪，培养爱国情感，引导学前儿童知、情、意、行统一，身心和谐发展。选用教学方法多样，有观察法、体验法、操作法、讨论法等，尊重学前儿童学习的主体地位，符合学前儿童的认知特点；活动过程从认知国旗的外部特征到理解国旗的象征意义，再到升国旗时应有的礼仪，教学目标层层递进，符合幼儿心理活动规律。

三、集体教学活动设计案例“武夷山的茶”

(一)“武夷山的茶”集体教学活动方案

1. 活动名称

大班社会领域活动：武夷山的茶。

2. 设计意图

中国，是茶叶的故乡，是世界上饮茶制茶最早的国家。茶艺是一种将礼仪与礼节、礼貌融于一体的艺术活动，它能使学前儿童在高雅有趣的茶艺活动中接受中国传统文化的熏陶。我们的家乡铅山素有“万里茶道第一镇”之称，铅山的茶可谓“其外芳芬，团龙片凤，煮云膏些”。铅山县武夷山镇中心幼儿园“依托本土优势、打造地方特色”，结合武夷山的茶香文化，将茶文化融入园所环境，开设了武夷山地方特色课程“幼儿茶艺”。幼儿们在形式多样的茶文化活动中，学习本土文化，感受茶文化的历史底蕴，并以此来不断规范自己的文明言行，逐步领略茶文化的精髓。

3. 活动目标

（1）认知目标：知道大红袍的珍贵、冲泡的方法，了解“大红袍”“叩手礼”等茶文化。

（2）能力目标：学习简单的茶礼仪和冲泡方法。

（3）情感目标：喜欢大红袍，为家乡的大红袍而感到骄傲。

4. 活动重难点

（1）活动重点：喜欢大红袍，为家乡的大红袍而感到骄傲。

（2）活动难点：学习简单的茶礼仪和冲泡方法。

5. 活动准备

（1）物质准备：大红袍茶包、茶具，“叩手礼”等茶礼仪、文化传说相关的图片资料等。

（2）经验准备：在家泡茶、品茶的生活经验。

6. 活动过程

（1）情景导入，激发参与活动的积极性。

师幼围坐在茶桌旁，教师发出邀请“今天请大家喝茶”，激起幼儿们参与活动的热情；出示“大红袍”茶包，引导幼儿观察，引出“大红袍的传说”。

教师引导语：今天老师请大家喝茶。小朋友们看，老师带来的是什么茶？为什么叫大红袍呢？

（2）展开环节 1，听关于大红袍来历的传说，萌发为家乡的大红袍而自豪的情感。

教师引导语：小朋友还记得前几天我们学习的儿歌《大红袍》吗？我们集体来朗诵一遍。小朋友知道这种茶叶为什么叫大红袍吗？

教师边讲解关于大红袍名字的传说，边出示大红袍茶树的图片。

（3）展开环节 2：教师泡茶，邀请幼儿品茶，并学习茶礼仪“叩手”及其传说，感受品茶文化的儒雅。

教师引导语：现在老师请你们品茶，在我给你们倒茶的时候，小朋友应该怎么表示呢？

引出叩手礼，并讲解其传说。

（4）展开环节 3：教师逐一给每位小朋友倒茶，观察小朋友行的“叩手礼”，点评反馈、个别指导，学习茶礼仪。

(5) 展开环节 4：师生一起泡第二泡茶，教师边泡茶边引导学前儿童探索泡茶的方法。

教师引导语：来，我们一起来泡第二泡茶，应该用什么样的水？怎么倒水？端起茶杯应该先闻一闻吗？喝茶的时候应该怎么做？

(6) 展开环节 5：学前儿童分享自己带来的茶，并分组泡茶，邀请其他小朋友喝茶，再次体会为家乡特产茶而骄傲之情。

教师引导语：老师请小朋友们喝了茶，你们是不是也要邀请老师呢？来，给大家介绍一下你带来的是什么茶？现在小朋友分组走到一套茶具旁边，泡一下自己带来的茶，邀请老师和其他小朋友品茶。

(7) 结束环节：引导学前儿童分享自己品茶的感受，再次加深感情体验。

(8) 活动延伸：查阅资料，进一步了解更多品种的茶和茶礼仪。

(二)“武夷山的茶”集体教学活动方案分析

集体教学活动“武夷山的茶”选择富有中国文化特色的茶进行深入探索，教师创设了真实的泡茶、品茶情境，引导学前儿童了解茶礼仪和传说，动手泡茶学习泡茶的方法，整个活动过程体现了“做中学”。

任务单

集体教学活动实施

评价内容	自我评价	小组评价	教师评价
活动目标的维度、角度，是否明确具体			
活动准备的适宜性			
活动过程中的教态			
活动过程的逻辑性			
教学方法的适宜性			
活动过程中的师幼互动质量			
其他需要注意的内容			

精准备考

1. (2020 年) 为了帮助小班新入园幼儿尽快适应集体生活，余老师准备开展“高高兴兴上幼儿园”系列主题活动。请围绕该主题为余老师设计三个子活动。

要求：

(1) 写出主题活动的总目标。(8 分)

(2) 写出其中一个子活动的具体活动方案，包括活动名称、目标、准备和主要环节。

(14分)

(3) 写出另外两个子活动的名称、目标。(每个活动4分，共8分)

参考答案

1. 主题活动目标：

(1) 情感目标：感受幼儿园生活的快乐，萌发对幼儿园的喜爱之情，在各种活动中能感到开心。

(2) 技能目标：积极参与活动，在集体面前敢于表现自己，按照自己的方式表达对幼儿园的向往。

(3) 认知目标：通过讲故事、学唱歌等多种多样的活动，学前儿童了解幼儿园的一日生活，了解幼儿园生活与家庭的不同。

2. 查阅资料，完成教学活动设计。

3. 注意其他领域活动目标书写要求。

项目五　学前儿童社会行为的发展与教育

学习目标

☞ **认知目标**

1. 知道亲社会行为和攻击性行为的含义。

2. 领悟学前儿童亲社会行为的发展特点与规律，以及生物因素、教育、社会环境等因素对学前儿童亲社会行为发展的影响。

3. 理解学前儿童攻击性行为的发展特点。

4. 熟练地说出《幼儿园教育指导纲要（试行）》《3—6岁儿童学习与发展指南》等文件对学前儿童社会行为教育目标、内容、实施建议等内容的基本观点。

5. 理解学前儿童社会行为教育活动设计与实施的基本原理。

☞ **能力目标**

1. 能够观察、记录学前儿童亲社会行为，并尝试根据儿童亲社会行为发展的相关理论做出初步解读。

2. 能观察、记录典型的学前儿童攻击性行为，并进行个案分析，设计有针对性的教育方案。

3. 能比较《3—6岁儿童学习与发展指南》中各年龄班的社会行为教育目标，尝试总结变化规律；将社会行为教育目标随机融入主题教育活动方案。

4. 可以在日常生活、游戏、家园共育等活动中科学引导学前儿童社会行为发展，实施随机教育。

5. 能够设计并实施以学前儿童社会行为教育为内容的集体教学活动。

☞ **素养目标**

1. 认同亲社会行为在个体发展中的价值，并自觉提升自己的亲社会行为水平。

2. 体会同情、悲悯、合作等亲社会行为对幼儿教师职业的特殊意义。

3. 领悟中华传统文化中对合作、分享、助人等亲社会行为的内在要求，并愿意借用相关素材实施教育活动。

4. 意识到攻击性行为对个体发展及社会的消极影响，自觉影响身边的人减少攻击性行为。

项目导学

社会行为发展是学前儿童社会性发展的重要核心经验，通过本项目的学习同学们将理解学前儿童社会行为的发展特点；根据学前儿童社会行为发展特点和教育原理，立足当今社会发展要求确定教育目标，选择教育内容，设计并实施学前儿童社会行为教育活动。本项目主要任务如图 5-1 所示。

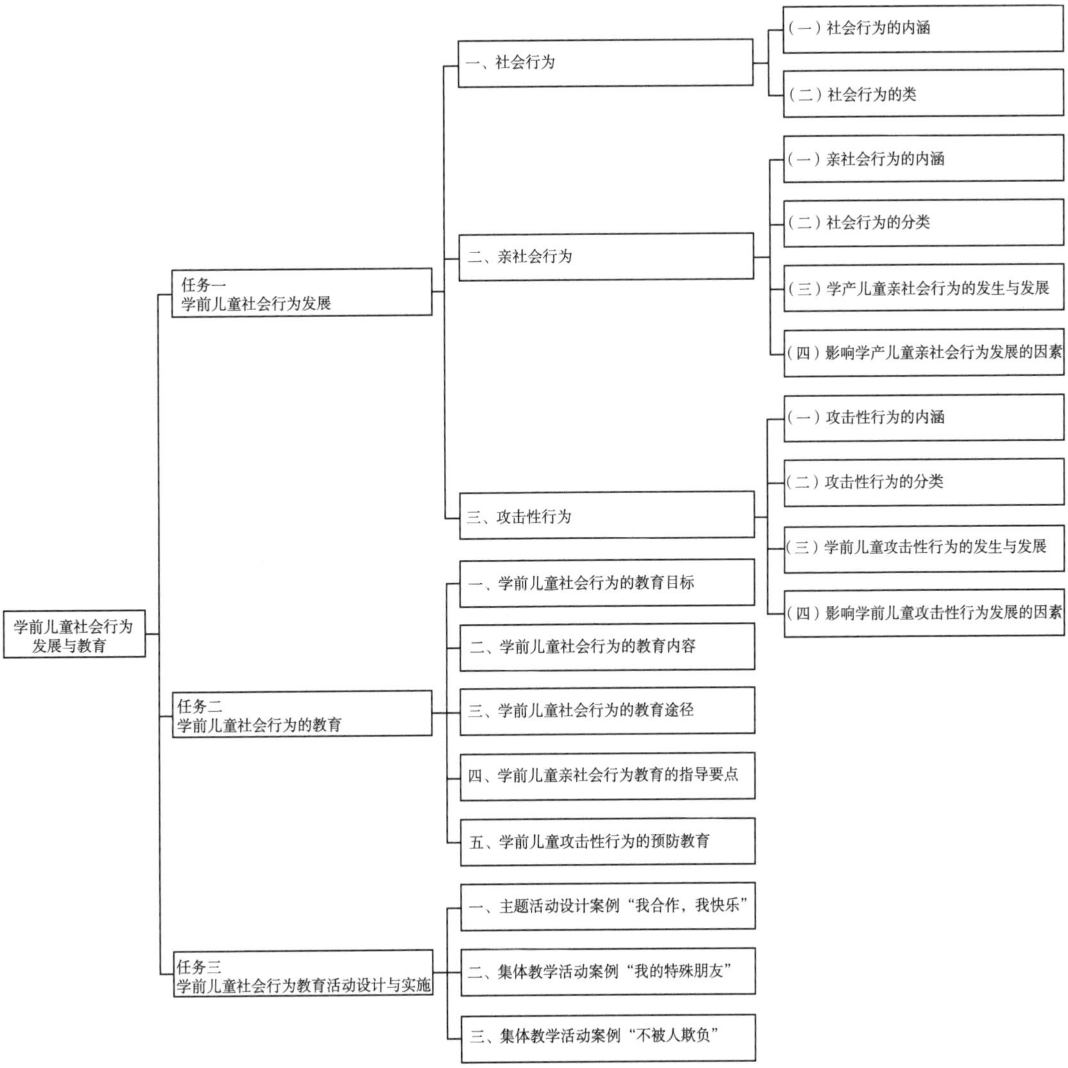

图 5-1 项目五 学前儿童社会行为发展与教育任务导图

任务一　学前儿童社会行为的发展

情境导入

果果班（中班）的自主游戏时间到了，小朋友们选择了自己喜欢的玩具专心地玩了起来。突然，建构区传来了激烈的争吵声，李老师赶忙跑过去。只见琦琦紧紧地拽着一盒积木，整个身体几乎都趴在积木上了，小脸涨得通红，嘴里还嚷嚷着："是我先看到的。"而乐乐则试图推开琦琦，大声分辩道："是我先拿到的。"

如果你是李老师，你如何解释琦琦和乐乐的行为表现呢？接下来，你会怎么做呢？

知识梳理

著名教育心理学家奥苏贝尔曾经说过："假如让我把全部教育心理学仅仅归结为一条原理的话，那么，我将一言以蔽之：影响学习最重要的因素，就是学习者已经知道了什么。要探明这一点，并应据此进行教学。"学前儿童社会行为发展表现出哪些年龄特点，又有什么规律呢？

一、社会行为

（一）社会性行为的内涵

儿童从出生后便处于各种社会关系和社会交往之中，当他开始对母亲的爱抚报以微笑或动作回应时，社会性行为就表现出来了。随着年龄的增长，儿童的生活范围逐步扩大，社会经验日益增多，其社会性水平也在不断提高，社会行为亦逐渐复杂。

社会行为，也称为社会行为，是个体社会性发展的外部表现，指儿童在自己生物特征的基础上，通过与社会环境交互作用，由自然人变成社会人的过程中逐渐形成起来的，并在社会生活中表现出来的需要、态度、价值观念、行为等心理特征的综合。从某种意义上讲，社会行为是人在相互交往的过程中，对各种事件、他人的行为或言语表现出自己的态度和行为反应①，可以说社会行为在交往中产生，并指向交往中的另一方。

（二）社会行为的分类

根据社会行为的动机和目的，可将其分为亲社会行为和反社会行为两类。

亲社会行为是指人们在社会交往中所表现出来的谦让、帮助、合作和共享等有利于别人和社会的行为，是一种积极的社会行为。亲社会行为既是人与人之间形成和维持良好关系的重要基础，也是符合社会道德规范的行为，因而受到人类社会的肯定和鼓励、为社会所提倡，并且是儿童应该发展的行为。儿童亲社会行为的产生和发展，是同他们的道德行

---

① 李幼穗．儿童亲社会行为及其培养［J］．天津师大学报，1992（2）：28－32.

为的产生和发展相一致的。亲社会行为发展成儿童心理品质的过程，就是儿童道德认识水平提高，道德情感日益丰富，在活动中有效地掌握有利于他人的知识、技能及锻炼意志的过程。

反社会行为是指社会所不能接受的行为，在儿童阶段最具代表性、最突出的是攻击性行为，如打人、骂人、破坏物品等，这些攻击性行为往往造成人际间的矛盾与冲突，甚至犯罪、伤亡等，是一种消极的社会行为。反社会行为既不利于儿童形成良好的人际关系，也不符合社会道德规范，因而为社会所抵制、禁止，是应该避免或需要干预矫正的行为。（表 5－1）

表 5－1　社会性行为比较分析表

行为类型 \ 行为结果与动机		结果		动机	
		对他人或社会有益	对己有利	利他	利己
亲社会行为	双赢	√	√	√	√
	利他行为（大公无私）	√	×	√	×
否定性行为	损人利己	×	√	×	√
	损人不利己	×	×	×	×

二、亲社会行为

（一）亲社会行为的内涵

亲社会行为作为一种普遍的社会现象，对整个人类的生存和社会的进步具有极其重要的积极作用；对个体发展而言，亲社会行为是个体社会化的重要指标，是个性社会性发展的重要内容。

亲社会行为泛指一切符合社会期望并对他人、群体或社会有益的行为，如分享、助人、合作、同情、安慰、捐赠、谦让等，亲社会行为由社会所限定，一般有益于他人和社会的发展。换句话说，亲社会行为是一种人与人之间的社会互动行为，在单独的个体身上是不会出现亲社会行为的，这里必须有一个行为的实施者以及一个或多个行为的接受者。

大部分学者把无私地关心其他人的行为称为利他行为，并把它视为高级的亲社会行为（王振宇，1992）。例如，有学者指出“真正的利他行为是指行为者不期望酬奖，不为避免惩罚，而试图帮助他人或为他人利益而行事”（Mussen&Eisenberg，1977）。

亲社会行为和利他行为有相同之处，若仅从行为的结果来看，这两类行为都是有益于他人，有益于社会的。然而，两者之间也有区别，从助人者的目的和动机来看，亲社会行为的动机是多种多样的，如为了期待外部的奖赏，或为了获得社会的赞许，或为了减轻内部的消极状态，等等，都可以促使亲社会行为的产生；而对于利他行为而言，动机应该是出于自愿的，并不企图获得任何的报酬或奖赏，其目的是为他人谋利益，毫无自私自利之心，利他者通过利他行为而感到骄傲、满足、自豪和愉快。从这个意义上说，亲社会行为的概念比利他行为的概念更为宽泛，而利他行为只是亲社会行为的一种，而且是比较特别的一种。

柯莱波斯等人（1994）整合不同研究者的观点，提出可把亲社会行为设想成是一个行为的连续体，一端是最大限度地增加自我利益的行为朝向，另一端是最大限度地增加他人利益的行为朝向。在这个连续体中，行为的利他成分的量由两个标准来决定，即行为的方向性和利益总量。

资料阅读

认为亲社会行为是一个连续体，从社会认知的角度把亲社会行为视为是在动机、环境线索、行为者对环境的认知、可供选择的行为反应等因素共同作用下的一种反应。将亲社会行为看成一个连续体，体现出以下几个特点：①和道德概念一样，亲社会行为包括某一范围的行为以及这一范围内的典型行为。某种行为是亲社会行为，并不意味着这种行为完全利他且纯粹意义上牺牲自身利益，即毫不利己，亲社会行为存在利他成分量的差异。②克服了非此即彼的思维，避免自私-利他的两分法，大多数情况下，亲社会行为可以同时利他和利己，纯粹意义上的亲社会行为并不必然与付出高代价相联系。③同时考虑行为的动机和结果来定义亲社会行为，而不是只依据行为的结果来判定是否为亲社会行为，据此，大多数学者认为出于偶然的，或者无疑是为了追求自我获得的行为是称不上亲社会行为的。④用发展变化的、辩证法的观点思考亲社会行为，自我和他人并不一定是截然分离的心理学实体。亲社会行为是一个连续体，他人利益和自我利益的组合是可变的。

（二）亲社会行为的分类

1. 根据亲社会行为的动机和结果分类

综合考虑亲社会行为的动机和结果两个方面，罗森汉等人认为可把亲社会行为区分为两类：一类是自发的亲社会行为，即动机是关心他人的亲社会行为，例如一些见义勇为的行为；另一类是常规性的亲社会行为，即期望得到对自身有利的好处，为了避免惩罚等而做出的亲社会行为，例如一些职务行为、遵守纪律的自控行为等。

2. 根据亲社会行为发生的情境分类

根据亲社会行为发生的情境，可以分为非紧急情境下的亲社会行为和紧急情境下的亲社会行为。

非紧急情境下的亲社会行为发生时，并不存在危害生命财产的威胁，情境属于日常生活中经常遇到的普通事例；情境中有明确的线索与信息，知道有人需要帮助，帮助他人不需要采取紧急措施。这类亲社会行为在日常生活中非常普遍，如在公共汽车上让座，义务帮助邻居照看小孩，等等。

紧急情境下的亲社会行为发生时，有伤害人生命与财务的威胁存在，实施亲社会行为有一定的危险性，付出的代价很大，甚至是自己的生命；这是不寻常的、少见的情境，人们缺乏经验，情境比较特殊，如失足落水、触电、路遇抢劫等，需要用特殊手段去帮助别人。这种情境是事先不能预见、无法制订计划，往往是措手不及的，紧急情境会引起生理上的应激状态，如体内血糖升高、肌肉变得紧张等。

3. 根据亲社会行为的表现形式分类

根据亲社会行为的不同表现形式，研究者们经常把亲社会行为分为分享、合作、助人、抚慰等类型。教育学者、心理学工作者也主要用这一分类描述儿童的亲社会行为，例如，王美芳在研究幼儿在园的亲社会行为时，认为儿童的亲社会行为是指儿童在其生活中表现出来的有利于他人、集体和社会的行为，学前儿童的亲社会行为主要包括以下几种形式。

(1) 助人

儿童在他人需要帮助时给予帮助，如帮小朋友扣纽扣、扶起摔倒的小朋友等。

(2) 分享

分享是人类的一种亲社会行为，指个体主动自愿与他人共享资源，并从中获得愉悦和满足的社会行为，例如，儿童与同伴分享玩具、分吃食物等。在人们的社会生活中，分享行为是一种非常重要的行为，它可以使人们与别人和睦相处、共同劳动和享受自然界与人类社会带给人们的各种条件，是人的社会性的重要组成部分。由于分享行为在人类生活中所起的重要作用，所以在各种社会、宗教、文化中，分享行为都被赋予很高的道德价值。

(3) 合作

合作指与同伴一起活动以实现共同目标的行为。个体之间真正意义上的合作应是一种相互依赖的积极的心理倾向，它首先是合作双方目标的一致性，其次是为了实现共同目标，个体之间必须相互帮助、相互支持、相互鼓励，组成一个利益共同体，这个共同体中，每个成员都应尽到自己的责任。儿童之间的合作主要是与同伴协同完成某一活动，如合作游戏、合作学习等。

(4) 安慰

安慰行为指个体觉察到他人的消极情绪状态，如烦恼、哭泣等，并试图通过语言或行动使他人消除消极情绪状态，变得高兴起来的亲社会行为。察觉到他人的消极情绪，并通过一定的技巧使他人的消极情绪得到改善是安慰行为的两个要素。

(5) 公德

公德行为无明确的行为对象，是有利于集体、社会的良好行为，如关紧龙头、清扫垃圾等。

(三) 学前儿童亲社会行为的发生与发展

1. 学前儿童亲社会行为的萌芽

婴儿期，学前儿童的亲社会行为处于萌芽状态。研究者主要通过观察婴儿的情感反应和有限的行为表现来研究他们的亲社会行为倾向。皮亚杰（1932）认为，8～12 个月大的婴儿已经具有同情行为、利他行为和分享行为的倾向。在与母亲、其他抚养者的交往过程中，婴儿逐渐学会使用社会参照系，注意抚养者的情感反应，通过自己变得忧虑来对他人的忧虑做出反应。

1 岁后，婴儿开始安慰他人，而且帮助行为发生的频率随年龄增长而增多。积极地认知社会环境中的情感线索是亲社会行为产生和维持的基础。有研究发现，14 个月大的婴儿能对其兄妹表示关心，并知道如何使他们高兴，使他们喜欢自己，并以自己特有的方式向他们表达关注、同情、关心、分享和帮助。

2. 学前儿童亲社会行为的发展

(1) 学前儿童亲社会道德推理能力的发展

20世纪20年代，皮亚杰运用对偶故事研究了儿童道德推理的发展；50年代，柯尔伯格选用两难故事研究儿童的道德判断，将皮亚杰提出的“他律”与“自律”两种水平扩展至“三水平六阶段”，即前习俗水平、习俗水平和后习俗水平。但是，后来有学者指出他们的研究并未考查儿童道德推理的全部内容，例如艾森伯格认为皮亚杰和柯尔伯格只研究了禁令取向的儿童道德推理。因此，他设计了亲社会两难情境来研究儿童亲社会道德推理。

在亲社会两难道德情境中，“一个人必须在满足他自己的愿望、需要、价值与满足他人的愿望、需要、价值之间做出选择”，并不强调法律、惩罚和正规责任。艾森伯格等人经过系列研究，将儿童亲社会道德推理发展分为六个阶段：

阶段1：享乐主义的、自我关注的推理，例如“因为我饿，所以我不帮助别人”。

阶段2：需要取向的推理。关心他人生理的、物质的和心理的需求。

阶段3：赞许和人际取向的推理。儿童关心的是怎样是一个好人和坏人，怎样是一个好的行为和不良的行为，关心他人的赞许和认可。

阶段4a：移情的推理。儿童判断中出现自我投射性的同情反应或角色采择，注意到与一个人的行为后果相连的内疚感或肯定性情感。

阶段4b：过渡阶段。儿童判断涉及内化的价值、规范和责任等，但这种思想并未被清晰、明确地表达出来。

阶段5：强有力的内化推理。儿童的判断是以内化了的价值、规范和责任、改善社会状况的愿望、对所有人的尊严、权利和平等的信念等为基础。

王美芳教授结合中国儿童生活经验，编制了一套适合中国儿童的亲社会两难故事，例如“小女孩王梅准备参加唱歌比赛，备赛期间还给邻居生病的小朋友讲故事，陪她一块玩”。研究后得出了与艾森伯格基本一致的结论，幼儿园大班儿童亲社会推理主要处于阶2，可以进行需要取向的推理，能够关心他人生理的、物质的和心理的需求，占比为65%；也有21%的幼儿处于阶段1的水平，即享乐主义、自我关注的推理水平。

(2) 学前儿童亲社会行为的发展特点

① 学前儿童亲社会行为的发生频率并不均衡。

在学前儿童的亲社会行为中，发生频率最多的是合作行为，而其他类型的亲社会行为发生的频率相当低。例如，王美芳（1997）通过对济南市276名小、中、大班幼儿进行了为期两周的观察发现，合作行为最为常见，其次为分享行为和助人行为，安慰行为和公德行为发生较少；冯夏婷等人（2002）对澳门学前儿童的亲社会行为研究发现，他们最常进行的亲社会行为是公德行为，其次是合作、分享、倾听、沟通、助人，最少发生的是安慰行为[①]；李丹、程赟（2006）研究发现无论是小班幼儿还是中班幼儿，他们做出的亲社会行为类型存在显著差异，合作行为发生的最多，其次是分享，最少是帮助、关心。

---

① [9] 冯夏婷，邹晓枫．澳门学前儿童亲社会行为发展调查研究[J]．教育导刊·幼儿教育．2002，(5)：48-52.

综合分析这些研究结论，我们会发现学前儿童亲社会行为表现由多到少依次为合作、分享、助人、安慰。公德行为的研究结论并不一致，这有可能是研究方法或社会文化差异造成的，需要进一步深入研究。

② 学前儿童的亲社会行为不存在性别差异。

学前儿童亲社会行为的多少不存在性别差异，也就是说男孩和女孩表现出同样多的亲社会行为，例如王美芳（1997）、冯夏婷（2002）等人的研究均发现亲社会行为发生率在不同性别的幼儿之间不存在差异。但是，也有人发现女孩比男孩表现出更多的亲社会行为，例如李丹、程赟（2006）的研究。这一结论似乎与我们日常观察比较一致，认为女孩更体贴，甚至被形象地称之为父母的“小棉袄”，但是社会上也有越来越多的“暖男”。

③ 学前儿童的亲社会行为更多地指向同伴。

学前儿童亲社会行为主要指向同龄伙伴，其次是教师，然后是其他人，例如有人研究发现澳门学前儿童亲社会行为的指向对象符合这一规律，还有研究发现学前儿童的亲社会行为主要指向同伴，极少数指向教师。而且学前儿童的亲社会行为指向同性伙伴和异性伙伴的次数也存在年龄差异。小班儿童的亲社会行为指向同性、异性同伴的次数接近，而中班和大班儿童的亲社会行为指向同性伙伴的次数不断增多，指向异性伙伴的次数不断减少。具体数据如图 5－1 所示及表 5－2、5－3 所列。

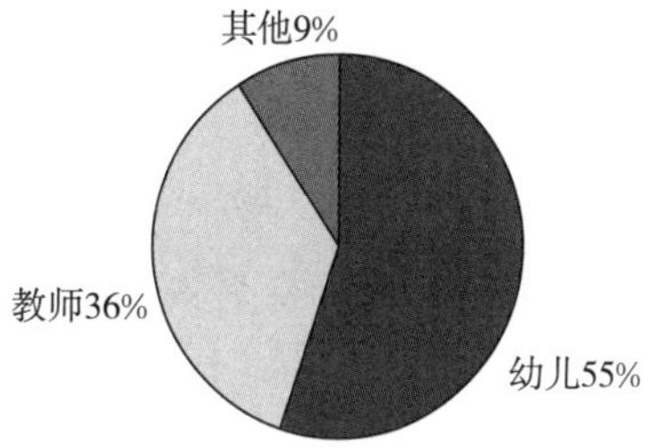

图 5－1　澳门学前儿童亲社会行为指向对象情况图

表 5－2　儿童亲社会行为指向对象的分布情况　　单位：人

年龄组	同伴	教师	无明确对象
小班	154	12	13
中班	184	35	14
大班	498	14	18

表 5－3　儿童的亲社会行为指向同性、异性伙伴的次数分布　　单位：人

亲社会行为者		行为对象		
		男	女	男女
小班	男	46	31	4
	女	28	38	7
中班	男	75	15	4
	女	21	66	3
大班	男	175	41	22
	女	40	214	6

出现这一现象可能是因为，学前儿童的亲社会行为主要发生在自由活动时间。在自由活动时，儿童的交往对象基本上是同伴，而且同伴之间地位平等、能力接近、兴趣一致，因此

他们有机会、有能力做出指向同伴的亲社会行为。儿童与教师之间是服从与权威、受教育者与教育者的关系。在儿童与教师的交往中，儿童一般是处于接受教育的地位，更多是表现出遵从行为，而较少有机会做出亲社会行为。因此，儿童的亲社会行为指向教师的也较少。

④ 学前儿童的亲社会行为发展存在文化差异。

人类文化学的研究和心理学的跨文化研究均表明，在不同文化背景下成长起来的儿童其亲社会行为存在差异。例如，Nirmala 与 Sunita 等人（1999）通过对 72 名中国和印度儿童（4 岁）进行跨文化研究发现，集体主义文化对儿童的亲社会行为以及分享者和受助者之间的互动产生影响。

小资料

学前儿童亲社会行为类型发展比较[①]

学前儿童亲社会行为中合作行为发生的频率最高，占亲社会行为的53.2%；其次为分享行为和助人行为，分别占 19.8%和 18.4%；公德行为和安慰行为很少，仅占 4.0%和 4.6%。但是，大、中、小班儿童的各种亲社会行为分布存在差异，这主要表现为大班儿童的合作行为所占比例显著高于中班和小班。儿童的合作行为多为儿童间自发的合作性规则游戏，儿童间合作性规则游戏的开展和顺利进行有赖于一定水平的合作意识、自制能力等。中小班儿童的合作意识、自制能力较差，游戏多为无共同目的玩耍，合作性的规则游戏较少；大班儿童的合作意识不断增强，社会技能不断提高，儿童之间的合作游戏也随之迅速增多，从而导致他们之间的合作行为增多，进而表现为大班儿童亲社会行为水平的提高。

3. 学前儿童合作和分享行为的发展

（1）学前儿童合作行为的发展

合作是一种复杂的人际互动方式，儿童时期是个体合作能力与品质形成的关键时期。有研究者发现“12 个月的儿童很少表现出合作游戏，而绝大多数 18～24 个月的儿童可以玩合作性游戏”，同时，他们与成人合作的倾向也越来越好。一般认为 18～24 个月是幼儿合作能力出现并迅速分化的时期，4 岁是合作能力形成的关键期，4 岁之前幼儿的合作不是真正意义上的合作，7 岁以后幼儿才会出现真正的合作。

当面对共同目标时，儿童认识到个人利益与群体利益是一致的，只有彼此合作才能使个人利益得到满足，从而产生合作行为。布朗纳等人认为，虽然儿童认知的自我中心性会妨碍合作行为的出现，但是儿童不断发展的主-客体（即人-我）关系认知则能有效地促进其同伴合作。例如，陈琴（2004）研究发现[②]，无论是在自然情境下还是问题情境下，4～6 岁幼儿中知道可以与同伴合作共玩的人数最多，分别为 50.6%和 76.5%，其次是相互谦让、轮流玩或独自玩、自己想办法等。

---

① 王美芳．学前儿童亲社会行为的发展特点与教育［J］．山东师大学报（社会科学版），2000，(4)：74－76.

② 陈琴．4～6 岁儿童合作行为认知发展特点的研究［J］．心理发展与教育，2004，(4)：14－18.

幼儿的合作归因主要以结果归因为主，客观条件归因次之。有研究者观察到，结果归因时幼儿会说“这样就不会抢了”（同伴关系）、“这样就可以成为好朋友了”（同伴关系）、“合作可以搭得更高、更大”（活动结果）等；同时，在结果归因中，幼儿主要以个体或活动结果归因为主，同伴关系和共同利益归因所占比例都相对较少，规则和权威归因在幼儿中仍有一定存在，规则和权威归因时，幼儿会说“这是幼儿园的规定”“老师要我们这样做的”“要不老师会说的”等；客观条件归因时幼儿会说“只有一个玩具”“一个人搬不动”“积木不够”等。

（2）学前儿童分享行为的发展

首先，学前儿童的分享观念逐步公正化。

W. Damon（1977）研究了儿童分享观念的发展变化，认为4～8岁儿童分享观念发展可以划分为三个水平：

平等分配水平（5～6岁）：处于这个水平的儿童懂得，当资源较少时，每个人都应该得到数量相同的资源，例如钱、玩游戏的次数或好吃的东西。

按劳分配水平（6～7岁）：在这个水平的儿童认为，应该对那些工作特别努力的人，或以特别的方式进行工作的人进行额外的奖赏。

仁爱观水平（约8岁以后）：到这个水平的儿童认为，应该对那些条件不好的人给予特别的关注，例如对那些积攒零钱不多或手里没有零钱的孩子，应该多给一些零钱。但这种观点只适用于跟朋友的交往，在与陌生人交往时，则更多地遵循平等分配原则。

Damon认为平等（give - and - take）式的同伴交往使儿童对他人的观点更为敏感，这反过来促使儿童的公正的分享观念的发展。在公正分享观念方面做得较好的儿童，往往在解决社会性问题、帮助他人、与他人分享等方面也做得较好。

郭忠玲（1996）采用结构情境法，给幼儿食物让其操作，将幼儿的分享观念分为慷慨（分给或多分给他人，不给或少给自己）、均分（将食物切开或掰开）、自我（多分给自己，不给或少给他人）、不会（不知道怎么处理）四种水平，慷慨和均分意味着幼儿具有分享观念，研究结果见表5-4所列。分析数据可以看出，一方面，中班幼儿具有分享观念的人数明显多于小班幼儿；另一方面，物品数量也会影响幼儿的分享观念。当分享物少于分享人数时，没有幼儿表现出慷慨；当分享物等于分享人数时，绝大多数幼儿表现出均分反应；当分享物为3个时，所有幼儿均表现出均分行为；当分享物为4个时，慷慨、不会反应的人数明显增加，均分、自我的人数明显减少，这也可能与幼儿的数概念发展有关。

表5-4 幼儿分享行为观察统计表

	小班	中班	一件物品	两件物品	三件物品	四件物品
慷慨	3.6%	6.9%	0人	0人	0人	20人
均分	48.2%	79.4%	89人	91人	124人	63人
自我	15.5%	5.4%	16人	15人	0人	6人
不会	32.7%	8.8%	19人	18人	0人	35人
人数	56人	68人	124人	124人	124人	124人

其次，学前儿童的分享行为逐步增多。

1 岁左右，婴幼儿就表现出一些分享行为，例如 12 个月的婴儿会与别人“分享”他感兴趣的活动，偶尔还会把玩具给同伴玩；18 个月的儿童会经常将玩具出示和递给不同的成人（母亲、父亲或陌生人）。

两三岁儿童会对伤心的同伴表现出某种同情和怜悯，但他们并不能做出真正的自我牺牲反应，例如，与同伴分享一块好吃的甜饼。如果成人经常要求儿童想想别人的需要，那么儿童就更可能表现出分享和其他友善的行为。或者当一个同伴提出这样的要求或威胁时，也会诱发儿童的分享行为，例如“要是你不给我，我就不跟你玩了”。但总体而言，为他人做出的自发的自我牺牲行为在婴儿和年幼的学前儿童中相对较少。

Shaffer（1988）在综合分析了世界多种文化背景下儿童亲社会行为的研究之后发现，小学初期以后，分享、助人和大部分其他形式的亲社会行为日益增多，出现普遍化的趋势。例如，在土耳其开展的一项早期教育研究，研究对象是 4～12 岁儿童，实验要求是每名儿童与他不认识的一个同龄人分享奇数个好东西，如果儿童分给别人的比自己留下的多（或者拒绝分剩下的零头，两人平分），就被划分到利他组；如果保留的比他们分给他人的多，就被划分到自私组。研究发现分享行为随着年龄增长而显著增多，69％的 6～7 岁儿童、81％的 7～9 岁儿童、96％的 9～12 岁儿童采用了利他性的分配方式，而只有 33％的 4～6 岁儿童选择了利他性的分配方式。在以色列、美国、英国、日本和中国的研究也发现了类似的情况。

郭忠玲（1996）采用自然观察法研究了幼儿分享自带玩具的行为，研究将幼儿的分享行为分为：主动允许别人玩自己的玩具，被动允许别人玩自己的玩具，主动共玩、互换玩具，被动共玩、互换玩具四种类型，观察并记录幼儿的行为，结果见表 5－5 所列。从中可以看出小班、中班幼儿分享行为以被动分享为主，随着年龄的增长，主动分享的人次有所增加，且主动与别人共玩、互换玩具的人次增加幅度较大①。

表 5－5　小中班幼儿分享玩具行为观察记录分析表

两班幼儿分享行为水平的平均差异比较表（注：两班均有 4 名幼儿未带玩具）

班别	N	允许别人玩自己玩具		共玩、互换玩具		总人次	得分	X	S	Z	P
		主动	被动	主动	被动						
小班	56	1	4	10	17	32	56	3.059	3.36	5.097	＜0.01
中班	68	8	18	39	20	85	218	1	1.65		

最后，学前儿童的分享观念会影响其分享行为。

许政援、吴念阳（1990）探讨了幼儿的亲社会行为和亲社会观念之间的关系，发现幼儿的亲社会行为受其主观行为观念的影响，凡是具有亲社会观念的幼儿，做出亲社会行为时就果断，例如在食物分享中，主动分享的幼儿具有“小朋友要互相谦让”“小朋友要互

① 郭忠玲．关于 3.5～5.5 岁幼儿分享水平发展的研究［J］．学前教育研究，1996（5）：36－37.

相帮助”“不给小朋友吃东西是娇气的孩子”等亲社会观念；当幼儿自身还没形成稳定的亲社会观念时，做出亲社会行为时就犹豫，例如不主动分享食物的幼儿，往往以“你问阿姨行不行?”“我怕阿姨说我”等理由来解释其行为。

实验还表明，幼儿分享食物和分享玩具所遵循的原则不同，分享行为也有区别。多数幼儿在分享玩具时遵循的是“轮流原则”“平均原则”，独占行为比较少见；在分享食物的行为中，遵循的是“成人分配原则”，成人给我的就是我的，一旦接受成人给予的东西后，就不愿与其他幼儿分享，例如有人说：“这是阿姨给我的，你自己去向阿姨要!”“阿姨不让你吃，你怎么这么馋啊？你吃的时候我向你要了吗?”这也说明幼儿的亲社会行为是受到幼儿亲社会观念影响的。

（四）影响学前儿童亲社会行为发展的因素

学前儿童亲社会行为的获得与发展受先天生物学因素和后天环境因素的影响，不同因素发挥作用的方式亦不同。

1. 生物因素

进化心理学家相信，亲缘选择、互惠规则和学习社会规则的能力这三个因素已经根深蒂固地存在于我们的基因中，促使我们做出亲社会行为。

亲缘选择的观点认为，自然选择偏向于让我们帮助一个在遗传上有亲密关系的人。一个在血缘上有关系的人具有和我们一样的基因，确保我们的生存，将有助于自身的基因有更大的机会在未来的世代中繁延，例如一个火灾中的幸存者说，当他们开始意识到火灾发生时，在退出建筑之前，他们更可能去寻找家庭成员，而不是去搜寻他们的朋友。

互惠规则的观点认为，个体在做出亲社会行为时会预测帮助他人将增加以后得到受助者回报的可能性。进化心理学家认为，互惠规则会随着人类的进化而发展，那些最可能生存的个体是那些与他们的邻居发展了一个关于互惠的相互理解，“我现在帮助你，是确信当我需要帮助的时候，你将有所回报”。因为具备如此的生存价值，这样一个互惠的规则也许已经成为我们基因的一部分。

学习社会规则的观点认为，那些学习社会规则和习俗效果较好者具备生存优势，与那些不学习这些规则的人相比，学习者更可能获得生存机会。通过自然选择，学习社会规则的能力也已经成为我们基因的组成部分。帮助他人就是一个有价值的规则——实际上，在所有的社会内，都会考虑这个规则的价值。总之，人们是受遗传的影响而去学习社会规则，而利他主义就是这些规则中的一个。

2. 社会认知的发展水平

社会认知对学前儿童亲社会行为具有重要的调节功能。持这一观点的学者认为，个体在做出亲社会行为时，首先必须对众多的信息进行认知加工，包括知觉、推理、问题解决和行为决策等，其中观点采择能力和社会规范认知能力是社会认知能力的核心能力。

社会观点采择能力是个体对特定情境中他人的思想、情感、动机和需要等内在心理活动的认知理解。认知发展理论假设，随着儿童理解他人体验的能力提升，他们对认知对象的反应能力也增强。昂特伍德和摩尔（1982）通过元分析发现，观点采择能力和亲社会行为高度相关，即使控制了年龄因素，两者之间也存在显著相关关系。换言之，儿童观点采择能力越高，越能够充分理解他人需要，也就更可能表现出亲社会行为。有些研究也发现，可以通过训练儿童的观点采择能力提升他们的亲社会行为发生率，例如陶布斯（1971）让幼儿园儿童分别扮演助人者和被助者，结果显示这种训练可以提升儿童的亲社会行为水平。当然，一定水平的观点采择能力并不必然导致儿童的利他行为，观点采择能力的发展只是有利于儿童收集当前情境中的信息，为更好地理解事件发生的情境、他人的需要和情感提供认知前提，个体是否应用已获得的信息去做出亲社会行为，还取决于行动者的价值判断和个人需要。

社会规范认知也会影响儿童的亲社会水平，社会心理学家认为，影响儿童亲社会行为的社会规范主要包括社会责任规范、相互性规范和应得性规范。社会责任规范指我们应该帮助那些需要帮助的人，这些社会规范会在儿童社会化过程中由父母、教师或其他重要的人向儿童传递，一般认为儿童中期即可形成社会责任规范认知，意识到社会责任的重要性。相互性规范是指我们应该帮助帮助过我们的人，“滴水之恩必将涌泉相报”便是对相互性规范的阐释，学前期儿童即可知道相互性规范，随着年龄的增长儿童对这一规范意义的认识日益深刻，例如斯陶布和夏尔克（1974）研究发现，4 岁儿童更乐意与曾经和他们分享糖果的同伴分享彩笔；非什拜因和卡明斯基（1985）的研究也表明儿童更倾向于帮助曾经自愿帮助过自己的人，而不是那些在实验者要求下才帮助自己的人。应得性规范是指帮助那些应该得到帮助的人，不管是成人还是儿童都更愿意帮助那些遇到不幸而需要得到帮助的人，而不是由于自己的粗心大意或懒惰而带来某种不良后果的人，马斯塔司（1971）研究发现 4～5 岁的儿童分享物品时就表现出应得性规范，与没有得到公平报酬时相比，儿童得到公平报酬时会更愿意把奖品捐赠给没有到场的同学。达曼（1977）对儿童公平感的研究也发现，儿童公平感的发展趋势表现出从自我利益向社会平等和人际相互性趋向变化，儿童在考虑如何回报他人的帮助时，会考虑各方面的因素。

3. 移情能力的发展水平

移情能力是指儿童觉察到他人情绪反应时所体验到的与他人共有的情绪反应。许多心理学家认为移情是儿童利他行为等亲社会行为的中介因素，移情可以使儿童的亲社会行为建立在自愿的基础上，成为儿童亲社会行为的重要动机源泉。霍夫曼曾指出，移情逐步成为儿童助人行为的重要动机，儿童一旦意识到他人的痛苦，并且知道自己的帮助可以减轻他人的痛苦时，便会做出安抚、助人等利他行为。多项研究也发现，儿童的移情与亲社会行为之间存在高度相关，例如昂特伍德和摩尔（1982）研究发现，移情和利他行为在年幼儿童身上相关性较小，但是从青少年前期到成年期，两者的相关较高；艾森伯格和米勒（1987）认为，移情和利他行为是相关的，只是这种关系依赖于如何测量移情。当然也有研究发现移情与儿童亲社会行为之间并不存在相关，例如勒温和霍夫曼研究发现，学前儿童的移情和亲社会性之间并不存在相关。

观点采择和移情曾被看作彼此分离的不同结构，各自在儿童亲社会行为中发挥独一无二的作用。然而，在现实生活中，儿童对他人悲伤的认知和情感性反应是紧密交织在一起的，并常常在引发助人反应中共同起作用。

4. 环境与教育因素

社会环境和教育因素也会影响学前儿童亲社会行为的形成与发展，传统学习理论、社会学习理论等对此均进行了深入的论述。

传统的学习理论认为直接强化可以使学前儿童获得亲社会行为。大量的实验和行为观察表明，学前儿童的助人等亲社会行为可以因为他人物质的（如食物、金钱）或社会的（如认可、表扬）强化而重复，进而成为行为习惯；自私的行为会因为惩罚而逐渐消失。换句话说，褒奖可以强化学前儿童的亲社会行为。

社会学习理论的代表人物班杜拉认为，替代强化和自我强化可以促进学前儿童亲社会行为的发展。替代强化即学前儿童通过观察和模仿可以激发其亲社会行为，例如很多人还记得小时候学雷锋的事，当一个社会将雷锋作为榜样的时候，很多人并不需要得到什么直接的强化便会悄悄地做好事。自我强化即施惠者对行为本身的满足感自动强化了他所采取的利他行为，并形成周而复始的行为历程。自我强化可以使学前儿童的亲社会行为自动化。一般说，由于自我强化，儿童自动而较为持久的亲社会行为随年龄的增长而增多。

除了在现实生活中的社会榜样之外，媒介宣传也有助于鼓励亲社会行为的产生。有研究表明，相对于不观看亲社会电视节目的儿童，那些观看的儿童更可能做出亲社会反应；需要注意的是，相反的情况也成立，暴力电子游戏、街霸等现象确实可以导致儿童亲社会行为的减少。芦咏莉等人（1998）对 1640 名青少年的调查表明，社会榜样、青少年社会关系的质量与其社会观念、社会行为之间的相关显著。

资料阅读

亲社会行为产生的心理机制

艾森伯格认为个体做出亲社会行为时，心理活动会经历以下三个阶段：

（1）亲社会行为的初始阶段——注意他人的需要

在这个阶段，个体的现行状态和特质特征会影响对情境的解释。

（2）确定亲社会行为意图的阶段

紧急情况下确定助人意图：情感因素起重要作用。

非紧急情况下确定助人意图：认知因素（对自己效能的分析、他人需要的归因）起重要作用。

（3）意图和行为建立联系阶段

个人能力、人与情境的变化会影响个体决定是否做出亲社会行为。

三、攻击性行为

（一）攻击性行为的内涵

攻击性行为也称攻击行为，是指有意伤害他人、损坏或抢夺他人物品的行为，例如踢、打、抓、咬、用力推搡以及用物体或工具等有意伤害他人的身体动作，或骂、侮辱、贬低等有意伤害他人的言语行为。儿童由于过失或不小心而给同伴或其他人造成伤害的行为不属于攻击行为；同时，儿童的粗暴游戏也不属于攻击行为的范围，因为在粗暴游戏中，儿童的动作并不是以伤害他人为目的的。

攻击性行为是儿童青少年乃至部分成年人身上常见的一种比较典型的社会行为，也是个体社会化发展的重要内容之一，其发展状况既影响儿童人格、品德和良好行为的形成和发展，同时也是个体社会化成败的重要指标。大量理论研究与实践表明，攻击性行为对儿童的身心健康和社会性发展有明显的不良影响，危害较大。经常受到攻击的儿童通常会导致情绪抑郁、焦虑紧张、注意力分散、自卑孤僻、厌学逃学、学习成绩下降和失眠，严重的甚至会导致自杀；而对攻击者来讲，攻击他人则可能会造成以后的暴力犯罪或行为失调，因为攻击行为是一种相对稳定的现象。

欺侮（bullying）是儿童之间尤其是中小学生之间经常发生的一种特殊类型的攻击性行为。英国歌德斯密斯学院的 Smith 认为："欺侮行为可以被归属为攻击行为的一个子集（subset）。与一般意义上的攻击性行为一样，欺侮行为是指有意地造成接受者的伤害，这种伤害可能是身体的或心理的。欺侮通常采取打、推、勒索等方式，也包括讲下流的故事或社会拒斥等。欺侮可由一个或多个儿童卷入。"Smith 认为，欺侮与一般的攻击性行为相比具有三个特征：①未受激惹性（有意性）；②重复发生性；③欺侮者和被欺侮者之间力量的不均衡性。在形式上，欺侮可以分为直接欺侮（包括直接身体欺侮，如打、踢和直接言语欺侮如辱骂、起外号）和间接欺侮（如背后说人坏话、群体排斥）两种类型。

（二）攻击性行为的分类

1. 根据攻击性行为的动机分类

哈图谱根据攻击性行为的动机把攻击性行为分为工具性攻击和敌意性攻击。

工具性攻击，亦称以物为指向的攻击，是指那些把攻击作为一种手段以达到某一或某些非攻击性目的的攻击行为，如打同伴以获得同伴的物品；敌意性攻击，是以伤害他人为最终目的的攻击行为，所以又称以人为指向的攻击。

在现实生活中，一些敌意性攻击往往同时具有工具性攻击的功能，而一些工具性攻击也往往表现出敌意性攻击的愤怒反应。例如，一名男孩用力地撕扯、推搡一个女孩，可以说是敌意性攻击行为，但是如果这个男孩是为了抢夺女孩的玩具或物品，这种行为也可以被认定为工具性攻击。

2. 根据攻击性行为的起因分类

道奇和科伊根据行为的起因把攻击行为划分为主动性攻击和反应性攻击。

主动性攻击是指行为者在未受激惹的情况下主动发起的攻击行为，主要表现为获取物品、欺负和控制同伴等，例如小朋友主动去抢别人的玩具。

反应性攻击是指行为者在受到他人攻击或激惹之后所做出的攻击反应，主要表现为愤怒、发脾气或失去控制等，打抱不平也属于此类攻击，例如别人抢自己玩具时，做出反击，为保护玩具推搡抢玩具的小朋友，即反应性攻击。

3. 根据攻击性行为的表现形式分类

拉克斯佩茨和佩尔托宁根据行为的表现形式和类型把攻击行为划分为身体攻击、言语攻击和间接攻击。

身体攻击是指攻击者利用身体动作直接对受攻击者实施的行为，如打人、踢人和抢夺他人财物等。

言语攻击是指攻击者通过口头言语形式直接对受攻击者实施的行为，如骂人、羞辱、嘲笑等。

间接攻击行为包括向第三方说对方的坏话、造谣，以使其他人不喜欢对方，唆使第三方打对方，在游戏或活动中排斥对方，劝说他人不跟对方玩，把对方排除在他们的小群体之外，例如，对第三方说“他是个坏孩子”“他有毛病”“他身上有臭味”“我们打他，大家一起打他”等。

（三）学前儿童攻击性行为的发生与发展

1. 学前儿童攻击性行为的发生

早在 21 世纪 30 年代，彪勒、格林、雪莉等一批发展心理学家就曾对婴幼儿的攻击性行为进行了观察研究，他们的研究表明，儿童与同伴之间的社会性冲突至少在儿童出生后的第二年就开始了。

随着儿童年龄的增长，儿童之间的冲突性行为呈现下降的趋势。到 2 岁半，儿童与同伴之间的冲突性交往只有最初的 20%。

2. 学前儿童攻击性行为的发展

（1）学前儿童攻击行为的发生频率

儿童攻击行为的发生频率随年龄增长呈现下降趋势，这主要是因为，随着年龄增长，儿童解决同伴冲突的技能越来越多样化，年龄大的儿童更倾向于采用协商、言语沟通等手段解决矛盾，而采用打人、抢夺、讽刺等攻击性行为的频率变的较少。

（2）学前儿童攻击方式的发展变化

在攻击的方式方面，年龄小的儿童比年龄大的儿童更多采用身体攻击。随着年龄的增长，儿童身体攻击的比率逐渐下降，言语攻击所占的比率逐渐增多。例如，张文新研究发现，在幼儿园阶段，儿童攻击行为次数由高到低依次为身体攻击、言语攻击与间接攻击。

（3）学前儿童攻击类型的发展变化

学前儿童攻击性行为类型随年龄的增长而变化，小班幼儿的工具性攻击行为多于敌意性攻击，中班幼儿的工具性攻击和敌意性攻击行为不存在显著差异，大班幼儿的敌意性攻击行为极显著的多于工具性攻击，表现出敌意性攻击逐渐为主的发展趋势。

幼儿园大班幼儿敌意性攻击为主，这可能是因为，一方面，大班幼儿已经能够正确认知不同伤害情境中同伴的行为意图，并根据意识到的对方意图对同伴做出相应的反应。因此，对于大班幼儿来说，其自我控制能力和社会规范的内化水平有所提高，攻击行为的发生率在降低，但由于社会认知能力的提高，在同伴互动中，当他们认为对方有意给自己造成某种伤害和挫折时，他们也就更倾向于对对方做出敌意性的攻击，从而使敌意性攻击在全部攻击性行为中的比率增大。

认知发展方面，幼儿园大班幼儿在面对与同伴的冲突情景时，往往会采用报复性反应。皮亚杰认为，处于前运算阶段的儿童，其社会规则认知发展处于道德实在论阶段，他们对惩罚的观念是“抵罪的惩罚”，即通过强制手段、痛苦的办法使儿童遵守成人制订的规则，他们会认为“他打了我，我就打他”；认知发展处于具体运算阶段的儿童，其社会规则认知发展由他律阶段过渡到自律阶段，其对惩罚的认知是“回报的惩罚”，即只要让犯规者能为其错误而感到痛苦就行。例如，张文新（1996）研究中发现，在面对伤害情境时，大班幼儿采用“报复”这一标准的人数最多，80 次伤害情境中出现了 21 人次，然而小学四年级儿童仅仅出现了 1 次。

（4）学前儿童攻击性行为起因的变化

在攻击性行为的起因或前提条件方面，年龄较小的儿童较多因为物品和空间的争夺而攻击同伴，随着年龄的增长，由游戏规则、行为规范等社会性问题引起的攻击所占比率逐渐增多，5 岁半以前，物品和空间的争夺是导致儿童攻击性行为的主要原因。例如，W·Hartup（1974）的研究发现，儿童攻击行为的起因主要包括两个方面，一是由挫折而产生的具有危及自我性质的刺激，二是物品与空间的争夺。张文新（1996）研究发现，物品与空间的争夺是我国幼儿攻击行为的主要起因之一，占幼儿攻击行为起因总次数的 35.3%，为第一位；在受到他人的干扰、伤害或目标受阻后，幼儿进行报复、还击的攻击行为占总数的 28.3%，为第二位。

分析我国幼儿攻击性行为的起因，造成这一现象的原因可能是：一方面，幼儿自我控制能力比较差，在受到挫折和伤害之后往往不能控制自己的攻击冲动；另一方面，儿童在家庭中所处的特殊地位以及家庭教育方式中可能存在的问题，往往使儿童形成任性、不能忍受委屈和挫折的性格特点，而使他们在受到干扰、挫折或伤害后很容易对同伴进行报复性攻击。

（5）学前儿童攻击性行为的性别差异

学前儿童攻击行为的性别差异主要表现为攻击方式的差异，例如，多项研究发现，男孩的身体、言语攻击行为多于女孩，而女孩的间接攻击行为多于男孩。

（四）学前儿童攻击性行为的影响因素

攻击行为的影响因素与发生机制是心理学研究中最为重要的基础问题。进化论、生理学和人类学的研究表明攻击行为的个体差异具有重要的遗传和环境基础。

1. 个体生物因素

生物因素是个体心理发展的物质前提，激素水平、遗传基因、气质类型等均与学前儿童的攻击性行为有关。

攻击性行为倾向与雄性激素水平有关。不仅人类如此，关于动物的研究也发现，雄性动物在受到威胁或被激怒时，比雌性更容易发生攻击性行为。这可以在一定程度上解释为什么男孩比女孩表现出更多的攻击性行为。

遗传特征会增强儿童攻击性行为发生的可能性。近期的心理学研究证明，遗传对儿童攻击性行为的影响作用大约占 50%。所谓遗传，并不是说父母把打人、骂人这些具体行为遗传给了子女，他们遗传给子女的只是神经过程较强、情绪容易激动等自然生理特征，这些自然生理特征遇到合适的环境土壤，就会滋生出攻击性行为，例如，有调查结果表明，攻击型幼儿父母的性格特征有 73.7% 具有好动、性急的特点，其中双亲都性急的占 36.67%。然而，基因并不是儿童攻击性行为产生的决定因素，比较合理的解释是，儿童遗传了某种先天性的基因倾向，这种倾向会在后天的环境中得到表现或强化。

某些气质类型的儿童容易表现出攻击性行为。托马斯、切斯把儿童期气质划分出易养型、难养型、缓慢型三种类型，一般认为，具有难养型气质的儿童往往在学前期表现出较高的焦虑和敌对性，容易成为攻击性较强的儿童。

2. 个体心理因素

挫折体验、解决人际冲突的策略和社会认知发展水平等学前儿童个体因素会影响其攻击性行为的发生与发展。

儿童对挫折的感受会影响其攻击性行为。成人遇到挫折时容易出现攻击性行为，儿童也不例外，当儿童感受到干扰或阻碍其达到目的或意愿时，就会出现挫折体验。例如，如果儿童在生活中总处于劣势地位，教师不喜欢，受家长指责，小朋友也讨厌他，都易使儿童感受到挫折而产生攻击性行为。但是，并不是只要儿童体验到挫折就会产生侵犯行为，如果挫折被儿童看作是正当的、无意的或非专断的，就不会使儿童异常愤怒而做出攻击性反应。

解决人际冲突策略的贫乏也是儿童攻击性行为发生的原因。如果缺乏运用问题解决策略来处理人际冲突和人际矛盾的基本技巧和方法，儿童就会借助身体条件和优势地位来处理人际矛盾和冲突，或通过发泄情绪来达到某种满足。

儿童的社会认知特别是对他人行为意图的认知对攻击行为具有调节作用。道奇认为，当儿童把自己所面临的消极后果知觉为同伴有意造成的时候，他一般倾向于对同伴做出报复性攻击；反之，如果他认为同伴是由于意外或出于善意的动机而给他造成了消极后果时，他一般倾向于对此做出合理化解释。同时，攻击性与非攻击性儿童对他人行为意图认知存在着差异，攻击性儿童在他人行为意图不明时倾向于对对方做出敌意性归因。近年来，我国学者的研究也得出了相似的结论。

3. 家庭环境因素

关于家庭因素与儿童攻击性行为之间关系的研究早已表明，缺乏温暖的家庭、不良的家庭管教方式以及对儿童缺乏明确的行为指导和活动监督，都可能造成儿童高攻击性行为的发生。

父母的教养方式会直接影响儿童的攻击性行为。大量研究表明，父母越习惯于使用暴力惩罚儿童，儿童越容易产生攻击性行为；换言之，儿童早期在家庭生活中遭受的暴力和虐待越多，其侵犯行为也就越明显。有人称之为暴力的结果必然产生暴力。这可能是因为，父母经常使用暴力及攻击性言行，为儿童树立了模仿的对象，儿童往往不是在惩罚中受到教育，而是学会了如何使用攻击性行为。

父母之间的攻击行为也会成为儿童模仿的对象。如果儿童经常置身于父母的婚姻冲突中，亲眼看见父母的叫喊、谩骂、厮打的场面，或与邻居吵吵闹闹，仅为一些鸡毛蒜皮之事大打出手，儿童则会有意无意地效仿，进而攻击周围的小朋友或弱者，甚至是一些物品。

和睦的亲子关系对儿童的攻击行为具有显著的负效应。有大量研究表明，建立了积极亲子关系的儿童表现出更低的攻击性和破坏性，消极、冷漠和对抗性的亲子关系则会加剧儿童的攻击性和破坏性行为。

4. 社会环境因素

社会环境因素中，大众传媒是不容忽视的因素。著名的社会心理学家班杜拉等人的研究证明，儿童对于电视中侵犯性题材的模仿更普遍；密执安大学心理系伊伦和休斯曼用两年多的时间在波兰、芬兰、澳大利亚、以色列和美国测试了 32000 个一年级和三年级的儿童，结果显示，在所有的国家，儿童收看暴力电视片越多，其攻击性越强。

任务单

知识检测

评价标准	自我评价	小组评价	教师评价
可以说出亲社会行为的内涵与分类			
举例分析学前儿童分享行为的发展特点			
领悟学前儿童亲社会道德推理能力发展阶段的特点			
举例分析学前儿童亲社会行为的发展特点			
举例分析影响学前儿童亲社会行为发展的因素			
理解学前儿童攻击行为的发展特点			
举例分析学前儿童攻击性行为的影响因素			

案例分析

材料分析（2017 年下半年教师资格证考试题）：

开学不久，小班王老师发现，李虎小朋友经常说脏话。虽然老师多次批评，但他还是经常说，甚至影响到其他幼儿也说脏话。

问题：

（1）请分析李虎及其他幼儿说脏话的可能原因。（8 分）

（2）王老师可以采取哪些有效的干预措施？（12 分）

参考答案

（1）李虎及其他幼儿说脏话行为是一种行为攻击，其产生的原因可能有。

① 家庭的影响。

② 社会媒体的影响。

③ 幼儿爱模仿的特点。

（2）教师可以采取的干预措施有：

① 与李虎的家长沟通，了解李虎说脏话的原因，指导家长树立正确的教育观念和掌握科学的育儿方法，为李虎的语言发展、社会性发展创造一个良好的家庭环境。

② 开展“我是文明小标兵”的教学活动，引导李虎学习表达愤怒情绪和处理矛盾的方法，学会使用文明礼貌用语。

③ 王老师要规范自己的言行，为李虎树立良好的榜样。

④ 运用替代性强化，表扬讲话文明礼貌的幼儿，以引起李虎的模仿。

⑤ 运用代币法矫正李虎的不良行为。王老师可以告诉李虎当他使用文明礼貌用语时，就可以获得一颗星星，当积攒够一定数量的星星后，就可以换一个自己喜欢的物品，以此来矫正李虎说脏话的行为。

精准备考

一、填空题

1. 皮亚杰（1932）认为，________月的婴儿已具有同情行为、利他行为和分享行为倾向。

2. 那些把攻击作为一种手段以达到某一或某些非攻击性的目的的攻击行为，如打同伴以获得同伴的物品，可以称之为________攻击。

二、单项选择题

1. （2015 年下半年）班杜拉的社会认知理论认为（　　）。

A. 儿童通过观察和模仿身边人的行为学会分享

B. 操作性条件反射是儿童学会分享最重要的学习形式

C. 儿童能够学会分享是因为儿童天性本善

D. 儿童学会分享是因为成人采取了有效的奖惩措施

2. 学前儿童具体的亲社会行为发生频率并不均衡，多项研究发现学前儿童发生频率最多的是（　　）行为。

A. 安慰　　B. 助人　　C. 合作　　D. 分享

三、简答题

1. （2020 年）简述幼儿工具性攻击和敌意性攻击的异同。

2. （2017 年上半年）简述移情对儿童亲社会行为发展的影响。

参考答案

一、填空题

1. 8～12 个　2. 工具性

二、单项选择题

1. A　2. C

三、简答题

1. 哈图谱根据行为动机把攻击性行为分为工具性攻击和敌意性攻击。

工具性攻击是个体为了获取物品、空间等而做出的抢夺、推拉等动作行为。敌意性攻击是直接以人为指向的，以打、伤害他人身心为根本目的的攻击行为，包含较多的情感伤害色彩。

幼儿工具性攻击和敌意性攻击的异同如下：

（1）相同点。①两者都属于攻击性行为。工具性攻击和敌意性攻击都是一种以伤害他人或他物为目的的攻击性行为。②两者都带有目的性。工具性攻击的目的是获得某个物品，敌意性攻击的目的是伤害他人。

（2）不同点。①指向对象不同。工具性攻击指向的是物品，即幼儿为了获得物品而攻击他人；敌意性攻击指向的是人，即幼儿为了打击、伤害他人而采取攻击性行为。②年龄段不同。小班幼儿的工具性攻击多于敌意性攻击，而大班幼儿的敌意性攻击则显著多于工具性攻击。

2. 移情是指能设身处地地站在别人的角度，理解和欣赏别人的感情。

亲社会行为泛指一切符合社会期望并对他人、群体或社会有益的行为，如分享、助人、合作、同情、安慰、捐赠、谦让等，亲社会行为由社会所限定，一般有益于他人和社会的发展。幼儿的亲社会行为有安慰、分享、合作、助人等。许多研究发现，移情是亲社会行为的动力基础，是儿童亲社会行为产生的前提。移情对儿童亲社会行为发展的作用主要体现在以下两个方面：

（1）移情可以使儿童摆脱自我中心思维，产生利他思想，从而利于亲社会行为的产生。

（2）移情可以引起儿童的情感共鸣，让儿童产生同情心和羞愧感，产生降低他人痛苦的动机，从而增加亲社会行为，降低攻击性行为。

任务二 学前儿童社会行为的教育

情境导入

为了萌发幼儿分享意识，学会与同伴交往，培养亲社会行为，小博士幼儿园在小班开展了“玩具分享日”活动。

活动开始前，家长们积极配合班级教师，把一、两种幼儿喜爱的玩具带到幼儿园，并鼓励幼儿与其他小朋友交换、分享；活动过程中，教师提醒幼儿玩别人的玩具之前要用语言征得别人的同意，引导幼儿乐于将自己的玩具与别的小朋友交换，并体验大家一起玩玩具时的快乐。老师发现，有的幼儿从不愿意与别人玩，却乐意在同伴面前展示自己的玩具，主动共享玩具。活动进行没多久，小朋友三个一堆五个一组玩得不亦乐乎；乐于分享的小朋友在交流体会时，也表达出越分享越快乐的感受。老师看着孩子们一点点的改变、成长，甚是欣慰！但是，有的幼儿在整个活动过程中，都小心翼翼地看着自己的玩具，以旁观者的身份观看其他幼儿分享玩具，无论老师怎么引导、鼓励、奖励，他们就是不乐意去分享自己带来的玩具。

你怎么看待老师组织的这次活动？如何评价幼儿行为表现的差异呢？

知识梳理

国内外已有大量研究发现幼儿亲社会行为发展的重要性。吉尔·克拉里和裘德·米勒研究发现，儿童在童年期就学习和运用亲社会行为，会一直持续到成年期。所以，有关心他人、富于同情心倾向的儿童，更可能成长为关心他人、富有同情心的人。

一、学前儿童社会行为的教育目标

（一）学前儿童社会行为教育的总目标

儿童从出生后便处于各种社会关系和社会交往之中，婴儿开始对母亲的爱抚报以微笑或动作时，其社会行为就表现出来了。社会行为在交往中产生，并指向交往中的另一方。因此，学前儿童社会行为教育目标的描述总是和人际交往培养目标交织在一起，指向培养社会文化认可的亲社会行为，提高人际交往质量。

1.《幼儿园工作规程》对学前儿童社会行为教育总目标的阐述

《幼儿园工作规程》从德育范畴规定了社会领域教育目标，即“萌发幼儿爱祖国、爱家乡、爱集体、爱劳动、爱科学的情感，培养诚实、自信、友爱、勇敢、勤学、好问、爱护公物、克服困难、讲礼貌、守纪律等良好的品德行为和习惯，以及活泼开朗的性格”。分析可知，《幼儿园工作规程》对幼儿社会行为教育目标以“良好品德行为和习惯”来描述，“友爱”“讲礼貌”是对学前儿童社会行为教育总目标的论述。

2.《幼儿园教育指导纲要（试行）》对学前儿童社会行为教育总目标的阐述

《幼儿园教育指导纲要》将社会领域教育的总目标阐述为：

（1）能主动地参与各项活动，有自信心；

（2）乐意与人交往，学习互助、合作和分享，有同情心；

（3）理解并遵守日常生活中基本的社会行为规则；

（4）能努力做好力所能及的事，不怕困难，有初步的责任感；

（5）爱父母长辈、老师和同伴，爱集体、爱家乡、爱祖国。

分析可知，“乐意与人交往，学习互助、合作和分享，有同情心”是针对学前儿童社会行为教育总目标的论述，包含四种典型的幼儿亲社会行为，即助人、合作、分享和同情心。

3.《3—6岁儿童学习与发展指南》对学前儿童社会行为教育总目标的阐述

《3—6岁儿童学习与发展指南》将学前儿童社会行为教育目标融入了人际交往子目标，主要包含于“目标2　能与同伴友好相处”和“目标4　关心尊重他人”中，强调社会行为与人际交往的关系，并从亲社会行为培养与攻击性行为预防两个方面阐述了社会行为教育总目标。

（二）学前儿童社会行为教育的年龄目标

实际工作中确定学前儿童社会行为教育的年龄目标时，一般根据学前儿童发展心理学对学前儿童社会行为发展的研究成果，观察评价本班幼儿社会行为发展实际水平与典型行为表现，分析确定本班幼儿社会行为的最近发展区，制订各年龄班的教育目标。但是，《3—6岁儿童学习与发展指南》科学阐述了学前儿童社会行为教育的年龄目标，可以为我们的教育实践提供指导。

《3—6岁儿童学习与发展指南》对学前儿童社会行为教育年龄目标的论述分别在“目标2　能与同伴友好相处”和“目标4　关心尊重他人”中，具体见表5-6所列。

表5-6　目标2　能与同伴友好相处

3～4岁	4～5岁	5～6岁
2. 在成人指导下，不争抢、不独霸玩具	2. 对大家都喜欢的东西能轮流、分享。 5. 不欺负弱小	2. 活动时能与同伴分工合作，遇到困难能一起克服。 5. 不欺负别人，也不允许别人欺负自己

表5-7　目标4　关心尊重他人

3～4岁	4～5岁	5～6岁
2. 身边的人生病或不开心时表示同情	2. 能注意到别人的情绪，并有关心、体贴的表现	2. 能关注别人的情绪和需要，并能给予力所能及的帮助

《3—6岁儿童学习与发展指南》从培养亲社会行为和预防攻击性行为两个方面论述了学前儿童社会行为教育的年龄目标。

就亲社会行为而言，不独霸、轮流、分享、合作是个体亲社会行为发展的内容，也是与同伴友好相处的技能，将其依次作为小、中、大班的教育目标。我们可以根据幼儿分享观念的发展规律分析这一目标，儿童分享观念发展的趋势是“均分—按劳分配—仁爱观念下分享”，因此，对幼儿的教育目标，在小班是“不独霸”，教育幼儿逐步克服自我中心；在中班是“轮流”和“分享”，轮流体现了均分的分享观念；大班为“合作”，合作过程相对于均分要复杂，合作过程中的分工、协商等需要幼儿有谦让的行为表现。对幼儿助人教育的年龄目标，同样也是遵循幼儿移情能力发展规律做出了教育要求，幼儿只有先理解别人的情绪，有共情体验，才可以关心、体贴、帮助他人。

就攻击性行为而言，从攻击者和被攻击者两个方面规定了减少幼儿攻击性行为的年龄目标，在教育过程中既要关注攻击性行为比较多的幼儿，也需要关注、引导被攻击的幼儿。

（三）学前儿童社会行为教育的月目标

在主题活动课程模式中，学前儿童社会行为教育的月目标往往是和主题活动目标一致的，包含在当月主题活动中。在教育实践中，可以设计专门的社会行为教育主题，也可以结合其他主题活动实现渗透性教育。

小练笔

1. 活动主题

感恩你我，真情成长。

2. 设计意图

自古以来，中华民族就有乐于助人、知恩图报的传统美德。随着我国家庭结构的变化经济水平的提高，家庭生活中往往会立即满足幼儿的物质需求，甚至在一定程度上表现为对幼儿的溺爱。这样很容易导致他们觉得别人的关怀是理所当然的，很多情况下也只知道索取。通过感恩节活动，幼儿要从小知道感恩父母，感恩一切关心和帮助自己的人！用一颗感恩的心面对未来的生活！将感恩的种子播撒在幼儿的心田。

感恩宣言：

小班——爱自己，爱家人。

中班——爱自己，爱家人，爱同伴。

大班——爱自己，爱家人，爱同伴，爱生活。

小练笔

根据幼儿园确定的各年龄班的感恩宣言，写出具体的主题活动目标吧。

（四）学前儿童社会行为具体教育活动的目标

日常生活活动、游戏活动及集体教学活动是实现学前儿童社会行为教育目标的具体活动，每个活动的目标非常具体，往往是可以观察的行为表现目标。要求幼儿教师在日常生活、游戏活动中可以清楚地意识到每项具体活动的目标，做到根据目标实施随机教育；针对集体教学活动，需要幼儿教师根据具体活动目标书写要求，从幼儿角度、“知、情、行”三个维度写出具体、明确的活动目标。

小练笔

重阳节这天，中班的李老师想借助节日氛围，设计一次集体教学活动，引导幼儿从关心爷爷奶奶开始，逐步学会关心身边的小朋友，确定的集体教学活动标题为“中班社会领域活动：我和爷爷奶奶同过重阳节”，并写出了如下活动目标：

（1）培养幼儿关心老人的情感；

（2）体验与老人同过节的快乐；

（3）增进艺术表现能力，运用学过的技能，合理地安排画面，画出爷爷奶奶的形象。

小练笔

你认为李老师写的活动目标合适吗？如果有不合适的地方，你认为可以怎么修改呢？

二、学前儿童社会行为教育的内容

（一）文件对学前儿童社会行为教育内容的概述

《幼儿园教育指导纲要（试行）》对社会领域教育内容的描述共有八条，其中第一条为“引导幼儿参加各种集体活动，体验与教师、同伴等共同生活的乐趣，帮助他们正确认识自己和他人，养成对他人、社会亲近、合作的态度，学习初步的人际交往技能”。可见，“养成对他人、社会亲近、合作的态度”是对幼儿社会行为教育的重要内容。

（二）选择学前儿童社会行为教育内容

1. 依据《3—6岁儿童学习与发展指南》关于幼儿亲社会行为教育目标选择教育内容

《3—6岁儿童学习与发展指南》分别阐述了小班、中班、大班的社会行为教育目标，为幼儿教师选择社会行为教育内容、设计教育活动指明了方向，但是年龄目标比较笼统、概括，需要幼儿教师根据社会学、心理学、教育学等学科对学前儿童社会行为的研究成果进行深入分析，找到实现抽象教育目标的具体内容。

资料阅读

依据《3—6儿童学习与发展指南》中的年龄目标分析教育内容

《3—6岁儿童学习与发展指南》在人际交往的下位目标“目标4　关心尊重他人”中阐述了一项中班的教育目标，“能注意到别人的情绪，并有关心、体贴的表现”。基于“关心”教育目标分析教育内容的思路如下：

儿童从“我”的意识到“你”和“他”是思维发展的一个飞跃；从满足自己要求到学会关心别人，则是道德意识的萌发。从小在孩子心灵中播下关心他人、助人为乐的种子，是培育儿童健康心理，培养开朗、宽厚、善良性格的重要基础。关心他人的道德情感需要从小培养。

引导学前儿童关心身边的人是学会关心他人的起点。一方面，要明确可以关心身边的哪些人，如父母、祖父母等；另一方面，关心身边人的方式也是多样的，需要在成人的引导下逐步习得。例如，父母下班回来，可以主动问好，送上一杯水；大人感到疲劳时，自己的动作要轻，不要喧哗，不能给家中其他人带来苦恼；家长睡觉时，可以自己玩玩具、阅读绘本等。

随着孩子年龄的增长，要不断扩大学前儿童关心对象的范围，丰富关心他人的方式。就关心的对象而言，引导学前儿童从关心自己的父母到关心邻居、同学、朋友，再关心幼儿园、社区中的其他人、国家；关心他人的方式是多种多样的，例如邻居休息时，要克制自己的行为，必要时提供力所能及的帮助；小朋友生病时，要主动问候、探视；他人遇到困难时，要主动帮助；关心社区里的活动、国家的重大成就，并为此而感到自豪等。

2. 依据学科研究成果选择学前儿童社会行为教育内容

心理学界对社会行为广泛、深入地研究已有几十年，系统研究了社会行为的心理机制、影响因素等问题，教育工作者也积累了大量教育智慧与案例，均可以成为我们选择学前儿童社会行为教育内容的参考。例如，杨伟鹏等人（2014）研究发现，社会主题绘本教学对幼儿助人、分享、安慰及合作等四种典型亲社会行为的总体发展具有显著的促进作用①；移情训练、榜样示范、适时奖惩、创设适宜的环境、运用干预技术等方法对预防和矫正儿童的攻击性行为有重要作用②。吴霞波（2002）总结教育经验，认为提高儿童人际认知能力，培养自我控制能力等可以有效降低学前儿童的攻击性行为③。

教育案例

自古以来，中国人十分推崇感恩，认为“滴水之恩，涌泉相报”，唾弃那些“忘恩负义”之人。随着积极心理学运动的兴起，国外学者 McCullough 等人将感恩视为一种正向的道德情感，并从这个角度得出了感恩的三大功能：道德晴雨表、道德动机和道德强化。感恩作为正向的道德情感，可以激发个体的亲社会行为，促进个体的社会化。

警察、消防员、医生、环卫工人、司机、快递员……我们身边有很多温暖又平凡的人在默默付出着，像阳光空气一样至关重要，却一直是我们忽略的存在。为了让孩子学会感恩，懂得表达感恩，我们开展了“感恩主题”的教育教学活动。从孩子身边熟悉的人和事物开始，进行感恩教育，培养孩子从小拥有一颗感恩之心。

---

① 杨伟鹏，雷雁岚，陈科成，等．社会主题绘本教学促进幼儿亲社会行为发展的实验研究［J］．教育学报，2014，10（6）：87－914.

② 魏晓娟，岳慧兰．儿童攻击性行为的影响因素及预防和矫正［J］．内蒙古师范大学学报（教育科学版），2002，（4）：52－55.

③ 吴霞波．幼儿攻击性行为的成因及矫正策略［J］．学前教育研究，2008（9）：64－65.

3. 源于幼儿生活选择学前儿童社会行为教育内容

陶行知先生说："生活教育是生活所原有，生活所自营，生活所必需的教育。教育的根本意义是生活之变化。生活无时不变，即生活无时不含有教育的意义。"幼儿教师需要根据日常生活中对幼儿的观察，以及幼儿最近可以感知的社会节日、可以理解的社会事件等内容，依据《幼儿园教育指导纲要（试行）》选择教育内容的原则"既贴近幼儿的生活来选择幼儿感兴趣的事物和问题，又有助于拓展幼儿的经验和视野"。选择适合本地区、本幼儿园、本班幼儿的教育内容，提高教育的针对性，引导、支持幼儿社会行为的发展。

小练笔①

走进开满鲜花的六月，父亲节悄然而至。为了让幼儿学会感恩，表达对父亲深深的爱，美霖幼儿园开展了"父亲节"主题系列活动，让宝贝们从小感受到爸爸的伟大和无私，学会关心爸爸，激发幼儿对爸爸的感恩之情。

活动一：爱的行动

在很多幼儿的心目中，爸爸犹如超人一般存在。每当自己有需要时都能及时的出现，每当自己哭泣时就会用他独特的方式来安慰自己，每当遇到阻碍时也总是坚定地支持自己的那一个！今天美霖幼儿园设置了许多关卡，需要爸爸们带着宝贝去闯关，让我们一起看看吧！

活动二：爱的表达

他从不夸你有多棒，心里却骄傲地偷笑；他从不挑剔，只是把最好的都挑出来给了你。爸爸一直像背后的一座山，像一个沉默寡言的超人，总是深藏功与名，就连表达感情也充满了拐弯抹角，大多时候爸爸难以开口。但是我们要勇敢地向他表达爱！

请根据活动主题规划，设计具体的教育内容。

三、学前儿童社会行为的教育途径

（一）重视学前儿童社会行为的随机教育

叶圣陶先生曾深刻地指出："什么是教育，简单一句话，就是要养成良好的习惯。"对学前儿童社会行为的培养，教育者更应该细致观察教育场景、把握教育契机，巧妙地利用具体情境中即时出现的教育契机，不失时机地对受教育者进行启发、引导与强化，内化文化要求、强化行为表现，充分发挥幼儿园一日生活、游戏、家园共育等教育途径的作用，提升学前儿童社会行为教育的针对性，助力学前儿童养成符合社会文化的行为习惯。

首先，充分发挥幼儿园一日生活直观、生动和情境化的教育功能，引导幼儿内化社会行为的文化要求。儿童生活是一种文化活动，儿童生活需要文化活动来展开，儿童以享受

---

① 武汉市武昌区博思美霖幼儿园：https：//mp. weixin. qq. com/s? _ _ biz=Mzg4NDY3MTg3OQ==&mid=2247487011&idx=1&sn=7973ec761df80199a1feac674e5e5f9c&chksm=cfb5dacbf8c253dd0f56e65ad92d3904b91fef8e34e3207e28059ba94ba85c7b6c6ff0596f03&mpshare=1&scene=23&srcid=0622rBLlvncETvQo9j4rJOM7&sharer _ sharetime=1655881386824&sharer _ shareid=49c89e7bad3ac4882a180ac1b370d7e8#rd。

文化、内化文化为主。在学前儿童社会行为教育中，要引导幼儿在生活中体验并逐步内化亲社会行为的文化要求，例如，进餐环节的分享中包含着的“平等与谦让”、整理活动中的合作蕴含着“团结就是力量”等价值观。

其次，在学前儿童认知发展水平还无法理解分享、合作等亲社会行为概念时，可以借助生活中、游戏中的基本规则引导幼儿在做中体会，做中发展。例如，有研究发现[1]混龄班幼儿的亲社会行为发展水平明显优于同龄班幼儿，现在有些幼儿园虽然没有混龄编班，但是每周会有全园范围内的混龄游戏时间。无论是混龄编班还是混龄游戏时间，制订详细的混龄活动规则，可以引导幼儿体会谦让、关爱等亲社会行为要求；游戏中的规则“玩具大家轮流玩”同样可以引导学前儿童习得分享、合作的亲社会行为。

最后，充分发挥家园共育力量，潜移默化地影响学前儿童社会行为发展。母亲的教养方式会通过自身的言传身教潜移默化地影响子女的行为，例如有研究发现，母亲过度干涉、过度保护、拒绝、否认和惩罚等严厉的教养方式与幼儿的反社会行为和一般负性社会行为呈显著的正相关，而母亲情感温暖和理解的教养方式与子女的反社会行为和一般负性社会行为呈负相关。

教育案例

在角色游戏中，中班幼儿仍然会按自己的意愿选择角色，而且如果不会协商、谦让，常常会发生争执。有一天，在我们班角色游戏区就出现了这样的情景：玉玉和悦悦两个人争做娃娃家的“妈妈”，玉玉争不到角色急得哭了。这时，我暗示悦悦让玉玉扮演妈妈，悦悦乐意地接受了。玉玉见悦悦退让了就破涕而笑。借此机会，我对玉玉说：“谦让不只是别人让自己，也要自己让别人，游戏中不仅要想到自己，还要想到别人。”玉玉点点头：“老师，明天我让悦悦做‘妈妈’，下次我也让角色给其他小朋友。”玉玉的话，说明她开始理解了谦让。

幼儿园随机教育是引导幼儿社会性发展的重要形式，教师可以借偶发之事，行教育之能，育栋梁之材。

（二）充分发挥渗透教育对学前儿童社会行为的教育作用

幼儿园各领域教育内容围绕幼儿的生活展开，有机联系、相互渗透，同样，幼儿社会行为的教育与培养也离不开其他领域的教育。例如，我国科学院行为重点实验室的朱莉琪（2021）认为，节奏活动中环环相扣的紧密协调行为很可能促进儿童社会发展。朱莉琪设计了研究实验，让幼儿用小鼓和摇铃为歌曲伴奏，将幼儿分为密切协调组（小鼓和摇铃每小节轮换一次）和离散协调组（小鼓和摇铃每 8 个小节轮换一次），实验结果表明，在随后的积木任务中密切协调组的儿童比离散协调组的儿童更愿意帮助实验者，也更愿意在随后的独裁者游戏中的陌生儿童分享贴画。在幼儿园教育实践中的观察也发现，共同演唱、拍手、演奏、舞蹈等艺术领域的教育活动可以提高儿童间的亲密感和信任度，并增加帮

① 王卓，杨宁．混龄教育对幼儿社会行为发展的影响研究［J］．幼儿教育，2011，(36)：37－41.

助、合作、配合等亲社会行为的发生频率。另外，也可以通过阅读语言领域的绘本故事帮助幼儿理解“分享”“合作”“欺负”等社会行为概念，例如《我是彩虹鱼》《彩虹色的花》可以让幼儿理解“分享”的含义，《我不想当豌豆》可以引导幼儿领悟同伴合作的重要性及如何合作。体育游戏[1]也可以促进幼儿亲社会行为的发展，例如合作性体育游戏“钻山洞”、运球，传统民间游戏丢手绢、老鹰捉小鸡等。

拓展阅读

绘本故事《我不想当豌豆》

故事的主角是河马雨果和小鸟贝拉，他们要去参加童话故事化装舞会，可是打扮成什么模样呢？雨果想要扮演公主和豌豆，可是贝拉不想当又绿又小的豌豆；贝拉想要当美人鱼与礁石，但是雨果不想当灰不溜秋的礁石。两个人争着当主角，为此大吵了一架……他们还能和好一起去参加舞会吗？虽然故事的结局有些无厘头，小故事中却蕴含着换位思考、主角与配角、吵架与和好的概念。

教育案例

全国幼儿教师专业风采大赛——观察记录			
参赛作品名称	《学会谦让》		
参赛作者		单位名称	
观察目标	操作活动中培养“谦让”行为		
观察对象		年龄段/班	大班
观察时间	2015 年 4 月 21 日		
行为观察	萱萱小朋友非常优秀，聪明、活泼、懂礼貌，很多活动中可以表现出创造性，喜欢表现自己。为此，经常受到老师的称赞，可以说是班级老师心中的最爱。 萱萱是独生子女，家庭条件优越，家长对她基本百依百顺。生活中、游戏时，该幼儿有时表现得比较自私，会流露出自我为中心和唯我独尊的不良倾向。 今天的操作活动是用橡皮泥装饰《美丽的妈妈》。活动开始，我先给孩子展示了制作过程，引导幼儿欣赏不同的制作效果；激起兴趣后，宣布规则，分给每一个小组一份操作材料，所有的操作材料，一组一份，小朋友分着使用。当发到萱萱那一组时，刚把操作盒放到桌子上，她眼疾手快“唰”的就把操作盒里的材料抓在了手里。		

① 全海英．体育活动发展 3～6 岁幼儿亲社会行为的理论与实践研究［D］．辽宁师范大学，2012.

（续表）

行为观察	孩子们认真地操作着，忙着为自己设计的美丽妈妈穿漂亮的衣服，装饰眼睛、鼻子、嘴巴、扎麻花辫子等。这时，萱萱那一组的一名幼儿告诉我：“老师，我们这组的黑色橡皮泥不够用。”“为什么？”“萱萱自己都拿着，不给我们用。”我问她为什么时，她竟然认真地说：“我还没用完。”
教育引导	首先，我引导萱萱观察同桌小朋友装饰画的制作效果，并启发、引导她想想：“自己独占黑色的橡皮泥，别的小朋友怎么装饰妈妈的眼睛、头发呢。”我发现萱萱面露羞愧的表情，紧接着低声给她讲了小朋友之间只有相互谦让、乐于分享才可以交到好朋友的道理。我的一番话，萱萱好像意识到自己的不对，便拿过塑料小刀，从黑色橡皮泥上切下了一小块，然后把其余的放到了操作盒里，还大声说：“我们每人切一小块一起用吧！”看到萱萱的表现，我及时地给予了表扬、肯定。 最后面向全体幼儿讲述了《孔融让梨》的故事，再次强调今天使用操作材料的规则：操作材料是一小组一份，大家要相互谦让，做出的妈妈才漂亮。小朋友边听故事、边操作，接下来的操作活动非常顺利。 看着孩子们愉快地操作着，我感到无比的欣慰。
成效分析	竞争激烈的现代社会，学会谦让是个体发展的需求，也是时代发展的需要。学会谦让是幼儿教育中必不可或缺的一项内容，对孩子今后和谐人格的形成、在社会中幸福生活相当重要。 本次教育活动，我抓住艺术领域活动材料的使用规则，观察幼儿的行为表现，选用了讲述引导、移情观察、及时强化一系列教育方法，将社会领域教育目标无声地融入艺术操作活动，实现领域教育的融合，体现了领域综合的课程原则。

（三）组织专门的社会行为教育活动

影响学前儿童社会行为发展的因素是多方面的，主要包括儿童的社会认知水平、社会交往技能、父母的教养方式、日常生活中的榜样和文化背景等，各因素的作用方式也是复杂的。例如，对幼儿分享行为的教育而言，李幼穗等人（2001）研究发现①，情境讨论法和角色扮演法两种移情训练法均可有效促进儿童分享行为的发展，情境讨论法的训练效果随儿童年龄增长而提高，角色扮演法在幼儿园中班训练效果最好、小学一年级次之、小学三年级最差；张莉（1998）研究发现，移情训练和榜样训练的效果在幼儿初期和中期无显著差别，但是在幼儿晚期，榜样训练的效果在幼儿的玩具和奖品分享行为上比移情训练的效果更好②。在主题教育活动和集体教学活动设计时，要根据幼儿社会行为教育原理，选择合适的教育方法，设计教育活动。

主题教育活动案例

爱犹如阳光，温暖着世人的心，让人间充满温情与希望，传递爱心，小善凝聚大爱。

① 魏玉桂，李幼穗．不同移情训练法对儿童分享行为影响的实验研究［J］．心理科学．2001，(5)：557-562.
② 张莉．榜样和移情对幼儿分享行为影响的实验研究［J］，心理发展与教育．1998，(1)：

爱是什么？爱是开在心里的花，爱是无声的语言，爱是无私的奉献。

为了进一步弘扬乐善好施的传统美德，海子塔幼儿园开展了"'衣'旧情深　爱心传递"捐赠活动。通过本次爱心捐衣活动，让需要帮助的人们感受到爱心和温暖，同时让小朋友们懂得去关爱别人。希望借助旧衣捐赠活动，把一份份温暖不断传递下去，让爱的阳光洒满社会的每一个角落。

幼儿捐赠旧衣物

集体教学活动案例

1. 活动名称

中班社会领域活动：交换。

2. 设计意图

交换、轮流等方式是幼儿合作的重要策略，进入中班后幼儿联合游戏增多，观察发现，在建构游戏区、美工区等游戏中，幼儿开始出现相互交换玩具、一起完成任务的愿望，但是由于有些幼儿交换技巧单一，表达不当还是会发生矛盾。《3—6岁儿童学习与发展指南》指出，中班的教育目标为"对大家都喜欢的东西能轮流、分享"，因此，我设计了本次集体教学活动，试图通过集体活动引导幼儿学会恰当表达交换愿望，并能通过交换进行合作。

3. 活动目标

(1) 知道交换玩具的办法。

(2) 体验交换玩具带来的乐趣。

(3) 学习与朋友交换玩具的好办法，能用适当的语言进行表达。

4. 活动重点和难点

学习与朋友交换玩具的好办法，能用适当的语言进行表达。

5. 活动准备

(1) 物质准备：故事《交换》多媒体课件、各式各样玩具若干、《找朋友》音视频。

(2) 经验准备：联合玩游戏的经验。

6. 活动过程

(1) 导入环节：讲述故事，激发兴趣

通过聆听故事，积累交换经验，激发交换的兴趣。

教师引导语：宝宝们，今天老师给你们讲个小白兔的故事。小朋友仔细听，看看小白兔今天都做了什么，最后他的篮子里会有什么呢？

教师借助多媒体课件，讲述故事，引导幼儿倾听故事，感知交换物品时的语言表达，体会交换的快乐。

教师提问：小白兔篮子里原来只有萝卜，后来怎么又有青菜和蘑菇了呢？小白兔是用什么换到青菜和蘑菇的？他是怎么说的呢？

教师引导幼儿复述故事，体会交换的快乐，学习交换时的言语表达方法。

(2) 展开环节：实践操作，获取经验

过渡语：小白兔换到自己喜欢的青菜和蘑菇，心里真高兴啊！

步骤一：挑选玩具，创设交换条件。

教师引导语：今天小白兔带来了许多礼物送给我们的小朋友，只是呢，每个小朋友只能上来选一份。请小朋友分组上来选吧。

步骤二：欣赏自己的和别人的玩具，激发交换愿望。

小朋友逐个介绍自己的玩具，激发想玩多个玩具的愿望，进而自由交换玩具。

教师引导语：每个小朋友都得到了礼物，我们给其他小朋友介绍一下自己手里的玩具吧。

小朋友介绍完毕，引导幼儿交换玩具。

步骤三：尝试交换玩具，积累表达经验。

教师引导语：我们每个小朋友都有好玩的玩具，别的小朋友也有好玩的玩具。你们有没有办法既能玩到自己的玩具，又能玩到别人玩具？应该怎么给小朋友说呢？让我们试试吧。

步骤四：分享交流，找到办法，体验快乐。

教师引导语：你刚才玩了什么玩具？用了什么好办法和小朋友交换到喜欢的玩具的？刚才谁没有换到玩具？我们可以想什么办法？

(3) 结束环节：总结经验，在《找朋友》的歌声中结束活动

教师小结：小朋友们今天都用好办法玩到了自己想玩的玩具，本领真大！我们想玩别人手里的玩具时，好好表达，别人不同意时我们就等待一会，或者换一个人，慢慢地就会得到自己想玩的玩具，大家成为好朋友。让我们带着自己心爱的玩具一起来做一个“找朋友”的游戏，看看你还可以交换到哪些玩具吧。

(4) 活动延伸

以后游戏过程中，引导幼儿勇敢表达交换愿望，并学会等待。

故事：交换

小兔有三只萝卜，它看到小山羊有绿绿的青菜，就笑眯眯地对小山羊说："小山羊，我用萝卜来换你的青菜，好吗?"小山羊说："好吧。"小白兔就用萝卜换了青菜，对小山羊说："谢谢，谢谢。"小山羊说："不用谢!"

小白兔又看到小花猪有大大的蘑菇，它就对小花猪说："小花猪，我的萝卜又红又大，又甜又脆，而且不打农药，是纯绿色食品哦，我用萝卜来换你的蘑菇好吗?"小花猪说："好吧，我换给你。"小白兔用萝卜换了蘑菇，对小花猪说："谢谢，谢谢。"小花猪说："不用谢。"

小白兔看到自己的篮子里有萝卜、青菜，还有蘑菇，高兴地笑了。

文件阅读

《3－6岁儿童学习与发展指南》对学前儿童社会行为教育的建议

"目标2　能与同伴友好相处"教育建议：

1. 结合具体情境，指导幼儿学习交往的基本规则和技能

当幼儿不知怎样加入同伴游戏，或提出请求不被接受时，建议他拿出玩具邀请大家一起玩；或者扮成某个角色加入同伴的游戏。

对幼儿与别人分享玩具、图书等行为给予肯定，让他对自己的表现感到高兴和满足。

当幼儿与同伴发生矛盾或冲突时，指导他尝试用协商、交换、轮流玩、合作等方式解决冲突。

利用相关的图书、故事，结合幼儿的交往经验，和他讨论什么样的行为受大家欢迎，想要得到别人的接纳应该怎样做。

幼儿园应多为幼儿提供需要大家齐心协力才能完成的活动，让幼儿在具体活动中体会合作的重要性，学习分工合作。

2. 结合具体情境，引导幼儿换位思考，学习理解别人。如：

幼儿有争抢玩具等不友好行为时，引导他们想想"假如你是那个小朋友，你有什么感受?"让幼儿学习理解别人的想法和感受。

"目标4关心尊重他人"教育建议：

2. 以身作则，以尊重、关心的态度对待自己的父母、长辈和其他人

经常问候父母，主动做家务。

礼貌地对待老年人，如坐车时主动为老人让座。

看到别人有困难能主动关心并给予一定的帮助。

3. 幼儿尊重、关心长辈和身边的人，尊重他人劳动及成果

提醒幼儿关心身边的人，当妈妈累了，知道让她安静休息一会儿。

结合实际情境，提醒幼儿注意别人的情绪，了解他们的需要，给予适当的关心和帮助。

四、学前儿童亲社会行为教育的指导要点

儿童社会行为发展的研究成果表明，儿童的亲社会行为主要是通过后天的环境影响和教育培养获得的，这种培养教育主要有以下五种方法。

（一）改善社会认知

亲社会行为的发生不仅与儿童的社会认知能力有关，而且还受到社会规范和社会期望的调节。有社会心理学家认为，影响儿童亲社会行为的社会规范主要有三种：社会责任规范、相互性规范和应得性规范。社会责任规范指应该帮助那些需要帮助的人；相互性规范指要帮助那些帮助过自己的人；应得性规范指帮助那些应该得到帮助的人。

一些观察研究也支持这一观点。Staub 和 Sherk（1974）的研究证明，4 年级儿童更乐意跟那些以前在分享糖果时对他们慷慨的儿童分享彩笔；Fishbein 和 Kaminski（1985）的研究也表明，儿童更倾向于帮助那些自愿帮助过自己而不是在实验者监督下才帮助自己的人；Masters（1971）发现，早在四五岁时，儿童就能在物品分享方面对应得性规范表现出一定的意识；Long 和 Lerner 的研究表明，在儿童参与一项任务得到了过多的报酬时，如果告诉他们应该把自己的所得分给其他没有参与任务的儿童，这些儿童非常慷慨地与其他儿童分享自己所得的报酬。由此可知，教育过程应设计教育活动改善学前儿童的社会认知，从而培养其亲社会行为。

（二）移情训练

美国著名心理学家霍夫曼对儿童移情及其与行为的关系进行了多年的实验研究，他指出，“移情是诸如助人、抚慰、关心、合作、分享等亲社会行为的动机基础。它激发、促进人们的亲社会行为，是个体亲社会行为的推动器”。换言之，移情在儿童亲社会行为的产生中具有极其重要的意义，是儿童亲社会行为产生、形成和发展的重要驱动力。日常生活中，具有良好移情能力的儿童，能更好、更经常地做出亲社会行为，对周围成人和同伴亲切、友好；移情能力水平较低的儿童很少表现出亲社会行为，而表现出较多消极的、不友好的行为。

运用移情来教育儿童，使其具有内在的自我调节能力，比一味地限制、要求这种外部约束要有效得多。移情训练的具体方法有理解与续编故事、情景讨论法、角色扮演、教育戏剧等。我国李幼穗教授（2001）研究发现，通过移情训练和角色扮演法均可促进幼儿园中班、小学一年级、小学三年级儿童分享行为的发展，在幼儿园中班，角色扮演法的效果显著优于情境讨论法，而且情境讨论训练效果随儿童年龄增长而提高，到小学三年级时两种方法的训练效果已经几乎没有什么差异；对于小学一年级和小学三年级儿童来讲，角色扮演法比情境讨论法对儿童分享行为更具有延缓作用，对于幼儿园中班儿童则没有明显体现①。

---

① 魏玉桂，李幼穗．不同移情训练法对儿童分享行为影响的实验研究［J］．心理科学，2001，(5)：557－562.

（三）提供榜样

榜样在学前儿童亲社会行为形成中占有相当重要的地位。儿童观看别人的亲社会行为，通过观察学习，学前儿童实现替代强化，有助于培养自己的亲社会行为。无论是周围的成人与同伴，还是动画片、绘本故事中的主人公，都可以成为儿童模仿的对象，例如有研究发现，儿童在观看助人主题的电视节目后，在游戏过程中表现出更多的助人行为。

适合幼儿年龄特点的移情训练和榜样训练均可以有效地促进幼儿分享行为的发展，但在不同年龄阶段作用效果并不一致。在幼儿的各年龄段之间，榜样训练的影响效果没有显著差异，移情训练的影响效果在小班和中班优于大班；在幼儿初期和中期，移情训练和榜样训练的效果差异不显著；幼儿晚期，就分享玩具和奖品的行为而言，榜样训练的效果比移情训练的效果稍好[①]。

（四）建立积极的自我概念

归因理论认为，个体只有把亲社会行为归因于自己的内在观念，利他行为才有持久性。格鲁赛克等人（1980）做过一项研究，创设机会让儿童分享物品给需要的人。一种情况为，告诉儿童他们分享物品是因为他们有助人的精神，即利用观念内化形成自我归因；第二种情况为，儿童分享物品后对其进行表扬强化；第三种情况为，儿童分享物品后什么也不说。当儿童再次有机会分享物品时，自我归因组儿童和被强化组儿童的慷慨行为都增强了，而被说成是慷慨的儿童比受表扬的儿童分享了更多的物品，那些未加处理的儿童分享的物品最少；进一步研究还表明，三个星期后的测验中被说成慷慨的儿童比被表扬的儿童和未被评价的儿童表现出更多地分享行为。可见，由于自我归因儿童的利他行为显示出持久性。因此，我们应鼓励并帮助儿童建立一种正确的归因模式。

也有研究者认为，一个人为造福他人而做出牺牲的意愿，在很大程度上依赖于他对自己利他性的看法，即自我概念中利他性的认识。与那些不认为自己具有仁慈、同情、乐于助人品质的青少年和成人相比，把亲社会倾向看作自我概念重要组成部分的青少年和成人，确实具有更强的亲社会倾向。J. Grusec 让 5 岁和 8 岁儿童完成以下活动：①向可怜的儿童捐赠弹子；②与没有铅笔的同学共用铅笔；③帮助实验者完成一件乏味而重复性的任务。儿童一旦捐赠，或开始做乏味的事，他们就被告知，他们是“友好的”或“乐于助人的”（自我概念训练条件），另一种情况是什么也不说（控制条件）。一两周后，发现，自我概念训练对 8 岁儿童所产生的影响远比对 5 岁儿童的影响大。被告知是“友好的”或“乐于助人”的 8 岁儿童比控制组儿童更可能为生病的孩子画画，与他们分享自己的东西。

（五）及时强化

儿童亲社会行为无论是自觉的还是不自觉的，都需要得到群体的认可。儿童一旦做出了利他行为，成人和教师要及时强化，如表扬、奖励等，使儿童获得积极反馈，达到逐渐巩固的目的。反之，习得的利他行为可能消退。

---

① 张莉．榜样和移情对幼儿分享行为影响的实验研究［J］．心理发展与教育，1998，(1)：26－31.

五、学前儿童攻击性行为的预防教育[①]

（一）为学前儿童创设良好的成长环境

建立健康的亲子关系，优化家庭养育环境。家庭是儿童最基本的生活和社会化场所，儿童早期的攻击性行为与诸多家庭因素密切相关。例如，父母养育方式中的情感温暖与支持，有研究发现男孩在家庭生活中的幸福与满足感越低，攻击性行为就越易发生；女孩在家庭生活在中得到情感温暖和理解越少，出现的攻击性行为就越多。因此，良好亲子关系是儿童攻击行为的保护性因素。密切的亲子关系可以给儿童带来安全感和信赖感，缓解儿童的不良情绪。父母经常为儿童购买玩具或图书，与孩子一起玩耍、看书并给他们讲故事是增强亲子关系的积极有效方式，对于减少攻击行为的发生具有显著作用。

教师科学引导，创设优质教育环境。幼儿园要为幼儿提供充足的游戏空间和丰富的玩具，幼儿教师还应该为幼儿提供富有爱心、尊重的微观环境，同时指导家长关注动画片等社会因素对儿童心理的影响，避免幼儿受到暴力、凶杀等画面的消极影响，全方位净化幼儿成长环境。

（二）培养学前儿童的移情能力

移情是当一个人感知到对方的某种情绪时，他自己也能体验到相应的情绪，即因为他人的情绪、情感而引起自己与之相一致的情绪、情感反应。移情包括两个方面：一是识别和感受他人的情绪、情感状态；二是能在更高级的意义上接受他人的情绪、情感。培养学前儿童的移情能力，使其进行内在的自我调节，比通过限制、要求等外部约束预防学前儿童的攻击性行为有效得多。

（三）引导学前儿童掌握合理的心理宣泄方法

烦恼、挫折感、愤怒等侵犯性情感，对于自控力弱的儿童来说，是点燃侵犯性行为的导火线。侵犯性情感聚集越多，其发生侵犯性行为的可能性就越大。若这些不良情绪能得以合理宣泄，就可以减弱其强度，攻击行为也会随之减少。相反，学前儿童侵犯性情感受到过分压抑，会引起其意识障碍，危害其身心健康。因此，引导那些受到挫折、攻击、干扰的学前儿童学会宣泄的方法是必要的。比如鼓励他们向父母、同伴倾诉内心体验到的侵犯性情感；引导他们在适当的场合大喊或痛哭一场，以宣泄其内心无法排遣的挫折、愤怒与烦恼；教会他们迁怒于那些毫无生命与价值的“替罪羊”，如道具、模型等；也可以变换活动，让他们参加各种有趣的游戏、打打沙袋或信手涂鸦一番，转移侵犯性情感。

（四）帮助学前儿童掌握解决人际冲突的策略和技能

攻击性较强的学前儿童往往缺乏解决交往问题的策略，不善于与他人建立良好的关系，不善于与他人进行交往。这就需要通过榜样示范、解释和说明，帮助他们掌握减少人际冲突的策略，从而改善人际关系，减少攻击性行为。

---

① 蒋俊梅．儿童攻击性行为的影响因素及矫正［J］．教育探索，2002，(8)：71－73.

（五）干预学前儿童的侵犯事实

几乎所有的孩子，特别是男孩，都懂得攻击时会占便宜，会给自己带来“好处”。有人曾用9个月的时间观察了幼儿园的孩子，并将攻击性行为产生的效果分正性和负性两类。前者包括哭喊、较少的防御性，后者主要为被他人“告状”、受到报复和老师介入。研究表明，攻击性行为常获得正性效果。即使原来是一个较内向、温和的孩子在偶然几次攻击他人并从中获得“好处”后，也变得专横起来，而原来就有攻击性的孩子从攻击中得到“好处”后，其攻击性行为日趋严重。因此，在儿童攻击性行为发生后，教师和家长应该进行干预。首先，使做出攻击性行为的幼儿认识到侵犯行为是不能被接受的；其次，应该帮助受害者维护其正当权益，正如林玫瑾教授所说，不仅教育幼儿有不攻击他人的修养，还要教育被攻击儿童练就不被攻击的气场；最后，应该对目睹侵犯行为的儿童进行有效的教育，引导幼儿在力所能及的范围内阻止其他儿童做出攻击性行为。

任务单

素材收集

要求：收集培养学前儿童亲社会行为，预防攻击性行为的教育素材，例如绘本、成语故事等。

素材内容	自我评价	小组评价	教师评价

案例分析

他们又打我了[①]

屈小超向卓老师诉苦道：“老师，他们又打我了！”

① 莫源秋．幼儿心理行为问题：诊断与教育［M］．中国轻工业出版社，2015.

当屈小超这样诉苦时，在下列答案中，你马上想到的是什么？你认为对像屈小超这样的儿童，教师科学的教育态度应该是什么？

① 屈小超的欲望和需求：需要教师的帮助和保护。

② 屈小超的情感：焦虑、愤怒、不满和失望。（上次他们就打我了，老师为什么不管呢?）

③ 屈小超的思想：打人不好，打人者应受惩罚。（最简单的公平、正义的思想）

④ 屈小超的心理困扰：孤独、恐惧，是肉体和精神上的弱者。

⑤ 屈小超的个性：懦弱、温和、不合群、依赖心强。

⑥ 屈小超与小伙伴的关系：紧张、对立。

分析提示：

大家更多地想到的答案可能是"⑤"，一个孩子经常被别人打，说明他存在被别人打的理由——过于懦弱，让打人者经常从他这里以"打"来得到"好处"。因此，要解决"他们又打我了"的问题，不能仅仅批评教育打人者，还要教育被打者，让他坚强、勇敢起来，并学会有效地应对别人的攻击。正如《3－6岁儿童学习与发展指南》里对大班儿童教育目标的要求，"不欺负别人，也不允许别人欺负自己"。

精准备考

一、填空题（请将正确答案写在横线上）

1.《幼儿园教育纲要（试行）》阐述了社会领域教育总目标，其中对亲社会行为教育目标的描述为"________"。

2."能注意到别人的情绪，并有关心、体贴的表现。"这是《3－6岁儿童学习与发展指南》对________班教育目标的描述。

二、单项选择题（请选出唯一正确的答案）

1."活动时能与同伴分工合作，遇到困难能一起克服。"这是《3－6岁儿童学习与发展指南》对（　　）班教育目标的描述。

A. 小　　B. 中　　C. 大　　D. 没有这样的描述

2. 美国著名心理学家霍夫曼认为，（　　）是诸如助人、抚慰、关心、合作、分享等亲社会行为的动机基础，它激发、促进人们的亲社会行为，是个体亲社会行为的推动器。

A. 社会认知　　B. 榜样　　C. 强化　　D. 移情

三、判断题。（正确的打√，错误的打×）

1. 叶圣陶先生曾深刻地指出："什么是教育，简单一句话，就是要养成良好的习惯。"叶圣陶先生的论述可以启发我们，对学前儿童社会行为的培养不可以忽视集体教学活动的教育价值。（　　）

2. 学前儿童观看别人的亲社会行为，通过观察学习，可以实现替代强化，有助于培养自己的亲社会行为。（　　）

参考答案

一、填空题

1. 乐意与人交往，学习互助、合作和分享，有同情心；　2. 中

二、单项选择题

1. C　2. D

三、判断题

1. ×　2. √

任务三　学前儿童社会行为教育活动设计与实施

情境导入

在我们的社会文化中，提倡利他、友爱、互助与合作等亲社会行为，《幼儿园教育指导纲要》指出“幼儿园教育是基础教育的重要组成部分，是我国学校教育和终身教育的奠基阶段”。因此，根据幼儿的社会行为发展特点开展适宜的教育活动也就成为幼儿园社会领域教育的一项重要任务。

如何有效培养幼儿的亲社会行为呢？小博士幼儿园正在举行教研活动，有的老师认为可以将亲社会行为培养融于语言领域，幼儿阅读适量故事，就会明白其中的道理，逐渐地在行为中表现出来；有的老师认为，要注重言传身教，教师之间的合作、对小朋友无微不至的关心可以实现浸润教育作用，潜移默化地影响幼儿的行为；有的老师认为，幼儿亲社会行为的培养重要的是随机教育，在日常生活中、游戏中及时引导与强化。

正当老师们各抒己见，热烈讨论时，业务园长提出了一个问题：集体教学活动在培养幼儿亲社会行为过程中发挥怎样的作用呢？设计以社会性行为教育为主题的集体教育活动时应该注意什么呢？如果你也在教研活动现场，针对园长的问题，你发言的内容会是什么呢？

案例分析

一、主题活动设计案例“我合作，我快乐”①

（一）主题活动名称

大班合作主题活动：“我合作，我快乐”。

（二）主题活动设计意图

合作无处不在，在自然界有大雁齐飞跨越万里，蚂蚁合力运送食物；人类之间的合作

---

① 溆浦县新世纪幼儿园合作主题活动（是否附上链接？https：//mp. weixin. qq. com/s? _ _ biz=MzAwMzcxODU4NA==&mid=2649791461&idx=1&sn=b339ccacdd1d95e6ea131aa6d534ad66&chksm=8332d732b4455e24d9decc3aafd24bb38464a40f5f17cdaca5fe6308780b54448c5fb6ef3d6d&mpshare=1&scene=23&srcid=0521pjbgG4Y5KMj5lerfHFtl&sharer _ sharetime=1653114514704&sharer _ shareid=49c89e7bad3ac4882a180ac1b370d7e8#rd）。

三育集团三之三铜陵园合作主题活动（https：//mp. weixin. qq. com/s? _ _ biz=Mzg4NDAwNzgwMA==&mid=2247499467&idx=2&sn=2adf33aa8d7e05d9c02abc3edaec9c90&chksm=cfbc08dcf8cb81cac8c6f1bd8d36c4d3aaa1350ec96c526a0a70cb6eaf4883770d3a02ffd0a0&mpshare=1&scene=23&srcid=0618Yy3EARvtTTiHAsDamBvY&sharer _ sharetime=1655535499009&sharer _ shareid=49c89e7bad3ac4882a180ac1b370d7e8#rd）。

兆丰幼儿园（https：//mp. weixin. qq. com/s? _ _ biz=MzIxNzE1MDA5MA==&mid=2650075864&idx=1&sn=93354da47b92728d58d1dc56fcb7dea3&chksm=8ffe753db889fc2b74e80304f05ff16c17ecbd86dfbf2eeb65d4eb3346af4c65da85b7cb9905&mpshare=1&scene=23&srcid=0618p027XicZudgXqF8gfJwd&sharer _ sharetime=1655535395187&sharer _ shareid=49c89e7bad3ac4882a180ac1b370d7e8#rd）。

不仅使我们得以生存，而且在全球化的今天，合作已然成为社会发展不可或缺的一个因素。1922年，国际合作社联盟决定将每年7月的第一个星期六确定为“合作者的节日”。1992年联合国大会通过决议，宣布1995年7月的第一个星期六为联合国国际合作社日，以纪念国际合作社联盟建立100周年，并考虑将来每年都将此日定为联合国国际合作社日。

《3－6岁儿童学习与发展指南》指出“幼儿社会领域的学习与发展过程是其社会性不断完善并奠定健全人格基础的过程”。而且，要根据幼儿的年龄特点，“幼儿园应多为幼儿提供需要大家齐心协力才能完成的活动，让幼儿在具体活动中体会合作的重要性，学习分工合作”。因此，在国际合作社日幼儿园设计了“我合作，我快乐”主题活动，创设机会引导幼儿丰富合作经验，奠定人格基础。

（三）主题活动目标

（1）知道国际合作日和生活中处处都有合作。

（2）参与活动，体会与小朋友合作的快乐与重要意义。

（3）能选用适当方法完成一日生活和游戏活动中的合作任务。

（四）主题活动设计

1. *阅读篇*

阅读绘本，了解什么是合作以及为什么要合作。教师通过集体教学活动引导幼儿阅读绘本故事，理解团结合作力量大的道理，并设置任务引导幼儿将经验迁移至生活、游戏中；随后可以把绘本投放到图书角，供幼儿自主阅读。可以选用的绘本有《我在幼儿园学会沟通合作》《邻居》《小鸭子合作搭梯子》等。

2. *游戏篇*

选用适当的游戏，引导幼儿合作完成。幼儿在游戏过程中体会合作的重要性，学习合作过程中的协商、谦让等具体做法，例如体育游戏三人两足、合作运球、钻山洞等，如图5－2所示；游戏结束后，幼儿共同整理游戏材料，体验合作完成任务后的快乐与幸福。

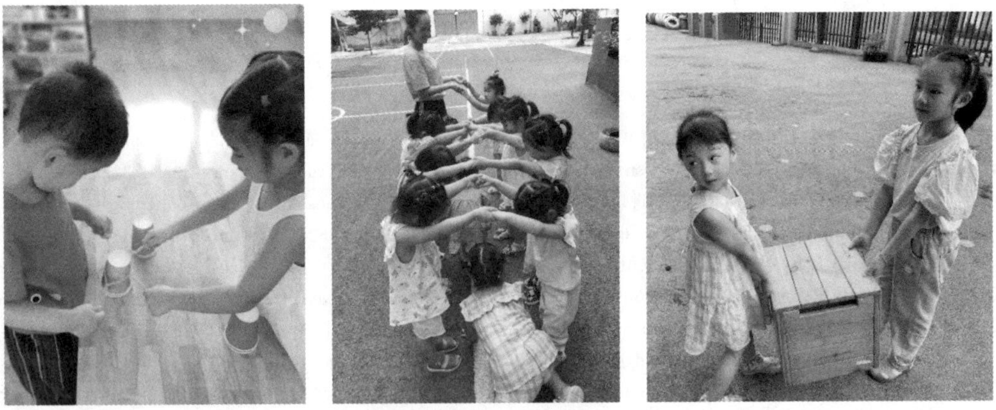

图5－1　幼儿游戏

3. 日常生活篇

充分发挥一日生活的教育价值，在日常生活中引导小朋友合作完成任务，学会合作，例如一起整理床铺、穿衣服、分餐等，如图 5 - 3 所示。

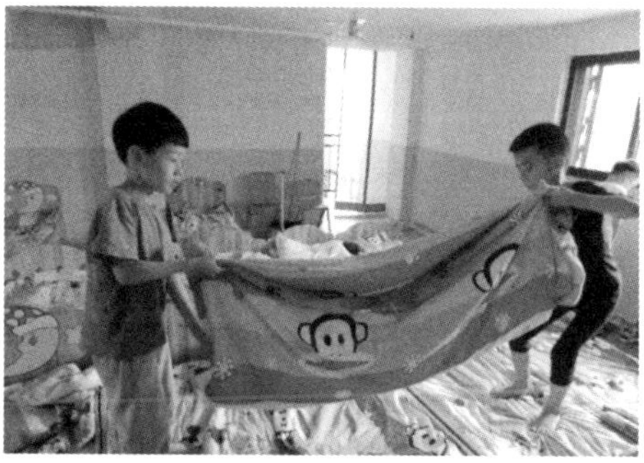

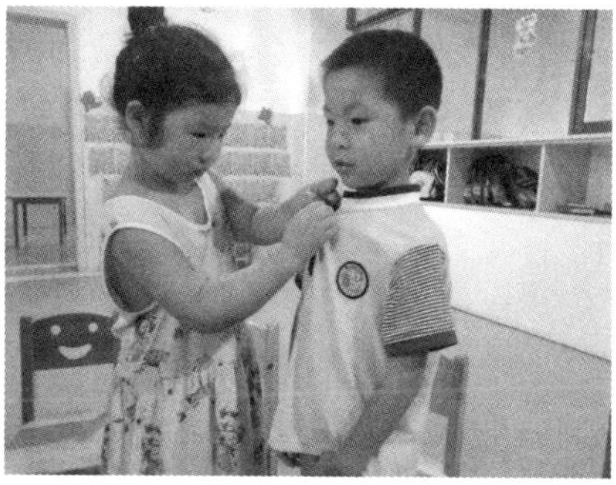

图 5 - 3　日常生活

4. 家务篇

与父母合作，共同承担家务劳动，例如整理玩具、洗碗、打扫卫生等，如图 5 - 4 所示。与父母合作完成家务劳动，幼儿不仅可以体验成就感、增强自信心，同时也体会到家务劳动的辛苦，明白为家庭出一份力是每个人的责任，体会合作给家庭生活带来的幸福。

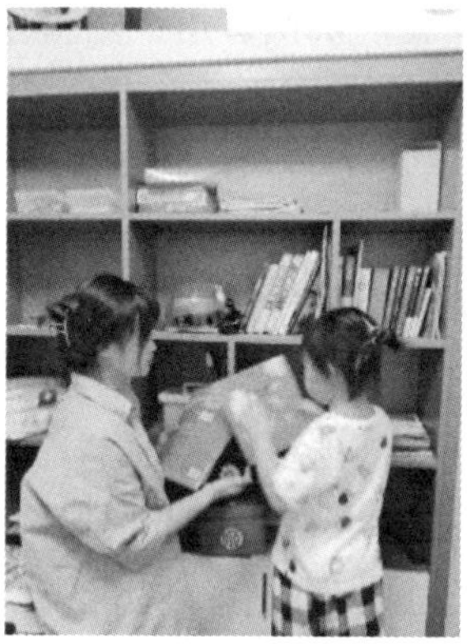

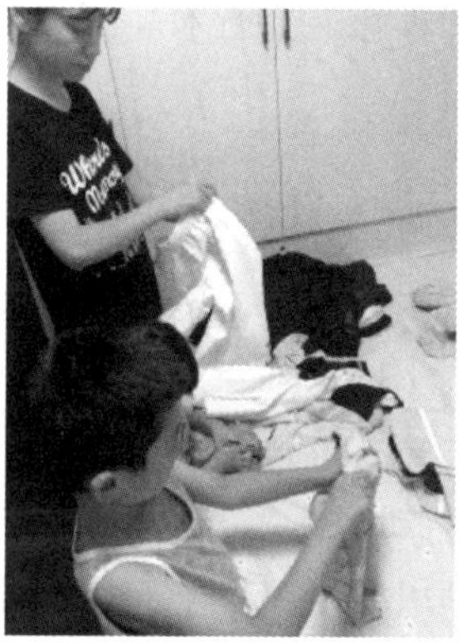

图 5 - 4　家务

二、集体教学活动设计案例“我的特殊朋友”①

（一）“我的特殊朋友”集体教学活动方案设计

1. 活动名称

大班社会领域活动：我的特殊朋友。

2. 设计意图

残疾人是我们这个社会的成员，他们享有平等的生存权利。但是，现代生活中，由于

① 济南市槐荫区实验幼儿园毕文娟老师供稿。

幼儿从小得到家庭、社会的关爱和照顾，而关心他人、帮助他人的意识比较淡薄。很多幼儿不理解残疾人生活的艰辛，看到他们与我们不一样的行为会感觉很新奇，甚至嘲笑、讨厌残疾人，有的幼儿还直呼他们为“瞎子”“聋子”。《3—6岁儿童学习与发展指南》指出，大班幼儿应该“能关注别人的情绪和需要，并能给予力所能及的帮助”，因此，幼儿可以正确对待残疾人，学会关心、帮助残疾人，是幼儿必须形成的一项重要的助人行为。通过本次集体教学活动，引导幼儿感受残疾人朋友生活的艰辛，体验关爱他们给自己带来的踏实与幸福，知道可以从身边点滴小事做起，关心帮助残疾人，同时学习残疾人自强不息的精神。

3. 活动目标

（1）认知目标：知道残疾人朋友的生活中会有很多不方便的地方。

（2）情感目标：感受残疾人朋友生活的不方便，愿意用自己的方式去帮助他们。

（3）能力目标：学习关爱特殊朋友的具体方法。

4. 活动的重难点

（1）活动的重点：感受残疾人朋友生活的不方便，愿意用自己的方式去帮助他们。

（2）活动的难点：知道残疾人朋友的生活会有很多不方便的地方。

5. 活动准备

（1）物质准备：眼罩、轮胎、拱形门、平衡木、PPT课件等材料。

（2）经验准备：具有走平衡木等游戏活动经验，认识盲道、轮椅等；有自我克服困难的经验。

6. 活动过程

（1）导入环节：“闯关回家”游戏，激发参与活动的兴趣

教师引导语：孩子们，今天我们来完成一项简单的挑战，跨过小河、钻过山洞、走过独木桥，回到家中（小椅子上）。准备好了吗？计时开始！

（2）展开环节：突出重点、突破难点，实现活动目标

① 观察残疾人活动图片，感受他们生活中、运动中的各种困难。

过渡环节：教师引导语：孩子们，刚才做游戏时你有什么感受吗？

幼儿回答预设：我很开心，我很高兴，这个也太简单了吧……

教师引导语：我听到很多小朋友说游戏很简单，对于我们来说，这是一个非常简单的游戏。可是，你们知道吗？我们身边还有一些特殊的朋友，他们不能像我们这样快乐的玩耍，如果他们要完成这项挑战，是十分困难的。看，他们是谁？

播放残疾人朋友参加运动、完成生活活动的图片，耐心等待幼儿观察、感受。

② 说出残疾人遇到的各种困难，并引导幼儿思考、讨论他们的感受，体会残疾人生活中的困难。

教师引导语：你们看到了什么？这个小妹妹失去了什么？他在生活中会遇到什么困难？失去双腿的哥哥，他遇到了什么困难？这位是盲人朋友，他的双眼是什么也看不到的，他的困难又是什么？

教师总结：生活中，残疾人朋友会比我们遇到更多的困难，面对着更多的挑战。

③ 参加游戏，体验盲人生活的不便。

游戏活动：幼儿戴上眼罩，在教师的保护下跨过小河，钻过山洞，将地上散落的鲜花捡到篮子里，走过独木桥，回到家中。

教师引导语：请一位小朋友来扮演盲人，体验他们的生活，谁想来？

游戏活动注意事项预设：

体验过程中，允许其他幼儿用语言提示参加体验活动的幼儿。如果没有幼儿提示，教师可以引导、鼓励其他幼儿思考，此时体验盲人的小朋友内心的感受；可以提议，如果主动帮助体验盲人的小朋友，说明自己学会了帮助别人，是一个善良的乖宝宝。也可以允许幼儿走到参与体验活动的小朋友身边帮助他。

如果体验盲人的小朋友不需要帮助去独立完成活动，教师要做好保护并小声提示：小心点，慢慢地，不着急；并鼓励参与体验的小朋友坚持，要相信自己一定能完成这个任务。

如果游戏进行过程中，体验盲人的小朋友感受到的恐惧比较强烈，可以鼓励其他幼儿参与到游戏中帮助他，几位小朋友共同完成任务。

游戏结束，教师引导语：我们将最热烈的掌声送给他和帮助他的同伴。

④ 引导体验盲人的小朋友和帮助“盲人”的小朋友谈一谈自己的感受，进一步理解盲人朋友的不方便，强化幼儿帮助他们的意愿。

教师引导语：孩子，刚才体验时你的感受是怎样的？有什么样的心情？当别人帮助你、搀扶你的手臂时，你是怎么想的？

幼儿回答预设：我什么都看不见，着急、害怕；当别人帮助我时，一下子就感觉踏实了，不再那么害怕了。

教师回应性小结：是的，这就是盲人朋友的日常生活，真的很不方便，他们要付出比我们多很多的努力与汗水，才会像我们一样生活。

教师引导语：孩子，你看到那位小朋友着急、害怕了，就主动帮助了他，你的心情怎样？

幼儿回答预设：没帮助他的时候，很担心，怕他摔倒；帮助他以后，内心感觉很高兴，他可以安全了。

教师回应性小结：帮助别人使我们快乐，当别人需要帮助时，我们要尽我们所能，全力以赴地帮助他们。

⑤ 通过图片向幼儿展示社会对残疾人的关爱，并引导幼儿观察，知道帮助他们的具体做法。

教师引导语：在我们的生活中，我们对残疾人有一些特殊的关爱，你们知道有哪些？

幼儿讨论结束，教师呈现图片，引导幼儿观察。

教师回应性小结：是的，很多小朋友观察得很仔细，也知道很多办法。盲道是专门为盲人提供的专用通道；导盲犬可以帮助盲人避开障碍；失去双腿的残疾人朋友可以乘坐轮椅、安放假肢帮助他们活动。很多科技人员为了帮助残疾人，想出了非常多的办法，为他们提供了很多帮助。

⑥ 引导幼儿交流讨论，找到生活中可以帮助残疾人朋友的具体办法。

教师引导语：如果在你的日常生活中碰到残疾人，你要怎么帮助他？

教师回应性小结：谢谢你，你很有爱心；你是个善良的孩子；残疾人朋友一定会非常感谢你；我相信你自己在帮助他时也很快乐。小朋友也可以努力学习，长大了为他们设计很多有用的辅助工具。

（3）结束环节：欣赏残疾人身残志坚的视频，激发对他们的敬佩之情

教师引导语：孩子们，虽然残疾人朋友身体有着很多的不便，但是他们并没有放弃自己，而是勇敢地去面对各种困难，你们看，残疾人朋友这些感人的活动。

教师播放视频。

教师回应性小结：孩子们，你感受到残疾人朋友的坚强与勇敢了吗？让我们将最热烈的掌声送给他们。

（4）活动延伸

与福利院联系，合适的时间组织有意愿的幼儿与他们进行结对子帮扶活动。

（二）“我的特殊朋友”集体教学活动说课稿

1. 说设计意图

本次活动来源于我跟幼儿的一个互动。夏天，孩子们在幼儿园梧桐树下发现了一只蝉的空壳，他们对此非常好奇，里面原来是什么东西？幼儿焕发出无穷的好奇心，于是，我们一起探究了蝉蜕变的过程。收集资料的时候我们发现，有的蝉刚蜕变出来就被森林里的动物吃掉；有的蝉蜕变时翅膀会受伤，难以飞行。孩子们萌发出无限的惊奇，同时也感到手足无措，不知如何面对大自然的无情与残酷。我们人类何尝不是如此，看看那些残疾人朋友，他们要比我们付出更多的努力、克服更多的困难才可以生活下去。

由于健康的幼儿从小得到家庭、社会的关爱和照顾，很多幼儿不理解残疾人生活的艰辛。《3—6岁儿童学习与发展指南》指出，大班幼儿应该“能关注别人的情绪和需要，并能给予力所能及的帮助”。因此，引导幼儿正确对待残疾人，学会关心、帮助残疾人，是幼儿要形成的一项重要的助人行为。借此机会，教师对本次探究活动进行了深层次挖掘，期望将这份爱与勇敢带给孩子们。

2. 说活动目标

大班幼儿生活经验逐步丰富，在生活中会看到身体不便的残疾人，也会观看一些电视节目，积累了关于残疾朋友的一些零散经验。根据大班幼儿社会认知发展水平及《3—6岁儿童学习与发展指南》中大班教育目标“能关注别人的情绪和需要，并能给予力所能及的帮助”。教师将本次活动的目标设定为

（1）认知目标：知道残疾人朋友的生活中会有很多不方便的地方。

（2）情感目标：感受残疾人朋友生活的不方便，愿意用自己的方式去帮助他们。

（3）能力目标：学习关爱特殊朋友的具体方法。

3. 说活动重难点

对幼儿社会性教育重点在于在幼小的心灵里埋下一颗善良的种子。面对生活中如此艰辛的残疾人朋友，幼儿很难做到提供实质性帮助，但是，尊重他们，理解他们，愿意去帮

助他们的态度是幼儿成长的基础。因此，教师将本次活动的重点确定为：感受残疾朋友生活的不方便，愿意用自己的方式去帮助他们。

随着优生优育政策的实行，残疾儿童出生率逐年降低，社会对残疾人群体的保障措施也日益完善，在日常生活中，幼儿遇到残疾人朋友的机会并不常见，因此，根据幼儿需要在体验中、操作中学习的年龄特点，教师将本次活动的难点确定为：知道残疾人朋友的生活中会有很多不方便的地方。

4. 说活动准备

本次教学活动，教师选用了体验法、观察法等教学方法，需要一定物质条件支持教学活动，因此，本次集体教学活动的物质准备有眼罩、轮胎、拱形门、平衡木、PPT课件等材料。

本次集体教学活动对幼儿的经验要求为，幼儿积累了走平衡木等游戏活动经验，具备关于盲道、轮椅等设施设备的常识；有自己克服困难的经验。

5. 说教法学法

本次教学活动选用了直观教学方法、体验法、讨论法和讲授法，教师会在说活动的过程时详细阐述教学方法的具体运用。

6. 说活动过程

本次集体教学活动，共设计了导入、展开和结束三个环节，层层递进实现活动目标；延伸环节引导幼儿完成经验迁移，在生活中践行从集体教学活动中获取的经验。

首先是导入环节，通过“闯关回家”游戏，激发参与活动的兴趣。闯关游戏，幼儿比较容易完成，体验到成功，激起参与活动的兴趣，并为理解残疾人朋友遇到的困难做好心理铺垫。

其次是展开环节，展开环节是活动的主要环节，展开环节共设计了六个步骤，从观察、讨论到体验、表达，最后找到帮助残疾人的方法，萌发对他们的尊敬，环环相扣，紧紧抓住幼儿对残疾人态度变化的心理活动进程，实现教学目标。这六个步骤分别如下所述。

第一步，观察残疾人活动图片，感受他们生活中、运动中的各种困难。

认识残疾人生活中遇到的困难是本次教学活动的起点，结合幼儿以具体形象思维为主的认知特点，我选择了直观教学法，精选可以反映残疾人遇到的具体困难的照片，用照片呈现残疾人面对不方便时手足无措时的表情，引导幼儿观察，积累感性经验，实现活动目标“知道残疾人朋友的生活中会有很多不方便的地方”，尝试突破难点。

第二步，说出残疾人遇到的各种困难，并引导幼儿思考、讨论他们的感受，体会残疾人生活中的困难。

本步骤，通过说一说、议一议的活动描述出残疾人朋友遇到的困难，引导幼儿厘清思考内容，深化认知；并在倾听别人的表达时，丰富认知，深化体验，积累更多关于残疾人朋友遇到的困难的经验。强化活动目标“知道残疾人朋友的生活会有很多不方便的地方”，进一步突破难点。

第三步，参加游戏，体验盲人生活的不便。

“书上得来终觉浅，绝知此事要躬行。”游戏情境中的操作体验是幼儿学习的主要方式，所以，本次教学活动我设计了游戏体验环节，引导幼儿体验、领悟，突出教学活动的重点。

第四步，引导体验盲人的小朋友和帮助“盲人”的小朋友谈一谈自己的感受，进一步理解盲人朋友的不方便，强化幼儿帮助他们的意愿。

由于时间、场地、游戏内容的限制，游戏体验环节参与体验的幼儿数量有限，所以又设计了分享感受环节。充分利用班杜拉的观察学习原理，引导幼儿倾听他人的观点，在倾听、思考中感受残疾人朋友生活的不方便，突出教学活动的重点。

第五步，通过图片向幼儿展示社会对残疾人的关爱，并引导幼儿观察，知道帮助他们的具体做法。

知道了残疾人生活的不方便，我们就要想办法帮助他们，这是幼儿很自然的心理活动逻辑。因此，教师选用大量照片，引导幼儿观察、感知、学习我们帮助残疾人朋友的具体做法。直观的手段，关心体贴的教学氛围，引导幼儿学习帮助他们的具体做法，突出教学活动的重点。

第六步，引导幼儿交流讨论，找到生活中可以帮助残疾人朋友的具体办法。

随着优生优育、《中华人民共和国残疾人保障法》等政策法律的实施，生活中遇到残疾人朋友的机会比较少。因此，教师选择了交流讨论、共享经验的方法，在幼儿心中种下一颗种子，一旦所需，定会发芽，

最后是结束环节，欣赏残疾人身残志坚的视频，激发对他们的敬佩。

通过视频直观手段，萌发幼儿对残疾人朋友坚忍不拔精神的敬佩，升华活动主题。

7. 说活动特色

本次教学活动内容选择体现了生成课程与预设课程的矛盾统一。生活中敏锐捕捉到幼儿面对蝉蜕壳时惊奇与同情的情绪体验，设计了本次教学活动，实现《3－6岁儿童学习与发展指南》规定的大班幼儿教育目标“能关注别人的情绪和需要，并能给予力所能及的帮助”。

（三）“我的特殊朋友”集体教学活动方案分析

残疾人是我们这个社会的一员，他们享有平等的生存与获得幸福的权利。幼儿阶段是个性初步形成的阶段，我们要在幼儿心中种下善良、仁慈的种子，关爱社会上的处境不利人员，成长为一名具有社会责任感的儿童。《3－6岁儿童学习与发展指南》指出，大班幼儿应该“能关注别人的情绪和需要，并能给予力所能及的帮助”，因此，引导幼儿正确对待残疾人，学会关心、帮助残疾人，是幼儿必须形成的一项重要的助人行为。

本次集体教学活动从知情行三个维度确定了活动目标，即知道残疾人朋友的生活中会有很多不方便的地方；感受残疾人朋友生活的不方便，愿意用自己的方式去帮助他们；学习关爱特殊朋友的具体方法。体现了全人教育理念，引导幼儿知行统一、和谐发展。

活动过程环环相扣，层层推进：导入环节，通过“闯关回家”游戏，激发参与活动的兴趣；展开环节，根据幼儿的认知特点，选用直观教学方法、体验法、讨论法，观察残疾人活动图片、讨论残疾人遇到的各种困难、体验盲人生活的不便、展示社会对残疾人的关爱、找到帮助残疾人朋友的具体办法；结束环节，欣赏残疾人身残志坚的视频激发对他们的敬佩，升华活动主题。整个活动过程符合幼儿面对残疾人朋友时的心理活动规律，逻辑性强。

三、集体教学活动设计案例"不被人欺负"[①]

（一）《不被人欺负》集体教学活动方案设计

1. 活动名称

大班社会领域活动："不被人欺负"。

2. 设计意图

幼儿阶段是社会性发展的关键时期。《3－6岁儿童学习与发展指南》中对于大班幼儿人际交往的要求有："与同伴发生冲突时能自己协商解决。""知道别人的想法有时和自己不一样，能倾听和接受别人的意见，不能接受时会说明理由。""不欺负别人，也不允许别人欺负自己。"根据以上要求，本活动结合具体情境，引导幼儿学习在被人欺负时应该如何解决问题。

活动分为三个环节：

导入环节：情境导入，激发兴趣。通过故事场景，幼儿引起情感共鸣，学习兴趣被激发。

中心环节：学习方法，解决问题。通过观察比较照片素材，幼儿学会一些解决问题的合理方法。

结束环节：集体讨论，培养意识。通过讨论，幼儿情感被激发，培养不被侵犯的意识。

3. 活动目标

（1）认知目标：知道被欺负、被误解、被辱骂应该勇敢面对。

（2）能力目标：学习一些解决方法，能够在生活中运用，如据理力争、表达愤怒情绪、与对方沟通或寻求大人的帮助等。

（3）情感态度目标：培养维护自己不被侵犯的意识。

4. 活动重难点

（1）活动重点：学习一些解决方法，能够在生活中运用，如据理力争、表达愤怒情绪、与对方沟通或寻求大人的帮助等。

（2）活动难点：学习一些解决方法，能够在生活中运用，如据理力争、表达愤怒情绪、与对方沟通或寻求大人的帮助等。

5. 活动准备

（1）物质准备

第一组照片：第一张照片，一个小朋友被另一个小朋友推倒在地，但没有哭泣（配音："哎哟，好疼呀！你为什么推我？我要去告诉老师！"）；第二张照片，一个小朋友被另一个小朋友推倒在地并在哭泣。

第二组照片：第一张照片，一个小朋友站在倒下的积木前，但没有哭泣（配音："这

① 张明红．学前儿童社会教育与活动设计［M］，上海：华东师范大学出版社，2021：129.

不是我弄坏的！我走过来的时候它已经倒下来了！”）；第二张照片，一个小朋友站在倒下的积木前并哭泣。

第三组照片：第一张照片，一个小朋友尿湿了裤子，正在被几个小朋友嘲笑，但没有哭泣（配音：“哼，你们笑什么！我今天只是汤喝多了，平时我从来不尿湿裤子的！”）；第二张照片，一个小朋友尿湿了裤子，正在被几个小朋友嘲笑，忍不住哭泣。

第一个视频：（一个老师扮演小白兔，另一个老师扮演大灰狼）

小白兔：今天是个好天气，我要去森林里采蘑菇。

大灰狼：哈哈，那里有只小白兔，我要把它抓起来，煮了吃！（做大灰狼扑向小白兔的动作，小白兔发抖）

小白兔：嘿！你给我走开！（小白兔用尽力气踢了大灰狼一脚，快速地逃跑了）

第二个视频：

一群幼儿：老师，小龙又把学校的东西带回家了。（场景：幼儿园教室，一群小朋友围着小龙）

小龙儿：我没有！

一群幼儿：我看到你放进口袋里了，你是小偷！

小龙：这不是学校的，我口袋里的玩具是我自己带来的，不信你可以去问我妈妈，你们不要瞎说！

（2）经验准备

同伴交往过程中解决矛盾的经验。

6. 活动过程

（1）情景导入，树立榜样，激发克服害怕与恐惧，勇于应对的愿望

① 播放完第一个视频后，教师用问题引导幼儿思考小白兔面对凶恶的大灰狼时的做法，并勇敢表达自己的想法。

教师提问：大灰狼扑向小白兔的时候，小白兔的心情是什么样的？它是怎么做的？

教师小结：小白兔害怕地发抖了，但是它还是用力地踢了大灰狼。

教师提问：如果你是小白兔，你会怎么做？

教师小结：当我们被人欺负时，我们要勇敢面对。

② 播放完第二个视频后，教师用问题引导幼儿感受小龙被误解时的心情，欣赏小龙勇于为自己辩护的做法。

教师提问：视频里发生了什么？小龙的心情怎么样啊？小龙又说了什么呢？

教师小结：当我们被人误解、辱骂的时候，我们也要勇敢面对。

（2）创设不同问题情境逐一展开活动过程，学习解决问题的方法

过渡环节的教师引导语：要想不被人欺负，我们自己首先要做到勇敢面对。除了这个方法，还有什么好办法可以让我们不被人欺负呢？

① 出示第一组图片，创设问题情境，引导幼儿比较辨别，学习面对推搡的方法。

教师提问：这两张照片里的小朋友遇到了什么事情？被推倒的小朋友是怎么说的？他会怎么做呢？

教师小结：一个小朋友被推到了但是他没有哭，他选择去告诉老师。

② 出示第二组图片，创设问题情境，引导幼儿比较辨别，学习面对误解的方法。

教师提问：图片里小朋友的表情有什么不一样？你喜欢哪个小朋友？说出喜欢他的理由。

教师小结：一个小朋友在哭，另外一个小朋友不害怕，大胆为自己辩解。

③ 出示第三组图片，创设问题情境，引导幼儿比较辨别，学习勇敢面对嘲笑。

教师提问：他们在笑什么？你觉得嘲笑别人对吗？被嘲笑的小朋友说了什么？

教师小结：嘲笑别人是不对的，我们应该在第一时间去帮助别人。当自己被嘲笑时，我们可以合理表达自己的愤怒情绪。

（3）集体讨论，培养勇于面对、机智应对、不被侵犯的意识，结束活动

教师提问：在日常生活中你欺负过小朋友吗？如果你被欺负了，你会怎么做？如果自己身边的小朋友被欺负了，我们应该怎么做呢？

教师小结：在日常生活中，我们应该保护好自己，在自己不被欺负的情况下，也不能去欺负其他小朋友，看到别的小朋友被欺负，也要勇敢的制止，小朋友之间应该相亲相爱，像一家人一样。

（4）活动延伸，强化经验

在图书角投放绘本，供幼儿自主阅读，强化经验。

（二）“不被人欺负”集体教学活动方案分析

欺负他人属于社会行为中的攻击性行为，身体攻击、言语攻击等是幼儿阶段出现比较多的攻击方式。幼儿攻击行为产生的原因多为争夺玩具、空间等，属于工具性攻击行为，但是，在幼儿园大班也会出现敌意性攻击，例如没有具体理由的推搡其他小朋友。一方面，教师要教导幼儿欺负他人是不对的，并在这种行为出现时严厉制止；另一方面，还要教会幼儿受到他人欺负时勇于保护好自己，在有能力的情况下帮助他人。

本次教学活动通过故事情境激发幼儿克服害怕与恐惧，勇于应对的愿望；并通过图片和视频案例引导幼儿学习在受到欺负时的具体反抗方式，最后通过讨论增强了不被侵犯意识，并且进一步深化为在同伴受到欺负时要伸出援手，活动过程层层推进，实现目标“不欺负别人，也不被别人欺负”。

任务单

集体教学活动实施

模拟实施集体教学活动后的评价反思表

评价内容	自我评价	小组评价	教师评价
活动目标的维度、角度、是否明确具体			
活动准备的适宜性			

（续表）

评价内容	自我评价	小组评价	教师评价
活动过程中的教态			
活动过程的逻辑性			
教学方法的适宜性			
活动过程中的师幼互动质量			
其他需要注意的内容			

案例分析

当孩子第一次离开家进入幼儿园的时候，父母首先关心的就是让孩子能够在幼儿园里愉快地游戏、安心地吃饭、力所能及地学习，遵守规则听老师的话，不和其他小朋友发生矛盾。但是，幼儿园里同龄小朋友很多，每个孩子的性格不尽相同，孩子之间不可避免地会产生矛盾。

作为父母的心头肉，如果孩子在幼儿园受到了伤害，家长会十分心疼。一旦自己的孩子受到欺负，有的家长主张必须给予对方有力的回击，有的家长会教育自己的孩子不要和喜欢攻击别人的小朋友一起玩。作为幼儿园教师，你是什么样的态度呢?

参考答案

1. 不支持家长的做法。

2. 给家长的建议：

（1）分析幼儿攻击性行为产生的原因：模仿，交往技能贫乏，不能够正确表达自己的想法等。

（2）科学态度：

遇到攻击性比较强的幼儿，可以主动告诉老师、暂时躲开避免伤害；也可以告诉小朋友不可以抢玩具，应该怎么做；日常生活中，注意锻炼小朋友的言语表达能力、增强身体素质，避免成为被攻击的对象。

精准备考

活动设计：

中班下学期，陈老师发现，班上仍有一些幼儿会抢别人的玩具。他们的理由是“我喜欢这个玩具，我要玩”。请设计一个教育活动，解决此类问题，要求写出活动名称、活动目标、活动准备及活动过程。

参考答案

教学活动设计分析：

多项研究表明，抢夺玩具是幼儿攻击性行为的首要原因。针对幼儿这一行为教师从两个方面设计集体教学活动：一方面，以培养幼儿轮流、分享、谦让等亲社会行为为切入点设计集体教学活动，提升幼儿亲社会行为，丰富交往技能，降低攻击性行为；另一方面，也可以从幼儿的攻击行为的心理活动与危害为切入点，设计教学活动，引导幼儿意识到抢夺玩具时的心理活动与危害，自觉控制自己的行为。

项目六　学前儿童人际交往能力的发展与教育

学习目标

☞ **认知目标**

1. 理解人际交往、亲子依恋和同伴交往的含义。
2. 领悟学前儿童亲子依恋的种类、特点及形成原理。
3. 理解学前儿童同伴关系的重要意义及学前儿童同伴关系发展的特点。
4. 理解学前儿童人际交往教育课程设计与开发的基本原理。
5. 理解学前儿童人际交往教育活动实施的基本原理。

☞ **能力目标**

1. 能够观察记录常见的学前儿童人际交往行为，尝试根据同伴关系类型和发展特点的相关理论做出科学分析，并选择富有针对性的教育策略。

2. 能比较《3—6 岁儿童学习与发展指南》中各年龄班的人际交往教育目标，可以分析总结变化规律。

3. 在日常生活、游戏、家园共育等活动中科学引导学前儿童人际交往行为发展，实施随机教育。

4. 能分析主题教育活动典型案例中学前儿童人际交往教育内容，设计并模拟实施学前儿童人际交往集体教学活动。

☞ **素养目标**

1. 认同人际交往在个体发展中的价值，并自觉提升自己的人际交往水平。

2. 领悟中华传统文化中人际交往礼仪的内在要求，并愿意借用相关素材实施教育活动。

项目导学

人际交往能力的发展是学前儿童社会性发展重要的核心经验，通过本项目的学习，同学们将理解学前儿童人际交往发展的特点；根据当今社会发展要求和教育原理，立足学前儿童人际交往能力发展特点确定教育目标，选择教育内容，设计并实施学前儿童人际交往教育活动。本项目主要任务如图 6-1 所示。

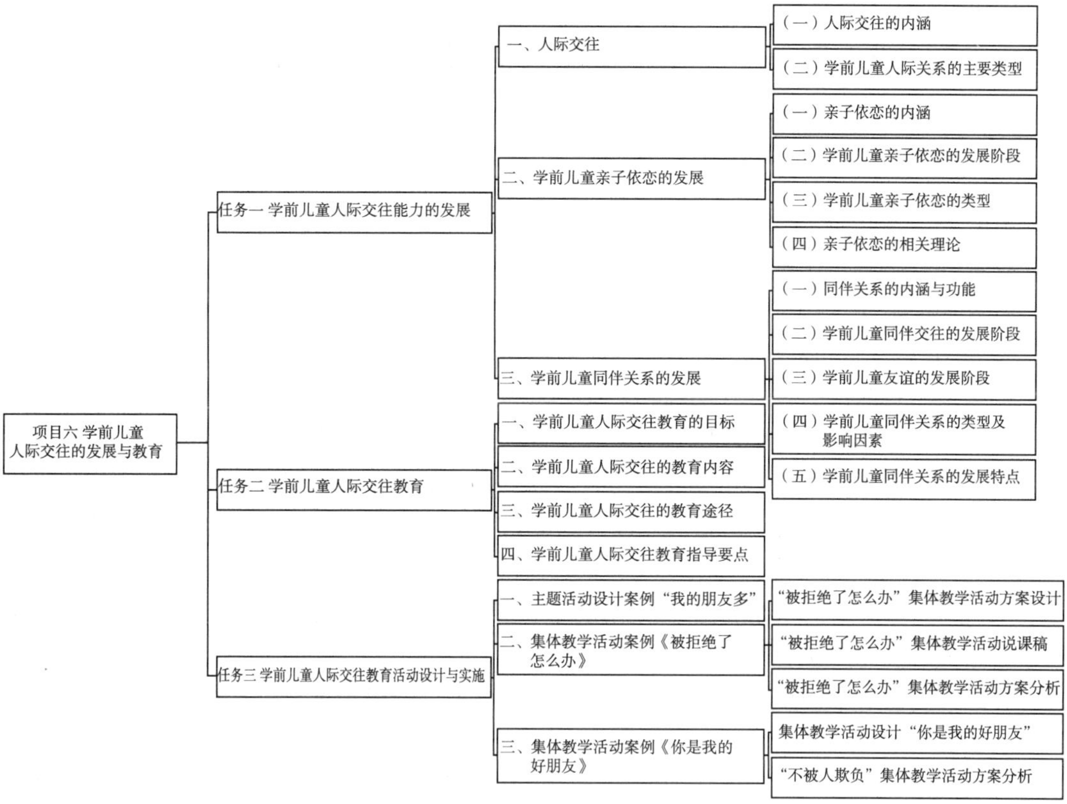

图 6-1 学前儿童人际交往发展与教育思维导图

任务一 学前儿童人际交往能力的发展

情境导入

在户外活动时间，中班李教师对一名幼儿进行观察，并做了观察记录，观察时间为1个小时，共有准备、体操和跑操放松三个环节。

户外活动之前教师组织幼儿上厕所、喝水和穿外套，在完成一系列准备活动后，教师组织幼儿排队下楼。晨晨本来该站在第三列第二个的位置，可他就是不愿意站在他的位置，固执地站在队伍的最后，还说着“我不想和他站在一起，他是个笨蛋”。

教师组织幼儿下楼，要求所有小朋友排好队，保持安静。在走廊和楼梯里晨晨嘴巴不停地发出声音；来到操场后，晨晨站在队伍最后，时常蹲在地上抠土，不一会又去旁边的小花园踩草坪，还自言自语地说着动画片里的情节，教师好几次尝试点他的名字都没什么作用。

在器械操环节，晨晨拿着器械砸向前面的小朋友，被配班老师制止；之后晨晨依旧我行我素，配班教师直接将其器械没收以示警告。

体操环节之后是跑操，跑操环节中其他小朋友三三两两地配合共同完成任务，晨晨一人跑完全程。

通过老师的观察记录，你认为该名幼儿在人际交往过程中存在哪些问题呢？你可以尝试分析判断他在班级内的社交地位吗？

知识梳理

联合国教科文组织国际21世纪教育委员会1998年发布的报告《教育：财富蕴藏其中》提出，教育所应遵循的四个基本原则为学会认知、学会做事、学会共同生活和学会生存，即教育的四个支柱。人际交往是“学会共同生活”的必然要求，心理学家加德纳提出的多元智能理论也将人际交往智能作为个体八大智能之一。儿童早期的人际交往技能、交往体验会深深地影响其未来的人际关系，甚至幸福生活。

一、人际交往

（一）人际交往的内涵

在社会中，任何一个个体都不是单一、孤立地存在的，而是在与周围人及环境的相互作用中生存和发展的，“社会是人们交互作用的产物”（马克思）。特别是在当今社会，信息化、多元化、开放化日益突出，人际交往更成为个体生存和发展的首要条件。

人际交往是人们在社会活动中运用语言符号系统或非语言符号系统进行交流信息、沟通情感的过程，是个体社会需要的重要组成部分。儿童正是在与周围人的相互作用和交往中不断发展的，其发展的内容、速度甚至水平在很大程度上离不开他（她）直接或间接交往的一切人际关系。

苏联的利希娜认为学前儿童交往包括两个范畴，一是与成人的交往，二是与同伴（同龄伙伴）的交往。由于交往对象的特点以及儿童与他们的关系的特殊性，这两类交往可能会各有特色、各有自己的发展路线，对儿童心理发生发展的影响也肯定很不相同。

（二）学前儿童人际关系的主要类型

人体在人际交往的过程中会建立各种人际关系。在社会心理学者认为，人际关系指个体与他人之间的心理距离和行为倾向。儿童在发展过程中与他人之间形成的人际关系具有两种不同的性质，这两种性质的人际关系对儿童的社会化具有不同的意义。哈吐普把这两种人际关系分别称为垂直关系和水平关系。

垂直关系是指儿童与那些比他们拥有更多知识、更大权利的成人（主要包括父母和教师）之间形成的一种关系，这种关系具有互补性，即成人控制，儿童服从；儿童寻求帮助，成人提供帮助。垂直关系的主要功能是为儿童提供安全和保护，也可以使儿童学习知识和技能。前者主要指父母与儿童之间的关系，即亲子关系；后者主要指教师和学生之间关系，即师生（幼）关系。

水平关系是指儿童与那些和他（她）具有相同社会权利的同伴之间形成的一种关系，即同伴关系，其性质是平等的、互惠的。水平关系的主要功能是为儿童提供学习技能和交流经验的机会。

垂直关系与水平关系既有区别又有联系，前者主要体现了成人与儿童之间的一种“权威-服从”关系，在心理上、地位上是不平等的；而后者主要是儿童与具有相同生理心理地位的同伴之间的一种自由、平等和互惠的关系。在儿童社会化过程中，水平关系比垂直关系对儿童的影响更强烈、更广泛。

哈图谱认为两种性质的人际关系划分并不是绝对的。儿童与年长同伴之间的关系同时包括互补和互惠两种成分。例如，年长儿童比年幼儿童具有更大的权力和更丰富的经验，必要时可以给年幼儿童提供帮助，也可以进行平等互惠的游戏。同伴关系有时可以代替正常情况下应该属于垂直关系的特定功能，例如它可以为儿童提供由依恋而产生的安全感和舒适感。

国外许多研究都表明，人际关系的质量对儿童青少年的社会技能、自我意识、学业成就和心理健康有重要的影响，良好的人际关系能够促进儿童青少年的自我意识、社会技能的发展及学业成绩的提高。

小资料

在二战期间，6 个儿童的父母都被纳粹分子杀害，他们被关在集中营内长到 3 岁。在这期间他们很少得到成人的照顾，几乎是彼此相互照顾着长大的。在获得解放前的两年左右，这 6 个儿童紧密地团结在一起，相互之间形成了强烈的忠诚和依恋。正是这种依恋感情，才促使他们相互依赖、相互支持，最终都发展成为身心健康的正常人①。

① 张文新．儿童社会性发展［M］．北京：北京师范大学出版社，1999：134.

二、学前儿童亲子依恋的发展

（一）亲子依恋的内涵

一般将亲子依恋定义为婴儿和他的主要照顾者（一般为母亲）之间存在的一种特殊的情感关系，工作模式是其内部作用机制，依恋行为是其外在表现。研究依恋的著名心理学家鲍尔比认为，亲子依恋是一种互惠关系，婴儿依恋父母，父母也依恋婴儿；亲子依恋产生于婴儿与其父母的相互作用过程中，是一种感情上的联结和纽带。在婴幼儿期，儿童的依恋主要表现为一系列有固定倾向的行为，如想接近某人，与该人分离时紧张不安，重逢时高兴或轻松起来，即使没有紧密接触，也喜欢朝向此人，听其声，观其行，与之交往。

20世纪60年代，心理学家注意到亲子依恋现象并开始研究。1960年，约翰·鲍尔比发表文章描述了一些年龄在15～30个月的幼儿的行为表现，因为生病住院治疗这些儿童长时间和母亲分离。他们住院期间的行为表现经历了三个时期，最初是反抗期，儿童哭叫，让妈妈回来，试图回到妈妈身边，拒绝临时看护者的照料，持续时间从几小时到一周多；接下来是绝望期，儿童不再对与妈妈重聚抱什么希望，他们的情感冷漠，对玩具和他人都不感兴趣，陷入深深的悲伤状态；最后是冷漠期，许多孩子看上去“恢复”了对玩具的兴趣，但他们跟自己妈妈的关系却发生了变化，妈妈来医院探望时，他们的态度冷淡，妈妈离开时也不反抗，这些孩子跟妈妈之间的情感联系似乎中断了。随着研究的深入，鲍尔比认为，还有第四个阶段分离期，即人际关系的持久退缩期，它发生在与母亲分离时间较长，或在与母亲分离的同时又失去了临时依恋对象的情况下（如护士和保姆），在这两种情况下，儿童往往会失去与人交往的兴趣，他们仍然能主动与他人交往，但变得自我中心，注意力常常在人、绒毛玩具和其他无生命的东西之间变换。

后来，海因尼克和威斯特海莫重复了鲍尔比的观察研究，他们考察的是2～3岁儿童，这些幼儿被父母寄养在民办托儿所里，时间从两周到三个月不等；还有人对生活在孤儿院和其他福利机构的儿童、与最早的养育者分离的儿童进行了研究，发现这些儿童常常不能和任何人形成良好的情感联结，甚至会陷入抑郁或绝望的状态。

现代依恋理论认为，一个婴儿会在与周围人和物不断复杂化的交往中，建立一个内部的工作模型，这种模型内化了对依恋对象、自己以及两者关系的内在表征。儿童在这个模型的指导下，根据依恋对象对自己日常需求的反应速度和方式来建立在不同情境里的反应方式。这种行为模式一旦形成，就具有了很强的保持自我稳定的倾向，并且会在行为主体（婴儿）的潜意识中起作用。这种行为模式将对儿童的各种人际关系（如母子关系、师生关系、同伴关系）产生长期影响。

对养育者形成安全依恋还有另一种重要结果，即可以促进探索行为的发展。艾斯沃斯认为，依恋的对象是探索行为的安全基地，婴儿能从这个安全基地出发，自如地到别处去探险。

（二）学前儿童亲子依恋的发展阶段

1. 学前儿童依恋关系的发展阶段

鲍尔比依据儿童依恋行为的组织性、变通性和目的性的发展，将儿童依恋的产生与发展过程分为前依恋期、依恋关系建立期、依恋关系明确期和目标调节的伙伴关系 4 个阶段。

前依恋阶段（0～2 个月）：这一时期的儿童会在生物机能的驱使下表现出哭、笑等信号行为和依附、要求拥抱等趋近行为，但是儿童会对任何与他互动的人表现出相似的行为反应，也可以接受陌生人的关注与爱护。

依恋关系建立期（2～7 个月）：这一时期的儿童可以识别出熟悉的人，对熟悉的人比陌生人表现出较多的依恋，但是仍然无区别的接受来自任何人的关注。

依恋关系明确期（7～24 个月）：这一时期的儿童逐渐确立对特定对象的依恋，与他们分开会出现分离焦虑，也会表现出对陌生人的谨慎或恐惧。出现了对熟悉人的持久的依恋情感，并能与之进行有目的的人际交往，从而形成对特定个体的一致的依恋反应系统。

目标调节的伙伴关系（24 个月以后）：这一时期的儿童能理解父母的需要，并与之建立双边人际关系。他们学会了为达到特定目的而有意地进行某一活动，并注意考虑他人的情感与目的。

2. 学前儿童依恋对象的发展变化

儿童依恋心理的发展同其他心理现象一样，是阶段性与连续性的统一。谢弗和爱默逊（1964）依据依恋对象的选择性即依恋对象指向性的发展变化，将儿童早期依恋的发生发展分为非社交性阶段（0～6 周）、未分化的依恋阶段（6 周～7 个月）、特定依恋阶段（7～9 个月）、多重依恋阶段。

非社交性阶段（0～6 周）：这一时期为小于 6 周的婴儿，其行为表现是非社交性的，无论是社交性刺激还是非社交性刺激都可以引起他们的愉快反应，吃饱喝足就会高兴快乐，无论是由谁来满足其需要。这一阶段结束时，开始表现出对微笑面孔等社会性刺激的偏爱。

未分化的依恋阶段（6 周～6、7 个月）：这一时期的婴儿喜欢有人陪伴，对人比对仿真生命，比如会说话的木偶等，表现出更多的回应。虽然熟悉的人比陌生人更容易让婴儿平静下来，但是只要有人关注他们，他们都很高兴。

特定依恋阶段（7～9 个月）：这一时期的婴儿只在特定的人离开时才会着急。他们已经会爬，会跟在妈妈身后爬，尽力靠近妈妈；妈妈离开回来后，会寻求妈妈的疼爱。也开始警惕陌生人。谢弗和爱默逊认为这一时期的婴儿已经形成了真正的最初的依恋。

多重依恋阶段：谢弗和爱默逊的研究发现，大约有一半的婴儿在形成最初的依恋之后的几个星期内开始对其他主要的照顾着产生依恋，包括爸爸、祖父母、哥哥姐姐或平时照看的保姆。到 18 个月时，只有很少的婴儿会只依恋一个人，一些婴儿可能对 5 个或更多的人产生依恋。

（三）学前儿童亲子依恋的类型

婴儿与主要养育者之间建立的依恋关系有着质的差别。一些婴儿在依恋对象身边时会感到舒适、放松，另一些婴儿会感到非常焦虑，不能确定下一步将面临什么；当与依恋对象分开时，一些婴儿表现得极其悲伤或生气，另一些婴儿就会对分离比较适应，很快平静下来。

对依恋关系质量的研究，比较有代表性的是艾斯沃斯运用陌生情境程序进行的研究。实验者设计了一系列实验情境，试图模拟：在陌生环境中（有玩具的情况下），婴儿与主要养育者的自然互动；与养育者短暂分离，遇到陌生人时婴儿感受到的压力；重聚时，婴儿被安抚的情况。通过记录、分析各个情境中婴儿的探索行为、对分离和陌生人的反应、重聚时对安慰的态度等，艾斯沃斯把婴儿对养育者的依恋分为安全型依恋、矛盾型依恋、回避型依恋，后来有研究者又发现了混乱型依恋。

安全型依恋：大约65％的儿童与主要抚养者建立了安全型依恋。安全型依恋的儿童单独和妈妈在一起时会主动探索；分离时感到烦躁不安，妈妈回来时一般会高兴地叫妈妈，也常常会和妈妈进行身体接触，寻求安慰；妈妈在场时，可以和陌生人友好相处。

矛盾型依恋：大约10％的儿童与主要抚养者建立了拒绝型依恋，这是一种不安全的依恋类型。拒绝型依恋的儿童和妈妈在一起时，仅仅靠着妈妈，很少有探索行为，在陌生情境中表现出困惑和谨慎；妈妈离开时会悲伤，但是妈妈回来时，他们的行为是矛盾的：他们靠近妈妈，但是又因为妈妈把他们单独留下而生气，拒绝接受妈妈的身体接触等安慰行为；妈妈在场时，对陌生人也非常警觉。

回避型依恋：大约20％的儿童与主要抚养者建立了回避型依恋，也是一种不安全的依恋。他们自主探索环境和游戏而不受妈妈的影响，但是游戏显得不投入、浅显、缺少情绪，对妈妈在场表现出漠不关心甚至回避妈妈的接近；妈妈离开时并无特别的焦虑体验，妈妈返回时也不力图接近，并拒绝妈妈的安慰；能接受陌生人的关注，与陌生人在一起并不十分伤感。

混乱型依恋：大约5％的儿童与主要抚养者建立了回避型依恋，陌生情境给这类儿童造成的压力最大，缺乏对陌生情境的一致策略，过于任性。他们表现出矛盾型依恋和回避型依恋的古怪结合，反映出对养育者的靠近和回避的矛盾。与妈妈重聚时，他们可能茫然、冷淡，也许会走进妈妈，但是当妈妈把他们拉近时，他们又会挣脱跑开。

（四）亲子依恋的相关理论

婴儿是如何与主要抚养者建立依恋关系的？哪些因素会影响婴儿与主要抚养者之间建立依恋关系的质量？发展心理学家对此争论不休，比较有影响的观点有以下几种。

1. 精神分析理论：因为你喂养我，所以我爱你

埃里克森认为，母亲的喂奶行为会影响婴儿依恋的强度和安全性。但是，有心理学工作者认为母亲对婴儿所有需要的总体反应性比喂奶本身更重要。换句话说，对婴儿需要持续不断的敏感性能培养婴儿对他人的信任感，反之，养育者缺乏敏感性或前后不一致的养育方式将导致婴儿对这个世界的不信任。埃里克森同时指出，在婴儿期没有对养育者形成信任感的婴儿，他们今后一生中都可能回避与他人建立相互信任的密切关系，或者对这种关系表示怀疑。

2. 学习理论：奖励带来爱

一些学习理论家认为，喂养可以满足婴儿的基本需要，婴儿可以对喂养者产生依恋。但是，哈里·哈洛和罗伯特·齐默曼（1959）研究了幼猴依恋的形成后认为，就小猴依恋的形成而言，舒适的接触比喂食或减轻饥饿更重要。

现在，一些学习理论家认为，能吸引婴儿的人，是那些能对其所有需要做出反应，并且给他们带来快乐和好处的人。例如，莎菲尔和埃默森（1964）发现，母亲对儿童行为的反应性和提供的刺激总量可以预测婴儿依恋的特点。也就是说，如果母亲可靠并恰当地对孩子的要求做出反应，并且经常跟孩子一起玩，他们的孩子很可能会对其形成亲密的依恋。

3. 认知发展理论：要爱你，我必须知道你在不在我身边

认知发展理论认为婴儿形成依恋的能力部分取决于认知发展水平。在形成依恋之前，儿童必须能分清谁是熟人，谁是陌生人；他们还必须知道，熟人具有“永久性”。因为，要与一个会经常从视野中消失的人建立稳定关系毕然是比较难的。他们认为，在婴儿7—9个月时，形成亲子依恋不是偶然的，这时婴儿正好进入皮亚杰所论述的感知运动阶段的第四个亚阶段，开始寻找和发现他们见过但又隐藏起来的东西，即形成了客体永久性。

4. 鲍尔比的习性学理论：我生来就能与他人建立关系并爱他人

关于习性学依恋的理论是受动物研究的启示而提出的，其观点带有强烈的进化论色彩。康德拉·洛伦兹研究刚出壳的小鸭子等动物的行为后得出结论（1937），印刻反应是一种适应性反应；他还指出（1943），婴儿的“丘比特娃娃”特征（大脑门、丰满的脸颊、柔软浑圆的脸等），很容易引起养育者的疼爱。后续的研究者也发现，婴儿可爱的面孔，也容易使养育着确信，婴儿愿意与他们待在一起。总之，人类婴儿和他们的养育都是以进化的、令人愉悦的方式回应彼此，形成亲密关系，从而保证婴儿的生存。

但是，鲍尔比认为，依恋并不是自动形成的。依恋是逐渐形成的，父母越来越能准确理解婴儿发出的信号，并做出恰如其分的反应；婴儿则意识到父母会如何做，自己怎样才能影响他们的行为。

综合各种理论观点及后续研究，我们会发现，养育质量、家庭特点、情绪氛围和婴儿的气质会影响亲子依恋形成。例如艾斯沃斯认为，婴儿所受到的关注会影响其依恋的质量，安全型依恋婴儿的妈妈从一开始就必须是敏感的、反应性的养育者。杰罗姆·凯根认为，婴儿和母亲两个人的互动才可以形成依恋关系，婴儿也可以影响到母婴情绪联结的质量，他发现困难型气质的婴儿对陌生情境的反应更容易被认为是矛盾型依恋的儿童；但是，有研究者发现，对困难型气质的婴儿的母亲进行干预训练之后，她们变得更耐心、敏感、具有反应性，由此，她们的婴儿大多数都形成了安全型依恋而不是不安全的依恋。

三、学前儿童同伴关系的发展

（一）同伴关系的内涵与功能

1. 同伴关系的内涵

同伴指与儿童相处的具有相同社会认知能力的人。同伴关系指年龄相同或相近的儿童之间的一种共同活动并且相互协作的关系，或者主要指同龄人或心理发展水平相当的个体在交往过程中建立和发展起来的一种人际关系。在个体发展过程中，儿童与同伴接触的时间逐渐增加，而与成人接触的时间则逐渐减少；儿童通常喜欢与同龄伙伴交往，而且喜欢与年长儿童交往胜过与年幼儿童交往。

2. 同伴关系的功能

同伴关系在儿童青少年发展过程中具有其他垂直关系无法替代的独特作用，其在儿童社会化过程中的作用主要体现在以下几方面。

(1) 同伴关系是儿童社会认知发展的重要背景，有助于获得社会交往技能

幼儿自我中心的认知特点使他们不能意识到同伴的观点、意图和情感等，随着在游戏中、生活中建立同伴关系，体验冲突、谈判和协商的机会随之出现，正是在这些活动中，儿童提高了社会认知水平、形成了人际交往技能。正如皮亚杰在其早期著作中所论述的，儿童与同伴交往中出现的冲突将导致其社会观点采择能力的发展并促进其社会交流所需技能的获得，而且，讨论和争论是道德判断能力发展所必需的。哈图谱也表达了类似的观点，他指出，没有与同伴的平等交往，儿童将不能学习有效的交往技能，不能获得控制攻击行为的能力，也不利于性别社会化和道德价值的形成。沙利文认为，友谊促进了儿童人际敏感性的发展并为以后恋爱、婚姻和亲子关系的建立提供了原型。

(2) 同伴关系可以满足人际交往的需要，获得社会支持和归属感

根据马斯洛的需要层次理论，归属的需要、爱的需要、尊重的需要是人类的基本需要。个体在与他人的关系中寻求社会支持，不同类型的社会关系提供不同的社会支持功能，满足不同的需要。虽然亲子关系可以给予儿童情感支持，但是同伴关系仍然不可缺少，甚至不同的同伴关系可以满足儿童不同的社会需求。例如弗曼认为，儿童从友谊关系中获得爱、亲密，在朋友中寻求帮助、抚慰和陪伴，而在一般同伴群体中则能够体验到归属感和包容感。

(3) 同伴交往经验有利于自我概念和人格的发展

正是在与他人的互动中，儿童依据同伴交往经验进行自我评价，建构自我概念，促进人格的健康发展。例如库利认为，在所有发展水平上，人们都是按照自己在社会情境中的经验来定义自己的，同伴群体是最普遍和最基本的活动场所，在与同伴的互动中，个体获得自己如何被他人知觉的信息，这种信息是形成自我的基础。沙利文认为，同伴为个体逐渐理解合作和竞争的社会规则、服从与支配的社会角色构建了基本框架，这一时期充分良好的同伴关系是形成健康自我概念所必需的；并且，他认为，人格是由个体的社会关系塑造的。

(二) 学前儿童同伴交往的发展阶段①

从 20 世纪 60 年代开始，苏联著名心理学家利西娜对 0～7 岁儿童的同伴交往进行了系统地研究，提出了个体交往发生论。她认为，交往是人们之间为了协调、联合力量去获取共同成果而进行的相互作用。个体交往的需要主要是交往主体认识、评价对方，并通过对方来认识和评价自己。因此，在交往时，每一个参加者都必须是积极的，他一方面要主动影响对方，另一方面要积极知觉对方的影响并做出适当的反应。交往双方的主体化，是交往需要产生的必要条件，也是交往活动产生的必要前提。

① 冯晓霞. 学前儿童与同伴交往的发展——M·N·利西娜的个体交往发生论简介（二）[J]. 教育论丛. 1991,(4): 8-11.

儿童一开始只是把同龄人作为一个有趣的客体来知觉，动作形成以后，儿童便开始把同伴作为“玩具”，作为与成人交往的中介物对待。虽然他们也似乎感到同龄人与一般的玩具、物体不同（注视时两者有显著差异，向两者发出的动作也很不一样），但这种认识起初仍是比较模糊的、不稳定的。在双方实际的相互作用中，同伴间的“主体品质”才渐渐被揭示出来。7 岁前，同伴交往需要的基本内容是渴望和同伴一起活动，渴望得到同伴的承认和支持。根据同伴交往的内容，可以划分为三个阶段。

第一阶段，情绪——实际性交往（2～4 岁）。这个时期，儿童的交往是在实物操作活动和模仿性游戏的背景下发生的。儿童在摆弄这些玩具的过程中，不仅因自己的游戏动作而感到快乐，也希望同伴参加自己的娱乐活动，并希望在同伴面前表现自己。儿童并不关心同伴参与活动对活动结果的实际影响，仅仅关心如何吸引同伴注意并支持自己的活动。可以说，在这种初级的同伴交往形式中，儿童之间缺乏共同的活动目的，自然也不存在真正的“合作”，而只有“参与”，是并列行动式的相互接触。表情性和实物-动作性手段是主要的交往手段，言语在交往中的比例逐渐增加，从最初的 5%上升到期末的 75%。

第二阶段，情境——活动性交往（4～6 岁）。情境——活动性交往是学前儿童典型的同伴交往形式，主要是在学前儿童典型的游戏——角色游戏中进行的。4 岁开始，同伴对儿童的吸引力已经赶上成人，但这一时期，儿童所知觉的往往只是同伴在具体情境下表现出来的能力和品质。儿童在角色游戏中同时进行着双重交往，一方面是角色交往，也就是被扮演者之间在想象情境中的交往，如“医生”和“病人”之间的交往、“售货员”和“顾客”之间的交流；另一方面是同伴交往，即角色的扮演者——儿童在现实情境中的交往。这两种交往交织在一起，确保游戏顺利进行。情境性语言是情境——活动性交往的主要工具，约占交往手段的 85%。

第三阶段，非情境—活动性交往（6～7 岁）。这时，促使儿童与同伴交往的内部力量仍是合作活动的需要，这种合作带有实际性、具体性，即主要是在实际的游戏过程中进行，但游戏本身发生了巨大的变化，角色游戏逐渐被规则游戏所代替。此时，作为交往诱因的已不是同伴在某些具体情境下所表现出来的特点，而是更一般的能力品质。由于交往的非情境性，同伴之间的关系开始有所“升华”，儿童间的依恋、友谊开始萌芽。

小资料

婴儿同伴交往发展阶段

婴儿的同伴交往是一个不断发展的过程。米勒把婴儿的同伴交往分为四个阶段：第一个阶段是单方面社交行为阶段，即婴儿虽然有交往行为，但却得不到同伴的回应；第二个阶段为社会性相互影响阶段，该阶段中，婴儿的交往行为能得到对方的反馈和应答；第三阶段为同伴游戏阶段，婴儿表现出主动加入游戏的特点，还会出现轮流替换、模仿和互补的行为；第四阶段为早期友谊建立阶段，婴儿之间出现了分享、情感交流，甚至表现出偏好和倾向性。后期的研究也证实了该发展阶段的存在。

(三) 学前儿童友谊的发展阶段

友谊是一种特殊类型的同伴关系，以信任为基础、以亲密性支持为情感特征，是一种持久稳定的相互作用的双向关系，它在儿童社会化过程中起着非常重要的作用。

儿童友谊的形成是一个渐进的过程。有人观察发现，幼儿园中班的幼儿对游戏伙伴已经表现出明显的偏好，而且这种偏好可以持续一年；幼儿园大班的幼儿对游戏伙伴更具有选择性，友谊普遍性提高。莱斯曼和肖尔研究发现，二年级的儿童可以说出 4 个朋友的名字，七年级就可以说出 7 个朋友；青少年朋友的数量略微减少，但是朋友之间交往的深度却增加了，朋友的稳定性也逐渐提高。

儿童对友谊的理解随着对自我的理解和对他人的理解逐渐发展。最初，只是根据一些表面行为和关系定义朋友，例如一起游戏、互赠小礼物、住的地方比较近等外在关系；慢慢地开始将友谊视为更为抽象的相互关心、共享感情和思想、互相安慰等内在关系；然后，儿童移情能力和观点采择能力逐步发展，会以持久的心理属性来考虑他人；最后，将友谊看成自我表露和吐露彼此秘密的特殊同伴关系。

小资料

美国著名儿童心理学家塞尔曼认为，儿童友谊概念的发展，与他们观点采择能力的发展密切相关。他从社会认知发展的观点出发，采用临床访谈法把儿童友谊概念发展划分为五个阶段。

阶段 0（3～7 岁）：即时性游戏，以相似或相近为特征。

阶段 1（4～9 岁）：即单方面帮助，以朋友帮助和喜欢为特征。

阶段 2（6～12 岁）：即公平气氛的合作，以对相互之间关系的意识和相互适应为特征，但友谊关系仍局限于当时的游戏。

阶段 3（9～15 岁）：即亲密和相互分享关系，以对持续友谊关系的意识和感情联系为特征。

阶段 4（12 岁以后）：即自主的相互依赖的友谊，以双方互相提供心理支持和精神力量，互相获得自我的身份为特征。

(四) 学前儿童同伴关系的类型及影响因素

1. 学前儿童同伴关系类型与心理特征

学前儿童同伴交往类型是 20 世纪 80 年代以来学前儿童社会性发展研究重要的内容，已有研究表明，幼儿期不同的同伴交往类型对其社会化、良好个性的形成、心理健康、认知发展等方面有着不同的影响。在学前儿童同伴交往类型的研究中，探明同伴交往类型以及不同类型幼儿在行为、性格、情感、交往主动性与交往技能等心理特征方面的异同，有助于阐明学前儿童同伴交往类型的形成规律，揭示影响学前儿童社交类型的因素，探讨学前儿童交往类型对其后续发展的影响，并为改善学前儿童的同伴社交状况，制定行之有效的、有针对性的教育干预措施提供心理学依据。

在研究学前儿童同伴交往类型时，一般有社会测量法、访谈法和问卷评价法等研究方法，其中社会测量法运用比较多。社会测量法包含正提名法和负提名法，要求幼儿分别指出他最喜欢和最不喜欢与班集体中哪三个小朋友玩，然后统计分析每一名幼儿被正、负提名的结果。以往的研究发现，幼儿同伴类型主要包括以下五种①。

(1) 受欢迎的儿童

这些儿童在同伴群体中很受欢迎，并且具有较高的社交地位和声望。研究发现，这类儿童一般长相好，具有良好的卫生习惯，衣着干净整洁；行为表现最为积极、友好，消极行为很少；能力强，性格外向、活泼开朗，情绪稳定；喜欢交往、善于交往，在交往中积极主动；对自己社交地位能正确评价，对没有同伴共玩感到难过。

(2) 被拒绝的儿童

这些儿童被大多数儿童所不喜欢。研究发现，这类儿童一般体质强、力气大；行为表现最为消极、不友好，积极行为很少；能力较强，聪明、会玩，但性格很外向，脾气急、大，易冲动、过于活泼好动；喜欢交往，在交往中积极主动，但是很不善于交往；对自己的社交地位缺乏正确评价，对没有朋友共玩不太在乎。

(3) 被忽视的儿童

被忽视儿童指无论是正提名还是负提名，被提及次数都很少的儿童。研究发现，这类儿童一般体质弱、力气小、能力较差；积极行为与消极行为均较少，性格内向、好静、慢性、不太愉快、胆小、不爱说话、不爱交往，在交往中缺乏积极主动性，且不善于交往；有较重的孤独感，对没有同伴共玩有时会感到比较难过与不安。

(4) 矛盾型儿童

矛盾型儿童，又称有争议的儿童。在一个群体中，这些儿童即受到许多儿童的喜爱，同时也被许多儿童所拒绝。换言之，这些儿童在社会测量的接纳和拒绝得分上都较高。其某些特点体现了受欢迎儿童和被拒绝儿童的综合，如既具有受欢迎儿童的乐于助人、敏感、分享等特点，又常表现出攻击性。

(5) 一般儿童

一般儿童指同伴接纳程度处于中等水平的儿童。研究发现，这类儿童一般各方面均属中等情况，长相、体质、力气一般，能力中等；性格、情绪、行为表现一般；交往积极主动性、交往水平中等；对自己社交地位能做较正确的评价，没有同伴共玩时不难过者稍多。

有研究结果显示，各类儿童在群体中的分布并不均衡，受欢迎的儿童在集体中一般占13.33%，被拒绝的儿童占14.33%，被忽视儿童的比例高达19.41%，一般儿童占52.93%。

① 幼儿同伴社交类型特征的研究庞丽娟心理发展与教育庞丽娟心理发展与教育．1991，(3)：19－28.

小资料

幼儿同伴交往类型统计分析标准

在幼儿集体或自由活动时间进行个别实测。将每一名幼儿被正、负提名的结果转换成标准分数，判断幼儿交往类型的国际通用标准如下表所示。

幼儿交往类型	正题名标准分数	负提名标准分数
受欢迎的幼儿	≥1	≤0
被拒绝的幼儿	≤0	≥1
被忽视的幼儿	≤－0.5	≤－0.5
一般幼儿	上述分类余下的幼儿	

儿童同伴交往类型具有一定的稳定性，例如，拉德等人（1988）对3～4岁儿童追踪研究到学龄期，发现幼儿合作存在相当稳定的个体差异，而且这种差异预示了儿童不同的社交地位；我国的刘少英对3个班的幼儿进行了三年的追踪研究，发现幼儿同伴关系发展具有一定的稳定性，30％～45％的幼儿社会偏好和社会影响力三年来保持相对稳定，变化不大。

小资料

幼儿同伴关系类型变化趋势①

小班幼儿的同伴关系处于混沌期，其同伴交往具有随机性和情境性特点。小班幼儿还不能主动与同伴建立稳定的联系，两两之间固定的互选朋友的人数还不多，大多数幼儿对同伴未产生明确的偏好，因此在小班处于不同类型同伴地位的幼儿的社会偏好不存在明显的差距，被忽视型幼儿的人数比中、大班多。

中班幼儿的同伴关系处于分化期，其同伴交往具有探索性和冲突性特点。中班幼儿能主动与同伴建立关系，并且能不断尝试与不同的同伴建立关系，对同伴已经有了明显的喜恶，因此在中班处于不同类型同伴地位的幼儿之间的社会偏好差距突然增大，被忽视型的幼儿人数减少，受欢迎型和被拒绝型幼儿的人数增多。

大班幼儿的同伴关系处于形成期，其同伴交往具有群体性和稳定性特点。大班幼儿已具有稳定的同伴关系，他们主要在自发形成的小群体中进行交往，交往对象比较稳定，对同伴的喜恶也趋于稳定，因此处于不同类型同伴地位的幼儿之间的社会偏好差距较中班幼

① 刘少英．学前幼儿同伴关系发展追踪研究［D］．华东师范大学，2009.

儿小，互选小群体的幼儿人数最多，占到了班级人数的一半左右，一般型的幼儿人数最多。

2. 影响同伴关系发展的因素①

大量研究表明，影响学前儿童同伴关系的因素主要有两大类，即外界环境因素和个体自身因素，外界环境因素主要是家庭因素和教师因素；个体自身因素主要包括幼儿的认知能力、社会认知能力、社会行为、气质和个性特征等。

(1) 外界环境因素对幼儿同伴交往的影响

家庭对幼儿同伴交往的影响因素主要有父母的教养方式和养育态度、夫妻婚姻质量和父母解决婚姻冲突的方式、亲子依恋关系等。例如，有研究发现积极的父母教养方式有利于学前儿童同伴关系的发展，而消极的教养方式不利于学前儿童同伴关系的发展；另有研究发现，父母的婚姻质量越好，3～6 岁儿童的同伴交往能力越强。这可能是因为家庭是学前儿童社会化的最初场所，是影响儿童社会性发展最直接的环境，儿童很可能会习得父母在教养过程中表现出来的态度和行为方式并应用于他们与同伴的交往过程中。

教师对学前儿童同伴交往也会产生一定的影响，师幼关系质量、教师的教育观念、教师的评价等因素都会影响学前儿童的同伴交往。例如，一项对 72 名幼儿的纵向追踪研究发现，师幼早期互动质量会直接影响到幼儿的同伴交往能力，并能持续对幼儿进入小学后的同伴交往能力产生影响。

(2) 个体自身因素对幼儿同伴交往的影响

影响学前儿童同伴交往的个体自身因素有很多，已有研究主要关注的影响因素有社会认知能力、社会行为、气质个性特征等因素。

在对儿童观点采择能力发展的论述中，皮亚杰强调了社会认知能力在同伴交往中的作用，皮亚杰认为理解他人的观点和想法是成功进行交往的基础。心理理论和情绪能力也被认为是影响同伴交往的社会认知能力，多项研究发现心理理论水平越高的儿童越会受到同伴的欢迎，降低被同伴拒绝的可能性；另有研究发现，移情能力、情绪调节能力越好的儿童越受同伴欢迎，当出现同伴冲突时，那些能够识别他人情绪，并有效管理自己的消极情绪、运用适当方式或建构性策略（如协商）调节情绪的儿童更容易受到同伴的接纳。

社会行为对同伴关系的影响主要考察的是亲社会行为和攻击行为。经常表现出较高水平亲社会行为或低水平攻击行为的儿童在同龄人中更受欢迎；相反，倾向于表现出较低亲社会行为水平或高水平攻击行为的儿童往往被同龄人拒绝。

分析认知能力与同伴交往的关系主要是从分析“学业成绩影响同伴交往”入手。20 世纪七八十年代开始，越来越多的研究者们发现，儿童的学业成绩会影响到同伴交往，学业成绩较差或存在学习问题的儿童不太受到同伴的喜欢，更多受到同伴的拒绝和排斥；深入研究学业成绩影响同伴关系的机制发现，并不是学业困难本身导致了同伴的拒绝、减少了同伴的接纳，而是伴随学习问题而来的问题性社会行为如攻击性和破坏性行为影响了同

① 鲍琴. 认知能力对幼儿同伴关系的影响：社会认知能力的调节作用 [D]. 西南大学，2020.

伴交往，例如，有学习问题的具有破坏性的攻击性的儿童经常被拒绝，而许多学业成绩差但没有攻击性的儿童并没有出现同伴交往问题。

气质、个性特征和外貌等因素也会影响幼儿同伴关系。不同同伴关系的儿童的个性特征会存在一定差异，例如，张富洪（2005）发现受欢迎的儿童是热情开朗、善良、聪明、认真、大方的，不受欢迎的儿童是虚荣、骄傲、笨拙和自私的。气质、外貌和个性特征虽然会在一定程度上影响到儿童的同伴关系，但从长远发展来看，这些特征并不能稳定地影响到儿童的同伴关系。

（五）学前儿童同伴关系的发展特点

学前儿童同伴关系逐步发展，体现在对同伴的选择性、性别交往偏好、同伴评价标准等诸多方面。总体看来，幼儿同伴关系发展是自我组织的过程，它从整体未分化到分化清晰的层级整合，小班同伴关系处于混沌期，中班同伴关系处于分化期，大班同伴关系处于稳定期[①]。具体而言，幼儿同伴关系发展表现出以下几个方面的特点。

1. 学前儿童同伴关系的选择性逐渐增强

随着年龄的增长，幼儿同伴关系的选择性逐渐增强。小班幼儿受欢迎程度差别明显，且呈现平缓上升的趋势；中班开始出现集中趋势，即通过同伴提名可以发现处于受欢迎类型的幼儿，但这类幼儿人数较少；到了大班，受欢迎型幼儿的提名集中程度明显提高，甚至部分幼儿已经得到全班幼儿比较普遍的认可[②]。

2. 学前儿童同伴交往具有明显的同性别交往倾向和性别差异

学前儿童同伴交往具有明显的同性别交往倾向。例如，邹晓燕（2006）研究表明，幼儿同性别交往倾向在各个年龄班的表现都比较显著，小班最明显；中班有所改善，有些男孩会选择女孩，但女孩很少选择男孩；进入大班后又重新表现出同性别交往偏向，也许是大班幼儿的性别意识有所增强，出现了社会普遍认可的同性别交往观念。

学前儿童的同伴关系存在显著性别差异，男孩的同伴接纳水平显著低于女孩，同伴拒绝水平显著高于女孩。研究者认为，这很可能是同性别交往背景下男女幼儿形成了不同的交往文化氛围，不同氛围影响下幼儿形成了各自的交往兴趣和行为特征。具体而言，男孩的游戏群体比女孩更大，更多时候是在公共场合中进行竞争游戏，游戏更加粗犷，身体接触较多，较少受到成人控制，同伴间更容易发生冲突；相反，女孩之间的同伴交往更强调一种合作和语言交流，而且更多遵从成人的要求，冲突发生概率更小，因此，女孩间的同伴交往更具有优越性，男孩更容易受到同伴拒绝，而女孩更容易得到同伴接纳[③]。

3. 学前儿童对同伴的评价标准逐渐由主观到客观，出现了普遍认可的评价标准

学前儿童对同伴评价的标准与其认知发展水平密切联系，由对外在特征的评价逐步到对个性心理特征的评价。一般说来，小班幼儿评价标准较混乱，他们往往从一些外在角度评价同伴关系，如“因为我们是邻居”“因为我们是同桌”“因为她妈妈和我妈妈认识”

---

① 刘少英．学前幼儿同伴关系发展追踪研究［D］．华东师范大学，2009.

② 李英玉，邹晓燕．幼儿同伴关系发展特点与教育［J］．幼儿教育（教育科学版）．2006：72－75.

③ 鲍琴．认知能力对幼儿同伴关系的影响：社会认知能力的调节作用［D］．西南大学，2020.

等，因此，幼儿选择朋友比较分散，被提名的幼儿范围较大。进入中班以后，幼儿选择朋友逐步一致，选择范围开始缩小。到了大班，幼儿的评价标准开始接近实质性评价，出现了从幼儿个性特征角度评价的倾向，评价标准趋于一致，如“他能干，我喜欢他”“他待人有礼貌，我喜欢他”“他各方面都好，我喜欢他”等，出现了比较明显的受欢迎的儿童。

任务单

知识检测

评价标准	自我评价	小组评价	教师评价
可以说出人际交往的内涵			
知道学前儿童人际关系的主要类型			
理解亲子依恋的内涵			
领悟亲子依恋发展阶段与心理机制			
举例分析亲子依恋的类型			
理解学前儿童同伴关系、友谊的发展阶段			
举例分析同伴关系类型及心理、行为特征			
结合实例分析影响同伴关系发展的因素			

案例分析

在一次园本教研活动中，李老师说在他班内有几名幼儿经常游离于同伴活动的边缘，班级中既没有好朋友，也没有固定的玩伴；他们有时也会请求加入小朋友的游戏，但常受到同伴的忽略或拒绝，几乎没有小朋友主动邀请他们加入游戏。又因为他们性格内向、文静、不招惹是非，是非常乖的孩子，有时候甚至一天时间里老师都没有注意他在做什么。李老师认为，长此以往，这些幼儿正常的心理需求得不到满足，会导致过分紧张、敏感、焦虑、不自信等不良心理状态，影响其自身的社会化过程。但是，另一位老师说，这些幼儿情绪非常稳定，也没有违反常规，甚至集体教学活动中注意力集中，学习效果也比较理想，没有必要过于担心他们的发展。

你赞同哪位老师的观点呢？为什么？

参考答案

赞同李老师的观点。从幼儿的行为表现及人际交往状态分析，这些幼儿是班集体中被忽视的幼儿，处于被忽视社交地位的幼儿，性格比较内向、安静，缺乏活力，有时人际交往技能水平也不高。正如李老师所说，这类幼儿如果没有得到及时干预引导，很容易出现焦虑、自卑等内化问题行为，影响其社会化进程。

精准备考

一、填空题（请将正确答案写在横线上）

1. ________是学前儿童典型的同伴交往形式，主要是在学前儿童典型的游戏——角色游戏中进行的。

2. 幼儿对同伴的评价标准逐渐由________到________，出现了普遍认可的评价标准。

二、单项选择题（请选出唯一正确的答案）

1. （2020年）有些婴儿既寻求与母亲的接触，又拒绝母亲的爱抚。其依恋类型属于(　　)。

A. 焦虑—回避型　　B. 安全型

C. 焦虑—反抗型　　D. 紊乱型

2. （2018年上半年）在角色游戏中，教师观察幼儿能否主动协商处理玩伴关系，主要考察的是(　　)。

A. 幼儿的情绪表达能力　　B. 幼儿的社会交往能力

C. 幼儿的规则意识　　D. 幼儿的思维发展水平

三、判断题。（正确的打√，错误的打×）

1. 同伴关系可以满足人际交往的需要，获得社会支持和归属感。　(　　)

2. 不同的同伴关系类型的儿童在群体中的分布不均衡，儿童同伴交往类型也不具有稳定性。　(　　)

参考答案

一、填空题

1. 情境—活动性交往　2. 主观　客观

二、单项选择题

1. C　2. B

三、判断题

1. √　2. ×

任务二 学前儿童人际交往的教育

情境导入

这是一则中班教师的观察记录[①]。

观察时间：2021 年 3 月 22 日上午 10：00。

观察地点：户外操场。

观察对象年龄：5 岁。

观察记录者：朱琳老师。

观察记录：

户外时间到了，做完早操后宝贝们自由活动。不一会小朋友们玩起了丢沙包的游戏，一个小朋友不小心打疼了邓尧，邓尧站在那哭了起来，子谦跑过来告诉我："老师，邓尧哭了，一个小朋友不小心用沙包打了他一下。"我走过去问邓尧发生了什么事情，而这时子谦自己跑回教室给邓尧拿了两张卫生纸出来了，跑到邓尧面前给邓尧把眼泪和鼻涕擦干净。我问："子谦，你为什么对邓尧这么好呀？她说："因为我喜欢邓尧呀。"

你如何评价子谦小朋友的人际交往水平呢？达到中班幼儿的发展水平了吗？你判断的依据是什么？

知识梳理

心理学家们普遍认为，人际关系代表着个体心理适应水平，是心理健康的一个重要标志，人际关系不良常常是心理疾病的主要原因。正如安德烈耶娃所说，"在人类社会中，交往不仅是联合个体的方式，同时也是这些个体自身的发展方式"，对学前儿童来说更是如此。

一、学前儿童人际交往教育的目标

（一）学前儿童人际交往教育的总目标

学前儿童人际交往教育的总目标是指整个学前教育阶段对儿童人际交往发展水平的总

---

① 国雅幼儿园：http：//mp. weixin. qq. com/s? _ _ biz=MzUxMjk2MDI1Ng==&mid=2247487426&idx=1&sn=7abbcf42181d57f5a21270ff9bdbe3de&chksm=f95d3dadce2ab4bb356ac127e6c50ae6260da0f913bfae6ebcd18294330eaa69cc8d9ad10085&mpshare = 1&scene = 23&srcid = 0812hBWqmeZdzZJkdVEW9F7c&sharer _ sharetime = 1660288451559&sharer _ shareid=49c89e7bad3ac4882a180ac1b370d7e8#rd。

体要求，学前儿童人际交往教育的总目标为幼儿园社会领域课程开发和建设提出了要求、指明了方向，在《幼儿园工作规程》等纲领性文件中均有论述。

1.《幼儿园工作规程》对学前儿童人际交往教育总目标的论述

《幼儿园工作规程》对学前儿童社会教育目标的论述体现在第一章第五条中，具体内容为：

萌发幼儿爱祖国、爱家乡、爱集体、爱劳动、爱科学的情感，培养诚实、自信、友爱、勇敢、勤学、好问、爱护公物、克服困难、讲礼貌、守纪律等良好的品德行为和习惯，以及活泼开朗的性格。

通过学习学前儿童人际交往能力、同伴关系发展等相关理论可知，幼儿良好的品德和习惯、活泼开朗的性格都可以影响学前儿童同伴交往水平和建立的同伴关系类型，《幼儿园工作规程》详细列举出了“诚实、自信、友爱、勇敢、讲礼貌”等具体的品德行为和习惯。

2.《幼儿园教育指导纲要（试行）》对学前儿童人际交往教育目标的论述

《幼儿园教育指导纲要（试行）》对学前儿童人际交往教育目标阐述的具体内容为：

乐意与人交往，学习互助、合作和分享，有同情心。

分析可知，从“乐意”的态度、“同情心”的情感培养，到“互助、合作、分享”等亲社会行为的具体要求，从情感态度、能力技能两个维度提出了对学前儿童人际交往教育的总体要求，体现了“知情行”合一的全人教育理念。

3.《3—6岁儿童学习与发展指南》对学前儿童人际交往教育总目标的论述

“人际交往”是《3—6岁儿童学习与发展指南》提出的社会领域教育子目标，具体包含“目标1　愿意与人交往”“目标2　能与同伴友好相处”“目标3　具有自尊、自信、自主的表现”和“目标4　关心尊重他人”，内容涵盖了对待交往活动的态度、具体的交往技能、自我的发展以及对他人的态度，从对己、对人、对事三个方面分别阐述。

（二）学前儿童人际交往教育的年龄目标

根据学前儿童人际交往的年龄特点以及教育原理，分解学前儿童人际交往总目标，确定小、中、大班的年龄目标，是幼儿教师必备的专业能力。《3—6岁儿童学习与发展指南》将“人际交往”作为社会领域教育子目标之一，进行了详细的阐述，实际工作中，需要我们书写科学解读，理解每个年龄班目标的具体内容和各年龄班目标之间的内在联系，切实指导年度教育计划或学期计划。例如，纵向分析“目标1　愿意与人交往”可以得知，幼儿人际交往教育目标包含与小朋友的同伴交往以及与长辈的交往；横向分析“同伴交往”在各年龄班的教育目标可得知，小班的核心经验指向“愿意”，中班有更高水平的要求“喜欢”，而且有相对固定的交往同伴，大班则是扩大交往范围，喜欢结交新朋友。《3—6岁儿童学习与发展指南》关于“人际交往”年龄目标的具体内容见表6-1所列。

表 6－1 《3－6 岁儿童学习与发展指南》中人际交往年龄目标分析表

具体内容	3—4 岁	4—5 岁	5—6 岁
目标 1 愿意与人交往	1. 愿意和小朋友一起游戏。	1. 喜欢和小朋友一起游戏，有经常一起玩的小伙伴。	1. 有自己的好朋友，也喜欢结交新朋友。
	2. 愿意与熟悉的长辈一起活动。	2. 喜欢和长辈交谈，有事愿意告诉长辈。	2. 有问题愿意向别人请教。
	—	—	3. 有高兴的或有趣的事愿意与大家分享。
目标 2 能与同伴友好相处	1. 想加入同伴的游戏时，能友好地提出请求。	1. 会运用介绍自己、交换玩具等简单技巧加入同伴游戏。	1. 能想办法吸引同伴和自己一起游戏。
	2. 在成人指导下，不争抢、不独霸玩具。	2. 对大家都喜欢的东西能轮流、分享。	2. 活动时能与同伴分工合作，遇到困难能一起克服。
	3. 与同伴发生冲突时，能听从成人的劝解。	3. 与同伴发生冲突时，能在他人帮助下和平解决。	3. 与同伴发生冲突时能自己协商解决。
		4. 活动时愿意接受同伴的意见和建议。	4. 知道别人的想法有时和自己不一样，能倾听和接受别人的意见，不能接受时会说明理由。
		5. 不欺负弱小。	5. 不欺负别人，也不允许别人欺负自己。
目标 3 具有自尊、自信、自主的表现	1. 能根据自己的兴趣选择游戏或其他活动。	1. 能按自己的想法进行游戏或其他活动。	1. 能主动发起活动或在活动中出主意、想办法。
	2. 为自己的好行为或活动成果感到高兴。	2. 知道自己的一些优点和长处，并对此感到满意。	2. 做了好事或取得了成功后还想做得更好。
	3. 自己能做的事情愿意自己做。	3. 自己的事情尽量自己做，不愿意依赖别人。	3. 自己的事情自己做，不会的愿意学。
	4. 喜欢承担一些小任务。	4. 敢于尝试有一定难度的活动和任务。	4. 主动承担任务，遇到困难能够坚持而不轻易求助。
			5. 与别人的看法不同时，敢于坚持自己的意见并说出理由。

（续表）

具体内容	3—4岁	4—5岁	5—6岁
目标4 关心尊重他人	1. 长辈讲话时能认真听，并能听从长辈的要求。	1. 会用礼貌的方式向长辈表达自己的要求和想法。	1. 能有礼貌地与人交往。
	2. 身边的人生病或不开心时表示同情。	2. 能注意到别人的情绪，并有关心、体贴的表现。	2. 能关注别人的情绪和需要，并能给予力所能及的帮助。
	3. 在提醒下能做到不打扰别人。	3. 知道父母的职业，能体会到父母为养育自己所付出的辛劳。	3. 尊重为大家提供服务的人，珍惜他们的劳动成果。
	—	—	4. 接纳、尊重与自己的生活方式或习惯不同的人。

小练笔

请同学们仔细阅读《3—6岁儿童学习与发展指南》，分析同伴交往能力教育目标包含哪些内容？在处理同伴矛盾方面，小、中、大班的教育目标有什么变化规律？

（三）学前儿童人际交往教育的月目标

学前儿童人际交往教育的月目标往往蕴含于主题活动目标之中，例如小班入园第一个月的主题活动“我喜欢幼儿园”，可以设定教育目标“克服向老师表达要求的羞怯”；分解大班教育目标“3. 尊重为大家提供服务的人，珍惜他们的劳动成果”结合主题活动“可敬的人”，设计人际交往教育目标“用自己的方式表达对抗疫英雄的尊重”等。

小练笔

立秋，是二十四节气中的第十三个节气，也是秋天的第一个节气，标志着秋天的正式开始。“秋”就是指暑去凉来。立秋时，北斗指向西南。从这一天起秋天开始，秋高气爽，月明风清。你认为中班主题活动“金色的秋天”可以设计与人际交往教育相关的目标吗？如果你认为可以请写出来，如果你认为不可以请说明理由。

（四）学前儿童人际交往教育具体活动目标

日常生活、游戏、节日庆典活动等具体活动中，幼儿个体之间的交往活动比较频繁，蕴含着丰富的教育价值，教师要有目标意识，分析具体活动的人际交往教育目标；有目的、有计划、有组织的集体教学活动可以针对幼儿有共性的交往态度、交往技能等内容设计，教育目标非常具体、明确，要求幼儿教师可以写出规范的集体教学活动目标，以便指导活动设计。

小练笔

中班的李老师打算设计一次以讲礼貌为教育目标的集体教学活动，本次集体教学活动来源于日常生活，教育幼儿从小学会讲文明懂礼貌，在日常生活中可以使用“你好”“谢谢”等礼貌用语，并且可以在别人道歉、表达感谢等时恰当回应，知道礼貌用语不仅可以让同伴高兴，自己也可以获得一份快乐。

活动目标：

(1) 通过活动，幼儿学会正确使用礼貌用语。

(2) 教育幼儿从小养成讲礼貌的习惯。

你认为李老师书写的活动目标有哪些不合适的内容？应该如何修改？

二、学前儿童人际交往的教育内容

(一) 纲领性文件对学前儿童人际交往教育内容的论述

《幼儿园教育指导纲要（试行）》对社会领域教育内容的描述共有 8 条，其中与人际交往相关的教育内容：

1. 引导幼儿参加各种集体活动，体验与教师、同伴等共同生活的乐趣，帮助他们正确认识自己和他人，养成对他人和社会亲近、合作的态度，学习初步的人际交往技能。

4. 在共同的生活和活动中，以多种方式引导幼儿认识、体验并理解基本的社会行为规则，学习自律和尊重他人。

分析可知，指向人际交往的具体内容包括“学习初步的人际交往技能”和“学习自律和尊重他人”，分别指向能力技能和人际交往态度。

(二) 选择学前儿童社会行为教育内容

1. 依据《3—6 岁儿童学习与发展指南》中学前儿童人际交往教育目标选择教育内容

根据泰勒课程原理，教育目标是课程设计和开发的起点，为选择课程内容和设计课程活动指明了方向，体现的是一种预设的课程理念。《3—6 岁儿童学习与发展指南》系统阐述了学前儿童人际交往教育各年龄班的教育目标，围绕这些目标选择相应年龄段具有共性的教育内容是学前儿童人际交往教育的基本思路，有助于教育总目标的实现。幼儿教师要深入研究每项目标指向的幼儿核心经验的内涵与内容，以及幼儿学习与发展的心理机制，开发设计幼儿园课程。例如，《3—6 岁儿童学习与发展指南》中大班教育目标“能有礼貌地与人交往”，其核心目标是引导幼儿做一个讲文明懂礼貌的人，围绕此目标开发设计的幼儿礼仪教育课程非常丰富，比如耿向阳将幼儿礼仪分为生活礼仪、学习礼仪和公共场所的礼仪，生活礼仪又包括用餐礼仪、仪容仪表、交谈礼仪等内容。

小练笔

查阅资料，围绕《3—6 岁儿童学习与发展指南》中班教育目标“与同伴发生冲突时，能在他人帮助下和平解决”，设计引导幼儿和平解决同伴冲突的教育内容。

2. 依据学科研究成果选择学前儿童人际交往教育内容

同伴关系是个体社会适应的重要指标，也是心理学和教育学研究的重要内容，丰富的研究成果是我们教育实践的重要资源，充分利用这些成果资源有助于我们提高教育实践的科学性、有效性与针对性。例如有研究者深入探讨了幼儿的冲突性行为[①]，将幼儿同伴冲突分为消极性冲突、积极性冲突和中性冲突，并提出了具体的教育建议。其中积极性冲突是指幼儿以维护社会规则、游戏规则或个人尊严为目的的冲突，包括言语冲突和行为冲突两种；中性冲突是指当幼儿遇到冲突情境时，没有明显的言语冲突和行为冲突，而是以一方自我委屈或自我发泄等形式表现的冲突；消极性冲突指幼儿以破坏和中止他人活动为目的，并可能对他人身心造成明显伤害的冲突，多表现为行为冲突。对于积极性冲突，要进一步加强指导和训练幼儿人际交往技能；对于中性冲突，要教会幼儿自行解决的技巧和寻求发泄不良情绪的渠道；对于消极性冲突，要及时干预儿童的侵犯事实，培养幼儿自我控制能力。这些理论研究成果为我们观察幼儿冲突行为表现，做出正确分析，选择适合幼儿的教育内容提供了有价值的指导。

3. 源于幼儿生活选择学前儿童人际交往教育内容

生成课程理念要求幼儿教师科学观察幼儿的行为表现，分析幼儿经验的生长点，设计课程。幼儿人际交往能力的发展水平具有个体差异，各班幼儿存在的发展问题也千差万别，这就要求幼儿教师做到多观察分析，捕捉教育机会，设计班本课程。

教育案例

小一班班本课程故事《爱同伴——认识新朋友》[②]

一、课程背景

幼儿园生成式探究性主题课程是基于主题课程母体的基本特性，将生成课程与探究性教学法的优点融入主题课程的一种新型课程模式。生成是课程内容来源方式，探究是课程实施手段，主题是课程实施载体。教师基于对幼儿观察、倾听与谈话等选择具体主题，生成源源不断的课程内容。幼儿园生成式探究性主题课程摒弃教师以教材、教案为中心的知识本位课程，舍弃教师高结构、高控制的成人本位教学，其在遵循课程生活化原则的基础上，主张“做中学”，坚持以幼儿主动热情学习为导向，倡导幼儿基于问题进行探究性学习。基于幼儿园“爱·悦”文化背景，结合小班幼儿年龄特点，为了更好地缓解新入园幼儿的入园焦虑，帮助他们更快地适应集体生活。我们确定了以“爱同伴”为主题的班本课程。

---

① 付丽丽，李国强．幼儿同伴冲突的行为表现及对策［J］．呼伦贝尔学院学报，2009，17（6）：91－94.

② 洛阳城幼儿园，https：//mp. weixin. qq. com/s? _ _ biz＝MzU5NjQ5NDY2Ng＝＝&mid＝2247499549&idx＝1&sn＝2ff1edcdda775b21ab3db84d3a492549&chksm＝fe636f38c914e62ebcfeaf4d523e46402c0d75292228a7e673703921d24ae3ecb69797c83afb&mpshare ＝ 1&scene ＝ 23&srcid ＝ 0622QjYmNngQ2Zl8bmliDo41&sharer _ sharetime ＝1655880926362&sharer _ shareid＝49c89e7bad3ac4882a180ac1b370d7e8＃rd。

二、课程缘起

今年九月，小班的小朋友们刚刚入园。经常看到小朋友争抢玩具以及不愿意与同伴一起玩的情况，在班级活动中会听到这样的对话：

“不准动我的东西，你走开…”

“这是老师给我的，你别动…”

“你好烦人啊，别拉我。”

也曾收到小朋友家长发来的信息：

“我家宝贝回去说别的小朋友都不和他玩，他不知道怎么和小伙伴一起玩…”

“我家宝宝说他不喜欢幼儿园，因为别的小朋友光抢他的玩具……”

为了让小朋友们更快地克服入园焦虑，更好地适应幼儿园集体生活，根据《3—6岁儿童学习与发展指南》社会领域教育目标，结合我园“爱”文化理念，确定了以“爱同伴”为主题的班本课程。

三、主题活动目标

1. 熟悉同伴，克服入园焦虑。

2. 能与同伴友好相处。

3. 知道与同伴交往的方式。

4. 爱上幼儿园，体验与同伴一起学习、游戏的快乐。

四、活动系列

1. 活动一：嗨，你好

在活动初期，我们发现孩子们对于“朋友”还比较陌生，不知道什么是朋友。于是，我们首先发起了亲子阅读活动，推荐了一系列关于“朋友”的绘本。

2. 活动二：我的交友妙招

每位小朋友都设计了自己的自我介绍卡，在星期一的早上，他们带来了自己的自我介绍卡，准备去认识更多的新伙伴！

3. 活动三：我的好朋友

小朋友们越来越熟悉自己的小伙伴。新的活动又开始了，在区域活动时，我们以“我的好朋友”为主题发起了绘画活动，活动结束可以向更多的人介绍自己的同伴。

三、学前儿童人际交往的教育途径

（一）重视学前儿童人际交往的随机教育

日常生活、游戏、自由活动等场合，幼儿自愿选择合作与交往对象，尝试各种交往态度与技能，出现矛盾解决矛盾，从而学会交往。有研究发现，在这些活动中，幼儿极易因交往的公正与否发生纠纷，77%的纠纷发生在自由活动时间①，教师要充分利用这些教育机会进行有针对性的个别指导，从而发挥随机教育的价值。

---

① 邢少颖．幼儿纠纷现象的调查与分析［J］．学前教育研究．1997，(2)：31－33.

教育案例

游戏中的随机教育[①]

4—5 岁的中班幼儿进入到人际关系的敏感期，他们开始主动寻找策略适应幼儿园生活，发展良好的同伴关系就是重要策略之一。与此同时，幼儿被同伴拒绝的现象开始频繁发生。一般情况下，幼儿在被拒绝后通常会出现攻击性行为或自卑、退缩行为，甚至有些幼儿不太敢去与别人交往了，这些行为反映出幼儿同伴交往能力发展不足。需要教师对不同场景下被同伴拒绝的幼儿进行随机引导，让幼儿学会正确面对拒绝，发展出良好的同伴关系及抗挫折能力。

场景 1：他不想挨着我坐

木子是一个活泼可爱的小女生，特别喜欢和老师、小朋友分享自己的小故事。区域活动结束后小朋友们陆续回到座位上，木子搬着自己的小椅子挤到洋洋身边，说："洋洋，我想和你坐一起。"洋洋说："我和叶叶、哲哲是好朋友，而且我不喜欢和女生挨在一起。"木子的笑脸没有了，嘟着小嘴说："那好吧。"搬着椅子坐到旁边的位置，眼泪吧嗒吧嗒地往下掉。

我走到木子身边，问："发生了什么？"木子告诉我："我很喜欢洋洋，想和他坐在一起，但是洋洋告诉我他有好朋友了，不想挨着我坐。"我抱了抱木子，说："你被洋洋拒绝了，心里有点难受？"木子哭着继续说："是的，我还是想和洋洋坐一起。"我静静地抱了一会儿木子，感受到她的身体渐渐不再颤抖，情绪也稳定了很多……

思考：你赞同这位老师的做法吗？为什么？你建议这位老师随后还可以采取哪些教育措施？

（二）充分发挥渗透教育对学前儿童人交往能力的教育作用

人际交往是学前儿童社会化的重要途径，人际关系质量可以影响到幼儿人格、社会适应等方面的发展。从已有的研究发现，角色游戏、绘本阅读、体育活动、艺术教育活动等多种方式均可以起到渗透教育的作用，提升幼儿人际交往能力，从而优化同伴关系。在具体教育过程中，教师要善于创设教育情景，丰富交往机会，让幼儿可以运用学到的交往技能和交往语言。例如，请一组幼儿一起制作手工，但提供的工具较少，幼儿必须互相商量、协调，从而实现利用幼儿园正常的教学活动有机渗透交往技能教育，培养慷慨、协商等行为习惯，引导幼儿交往能力的发展。

① 胡淼，赵坤．幼儿被同伴拒绝后的共情引导策略．学前教育．2017，(4)：58－59.

拓展阅读

绘本故事《让我安静五分钟》

孩子们正在吃早餐。这可不是看了让人会开心的一幕。

庞太太从厨房的柜子里拿出餐盘，把茶壶、牛奶、她最喜欢的茶杯，涂了橘子果酱的烤面包片儿，还有昨天吃剩的小蛋糕放进餐盘里，再把报纸塞进口袋，偷偷地向门口走去。

孩子们紧跟在庞太太后面爬上楼，莱斯特问："我们可以去吗?"

"不行，"庞太太说，"不能跟过来。"

"那我们要做什么?"萝拉问。

"你们自己玩儿啊，"庞太太说，"自己在楼下玩儿，要注意小弟弟的安全。"

"我又不是小婴儿，"最小的那个孩子噘着小嘴说。

庞太太很快地放了一缸满满的、热热的洗澡水。她把半瓶泡泡沐浴露全倒进水里，然后戴上浴帽，坐进浴缸。她给自己倒了一杯茶，再闭上眼睛，躺在浴缸里……这就是天堂。

"我吹笛子给你听，好不好?"莱斯特问。

庞太太睁开一只眼睛，说："你一定要吹吗?"

"我一直都在练习呢，"莱斯特说，"是你叫我练习的。可以吗? 拜托啦，一分钟就好。"

"那就吹吧。"庞太太叹了口气。于是，莱斯特开始吹了。他把《小星星》这首曲子吹了三遍半。

萝拉进来了。"我可以念一页故事给你听吗?"她问。

"不行，萝拉，"庞太太说，"出去，你们都到楼下去。"

"你都让莱斯特吹笛子了，"萝拉说，"我听到了，你比较喜欢他，不喜欢我，这不公平。"

"没这回事，萝拉，"庞太太说，"好吧，你念吧，不过只能念一页哦。"

于是，萝拉接开始念，她把《小红帽》这本书念了四页半。

最小的弟弟抱着一堆玩具进来了。"给你!"他笑着，把玩具一股脑儿全都丢进水里。

"谢谢你，小宝贝。"庞太太有气无力地说。

"我可以看报纸上的漫画吗?"萝拉问。

"我可以吃那个蛋糕吗?"莱斯特问。

"我可以和你一起泡水吗?"小弟弟问。

庞太太发出"噢——哦——"的无奈叹息声。

最后，三个孩子都跳进了浴缸。小弟弟太着急了，连睡衣都忘了脱。

庞太太走出浴缸。她擦干身体，穿上浴袍，准备走出浴室。

"你现在要去哪儿，妈妈?"萝拉问。

"去厨房。"庞太太说。

"为什么?"莱斯特问。

"因为我想自己一个人安静五分钟，"庞太太说，"就是这样。"

然后，她走下楼。在孩子们还没有下楼以前，她安安静静地度过了三分钟又四十五秒。

渗透教育案例

大班语言活动：大熊的拥抱节①

活动目标：

1. 愿意倾听故事，能在交流、讨论的过程中逐步理解大熊从孤独难过到被接纳而引发的情绪变化。丰富词汇：孤单、寂寞。

2. 能根据故事画面线索猜想故事情节的发展，用完整流畅的语言讲述自己的想法，并学说故事中的角色对话。

3. 体验朋友之间互相宽容带来的感动与幸福，知道要给别人改正错误及缺点的机会。

思考：分析如何通过语言领域教育实现对社会领域人际交往能力教育的渗透。

（三）组织专门的人际交往教育活动

专门的人际交往教育活动指有计划、有目的、有组织的围绕人际交往教育目标设计的主题教育活动，或集体教学活动。这类教育活动目标明确，教育内容具有针对性，活动过程经过精心设计，是学前儿童人际交往教育必不可少的教育途径。

活动案例

集体教学活动设计方案"缺少一块怎么办"②

1. 活动名称

小班社会领域活动："缺少一块怎么办"。

2. 活动目标

（1）愿意解决同伴交往中的问题。

（2）尝试发现游戏情境中同伴交流的问题，并探索解决问题的方法。

（3）知道如何正确地请求别人的帮助。

① 方明．山东省幼儿园课程指导教师用书（大班上）[M]．济南：明天出版社．2018.

② 湖北省实验幼儿园活动案例。

3. 活动准备

(1) 物质准备：活动前，请两位大班幼儿协助排演情境表演“缺少一块怎么办”。

表演第一部分内容：明明和亮亮两个小朋友搭积木，明明少了一块，就拿了亮亮的一块，亮亮不高兴了，两个人争吵起来。教师过来调解，问：“怎么啦？”亮亮说：“明明抢了我的玩具！”而明明委屈地说：“我想搭房子，可少了一块，怎么办呢？”

表演第二部分内容：明明和亮亮继续搭积木，亮亮搭高楼少了一块，他看见明明正好多出一块，就有礼貌地对明明说：“明明，你能把多余的这块积木借给我吗？我搭高楼缺少一块！”明明爽快地把积木给了亮亮，亮亮的小脸乐开花，连声对明明说：“谢谢！”明明也高兴地笑了。

(2) 经验准备：幼儿游戏中互动的经验。

4. 活动过程

(1) 情境导入：观看情景剧《缺少一块怎么办》的第一部分。

(2) 讨论视频内容，发现视频中幼儿解决矛盾的错误做法。

教师提问引导：“小朋友，明明和亮亮为什么争吵呢？”

(3) 讨论寻找解决问题的途径和办法。

(4) 情景再现：观看情景剧《缺少一块怎么办》的第二部分。

(5) 深入引导，模仿学习正确的同伴沟通方式。

教师提问引导：明明和亮亮面对缺少积木的情况是如何解决的？

(6) 模仿学习：请幼儿一起游戏，在游戏中尝试解决玩具缺少的问题。

(7) 幼儿分享经验，结束活动。

5. 活动延伸

阅读区投放小朋友交往主题的绘本。

文件阅读

《3—6岁儿童学习与发展指南》对人际交往教育的建议。

四、学前儿童人际交往教育指导要点

(一) 创设人际交往情境，丰富人际交往机

教师和父母要从观念上认识到与人交往，特别是同伴交往的积极意义，创设人际交往环境，丰富交往机会，让幼儿在轻松、友好、快乐的交往氛围中积极与人交往。例如，幼儿园要设置自由活动时间，区域活动时允许幼儿自主选择伙伴；家长要花时间、精力带幼儿参加社会活动，引导幼儿在活动中形成与人交往的积极态度，学会交往的具体方法策略，提升交往能力。

(二) 提高社会认知能力，学习人际交往的方法和技巧

很多时候，在交往中幼儿出现退缩、攻击等问题行为，不是因为幼儿不想与同伴进行友好交往，恰恰相反，这些行为可能正是反映了儿童迫切要与同伴互动。问题在于，这些幼儿缺乏相应的交往技巧与方法，因而常常导致结果适得其反。此时，成人不应对孩子的

行为大加指责批评，让孩子对同伴交往产生畏惧心理。反之，应该看到其中的积极意义，并教给孩子一些交往的技能。

王美芳等人曾提出从初步社会技能、幼儿园相关技能、交友技能、情绪应对技能、攻击替代技能和压力应对技能六个方面培养幼儿的社会技能。作为父母和教师，不仅理解这些技能对幼儿健康成长的重要性，还应该有意识地细化这些技能的培养，使其融入儿童的日常生活之中。这既需要成人的示范，也需要细致耐心地讲解。

（三）组织专门的教育活动

教育过程中，教师应有意识、有目的、有计划地指导幼儿学习正确的交往方法，这既体现在教学活动之中，也包括在幼儿园一日生活的常规之中。其一，组织并实施有意义的教学活动和多种多样的游戏。在教育中，教师应尽量组织不同形式的社会交往教育活动，为幼儿创设共同合作、彼此分享、协商交流等机会，引导幼儿体验学习。其二，培养良好的语言理解和表达能力。在教学活动中通过故事、游戏、儿歌等多种形式丰富幼儿的语言、提升表达能力；在日常生活和游戏活动中，引导幼儿运用适宜的语言与同伴沟通，例如使用“请”“对不起”等文明礼貌用语。其三，发展情绪理解能力。教师可以有意识地借用故事、图画和生活中的情境，引导幼儿去认识他人的表情、动作、眼神等非语言信息，并由此识别和理解对方的情绪，实现友好交往的目的。

（四）践行良好的家庭教育模式

家庭关系，尤其是亲子关系为幼儿与他人的交往奠定了基础。孩子在与父母交往互动过程中，建构人际交往的最初概念，形成基本交往模式，并进而泛化到与同伴的交往之中。班杜拉的社会学习理论指出，孩子的行为，尤其是社会行为主要是通过观察榜样的行为而获得的。父母是孩子的第一任老师，也是孩子主要的模仿对象。孩子在看到父母如何与别人交往、如何解决矛盾、如何调节情绪等行为之后，在自己的同伴交往之中也会更多地表现出来。同样，在亲子关系中，如果父母表现出的是一种温暖、关怀、敏感的态度，那么，孩子在与他人的交往中也会更多地表现出亲社会的倾向，而较少有攻击行为。因此，家庭成员之间应该持有彼此尊重、关爱、体贴的态度，以积极的方式解决问题，理性应对出现的矛盾，合理表达并调节自己的情绪，让孩子感受到家人之间和谐而亲密的关系，并树立良好的交往信念、在潜移默化中学会有效的交往技能。

任务单

素材收集

要求：收集关于学前儿童人际交往教育的素材，例如绘本、成语故事等。

素材内容	自我评价	小组评价	教师评价

（续表）

素材内容	自我评价	小组评价	教师评价

案例分析

这是一则老师在集体教学活动时的观察记录：2008 年 3 月 6 日下午，在进行主题活动“奥运，北京欢迎您”时，我发现了一个新面孔。后来才知道，他叫佳佳，刚从某县幼儿园转来。我播放了有关奥运会的幻灯片后提出了问题“2008 年奥运会将在什么地方举办？奥运会的吉祥物是什么？每个福娃是什么颜色的？”孩子们争先恐后地回答着我的问题，唯独佳佳一言不发。接下来的几次活动中，他依然沉默寡言。显然，他的性格比较内向，语言发展较差，无法与同伴正常交流……

你认为这则观察记录存在问题吗？为什么？

参考答案

教师在有限的时间内对幼儿做了间断的观察后，就草率地给其贴上了“内向”“无法与同伴正常交流”的标签，这存在着由于观察不全面、主观臆断等而导致观察记录结果出现偏差的可能性。

在没有完全了解幼儿的家庭背景、成长环境、兴趣爱好特别是其生理、心理适应期差异的前提下，教师不应轻易地得出幼儿性格内向、同伴交往存在问题等概括性结论。教师应结合观察内容分析幼儿行为背后的深层次原因。从幼儿的角度来讲，其不愿发言可能是由于关于奥运会的经验贫乏、语言组织能力较差等造成的，也可能是由于身体状况、环境因素等导致的。

精准备考

一、填空题（请将正确答案写在横线上）

1. 根据《3－6 岁儿童学习与发展指南》，“活动时愿意接受同伴的意见和建议”可以作为________班的教育目标。

2. 《幼儿园教育指导纲要（试行）》对学前儿童人际交往教育目标阐述的具体内容为“________，学习互助、合作和分享，有同情心”。

二、单项选择题（请选出唯一正确的答案）

1. 根据《3－6 岁儿童学习与发展指南》，“不欺负别人，也不允许别人欺负自己”可以作为(　　)班的教育目标。

A. 托班　　B. 小班　　C. 中班　　D. 大班

2. 根据《3—6岁儿童学习与发展指南》，"长辈讲话时能一认真听，并能听从长辈的要求"。可以作为(　　)班的教育目标。

A. 托班　　B. 小班　　C. 中班　　D. 大班

三、判断题。(正确的打√，错误的打×)

1. 礼仪教育不可以作为幼儿园社会领域的教育内容。(　　)

2. 角色游戏、绘本阅读、体育活动、艺术教育等多种方式均可以起到渗透教育的作用，提升幼儿人际交往能力，优化同伴关系。(　　)

参考答案

一、填空题

1. 中　2. 乐意与人交往

二、单项选择题

1. D　2. B

三、判断题

1. ×　2. √

任务三 学前儿童人际交往教育活动的设计与实施

情境导入

课堂绽芳华，教研促成长，相互听课与评课是幼儿园常规性的教研活动。通过听评课教研活动，本园教师可以提高专业技能，掌握教育教学规律更新教育观念，从而促进教师专业发展。在一次教研活动中，李老师组织的集体教学活动得到全园大部分教师的赞赏，一位老师点评道“李老师设计的教学活动紧扣主题，围绕目标，以符合幼儿年龄特点的教学方法和手段组织教学活动，通过游戏化教学让幼儿在直观形象的画面中，感受生动有趣的语言和丰富的教具，从而激发孩子的学习兴趣”。

你认可这位教师点评的视角吗？还可以从哪儿方面评价、反思一次集体教学活动？

案例分析

一、主题活动设计案例“我的朋友多”

（一）主题活动名称

中班主题活动“我升中班了”次主题二“我的朋友多”①。

（二）主题活动设计意图

幼儿升入中班，集体意识逐渐增强，独立性、交往能力进一步提高，一系列的变化让幼儿对新一年的学习生活充满向往。中班的幼儿不再是小班的弟弟妹妹，不再只是简单地跟随和模仿老师。崭新的环境，更多的同伴，让幼儿处处感受到成长带来的愉悦之情。主题活动“我升中班了”，通过三个次主题“我的新班”“我的朋友多”“能干的我”，围绕适应新环境、学习友好交往、愿意为集体服务三个方面，使幼儿在不断的认知与感受中了解班级环境的变化，逐步适应和喜欢新环境、新同伴、新老师，并学会用简单而真诚的方式表达自己对老师、同伴的爱；在说说、做做、玩玩等活动中，使幼儿尝试学习自我服务和为集体服务，增强自信心，体验成长的快乐，激发升中班带来的自豪与喜悦之情。在实施本主题时教师应努力让幼儿感受到温暖、关爱的班级生活氛围，结合教师节以及日常生活和游戏，尽量多地提供关爱老师、为班级服务、与同伴交往的机会，使幼儿在具体情境中实践，较快适应升班发生的一系列新的变化，从而喜欢和爱上自己所在的幼儿园、班级和集体生活。

（三）次主题二“我的朋友多”

1. 基本教育教学活动建议表（周计划），见6－2所列

① 方明．山东省幼儿园课程指导教师用书（中班上）［M］．济南：明天出版社，2018.8：18.

表 6－2　基本教育教学活动建议表

<table>
<tr><th>时间</th><th>教学活动</th><th>区域活动</th></tr>
<tr><td>周一</td><td>“分享真快乐”。
关键经验：知道分享的意义，体验分享带来的快乐。</td><td rowspan="6">美工区：
1. 爱心小书
关键经验：能围绕“爱心帮助”等主题，运用剪、贴、绘画等方式表达自己助人的想法。
2. 好朋友喜欢……
关键经验：能够画出好朋友的主要特征和喜好，加深对好朋友的了解。
益智区：
1. 图形拼搭
关键经验：进一步感知正方形、长方形、三角形的主要特征，会用他们拼摆不同形象。
2. 找到朋友
关键经验：能够寻找合适的路线图找到好朋友，提高观察判断能力。
表演区：
·金色的房子
关键经验：能够合作表演故事，会通过语气、语调以及动作变化体现出小动物们不同的特点，体验同伴间相亲相爱共同游戏的快乐。
阅读区：
1. 好朋友拍手歌
关键经验：学习童谣，喜欢将好朋友在一起有趣的事情进行仿编，并做成自制书讲给大家听。
2. 我的介绍卡
关键经验：能够用较完整的语言清楚介绍自己的喜好。
角色区：做客
·关键经验：能够扮演小主人与小客人，会用基本礼貌用语相互交谈，做热情的小主人和受欢迎的小客人。
建构区：摆摆玩玩
·关键经验：会用多米诺骨牌、纸盒、木块等拼摆成“－”“√”“≈”“§”形状，体验快乐。
生活操作区：
·照顾我们的植物朋友
关键经验：学习照料植物的基本方法，初步学会简单的观察记录。
体育游戏：
1. 找家
关键经验：听信号练习在指定范围内四散走、跑、跳的动作。
2. 快乐岛
关键经验：能想办法与朋友合作站在报纸上，保持身体平衡。</td></tr>
<tr><td>周二</td><td>“好朋友”。
关键经验：能用欢快的声音表现好朋友相互帮助的快乐心情，懂得在生活中帮助有困难的小朋友。</td></tr>
<tr><td>周三</td><td>“金色的房子”。
关键经验：理解故事内容，能分角色有表情地对话，体验朋友在一起的快乐。</td></tr>
<tr><td rowspan="2">周四</td><td>“有趣的图形宝宝”。
关键经验：能说出正方形和长方形的名称及基本特征，知道他们的异同点，并会区分，能在生活中找出相应的物体。</td></tr>
<tr><td>“跳过小河”。
关键经验：能双脚立定跳远和连续行进跳，体验游戏的快乐。</td></tr>
<tr><td>周五</td><td>“快乐你和我”。
关键经验：能画出好朋友的正面像并用不同的线条进行装饰，愿意表达对好朋友的喜爱之情。</td></tr>
</table>

2. 环境创设

(1) 创设“朋友树”“我会关心小朋友”“今天谁没来”“心情变好的方法”和“我喜欢……”等主题墙饰，引导幼儿将图片以及作品通过多种形式进行粘贴，使幼儿感受和好朋友在一起的快乐，知道好朋友应相互帮助和关心，懂得分享自己快乐的情绪，学会安慰同伴的方法。

(2) 活动区创设“心情小屋”，提供抱枕、画笔、各色纸张、舒缓音乐。创设“好朋友交换市场”，将幼儿带来的图书、玩具或其他物品和同伴交换，体验分享快乐。

3. 生活活动

(1) 学习并保持正确的站、坐和行走的姿势。

(2) 引导幼儿养成良好的卫生习惯，知道有大小便时要主动去卫生间，大便后要正确使用卫生纸，女孩子小便后知道使用卫生纸擦拭。

(3) 能保持正确的睡眠姿势，不蒙头，不咬被角。

4. 家园共育

(1) 家长给幼儿讲自己小时候玩伴的有趣故事，鼓励幼儿多交朋友。

(2) 经常询问幼儿在幼儿园里和小朋友交往的事情，鼓励幼儿在交往中应谦让、分享等，知道同伴间应互助友爱。

(3) 成立“好朋友俱乐部”，提醒家长生活中为幼儿创设交往的机会和条件，如可以与好朋友的家庭共同郊游、相互做客等，体验和同伴在一起的快乐。

二、集体教学活动案例“被拒绝了怎么办”

(一)“被拒绝了怎么办”集体教学活动方案设计

1. 活动名称

大班社会领域活动：“被拒绝了怎么办”。[①]

2. 设计意图

大班幼儿社会交往逐步频繁，同伴之间、与成人之间的交往内容也逐步复杂，被拒绝的情况时有发生。但是，幼儿社会认知水平还表现出自我中心的特点，情绪调节能力也比较差；加上现在多数幼儿是家庭的中心，成人处处谦让他们，事事迁就他们，遇到事情要么号啕大哭，要么灰心丧气，解决方法比较简单，这样不利于幼儿社会交往水平的提高。《幼儿园教育指导纲要（试行）》提出幼儿园社会领域的教育目标包括“乐意与人交往”，在引导幼儿形成乐意交往的态度过程中，需要逐步引导幼儿克服各种心理困惑，正确看待交往中遇到的被拒绝现象，学会通过自己的努力达成目的，如果努力了还被拒绝，也要心平气和地接受。

3. 活动目标

(1) 知道被拒绝以后可以积极想办法。

---

① 参考教学视频：被拒绝了怎么办，执教教师：昆明市人民政府机关幼儿园刘芳

（2）被拒绝时，能够用合适的方法积极争取。

（3）逐步心平气和地接受必须被拒绝的事情。

4. 活动的重难点

（1）活动的重点：被拒绝时，能够用合适的方法积极争取。

（2）活动的难点：心平气和地接受必须被拒绝的事情。

5. 活动准备

（1）物质准备：书和玩具若干、小红花若干、黄色标记若干、白纸一张、记号笔一支。

（2）经验准备：日常生活中幼儿被拒绝的经验。

6. 活动过程

（1）情境导入，出示任务卡片，请幼儿了解具体任务，如借书和借玩具，激发参与活动的兴趣。

（2）展开环节1：创设具体情境，提出完成任务的具体要求。

完成任务的具体要求为：①去借东西的时候，要仔细听老师说了什么。②如果老师身上贴有黄色标记，就不能再借了。要找没有黄色标记的老师借。③听到“时间到”时，迅速回到座位。

（3）展开环节2：尝试完成任务，体验被拒绝；讨论任务完成情况，表扬完成任务的小朋友，互相说一说被拒绝的原因，师幼一起分析被拒绝的理由。

预设被拒绝的理由：出借人很忙、东西是别人的、东西不适合幼儿使用、老师身体不舒服、物品危险等。

（4）展开环节3：一起讨论再努力借一次的办法，知道遇到问题要积极想办法，并用想到的办法再试一次，体验积极想办法解决问题的快乐。

预设问题解决办法：讲笑话、等待、做鬼脸、甜甜的东西、唱歌等。

（5）展开环节4：请完成任务的幼儿分享经验，强化体验；请没有完成任务的幼儿分析原因，师幼一起讨论被拒绝理由的合理性，学会心平气和地接受被拒绝。

预设再次被拒绝的理由：东西是别人的，物品不适合幼儿，物品太危险。

（6）结束环节：点评幼儿表现，强化活动主题：遇到问题积极想办法，努力后依然被拒绝要分析原因并接受。

教师结束语：孩子们，在生活当中，我们经常去努力争取一件事情的时候，往往会遭到拒绝，老师希望你们以后在遭受拒绝的时候，能像今天一样，想想办法努力去争取一下，或许就能成功了。但是，如果努力了，争取了还是遭到拒绝的话，就希望你们能像今天这两位小朋友一样，心平气和地接受这个拒绝，没关系的，以后还会有很多机会，我们可以再努力、再争取，一定会成功的。

7. 活动延伸

区域游戏的时候鼓励小朋友互动，练习请求与拒绝等协商技能。

（二）“被拒绝了怎么办”集体教学活动说课稿

1. 说活动名称

大班社会领域活动：“被拒绝了怎么办”。

2. 说设计意图

大班幼儿社会交往逐步频繁，同伴之间、与成人之间的交往内容也逐步复杂，请求被拒绝的情况时有发生。但是，幼儿社会认知水平还表现出自我中心的特点，情绪调节能力也比较差；加上现在幼儿多数是家庭的中心，成人处处谦让他们，事事迁就他们，遇到事情要么号啕大哭，要么灰心丧气，解决方法比较简单，这样不利于幼儿社会交往水平的提高。《幼儿园教育指导纲要（试行）》提出幼儿园社会领域的教育目标包括“乐意与人交往”，在引导幼儿形成乐意交往的态度过程中，需要逐步引导幼儿克服各种心理困惑，正确看待交往中遇到的被拒绝现象，学会通过自己的努力达成请求，如果努力了还被拒绝，也要心平气和地接受。

3. 说活动目标

分析幼儿被拒绝后的心理体验，结合人际交往教育的年龄目标，将本次集体教学活动的目标确定为，①认知目标：知道被拒绝以后可以积极想办法；②能力目标：被拒绝时，能够用合适的方法积极争取；③情感目标：逐步心平气和地接受必须被拒绝的事情。

4. 说活动重难点

在《3－6 岁儿童学习与发展指南》大班人际交往子目标中多次提到“遇到困难”“愿意向别人请教”“能想办法”“出主意、想办法”等关键要求，依据指南精神，结合本班幼儿实际发展水平，本次活动的重点设计为被拒绝时，能够用合适的方法积极争取；大班幼儿情绪调节策略比较单一，在短时间内调整好被拒绝后失望、伤心的体验还有一定难度，因此，教师将本次活动的难点确定为情感目标，逐步心平气和地接受必须被拒绝的事情。

5. 说活动准备

意大利著名教育学家蒙台梭利有言：“充足的准备是活动顺利实施的关键。”围绕教学活动设计，物质准备包括书和玩具若干、小红花若干、黄色标记若干、白纸一张、记号笔一支，为幼儿体验和讨论分析提供物质前提；经验准备为日常生活中幼儿被拒绝的经验，体现了基于幼儿生活经验设计开发课程的生成课程理念。

6. 说教法学法

本次集体教学活动选用了体验法、讨论法等教学方法。

7. 说活动过程

本次集体教学活动以操作体验、解决问题为主线，由导入环节、展开环节和结束环节组成。

导入环节选用创设问题情境的方式，提出去借东西的任务，创设情境，激发幼儿参与活动的积极性。

展开环节共有 4 个小环节层层递进。

展开环节 1：提出完成任务的具体要求，例如，仔细听你打算去借东西的老师说了什么等，创设被拒绝的具体情境。

展开环节 2：初步尝试完成任务，亲身体验；任务活动结束后讨论完成情况，表扬完成任务的小朋友，互相说一说被拒绝的原因，师幼一起分析被拒绝的理由。通过这些活动可以进一步明确需要解决的问题，顺利过渡到下一环节。

展开环节 3：面对具体问题，师幼一起讨论再努力借一次的办法，知道遇到问题要积极想办法，并用想到的办法再试一次，体验积极想办法、解决问题的快乐。

展开环节 4：请完成任务的幼儿分享经验，强化体验；请没有完成任务的幼儿分析原因，师幼一起讨论被拒绝理由的合理性，鼓励幼儿学会心平气和地接受被拒绝。

展开环节的 4 个小环节，从创设问题情境体验、发现问题，到找到解决问题的办法、再次体验验证解决办法，环环相扣，遵循幼儿生活中遇到问题、解决问题的基本过程，符合幼儿的心理活动规律。

在结束环节点评幼儿表现，强化活动主题：遇到问题积极想办法，努力后依然被拒绝要分析原因并接受。

活动延伸为迁移幼儿经验，在游戏、日常生活中抓住机会运用请求、协商、接受等人际沟通技能，将集体教学活动中积累的经验应用于生活，提高人际交往水平，正如陶行知眼神所言教育要“为生活而教”。

8. 说活动特色

本次集体教学活动深入分析了幼儿被拒绝时的情绪体验，创设真实情境激发幼儿体验，并练习问题解决过程和情绪调节的具体策略，充分体现了“做中学”“做中教”。

（三）“被拒绝了怎么办”集体教学活动方案分析

本次集体教学活动系统分析《3－6 岁儿童学习与发展指南》中大班人际交往教育目标，紧紧围绕幼儿人际交往中遇到的问题“被拒绝”确定活动目标，明确了幼儿面对被拒绝时应该发展的能力、形成的态度以及认知的改变，目标要求符合《3－6 岁儿童学习与发展指南》精神；教学活动过程从创设情境、分析被拒绝的原因发现问题、想办法进一步努力再借一次、面对规则要勇于接受被拒绝几个方面依次展开，符合请求、被拒绝、努力协商、协商失败自我调整去接受这一基本的心理活动规律；活动延伸体现了“生活教育”原理中的“为生活而教育”。总之，活动设计目标明确，教学方法符合幼儿年龄特点，活动过程符合幼儿面对被拒绝时的心理活动规律。

三、集体教学活动案例“你是我的好朋友”

（一）集体教学活动案例“你是我的好朋友”

1. 活动名称

小班社会领域活动——“你是我的好朋友”[①]。

2. 设计意图

又到了区域游戏的时间，小朋友们吃完早餐都陆陆续续地走进了活动区，只见多多一个人抱着一只恐龙玩具坐在椅子上。我走过去询问：“多多，你怎么不进活动区呀？”多多回答道：“我不想玩！没有我的好朋友！”我又接着问：“那你的好朋友是谁呢？”“是可可姐姐，她就住在我家楼下。”我耐心地说：“那你和她一起玩肯定很开心！可是，姐姐也要

① 胡娟，高曲，李慧．学前儿童社会教育与活动指导［M］．长沙：湖南师范大学出版社，2020：126.

上学，现在你也上幼儿园了，你看，我们班有这么多的小朋友，你一定可以找到一个新朋友的！”多多没有说话，抬头想了想，跑到活动区的旁边开始观望起来。

小班幼儿从家庭生活到幼儿园的集体生活，从一个人玩到很多人一起玩，对他们来说一切都是新的，无论是在心理上还是在生活中，他们都迫切地需要好朋友的相伴。《3－6岁儿童学习与发展指南》指出，幼儿在与他人交往的过程中，要学习如何与人友好相处，愿意和小朋友一起游戏。因此，这节活动通过创设情景、游戏体验等方式鼓励孩子们大胆和同伴交流，找到自己在幼儿园的好朋友，分享快乐！

3. 活动目标

（1）知道拥有一个好朋友是一件快乐的事情。

（2）能完整地说出同伴的名字。

（3）乐意与同伴友好、愉快地玩游戏，体验交往的乐趣。

4. 活动重难点

（1）活动重点：乐意与同伴友好、愉快地玩游戏，体验交往的乐趣。

（2）活动难点：乐意与同伴友好、愉快地玩游戏，体验交往的乐趣。

5. 活动准备

（1）物质准备：音乐《找朋友》《找一个朋友碰一碰》；PPT 课件；屏风。

（2）经验准备：幼儿会玩音乐游戏“找朋友”，会跟着音乐做动作。

6. 活动过程

（1）手偶导入，激发交朋友的兴趣。

依次猜猜小猴子、小兔子的好朋友是谁？

教师小结：小兔子的好朋友是青草，小猴子的好朋友是大树！小动物们都有好朋友，我们小朋友进入幼儿园，也会有许多的好朋友。

（2）游戏活动，体验交朋友的快乐

游戏第一步：通过 PPT 课件认识朋友。

快速滚动播放 PPT 上幼儿的照片，停止播放时，说出照片中幼儿的名字。

教师提问：照片上的小朋友是谁？他叫什么名字？他在哪里？

教师小结：小朋友们这段时间在幼儿园里认识了许多的新朋友，也都记住了他们的名字，真棒！

游戏第二步：介绍我的朋友，说说好朋友的名字。

教师小结：小朋友们真能干，都能完整地告诉大家，自己的好朋友是谁！

（3）游戏活动“谁不见了”，感受找到朋友的快乐。

幼儿边走动边念儿歌，“一、二、三，三、二、一，我们小手碰小手。嘿嘿嘿”念完儿歌，猜猜谁不见了，大家一起把他找回来。

（4）音乐游戏“找朋友”，边唱歌边找好朋友，找到朋友牵手问好。在愉快的氛围中结束活动。

7. 活动延伸

活动结束后，亲手做一张卡片送给自己的好朋友。

（二）“不被人欺负”集体教学活动方案分析

教师根据小班幼儿迫切希望交朋友的现实需求，用“认识朋友”“谁不见了”“找朋友”三个游戏贯穿本次活动，层次清晰。游戏活动中，小朋友们的积极性一般会非常高，能主动参与游戏，大胆表述，体会到和好朋友一起游戏的快乐。如果在活动中能增加好朋友互相交流的环节，如分享一个小秘密，就更好了。

任务单

集体教学活动实施

模拟实施集体教学活动后的评价反思表。

评价内容	自我评价	小组评价	教师评价
活动目标的维度、角度、是否明确具体			
活动准备的适宜性			
活动过程中的教态			
活动过程的逻辑性			
教学方法的适宜性			
活动过程中的师幼互动质量			
其他需要注意的内容			

精准备考

幼儿游戏、玩耍时，经常会出现这样那样的摩擦与矛盾。有的幼儿能很好地解决，有的幼儿则不会独立解决，甚至选用简单粗暴的方式。刚刚还是一对好朋友，可能因为一点小事情转眼间谁也不理谁了。幼儿之间交流技能简单，缺乏交流意识，为了引导幼儿正确处理同伴间的矛盾，提高他们的交往能力，请以“道歉与原谅”为主题设计一次集体教学活动。

参考答案

查阅资料，完成教学活动设计，引导幼儿克服难为情的情绪体验，知道多种道歉方式，在日常生活中可以大大方方的道歉，并学会原谅别人。